BLUE EARTH COLLEGE

ようこそ、「地球経済大学」へ。

東京都市大学環境学部 編

はじめに

２０１４年は気候変動の特別な年になりました。ヨーロッパ、ロシア、南アメリカ、オーストラリアの平均気温は観測史上最高を記録しました。その影響はさまざまな形で現れました。メキシコでは最大風速が時速２１５キロメートル、ハワイ沖では時速２２０キロメートルの巨大ハリケーンが発生し、インド、パキスタンで発生した大洪水では２５０人が死亡、10万人が避難しました。南アフリカやニュージーランドでは深刻な水不足が起きました。日本でも毎週のように台風が上陸し、広島では大規模な土砂災害が起きたことを記憶している方も多いでしょう。

気象庁によれば、２０１４年における世界の平均気温は観測史上最高でした。さらに、統計を取り始めた１８９１年から現在までの間で気温が最も高かった上位10年のうち9年がここ13年間に集中しています。地球の気温上昇が現実に起きているだけでなく、２０１４年のような記録的な年が「特別」ではなく、「日常」へと変化しているのです。

日常化する気候変動の影響は、日本よりも途上国で深刻な被害をもたらします。フィリピンで２０１３年に発生した巨大台風は６２００人の死者を出し、被害額は８５０億円に上りました。２０１１年にタイで起きた洪水では3カ月間、６００万ヘクタールが浸水し、その被害額は４０００億円と推定されています。異常気象に対する適応策が十分にとれない途上国の方が、被害の規模はより大きくなるのです。気候変動は世界に存在する不平等な状態をさらに悪化させてしまうのです。

地球規模に及ぶ大規模な被害は当事国のみでなく、日本企業にも大きな打撃を与えます。２０１１年のタイで起きた大洪水では、トヨタ、ソニー、東レを含む日本企業およそ５００社が浸水による操業停止などの甚大な被害を受けました。原材料の多くを海外に頼るわが国は、環境の変化が原因で輸入相手国の活動が滞ると、完成品の生産も滞ってしまいます。環境リスクは部品の価格高騰や最終製品の供給不足につながる大きな問題となっています。

一方で、このような環境リスクをビジネスチャンスにすることもできます。例えば、フィリピンの台風による被災者１６００万人に対して、汚水を浄化して飲料用水を供給したのは日本企業でした。国連人間開発（ＵＮＤＰ）をはじめとした政府機関の調査によれば、ＢＯＰビジネス※のなかで「環境」分野は「健康」や「農業」と並んで最重要領域として位置付けられています。今後世界の成長エンジンとなる途上国のニーズを満たす新しいビジネスモデルは環境分野にあると言えます。

環境リスクに対する取り組み次第で、危機的状況に直面するのか、それとも、成長の機会につながるのか、会社の未来が大きく変わります。変化の速い分野であるほど、現在のリスクを正しく認識することが、それを解決するためのイノベーションの創出と国際的なイニシアティブの獲得につながるものと考えます。

すでに多くの企業ではＣＳＲ部をはじめとした環境分野を担当する部署が設置されています。日本では数千社が毎年ＣＳＲレポートを発行するに至っており、日本企業のＣＳＲ活動は世界を牽引すべき立場となっています。しかし、企業のＣＳＲ担当者の多くは必ずしも環境問題の専門家ではありません。広範な

※ＢＯＰビジネス
ＢＯＰはBase of the Economic Pyramidの略。ＢＯＰビジネスとは、途上国における低所得者層を対象とした国際的な事業活動のこと。

環境問題を把握し、国ごとに異なる現状と対策を理解し、それらを企業の経営戦略にどのように活かしていくか、検討することは容易ではありません。行政やＮＰＯにおいても、環境保全活動や環境政策を推進するに当たって、同じような問題に直面しています。一方で、水ビジネス、省エネ産業、廃棄物処理、など環境改善を目的としたビジネスは多様化し、市場規模は確実に拡大しています。環境リスクを正しく認識し、これをビジネスチャンスに変えていくための提案ができる人材が求められています。

東京都市大学は、２０１３年4月に環境学部を設置し、持続可能な社会と企業経営に貢献する人材を育成しています。しかし、喫緊の環境問題に対処するためには、企業の環境部門で活躍されている方々と環境問題の現状と解決法について、より深い専門的な情報を共有しつつ討議することが必要だと考えます。そこで、２０１４年の6月〜8月の３カ月間、東京都市大学の渋谷サテライトキャンパスを活用して、環境問題の各分野をリードする学内外の専門家を招いて、最先端の話題を提供していただくイベント「渋谷カフェ」を開催しました。本学教員がファシリテータを務め、企業・行政・ＮＰＯの環境マネジメントをどのように構築し、社会の持続可能性や組織のパフォーマンスをどのように高めていくか、議論を重ねました。

「渋谷カフェ」は3部構成で全13回、毎週金曜日の夕方に開催しました。事前に参加者から講演者に向けた質問を受けて、当日は講演者がその質問への回答をすることで議論がより活発化しました。参加者によるアンケート調査によれば、約9割の方が「大変満足」と回答されました。さらに、多くの参加者から講演会のみで終わらせるのはもったいないので、形のあるものに残してほしい、という要望も受けました。

本書『BLUE EARTH COLLEGE』は「渋谷カフェ」全13回の講義内容を編集したもので、以下の３部で構成されています。

第1部「環境経営は環境問題を正しく測ることから始まる」、すなわち、「知る」
第2部「生産と消費は持続可能な方向に転換しているか」、すなわち、「検証する」
第3部「サステナブル経営に向けたコミュニケーションのありかたとは」、すなわち、「伝える」

私たちが希求するサステナブルで公平な地球システム＝BLUE EARTHを構築するには、私たち自身が地球システムを「知って」、自他の活動を「検証し」、他のコミュニティに「伝える」ことを継続することが必要不可欠です。「渋谷カフェ」では、スペースと開催期間に限界がありましたが、本書の発行を通じて、CSR経営を推進するためのヒントを広く社会に「伝える」ことができるものと期待します。

この「渋谷カフェ」は、故北澤宏一東京都市大学前学長の発案のもと、社会と大学の接点の場として、学長自らの企画により開催されてきました。私たちは、その旺盛な企画力と行動力に大いに刺激を受けて「渋谷カフェ」の名称を継承して今回のイベントを遂行しました。本書の発行まで至ったのは、北澤先生のお導きがあったものと深く感謝いたします。

末筆になりますが、本書の企画から発行に至るまで全面的なご支援を頂いた奥田建蔵さん、池上喜代壱さん、丸原孝紀さんをはじめとしたPOZIの皆さんに深く感謝いたします。とかく堅くなりがちな専門書が手に取りやすいビジネス書に仕上がりました。東急エージェンシーの髙橋庸江さん、伏見貴子さんには、価格面や納期などの要求事項が多くご迷惑をおかけしましたが、これらの無理な要求に真摯にご対応いただき、大変ありがとうございました。著者全員のリライトをご担当いただいた瀬戸内千代さんには多大なご苦労をかけましたが、おかげで全編通して大変読みやすい文章になりました。皆さんのご協力なしでは本書の発行に至ることはできませんでした。この場を借りて厚く御礼申し上げます。

２０１５年４月

編者
東京都市大学教授・伊坪徳宏、中原秀樹、佐藤真久

もくじ

はじめに　1

第１部　環境経営は環境問題を正しく測ることから始まる　11

リスク管理として温暖化対策を考えよう
第１講　気候変動リスクと人類の選択～ＩＰＣＣの最新報告から～　13
江守正多（国立環境研究所地球環境研究センター　気候変動リスク評価研究室長）

水需要の高まりに応える動きを、日本から
第２講　世界における水ビジネスの最前線～勝てる日本企業の戦略は～　45
吉村和就（グローバルウォータ・ジャパン代表）

世界で広がる環境経営の「見える化」
第３講　環境フットプリントでグリーン購入を拓く　83
伊坪徳宏（東京都市大学環境学部　教授）

日本の特性を生かし、生物多様性を取り戻す
第４講　生物多様性オフセットから里山バンキングへ　113
田中　章（東京都市大学環境学部　教授）

第2部　生産と消費は持続可能な方向に転換しているか　149

行動の影響と心理をとらえた環境情報を
第5講　持続可能な消費と生産　151
稲葉　敦（工学院大学　教授）

求められる、事業と環境経営の一体化
第6講　企業の環境経営最前線〜エコ・リーディングカンパニーを目指して〜　179
実平喜好（株式会社東芝　環境推進室長）

消費者を含む物流のデザインを考えよう
第7講　見逃してはいないか物流の持続可能性　209
増井忠幸（東京都市大学環境学部　名誉教授）

消費者のシビアな目が企業を育てる
第8講　グリーンウォッシュの罠にはまらないようにするためには　243
中原秀樹（東京都市大学環境学部　教授）

第３部　サステナブル経営に向けたコミュニケーションのありかたとは

277

限りある自然資本を次世代につなぐ責任
第９講　環境倫理と企業経営　279
加藤尚武（京都大学　名誉教授）

地域から世界に広がるフェアな経済
第10講　フェアトレードとフェアトレードタウン運動　311
渡辺龍也（東京経済大学　教授）

幸せな経済のかたちを考え、伝えること
第11講　サステナブルな経済と経営へ
～経済成長と幸福、行動変容を促す環境コミュニケーション～　341
枝廣淳子（東京都市大学環境学部　教授）

経済、社会、環境の「三方よし」の社会へ
第12講　エシカル購入でサステナブル社会を構築する　375
山本良一（東京都市大学環境学部　特任教授）

社会課題と向き合い、協働するための教育を
第13講「国連・持続可能な開発のための教育（ESD）の10年」の振り返りと
ポスト2015における教育の役割 405
佐藤真久（東京都市大学環境学部 教授）
おわりに 441

第1部　環境経営は環境問題を正しく測ることから始まる

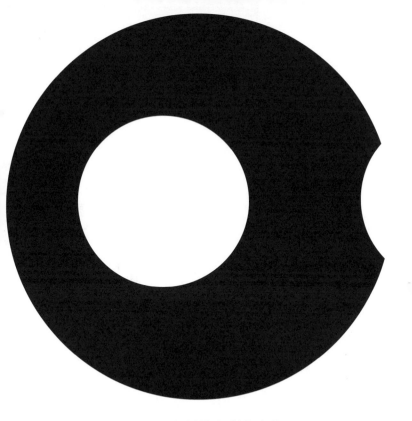

リスク管理として温暖化対策を考えよう

第1講　気候変動リスクと人類の選択～IPCCの最新報告から～

江守正多（国立環境研究所地球環境研究センター
気候変動リスク評価研究室長）

江守正多（えもり・せいた）/1970年神奈川県生まれ。国立環境研究所地球環境研究センター気候変動リスク評価研究室長。東京大学大学院総合文化研究科（博士）。1997年に国立環境研究所に入所し、地球シミュレータを駆使した地球温暖化の将来予測とリスク評価に携わる。2006年に同研究所地球環境研究センター温暖化リスク評価研究室長に就任。2013年から地球温暖化研究プログラム総括。専門は地球温暖化の将来予測とリスク論。IPCC第5次評価報告書の執筆も担当した。著書に『異常気象と人類の選択』（角川SSC新書、2013）、『地球温暖化の予測は「正しい」か?—不確かな未来に科学が挑む』（化学同人、2008）など。共著書に『温暖化論のホンネ—「脅威論」と「懐疑論」を超えて』（技術評論社、2009）など。2012年度日本気象学会堀内賞受賞。

再び関心を集め始めた地球温暖化問題

皆さんが環境問題を学ぶ前提条件として、地球規模の環境問題の中で主要なものである「地球温暖化」について、長期的かつ科学的な観点からお話ししたいと思います。

地球温暖化は、日本では２００７年から２００９年あたりに一度、かなり盛り上がりました。アル・ゴアの映画『不都合な真実』が２００７年に日本に紹介され、同じ年にＩＰＣＣ（詳細は後述）の第４次評価報告書が出て、アル・ゴアとＩＰＣＣがノーベル平和賞を受賞。そして２００８年には京都議定書の第1約束期間が始まり、クールビズやアイドリングストップなどが、どんどん社会に定着していった。洞爺湖サミットも開催され、気候変動の問題が先進国首脳の間で議論されました。

しかし同年にリーマン・ショックが起きると、世界は経済を心配し始め、環境ばかり気にしていられないという雰囲気になっていきます。そして、２００９年のＣＯＰ15[※1]では、コペンハーゲンに先進国首脳が全員集まり議論しましたが、結局たいしたことは決まりませんでした。これは毎年開催される国連の気候変動枠組条約の締約国会議で、この年は京都議定書の第1約束期間の次の枠組みを決める重要な回でした。それが非常に尻すぼみで、挫折感を残して終わってしまったわけです。

そのあたりから、だんだん気候変動の問題は、世の中で語られにくくなってきました。そうこうするうちに、日本では3・11の地震と津波があり、原発事故が起き、そちらのほうが大変だということになった。

そして２０１３年。日本の夏は暑く、各地で大雨が被害を出し、久しぶりに地球温暖化の話がメディアに出始めたわけです。ＩＰＣＣの新しい報告書も、２０１３年から２０１４年にかけて発表されました。

今、私たちは、そういうステージにいます。

※1　COP15
第15回気候変動枠組条約締約国会議。２００９年12月7日から18日に、デンマークのコペンハーゲンで開催された。「ＣＯＰ」は「Conference of the Parties（締約国会議）」の略で、国際条約の加盟国が物事を決定するための最高決定機関として設置されている。

地球温暖化の仕組み

地球は太陽から届くエネルギーの一部を跳ね返し、7割ぐらいを吸収しています。一方で地球は、宇宙に向かって赤外線という形でエネルギーを放出しています。太陽からもらうエネルギーと宇宙に捨てるエネルギーが釣り合って、地球の温度は保たれている。もしも地球に温室効果が全く無ければ、赤外線はどんどん宇宙に逃げていき、地球の表面は平均マイナス19℃と非常に寒くなります。

実際には地球の大気には温室効果ガスと呼ばれる成分があります。一番多いのは水蒸気、次に二酸化炭素、他にもメタンや一酸化二窒素、オゾン、フロン類などです。これらのガスを、太陽から来る光は基本的にほぼ素通りしますが、地球の表面から出てくる赤外線は、これらのガスに吸収されたり放出されたりする。放出は、宇宙と地面の両方に向かってするので、地面から見ると、温室効果ガスがあることで大気から戻ってくる赤外線の分だけ、余分にエネルギーをもらうわけです。こうして地表付近は、比較的高温の約14～15℃に保たれています。たまたまこれぐらいの温室効果ガスがあって、これぐらいの温度だった地球に、今の文明が築かれてきたのです。

IPCCの報告書とは

IPCCは、「気候変動に関する政府間パネル」の英語の略称です。大気中の温室効果ガスが人間活動によって増え、赤外線が宇宙に逃げにくくなって地面付近の温度が上がることを、「地球温暖化」または「気候変動」と呼びます。グローバル・ウォーミング（地球温暖化）だと、温度が上がるだけのようですが、実際には、雨の降り方が変わったり、氷が解けたり、海面が上昇したり、生態系が変わったりもするので、それらを含めると「気候変動」のほうがふさわしいかもしれません。私は基本的に、両者を同じ意味で使っています。

ＩＰＣＣは、気候変動について、何がどれくらい分かっているのか、あるいは分かっていないのか、それを評価する機関です。国連の組織ですが、「政府間パネル」なので主体は各国政府です。総会では政府代表が集まり、どのような報告書を、どのようなプロセスでつくればいいか、などを議論します。そして政府が推薦した科学者たちが報告書の原案をつくり、いくつかの長いプロセスを経て、最後に報告書の要約を、政府代表たちが総会で検討して、合意をします。原稿をつくるのは、頼まれて集まった専門家たちですが、あくまでも政府が必要な報告書を、政府のオーナーシップでつくる。そこが重要だと思います。

ＩＰＣＣ自身は、研究は行いません。ＩＰＣＣの執筆者は、世界中の研究者が勝手に研究して出した大量の論文を読んで、全体として何が言えるかを評価していきます。

さらに、ＩＰＣＣは政策判断も行いません。「何十パーセント削減すべきだ」とか、「温暖化を何℃で止めるべきだ」ということを決めるのは、科学ではなくて、社会あるいは政治だからです。その判断材料として、科学的な情報を提供するのが、ＩＰＣＣなのです。

ＩＰＣＣは今（２０１４年６月６日現在）、第５次評価報告書[※2]を発表しているところです。ワーキンググループは３つあります。１つ目は科学的根拠。２０１３年９月に発表されました。私が執筆に関わったのはこの部分です。２つ目は影響、適応、脆弱性。温暖化すると何が起こるか、それにどう対応するのか。これは２０１４年３月末に日本で総会があり、横浜で発表されました。３つ目は緩和策。温暖化の関係者の間では、温室効果ガスの排出削減のことを緩和策と呼びます。これは２０１４年４月にドイツで発表されました。そして10月に統合報告書が出て、第５次のプロセスが完了します。

どの指標を見ても温暖化は確か

※2　ＩＰＣＣ第5次評価報告書
２０１４年10月のＩＰＣＣ第40回総会で、統合報告書本体が採択。
詳細は http://www.env.go.jp/earth/ipcc/5th/ を参照。

※3 ppm
濃度の単位。英語で「百万分の1(parts per million)」を意味する。1立方メートルの大気中に1立方センチメートルの気体が含まれている状態が1ppm。

第5次の報告書から、グラフをいくつか紹介しましょう。まず、大気中の二酸化炭素濃度の変化です(図1)。二酸化炭素は、当然、人間活動によって増加している主要な温室効果ガスですが、直接の観測が始まったのは1958年です。このグラフの2本の線は、ハワイのマウナロア山頂で測っているデータと、南極で測っているデータで、どちらも同じような傾向で増加しています。測り始めた時が310ppm[※3]。さらに人間が増やし始める前、つまり産業革命前にさかのぼると、280ppm。南極の氷などに閉じ込められている昔の空気を測って分かった数値です。それが今では400ppm。二酸化炭素の吸収源である木を切り、産業革命後は石炭・石油・天然ガスを燃やしてエネルギーを取り出しつつ二酸化炭素をどんどん大気中に出してきた結果、4割以上も増えました。人間の活動によって二酸化炭素濃度が急増したこと自体は間違いありません。

次に、世界各地の温度計で測ったデータに基づき、1850年あたりから約150年間の世界平均気温を推定したグラフです(図2)。ここ100年で0・85℃前後、気温が上がっています。地球の温度は、温室効果ガスの他にもいろいろな原因で変わりますし、特に原因がなくても勝手に変動するメカニズムを持っています。ですか

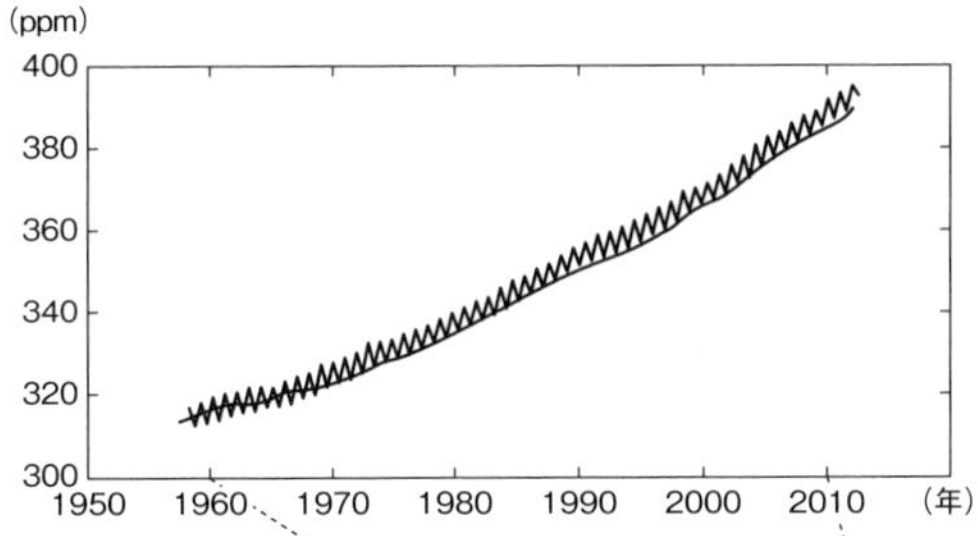

IPCC 第5次評価報告書 第1作業部会 政策決定者向け要約 Figure SPM.4(a)

図1　二酸化炭素濃度

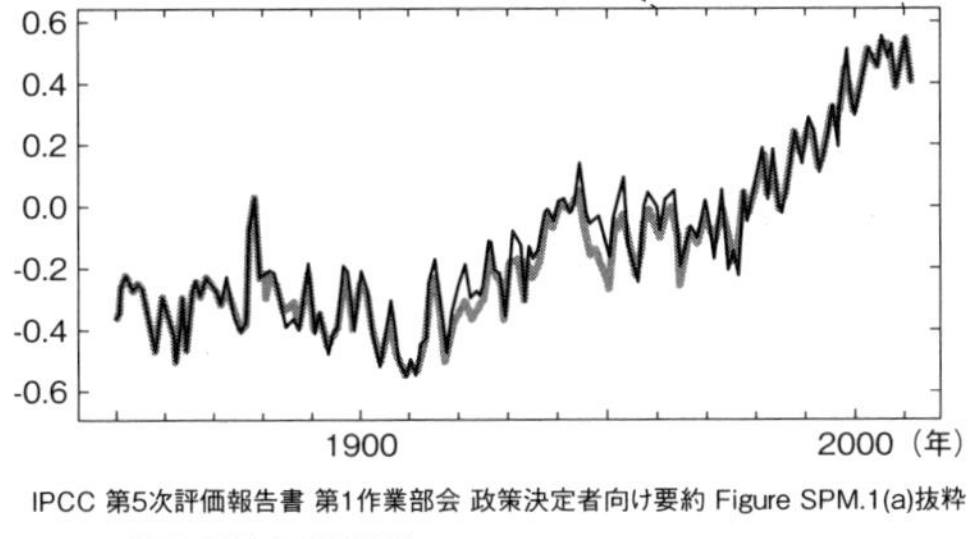

IPCC 第5次評価報告書 第1作業部会 政策決定者向け要約 Figure SPM.1(a)抜粋

図2　世界平均気温偏差

ら、長期間上がり続けている時期と、あまり上がっていない時期があり、最近も実は、あまり上がっていません。それでも、この１００年を通して見ると、上がったり下がったり不規則に変動しながらも、１℃弱上がっているわけです。

　次に北極海の海氷面積の変化を見ます（図３）。１９００年から約１００年間のデータがあります。北極海の氷は夏に少なく冬に多いわけですが、その一番少ない夏の年々の値を追っていくと、１９５０年ぐらいから顕著な減少傾向になっています。たまたま気圧配置の関係で北極海が寒くなった年には氷が張り、また温度が上がると解けるというわけで結構変動しますが、長期的に見ると過去の半分の面積まで減ってしまっています。

　最後に、世界平均の海面水位の変化（図４）。これも、１９００年から約１００年間のデータがあり、この間に約19センチメートル上昇しています。海面水位も各地点の沿岸で見ると、海流の影響や、場所によっては地盤の変動などで上がったり下がったりしますが、世界全体のデータを集めて平均すると、だいたい年間３ミリメートルぐらいのペースで、かなり単調に上昇しています。

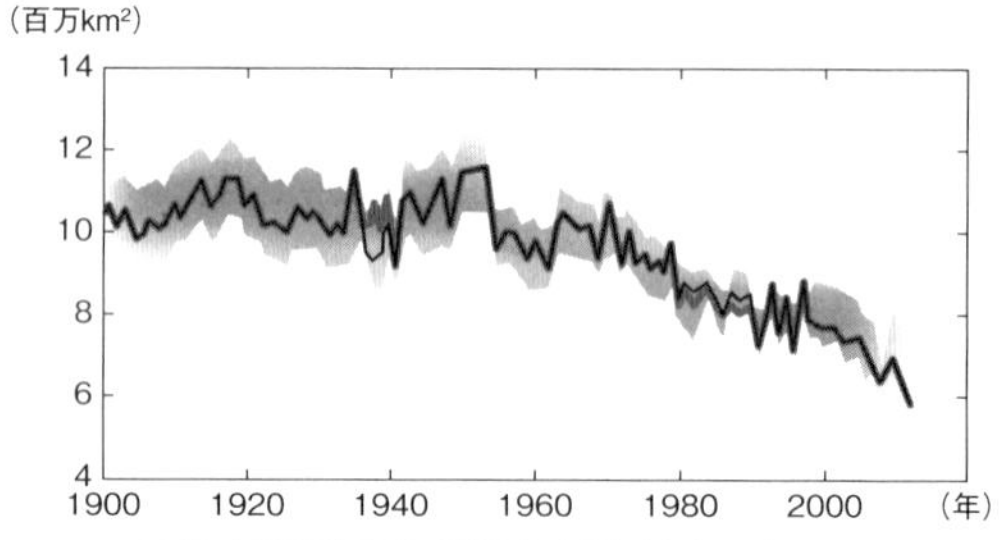

IPCC 第5次評価報告書 第1作業部会 政策決定者向け要約 Figure SPM.3(b)

図３　夏の北極海海氷面積

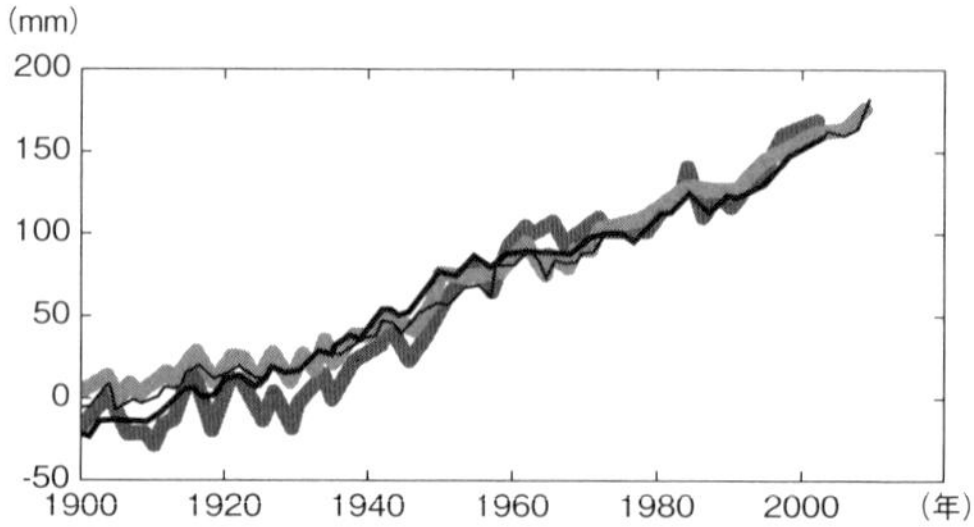

IPCC 第5次評価報告書 第1作業部会 政策決定者向け要約 Figure SPM.3(d)

図４　世界平均海面水位

このように、地球上のいろんな要素を見て、ＩＰＣＣでは、「温暖化すると海面が上がる。温暖化すると氷が減る。そういうつじつまが合った変化をしているので、地球の気候システムが温暖化していることには疑う余地がない」という言い方をしています。これは前回の第４次評価報告書から変わりません。

原因は二酸化炭素の増加

二酸化炭素が増えているのは分かった、温暖化しているのも分かったとなると、次に問題になるのは、両者に因果関係があるかどうかです。

結論から言えば、ＩＰＣＣの第５次評価報告書には、「20世紀半ば以降の世界平均気温上昇の半分以上は、人為起源の要因による可能性が極めて高い」と書いてあります。「可能性が極めて高い」というのは95パーセント以上だと、ＩＰＣＣでは言葉遣いが決まっています。２００７年の第４次評価報告書にも似た文章はありましたが、90パーセント以上という意味の「可能性が非常に高い」という表現でした。さらにさかのぼって２００１年の第３次評価報告書では、「可能性が高い」でした。これは66パーセント以上です。つまり、報告書を重ねるごとに、確信度が高まっているわけです。

地球の気温を変える原因には、大きく分けて、自然の原因と、人為的な原因があります。自然の原因というのは、太陽活動と火山の噴火です。太陽活動が変動すると地球に入ってくるエネルギーが増減して、気温が上下します。また、火山が噴火すると地球が少し冷えます。つまり、火山ガスが大気中でエアロゾルという微粒子に変わり、それが日射を遮って気温を下げるのです。

人為的な原因というのは、人間活動によって大気中に増えた温室効果ガスや、大気汚染によるエアロゾルです。エアロゾルには、気温を上げる種類と下げる種類があります。

ＩＰＣＣが「人為起源の要因による」としたのは、20世紀後半以降に観測された実際の気温上昇が、人為的な原因を入れてシミュレーションした場合の地球の温度変化と、ほぼ一致したからです。一方、自然の原因のみで計算したシミュレーション値は、最近の気温上昇傾向と合いません。

物理学の「エネルギー保存の法則」の通り、地球の持っているエネルギーが増えれば温度は上がり、減れば温度は下がります。さらに、大気と海が複雑に動いてエネルギーの再分配が行われることによっても、温度は変動します。シミュレーションでは、スーパーコンピュータで３次元の大気と海の運動や温度の変化などを全部計算していきます。その結果を分析することで、人間活動の影響の大きさを知ることができるわけです。

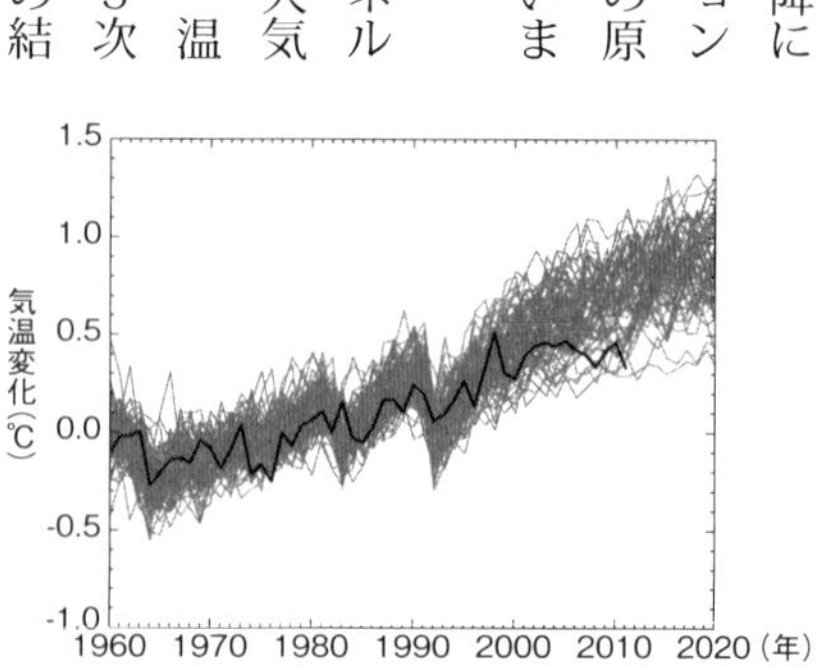

国立環境研究所にて作成

図５　近年の世界平均気温の変化傾向

最近あまり気温が上がらない理由

そうはいっても、最近あまり世界平均気温が上がっていないという事実があります。データ（図５の黒い線）を見ると、80～90年代は、かなりどんどん上がっていき、98年に非常に高い。これはエルニーニョ現象[※4]の影響です。その後、また下がって、また上がって、そこからゴニョゴニョとあまり変化していない。最近10～15年だけを見ると、あまり上がっていないように見えるわけです。

シミュレーションで予測していた気温の上昇は、もう少しまっすぐ上がっていくものでした。実際の観測データも予測の幅には入っていますが、このまま上がらない期間が続くと、予測の幅からはみ出しそう

※4　エルニーニョ現象
太平洋の赤道中央から南米のペルー沿岸にかけて、海面の水温が平年より高くなる現象。逆に、同じ海域で海面水温が平年より低い状態が続く現象を「ラニーニャ現象」と呼ぶ。

です。これは少し不思議なことなので、その理由については、いろいろと報告書にも書いてあります。ひと言でいうと、それほど驚くことではないと。複数の理由があり、それぞれの割合までは分からないけれど、それらを組み合わせれば、今の科学の枠組みで十分に説明できるようなことが起こっていると、そういう見通しが立っている状況です。

最も重要な原因は、自然の変動です。過去にも上がらなかった時期はあり、その理由は、大気汚染物質をたくさん出したことや、自然の変動だったと言われています。温室効果ガスが増えて気温が上がろうとしていたけれど、自然の変動が下げようとしていて、結果的に打ち消し合って、あまり変わらなかったと。地球の気温は、何も原因がなくても、大気と海が複雑に変動している間に、勝手に上下します。その一部を今回も見ているのだろう、ということです。

温度が上がらなくても、温室効果ガスが増える限り、地球が持っているエネルギーは年々増えています。そのエネルギーは今、実は、海の深い所に運び込まれている。海の循環が、現在たまたま熱をためこむモードであることが分かってきたのです。エネルギーが地球の中で分配されて、海に多く吸収された結果、地球表面の温度は、あまり上がっていないというわけです。

他に考えられる理由として、太陽活動の低下があります。太陽活動が低下しているのに、その効果が正確にシミュレーションに与えられていない、という意見があります。

また、複数のシミュレーションモデルで何回も繰り返し計算すると、気温がそれほど上がらないモデルから、すごく上がるモデルまで、結果に幅が出ます（図5の薄い線）。今の観測データは、あまり上がらないほうの結果に合っているので、こちらのモデルが現実に近い可能性が出てきた、という見方もあります。

それから最後、実際の気温上昇は停滞していないのでは、という意見もあります。これはIPCCの報告書より後に出た論文ですが、先ほどから「世界平均」と言っている気温は、実は限られた測定地点の平均であり、例えば北極海は入っていません。人工衛星のデータから推定した北極海の気温も入れて平均すれば、この間も、もっと気温が上がっているのだ、という研究があります。

さて、それでは今後の気温はどうなっていくのでしょう。2014年はエルニーニョ現象の影響で地球の平均気温は高めになると言われています。※5 しかし、その先、また上昇傾向が戻ってくるのか、再び横ばいになるのか、誰にもはっきりとは言えないのです。

太陽活動の影響は限定的

太陽活動が強いほど地球の温度が上がり、弱いほど下がるのは明らかですが、それがどれぐらいの大きさで効くのかについては、専門家の間でも意見が分かれています。

それを知る手がかりとして、第5次評価報告書には、過去1000年の気温変化について、観測値とシミュレーション値を比較したグラフがあります（図6）。これは北半球の気温の変化を推定したものです。過去1000年の温度計による観測データはないので、例えば、1000年生きている木の年輪をいくつも抜いてきて、幅が広いところは温度が高かった、狭いところは低かった、と考えて推定しています。かなり不確かなデータなので、ぼやっと描かれています。

一方、太い実線で描かれているのは、シミュレーションで過去の気温を再現したものです。シミュレーションに与える条件は、最近に関しては人間活動の影響を入れますが、産業革命以前は、基本的に自然の原因、つまり、太陽活動の変動と火山の噴火のみを、間接的なデータから推定して入れています。細い線

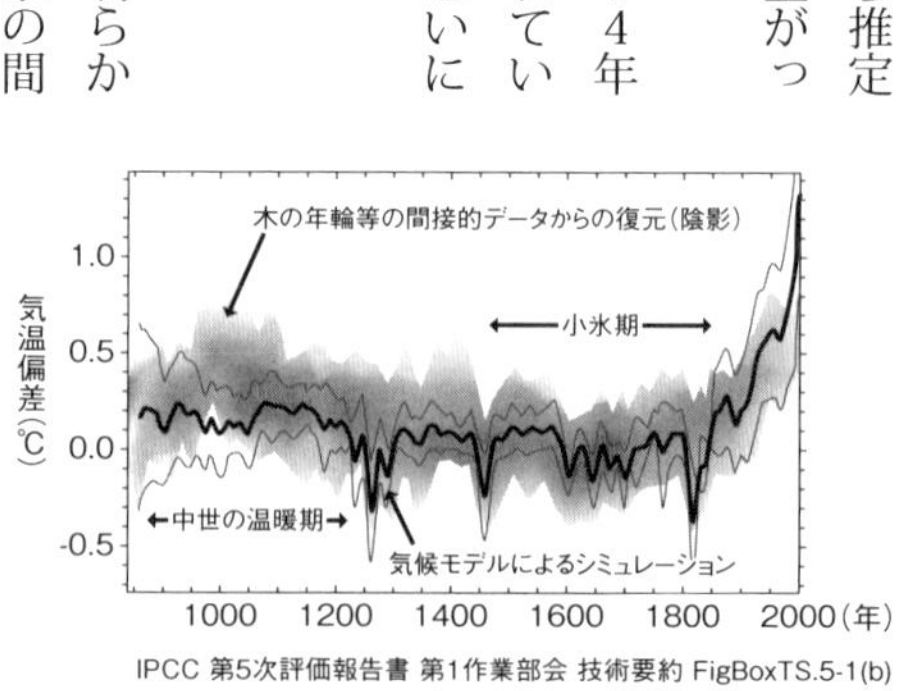

IPCC 第5次評価報告書 第1作業部会 技術要約 FigBoxTS.5-1(b)

図6　過去1000年の気温変化　北半球の気温偏差（1500～1850年の平均からの偏差）

※5 2014年は夏から弱いエルニーニョが発生し、世界平均気温の年平均値は過去最高の記録を更新した。ちなみに、気象庁がエルニーニョの発表をしたのは12月に入ってから。気象庁のエルニーニョの定義では、海面水温の時間的な平均値を使うので、エルニーニョかどうか微妙なときには、このようなさかのぼった発表になることがあるようだ。

は、不確かさの幅です。

その結果、観測値とシミュレーション値は、割と傾向が一致していました。例えば約1000年前は中世の温暖期といって、北半球が比較的暖かかったという記録が残っている時代ですが、確かに、どちらの線も比較的高い。一方、1700年ごろを中心に「小氷期」と呼ばれる比較的寒い時期があったと考えられていますが、どちらの線も、比較的低いと。

注目したいのは、この小氷期です。この時代は太陽活動が非常に弱かったことが知られています。人為的な原因が入ってくる前なので、太陽活動が気温に与える影響を知る手がかりになります。英国のテムズ川が凍っていたという記録があるので相当寒かったはずですが、グラフを見ると、産業革命前ごろの平均気温をゼロとして、それより0・5℃、幅があるとしても、せいぜい1℃低い程度です。もちろん変動が重なるので、場所によってはもっと寒くなったでしょうが、北半球の平均で、小氷期の気温低下は、それぐらいだったと考えられるわけです。

ところが、人間活動のために今世紀中に予測されている気温上昇は、世界平均で2～4℃という大きさです。仮に太陽活動が非常に弱まっても、気温の低下は温暖化を一部打ち消す程度であり、正味で寒冷化に向かうほどの影響力はないと考えられるわけです。

氷期は当分やって来ない

さらに、数十万年単位で見れば、「氷期」と「間氷期」があります。今は間氷期という、長い地球の歴史で見ると暖かい時期です。次の氷期、寒い時期も、やがて自然のサイクルで訪れるだろうと。そうすると、私たちは温暖化ではなく寒冷化に向かうのでしょうか。

過去数十万年の温度の指標によると、およそ10万年の周期で、間氷期と呼ばれる暖かい時期があります。その前後の寒い時期が氷期です。寒暖を繰り返すのは、現在の理解では、公転軌道、つまり地球が太陽の周りを回る軌道と、地球の自転軸の角度、この2つが、木星や土星の引力など天文学的な理由で、周期的に変化するからです。地球が太陽から受け取る日射の分布が変化すると、それが引き金となり、地球の中でさまざまなプロセスで気温差が増幅されて、氷期や間氷期をもたらすというわけです。

天文学的な重力の計算をすると日射の弱まりは予測できます。それによると、今の間氷期が終わるような日射の弱まりは、しばらく来ない。3万年以上先です。これは第4次評価報告書にも書いてありました。ですから、「もうすぐ氷期が来るから温暖化しない」と言う話には、根拠がないようです。

温暖化の影響には地域差が目立つ

第5次評価報告書に、将来の世界平均気温の変化を表すグラフが載っています（図7）。今回の計算では便宜上、2005年が過去と将来のつなぎ目になっています。温暖化による気温上昇は、どれぐらいわれわれが温室効果ガスを大気中に増やすかによって変わります。つまり、社会の発展の仕方、対策の大きさによって、何℃上がるかが違う。人口やGDP、使うエネルギー技術にも左右されます。第5次評価報告書では、4つのシナリオについて、予測結果を整理しています。

各シナリオには、「RCP何々」と名前が付いていますが、要するに、温室効果ガスを非常に少なく抑

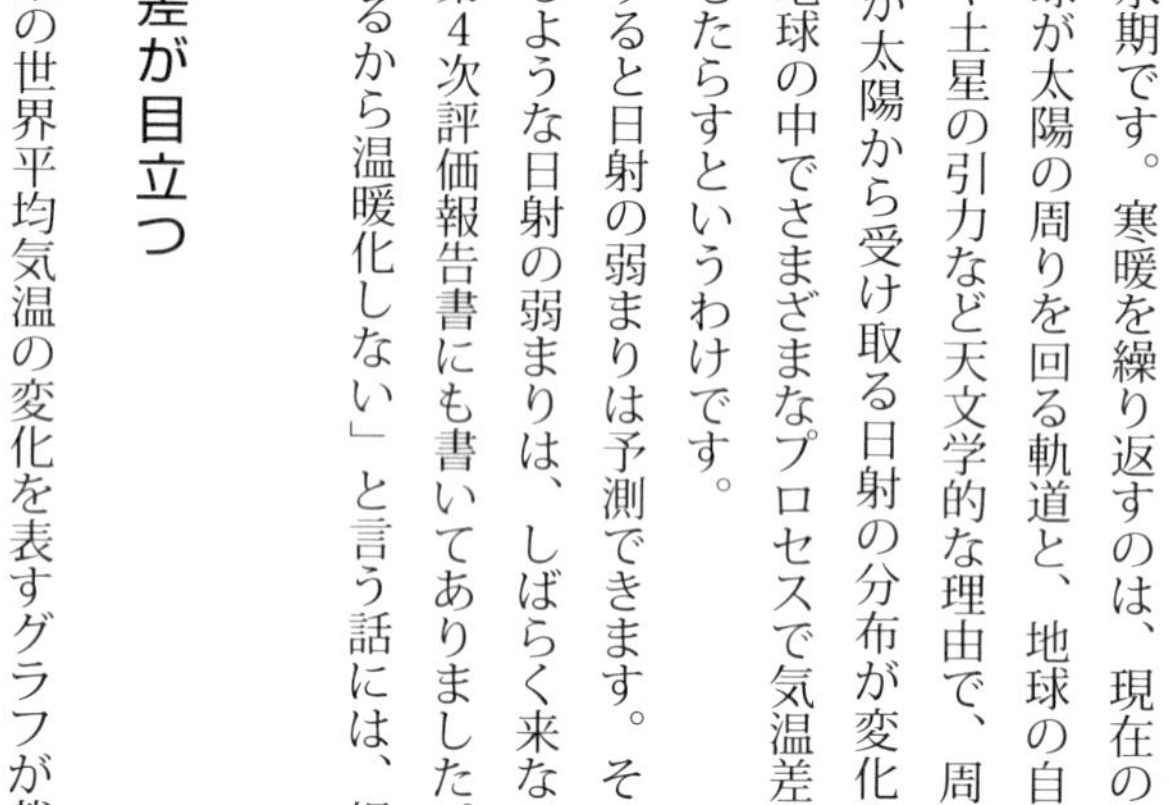

IPCC 第5次評価報告書 第1作業部会 政策決定者向け要約 Figure SPM.7(a)より

図7　予測される100年後の気温上昇量は？

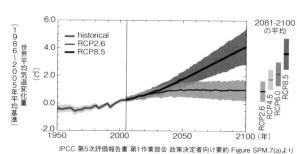

えた場合と、たくさん出してしまった場合、そして、その中間が2つで、計４つです。この図には、一番高いケースと低いケースが描かれています。たくさんのシミュレーションモデルで繰り返し計算すると結果がバラつきますが、現在の科学では、そのうちのどれが一番正しいか分からないので、正解は予測の幅のどこかにあるだろうという考え方をします。

この図の値を読むと、われわれが全く削減努力をせず温室効果ガスをどんどん出していった場合（ＲＣＰ８・５）には、今世紀末に世界の平均気温は４℃前後上がる。一方、考え得るかぎりの排出削減を徹底的にやった場合（ＲＣＰ２・６）には、２０５０年に気温上昇が頭打ちとなり、その後は横ばいです。

この横ばいの気温は、２００５年までの20年間の平均気温をゼロとすると、プラス１℃前後です。産業革命前から基準年までに、すでに０・６℃上がっているので、産業革命前から見れば、プラス１・６℃ぐらい。もちろんこれに不確かさの幅が加わります。

気候には自然の変動があるので、地球の気温上昇は一様に進むのではなく、ゆらゆらと上下しながら進行します。また、地域差も目立ちます。北極海は、氷が減ったりして気温の上昇が増幅され、真っ先に温暖化します。逆に、北極海以外の海は、陸に比べて温度が上がりにくい。そして、陸は内陸に行くほど、北半球は緯度が高くなるほど、気温が上がります。ですから、世界平均で気温が約４℃上昇した時には、場所によっては6～10℃も上がっていることになります。

砂漠地帯はますます乾燥する

降水量の変化にも、やはり地域差があります。シミュレーションによると、長期的な傾向として、中高緯度と熱帯の湿潤域では目立って雨が増えていきます。逆に、その間に挟まれた亜熱帯では雨が減っていきます。

空気は暖かいほどたくさん水蒸気を含むので、温暖化すると大気中の水蒸気が増えます。水蒸気が水になる時に熱が出るので、熱帯で雨をたくさん降らせて水分を全部落とした空気は、温度もさらに上がっています。この乾いた熱い空気が亜熱帯に下りていって高気圧を形成するので、もともと砂漠の多い亜熱帯が今まで以上に乾燥していきます。

結果的に見ると、雨が降りやすい所ではさらに雨が増え、降りにくい所ではさらに雨が減り、いずれも、より極端になるわけです。

さらに増えた海面水位の上昇予想

海面水位は、どうなるでしょうか（図8）。先ほどの気温変化と同様に、4つのシナリオについて、いちばん高いケースといちばん低いケースで、２１００年までに予想される変化が描いてあります。何も対策をしなかった場合は、海面が加速度的に上昇し、今世紀末には世界平均の海面水位が60～90センチメートルぐらい上がると予測されています。そして、非常に徹底的に対策をした場合では、気温上昇は２０５０年ぐらいで頭打ちになりましたが、海面上昇はそのままずっと直線的に続いて、今世紀末には40センチ前後、海面が上がると予測されます。

これはなぜかというと、温度上昇が止まっても、海が吸収した熱がどんどん深い所に伝わっていき、深い所の海水が膨張する現象が、じわじわ進むからです。時間が経てばそのうち収まって頭打ちになりますが、止まるのには非常に長い時間がかかります。

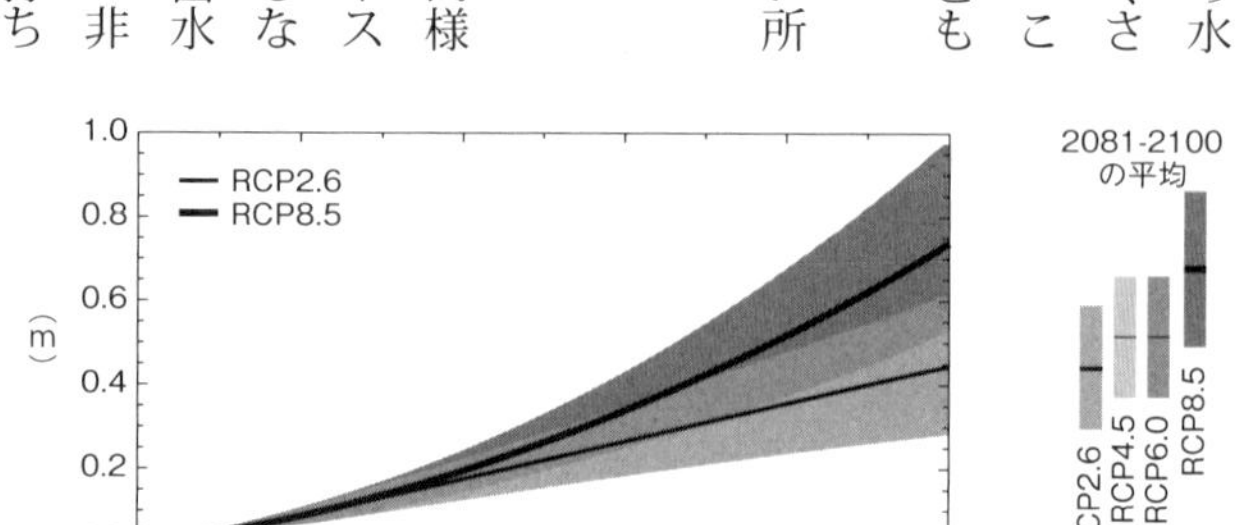

IPCC 第5次評価報告書 第1作業部会 政策決定者向け要約 Figure SPM.9より

図８　予測される100年後の海面水位上昇は？

海面上昇の最も大きな原因は、海水の熱膨張です。次に氷河の融解。アルプスやヒマラヤなど、山岳の氷河が解ける。その次に、グリーンランドと南極の氷床と続きます。

グリーンランドと南極には、それぞれ非常に巨大な氷が乗っていますが、それが解け、さらに、氷が動いたり滑ったりする力学効果が加わります。南極やグリーンランドでは、内陸で雪が積もって氷になり、それが裾野にズルズルと動いていって、切り離されていく。そのように、もともと増えては減ることで、バランスが取れているわけですが、温暖化が進むと滑るのが速くなって、氷が減っていくというプロセスです。

実は、２００７年の報告書では、この力学的な効果が見積もれるほど分かっていませんでした。第５次では、その数字も予測に入っているので、同じようなシナリオでも、第4次に比べて、２１００年の海面水位上昇量の予測が約20センチ増しになっています。

極端現象の増減は長期的に見る

極端現象とは、だいたい異常気象と同じことだと思ってください。気象庁の定義でいうと、異常気象は、30年に1回起こるような極端な気象のことです。もともと気候は自然に変動するので、何も原因がなくても、たまにはある場所で、極端な高温や低温や大雨が出現します。つまり、異常気象というのは、温暖化するから起こるものではなく、昔から起こっていたものなのです。

ですから、記録的な大雨が降ったり、強い台風が来たりすると、すぐに「これは温暖化のせいなのか」と言いますが、これはなかなか、科学的にちゃんと言うのは難しいのです。温暖化しなくても起こり得るので、少なくとも断定的には言えない。

それでは、温暖化と異常気象は無関係かというと、そうではありません。長期的な傾向を見る必要があります。長い間に、ある異常気象の起こり方の頻度が増えている、あるいは、より強いものが起こりやすくなっているとしたら、それは統計学的に調べることができます。長期的に見て初めて、いくつかのことが分かるわけです。

それをまとめたのが、この表です（図9）。いくつかの異常気象とその傾向について、20世紀後半にそれが起きた可能性が書いてあります。つまり、約50年間の傾向で見ている。よく世間話では、「最近、異常気象が増えたね」と、長くて10年ぐらいの感覚で言いますが、科学的に言う時には、50年ぐらいの長いデータを見ないといけません。表には、その変化が人間のせいかどうか、それから、２１００年ぐらいまでの変化の傾向の可能性も書いてあります。

例えば、「寒い日・寒い夜」が減る、「暑い日・暑い夜」が増えるというのは、20世紀後半にそういう傾向であった可能性は非常に高い。さらに、人間活動の寄与の可能性も非常に高い。太枠内は、前回の報告書よりも表現が強まっている部分ですが、将来さらに増えていくのは、「ほぼ確実」である。これは、99パーセント以上という意味です。平均気温が温暖化でだんだん上がっていく上に、変動するわけですから、極端な高温は起こりやすく、低温は起こりにくくなる。当然と言えば当然です。

現象および傾向	20世紀後半に起きた可能性	人間活動の寄与の可能性	将来の傾向の可能性
寒い日と寒い夜の頻度減少	可能性が非常に高い	可能性が非常に高い	ほぼ確実
暑い日と暑い夜の頻度増加	可能性が非常に高い	可能性が非常に高い	ほぼ確実
熱波の頻度が増加	いくつかの地域で可能性が高い	可能性が高い	可能性が非常に高い
大雨の頻度が増加	増加地域が減少地域より多い可能性が高い	確信度が中程度	中緯度と熱帯湿潤域で可能性が非常に高い
干ばつの影響を受ける地域が増加	いくつかの地域で可能性が高い	確信度が低い	可能性が高い
強い熱帯低気圧の数が増加	確信度が低い	確信度が低い	どちらかといえば可能性が高い
高潮の発生が増加	可能性が高い	可能性が高い	可能性が非常に高い

IPCC 第5次評価報告書 第1作業部会 政策決定者向け要約 Table SPM.1抜粋　※記述を簡略化しています

図9　極端現象の過去および将来の変化

ここ数年、日本では割と寒い冬が続いていて、２０１３年は大雪も降り、米国でも大寒波が来たりしたので、「温暖化すると、夏は暑くなるけれど冬は寒くなるのでは」と思われる方も多いようですが、ここ数年たまたまそうなのであって、そうなるメカニズムも分かっていません。長期的にいうと、やはり平均気温が上がる効果のほうが勝っていて、寒い日や寒い冬は減っていくと予測されています。

次に、「熱波」。連続する暑い日のことですが、だいたい先ほどと似たようなことが書いてあります。少し表現が弱まります。

次に、「大雨」が増える。温暖化で基本的に水蒸気が増えますので、やはり全体的に増加傾向となります。地域によってデータに非常にバラつきがありますが、減っている地域よりも増えている地域のほうが多い可能性が高い。人間活動の寄与は、現時点ではよく分かりません。しかし将来は、温暖化して平均的な降水量が増えていく中緯度と熱帯湿潤域で、大雨の頻度も増える可能性が非常に高い。

それから「干ばつ」と「強い熱帯低気圧」。これは実は、あまり質のそろった長期間の過去データがないので、はっきりとしたことは言えません。将来は、場所にもよりますが、干ばつの影響を受ける地域が増える可能性は高い。また、強い熱帯低気圧が、どちらかといえば増える。

最後に「高潮」。海面がじわじわと上昇しているので、台風などで高潮が起きる。それがすでに増えている可能性が高い。人間活動の寄与がある可能性は高い。将来さらに増える可能性も非常に高いということです。

悪影響が出るのは何℃から

以上のように、温暖化すると異常気象が増えます。また、その結果として、人間社会や生態系に、さまざまな影響がもたらされるわけです。災害や、熱中症のような健康被害、農業や生態系への悪影響など、いろいろ考えられますが、それを全体として、どう見て、どのぐらい心配したらいいのでしょうか。

いくつかの観点でその影響の全体を見たときに、何℃ぐらいの上昇から心配になるかを表現したグラフがあります（図10）。この図だけ、横浜で発表された第2作業部会の報告書から借りました。縦軸は世界平均気温の上昇で、左が現在付近を基準とした目盛り、右が産業革命前を基準とした目盛りです。

最初が、「脅威にさらされている独特の生態系や文化等のシステム」。例えば、野生生物種の絶滅の増加や、サンゴの白化や死滅など。これらは、すでにそういう変化が検出されていて、さらに気温が上がっていくと、どんどんリスクが高くなっていきます。

次に「極端な気象現象による気候変動関連リスク」。異常気象の増加も、すでに始まりつつあります。

次に「影響の分布」。これは、国によって、あるいは同じ国の中でも貧しい人がたくさん悪影響を受けるなど、影響の分布が不均一であるということ。それによって社会的な格差が広がったりします。その心配も、すでに起こり始めています。

そして、「世界総合的な影響」。さまざまな影響の被害額です。例えば、洪水が起きた時の被害などをお金に換算して足していって、累計額がはっきりとマイナスになってくるのは何℃ぐらいからか、ということです。寒いところの農業などではプラスもあると考えられるので、現在はまだマイナスとはいえませんが、もう少し温度が上がるとマイナスになってきます。

最後に、「大規模な特異現象」。これは、ある温度を超えると地球規模の何か大きな変化が始まってしま

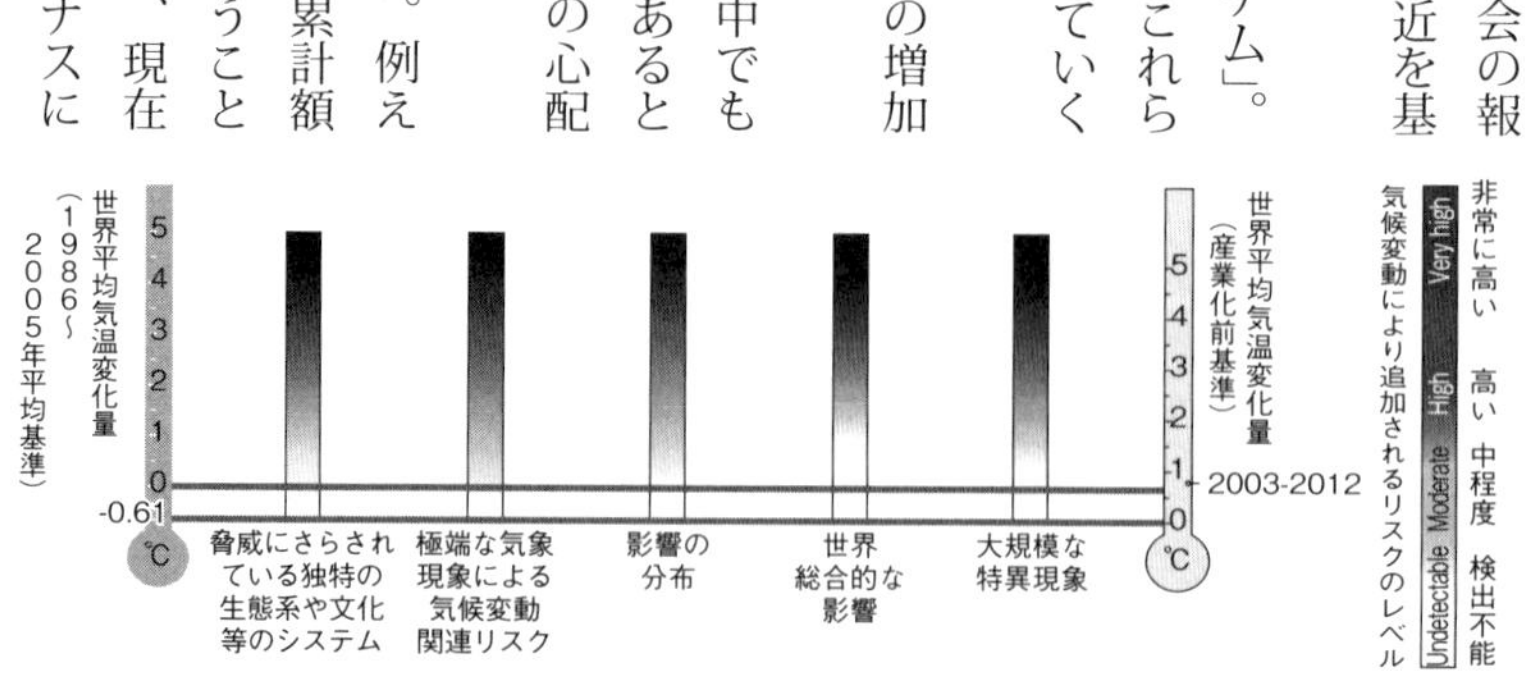

IPCC 第5次評価報告書 第2作業部会 政策決定者向け要約Assessment Box SPM.1 Fig.1抜粋
（P16※2 記載のサイトにカラーの原図あり）

図10　気温上昇量と「懸念の理由」

うことです。例えば、海洋循環の様子が変わるとか、アマゾンの熱帯雨林が一斉に枯れ始めるとか、そういう大きな変化が始まる可能性です。これも、もうすぐ始まってもおかしくない状況だということです。

どこで温暖化を止めるべきか

ところが、この図を見ても、何℃で温暖化を止めなくてはいけないかは分かりません。科学だけでは、決められない。どの見方で見るのが最も良いのか、あるいは、どの見方に重みをつけて見たら良いのか。そして、どのあたりまで我慢して、どこから心配すべきなのか。これは人によっても、いわゆる価値判断によって異なります。

ただ、最後の「大規模な特異現象」については、ある温度を超えると起きる現象が、誰が見ても避けるべきものであれば、きっと誰もが何℃を超えてはいけないと思うかもしれません。ちなみに、英語では、その特異現象のことをティッピング・エレメンツと言っています。ある温度を超えた時に、今まで連続的に変化していたものがバタンと不連続な変化を起こすようなものを指します。

その一例として、グリーンランドの氷の不安定化を取り上げましょう。グリーンランドの氷は、すでに解けていますが、今ぐらいの温度で温度上昇が止まれば、融解も止まるはずです。しかし、このまま上がっていって、ある温度を超えれば、その後で上昇が止まったとしても、融解は止まらず、氷が解け続ける。そういう不連続な違いが生じるような、スイッチが入る閾値があると考えられています。その温度は、実はあまりはっきり分かっていなくて、産業革命前からプラス1〜4℃のどこかでしょう。もし1℃なら、もうすぐです。でも4℃なら、まだずいぶん余裕があるということになります。

そして、スイッチが入った時に、すぐに氷がバーッと全部解けて海面が上がるのかというと、そうではない。実は氷が全部解け切るまで、1000年以上時間がかかります。グリーンランドには、世界の海面を7メートルも上昇させるだけの膨大な氷が乗っているわけですが、それがいっぺんにではなく、時間をかけて解けるというわけです。

さて、そう言われたときに、どうするかです。仮に、閾値がはっきり分かっていて、例えば2℃を超えるとスイッチが入り海面がすぐ上がると言われたら、誰もが2℃を超えてはいけないと思うでしょう。しかし厄介なことに実際はそうではなく、何℃がスイッチか不確かな上に、始まっても非常に長い時間かかると。そうすると、「これが始まってしまったとしても、われわれ今生きている人たちにとっては致命的じゃないかもしれないし、あるいは将来も、そんな1000年もあれば大規模に移住したりとかして、何とかなるかもしれないじゃないか。そんなのは起こっちゃってもしょうがないじゃないか」と思う人もいるかもしれない。一方で、「いや、そんなことはやっぱり起こってはいけない。そんな将来の世代に対して大きな迷惑をかけるようなことのスイッチを、今生きているわれわれが入れてしまうのは絶対に避けるべきだ」と思う人もいる。やはり、何℃で温暖化を止めなくてはいけないかという問題は、科学だけでは答えが出ないわけです。

現在は、「世界の気温上昇は2℃で止めましょう」という数字が掲げられています。これを決めたのは、2010年にメキシコのカンクンで行われた国連の気候変動枠組条約のCOP16[※6]です。「産業化以前からの世界平均気温の上昇を2℃以内に収める観点から温室効果ガス排出量の大幅削減の必要性を認識する」と、合意文書の中に書いてあります。

科学的に2℃と、はっきり決まるわけではないけれど、科学を参考にした上で、何らかの政治的・社会的な判断として、このような数字が現在掲げられているわけです。この2℃というのは、先ほどの予測グラフで見ると、対策をしない場合には、2050年か、あるいはもう少し早く超えるかもしれない。結構すぐです。徹底的に対策をやった場合には、必ずとは言えないが、かなり高い可能性で2℃以内に収まる

※6　COP16
2010年11月29日から12月10日に、メキシコのカンクンで開催された。この会議で採択されたのが「カンクン合意書」。

と。そういう数字です。

対策の効果はすぐには出ない

実は、対策したからといって、気温上昇がすぐに止まるわけではありません。例えば今すぐ徹底的な対策を始めても、２０３０年や２０４０年の温暖化の傾向は、全く対策しない場合とそれほど変わりません。ようやく効果が表れるのは、２０５０年あたりからです。気温の上昇が止まり、地球温暖化の途中で踏みとどまることができるのです。[※7]

これで分かるのは、いずれにしても温暖化が進むので、その悪影響に備えなくてはいけないということ。それから、対策の効果が出るのは、かなり先だということです。今日から対策をしても、異常気象の増え方が少しマシになるのは、少なくとも来年ではない。おそらく10年後でもない。例えば30年後ぐらいに、ようやくそのご利益が表れてくる。

これを考えると、われわれは本当に長期的な視野を持って選択できるのだろうか。これは、動機付けにおける大きなチャレンジであると私には感じられます。

二酸化炭素は累積量で効いてくる

「徹底的に」というのは、排出量をどれぐらい減らせばよいのか。実は、高い確率で気温上昇を２℃以下に収めたいのなら、２０７０年には排出量をゼロに、２１００年までにはマイナスにする必要があります。よく「世界の排出量を２０５０年までに半減しよう」と言いますが、それで終わりではありません。世界は今世紀末に向けて、二酸化炭素を一切出さないような世の中に変わっていかなくてはいけないのです。

※7
対策しなかった場合と、2℃以内に収まるような対策をした場合とで、気温上昇の推移を比較したシミュレーション動画がある。対策の効果がいつごろから表れるのか、2100年の時点で両者にどれほど差が出るのか、CGで視覚的に捉えることができる。
https://www.youtube.com/watch?v=4flssBmr1nE

世界平均気温の上昇量は、二酸化炭素の累積排出量とほぼ比例します。過去から積み上げたトータルの量で決まります。このことが、改めて第5次評価報告書で強調されました。気温上昇の上限を決めると、おのずから累積排出量の上限も決まってしまうのです。

例えば50パーセント以上の確率で、世界平均気温上昇を産業革命前から2℃以内にするには、累積排出量の上限が８２０ＧｔＣ[※8]です。

すでに人類は、２０１１年までに５１５ＧｔＣぐらい出しています。差し引きして残り３００ＧｔＣぐらいで、上限に達してしまいます。実は今、世界全体で排出している二酸化炭素が年間約10ＧｔＣなので、このままの排出量が毎年続けば、あと30年。年々排出量が増えていけば、もっと早く達する。メタンなど、二酸化炭素以外の増加による気温上昇の可能性にも考慮が必要です。かなり近くに天井があるということが分かります。

「徹底的な対策」の中身とは

二酸化炭素排出量をゼロにしなくてはいけない。では、どうするか。もちろん産業活動をやめればゼロになるけれど、では、やめましょうとは誰も言いません。だから、産業活動をしながら、エネルギーを使いながら、二酸化炭素を出さないようにするためのアイデアが、今いろいろ考えられています。

一つ、有力だと言われているのが、「バイオマスＣＣＳ」[※9]と呼ばれる技術です。ＣＣＳは二酸化炭素回収貯留のことで、二酸化炭素を集めて地中の帯水層や岩盤の所に封じ込めます。これをバイオマスエネルギーと組み合わせるわけです。植物は育つときに大気から二酸化炭素を吸います。燃料にするなり発電するなり、植物からエネルギーを取り出して、排出した二酸化炭素を大気に返さずに地中に閉じ込めると、これをやればやるほど大気から二酸化炭素を吸い出し地中に封じ込めることができる。つまり、エネルギ

※8　GtC
ギガトン炭素換算量。二酸化炭素排出量を炭素に換算し、ギガトン（10億トン）単位で表したもの。

※9　バイオマスCCS
バイオマスとは、生物資源（bio）の量（mass）を表す概念。一般に、生物由来の再生可能な有機性資源で、化石資源を除いたものをバイオマス（バイオマス資源）と呼ぶ。CCSはCO_2 Capture and Storageの略。

ーを使いながら排出量はマイナスにできる。人類が大規模にこれをやれば、例えば他にどうしてもプラスの排出源があっても、それを打ち消して正味でゼロやマイナスを実現できる。これが理論的には可能であるというわけです。

しかし、いくつか心配もあります。まず、この植物を植えるほどの面積があるのか。土地が足りないと食料生産と競合します。あるいは生態系破壊になります。それから、そもそもCCSという技術自体を大規模に世界中でやることを、みんなが受け入れるかどうか。ですから、本当にこれをやれるかどうかは、まだ分かりません。

このバイオマスCCSは、二酸化炭素除去技術（CDR）の一つです。CDRは、気候工学の一分野です。気候工学は、もっと極端な技術も含め、大規模な工学的な手法で地球の気候をコントロールするアイデアの総称で、大別してCDRとSRM※10があります。

※10 CDRとSRM
CDRはCarbon Dioxide Removalの略、SRMはSolar Radiation Managementの略。第12講P.380も参照。

太陽放射管理は劇薬

SRMは太陽放射管理とも呼ばれる技術で、太陽から来るエネルギーを何らかの方法で減らすことで気温をコントロールできると期待するものです。例えば、太陽と地球の間に巨大なシールドを打ち上げる。この案はお金が掛かりそうなので、もっと安くできそうな案として、成層圏、つまり大気の高い所に、エアロゾル（微粒子）を撒く。火山が噴火すると、火山ガスが成層圏でエアロゾルになって日射を遮り地球が冷えます。それと同じように、飛行機などで適量のエアロゾルを撒き続ければ、地球の温度をコントロールできるのではないか。こういったアイデアが、今では、かなり真剣に議論されているわけです。

しかし、SRMにも心配があります。仮にうまくいって地球の平均気温がコントロールできたとしても、温度分布や、雨の降り方が変わってしまうのではないか。それから、この方法では、海洋酸性化は止まりません。今、海が二酸化炭素を吸って酸性になって生態系に悪影響を及ぼしているのですが、温度をコントロールするだけだと、この問題はコントロールできない。それから、終端効果。これが結構、厄介だと思います。つまり、ＳＲＭに頼ってみんなが二酸化炭素を出し続けたら、温室効果ガスは蓄積し続けます。増えた二酸化炭素の分だけ、またたくさんのエアロゾルを撒けば良いのですが、エアロゾルは撒き続けないと、その濃度を保てません。では、もしもあるとき何等かの理由で撒けなくなったら、どうなるのか。撒くのをやめた途端にエアロゾルの濃度はスーッと落ち、温室効果ガスは変わらず大気中にある。すると、今まで打ち消していた分の温暖化が、急激に立ち上がるということになります。その時には、世界の平均気温が10年で２℃上がってもおかしくない。

要するに、ＳＲＭは劇薬なのです。どうやら、これをやれば大丈夫という技術ではない。それでも、こういう議論が今進んでいるということは、これほどのことまで考えないとマズイという、それぐらいの強い危機感が、一部の専門家にはあるということでしょう。

温暖化対策はリスク管理である

われわれ人類は、この気候変動の問題に関しては、結構厳しいところまで追い詰められていると私は思います。

気候変動は放っておくと、いろいろな悪影響があります。逆に、それを止めようとしても、止め方が極端だったり、やり方が下手だったりすると、別のリスクを生じます。しかし、もはや、気候変動の悪影響も嫌だし、止めることに伴うリスクも嫌だ、両方嫌だとは言えない段階なのではないでしょうか。

そこで、気候変動関連のリスクを全体像で捉えるために、気候変動と、その対策の、悪影響と好影響をまとめてみました（図11）。

まず、気候変動が進めば進むほど、さまざまな悪影響が心配されます。環境破壊によって難民や紛争が増え、社会的な混乱につながるから、安全保障の問題だと言う人もいます。

一方で、気候変動が進むことによって、いい影響もあります。例えば、北極海に氷がなくなったら、船が通れるようになっていいじゃないか。そういう話も一応考慮に入れます。

次に、徹底的に対策した場合です。悪影響としては、まず誰もが心配するのは、経済的なコストというものです。他にも、個々の対策技術が持つリスクがあります。例えば、日本で今、分かりやすいのは原発です。原発をたくさん増やして温暖化対策しようと思うと、当然その技術に伴うリスクがある。それから、先ほどのバイオマス燃料と食料生産の競合とか、あるいは急激に産業構造などの社会の仕組みを変えようとすると、会社がたくさん潰れて、失業者が増えるのではないかとか。そういう心配もあると思います。

一方で、対策の好影響としては、もちろんどんどんやることで温暖化が止まる、あるいは悪影響を抑制できる。それ以外にも、省エネの普及や、再生可能エネルギー等によるエネルギー自給率の向上、大気汚染の抑制や、新たなビジネスチャンスになるなど、副次的ないいこともあります。

果たして、これ全部を見たときに、われわれはどう判断したら良いのでしょうか。悪影響も好影響もある中で、どの影響を自分が被るかとい

気候変動の悪影響	気候変動の好影響
・熱波、大雨、干ばつ、海面上昇 ・水資源、食料、健康、生態系への悪影響 ・難民・紛争増加？ ・地球規模の異変？ ・…	・寒冷地の温暖化による健康や農業への好影響 ・北極海航路 ・…
対策の悪影響	**対策の好影響**
・経済的コスト ・対策技術の持つリスク（原発など） ・バイオマス燃料と食料生産の競合 ・急激な社会構造変革に伴うリスク ・…	・気候変動の抑制、悪影響の抑制 ・省エネ ・エネルギー自給率向上 ・大気汚染の抑制 ・環境ビジネス ・…

悪影響、好影響の出方は、国、地域、世代（現在⇔将来）、社会的属性（年齢、職種、所得等）によって異なる

図11　気候変動関連リスクを「全体像」で捉える

うと、これは、国や地域や世代など、さまざまな社会的属性によって違ってきます。言ってみれば、気候変動が進むことによって、損する人もいれば、得する人もいる。そして、極端に対策をしたときに、損する人もいれば、得する人もいる。同時にまた、この問題には、当然、損得だけではなくて、将来世代や生態系がどれぐらい心配かという、人によって違う価値判断も入ってきます。

こういう中で、どのリスクを取って、それをどう管理していくのか。そういう社会的な判断をしなくてはいけない。これが、この問題に対する最終的な私の見方です。

どちらの主張にもリスクはある

気候変動と対策を論じるにあたって、世の中は、かなりはっきりとした陣営の分かれ方をしているように思えます。つまり、対策をどんどんやったほうがいい、という人と、やり過ぎると経済が心配だからほどほどにやったほうがいい、という人です。

前者は、「温暖化が進むとこんなに大変だ。対策をどんどんやれば、こんなにいいこともあるじゃないか」と言う。一方、逆の立場の後者は、「対策をやり過ぎると、経済とか、いろいろ心配だ。温暖化しても、いいことだってあるじゃないか」と言う。

先ほどの表（図11）で言えば、両者は互いに別枠の議論をしていて、なかなか噛み合わないのです。私は、対策積極派と慎重派と呼んでいますが、両者が噛み合っていかないのは、地球環境問題という非常に大きな広がりを持った問題があったときに、その捉え方や切り取り方が、両陣営で全く異なるからです。

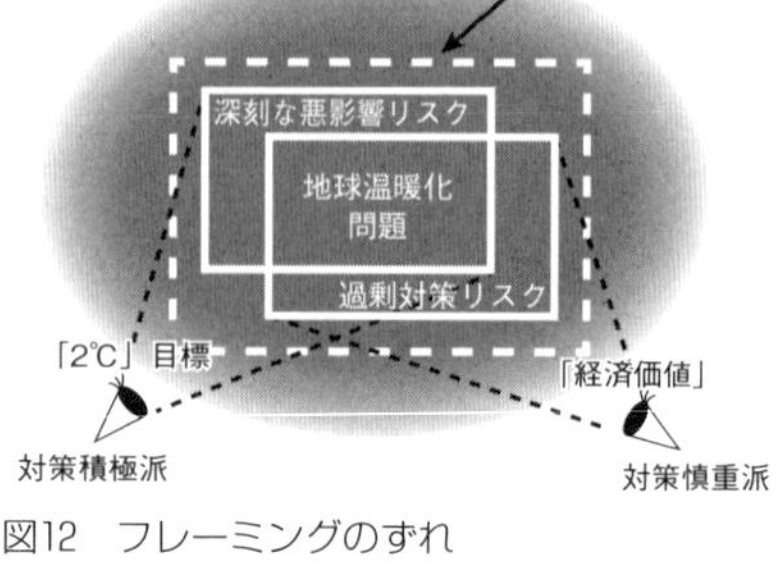

図12　フレーミングのずれ

対策積極派の切り取り方には、「深刻な悪影響が起こったら心配だ」ということは入っている。一方で、対策慎重派は、また別の切り取り方をしていて、その中には、「対策をやり過ぎたときに経済が心配だ」ということは入っている。しかし、互いの問題意識の中に、相手の捉え方が入っていない。その主張が完全にすれ違っている（図12）。

ですから、これを両方含むような、両者を相対化する新たなフレームが必要なのです。「このリスクもあるし、このリスクもあるよね、確かに」と、まず認める。そして、両方にリスクがあることを知った上で、「どのリスクを取って管理していくのか、という判断は必要だ」と。そういう見方に変えていかなくては進まないのではないかと思います。これを「リスク選択」と私は言っています。

われわれは今、岐路に立たされています。対策積極派から慎重派まで、その中間にも、いくつも選択肢があります。一見、それぞれの言うことを聞いて進めば安全で、人類の逃げ道があるように思える。しかし実際には、その先には必ずリスクがある。どの道を選んでもリスクがあるということを認識した時に、どこを選ぶのか、という問題です（図13）。

リスク選択は誰がするのか

では、社会的なリスクの選択は、誰がどうやって決定するのでしょうか。私はここにも、大きな対立があると思っています。テクノクラシー支持と、デモクラシー支持です。

前者は、知識を持ったエリートが合理的に判断したらいいじゃないかという考え。それは往々にして、「市民の意見は感情的で非合理的だから、

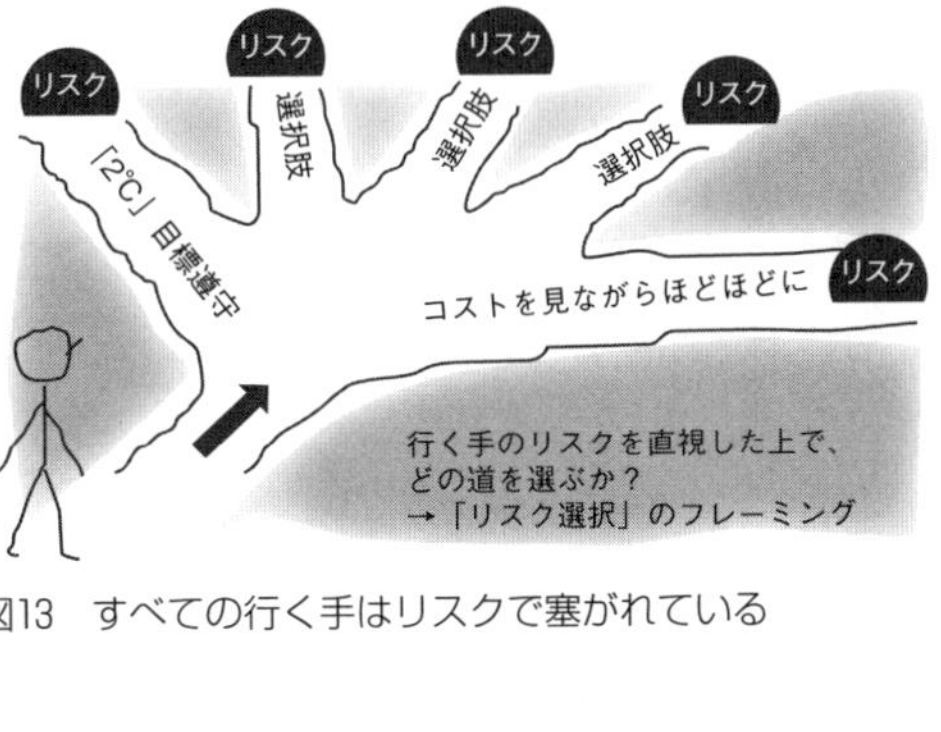

図13　すべての行く手はリスクで塞がれている

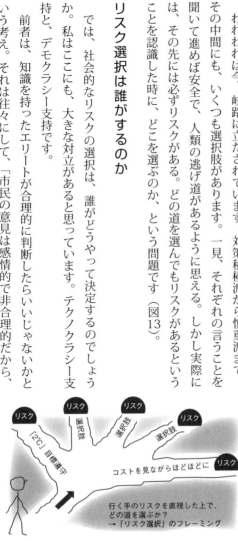

なるべく聞きたくないな」というふうに聞こえる。

逆に後者は、主権を持った市民が民主的に判断する、あるいは判断に参加すべきだという考え。それは、「エリートに任せておくと自分の利権やメンツを優先するから、なるべく任せたくないな」というふうに聞こえる。

温暖化の問題より、この構図が見えやすいのは、脱原発論争です。非常に、両者間に相互不信があるように感じます。

テクノクラシー支持とデモクラシー支持のどちらがいいのか。この答えは簡単には出ませんが、少なくとも私が思っているのは、単純なエリート主義やテクノクラシー主義では立ち行かない場面が、最近よく観察されるようになってきたということです。専門家が単純に正解を供給できなくなっています。

その歴史的かつ重要な例と言われているのが、英国のＢＳＥ問題[※11]です。狂牛病の専門家の委員会が、「人にはうつらない」と言って行政がそれを発表したところ、１９９６年に人にうつることが分かった。専門家と行政が、大きな不信を突き付けられました。この時に、英国の科学コミュニケーションの考え方が大きく転換したと言われています。

以前は、「欠如モデル」でした（第13講図2を参照）。一般市民は科学的な知識が欠如しているので、過剰に心配したり、間違った判断をしたりする。だから、科学的な知識を注入して欠如を埋めてやれば、一般市民も専門家と同じような判断をするようになるはずであるという考えです。

しかし、こういうことがあったので、欠如モデルではまずかったのでは、という反省から、「対話モデル」が登場しました。一般市民は科学的な知識は十分に持っていないかもしれないけれど、それぞれの立場でそれぞれに正当な心配を持っていたり、ものの見方をしていたり、あるいは専門家だけで話していたのでは気が付かないような観点を持っていたりするのではないか。それを専門家は学ばなければいけない

※11　ＢＳＥ問題
ＢＳＥは牛海綿状脳症（Bovine Spongiform Encephalopathy）。感染、発症した牛の症状から、「狂牛病」とも呼ばれる。

だろうし、一方で市民は専門家から学ばなくてはいけない。相互に対話して学び合うようなことが必要である。こういうことが、だんだん言われるようになってきた。これが「対話モデル」です。

欠如モデルにおける事件は、他にもあります。イタリアのラクイラ地震[※12]です。小さい地震が続いている時に、専門家の委員会が「これは大地震の予兆ではない」という結論を出して行政がそれを安全宣言であるかのように発表しました。しかし実際には2009年に大地震が起きて、たくさんの人が亡くなった。専門家の委員会が過失致死で起訴されるという、非常にショッキングな結末でした。

そして、日本においては、言うまでもないと思いますが、3・11で「原子力ムラ」や「安全神話」といった専門家批判が起きました。あるいは最近、漫画『美味しんぼ』の表現をめぐって再燃していますが、専門家によって低線量被ばくを安全だと言ったり危険だと言ったりする。何が正しいか分からない、という問題も起きてきました。

では、どうしたら良いのか。私は、単純な答えは持っていませんが、必要条件だと思うのは、まず専門家の持っている質の高い情報の共有です。それから、社会のさまざまな人々の意見を聞きながら、透明性の高いプロセスに基づいて議論を進めること。そして最後は、日本は間接民主主義の国なので、政治的な責任において、政治的に判断されるべきなのかな、というふうに思っています。

果たして、そうなっているでしょうか。特に相互不信の構造があるときには、まず信頼関係を築くことが非常に重要ですが、どうやったら築けるのでしょうか。それが今、突き付けられている課題でしょう。

最近の例では、エネルギー基本計画が出ました。パブリックコメントはありましたが、基本的には、専門家が議論して、そのあと政治家が議論して決まった。その計画の一番終わりに、「双方向コミュニケーションの重要性」と書いてあるのです。これがお題目に終わらないように注視していかなくてはいけない。私も、できるところで、そのようなプロセスづくりに貢献していきたいと思っています。

※12　ラクイラ地震
2009年1月から4月にかけてイタリア アブルッツォ州・ラクイラ付近で発生した群発地震。その終盤の4月6日3時32分（現地時間）にマグニチュード6・3の大地震が発生し、死者300人を超える大きな被害が発生した。

Q ＩＰＣＣの第４次評価報告書のときは、シミュレーションが６パターンあったように思う。今回、４パターンに減った理由は？

A 前回は、人口やＧＤＰが将来どうなるかという社会経済シナリオが先にあり、そこから、それぞれの世の中での排出量や気候変動を計算する順番で６ケースほど作った。しかし、この流れだと、気候モデルをやる人が社会経済のシナリオの完成を待たなければならない。スーパーコンピュータを遊ばせておく時間ももったいないので、気候モデル側からシナリオの数を減らしてほしいとリクエストした。最も気温が高くなるケースと対策をやって低くなるケース、この両極端をカバーして、その間のシナリオをいくつか。みんな真ん中にしか注目しないから奇数はいけないということで、最少の３つではなく４つに落ち着いた。

Q 今回からＲＣＰ[※13]シナリオになった。前回まではＳＲＥＳ[※14]シナリオで、ちゃんとロジックがあり、将来を想定して見ることができたが、ＲＣＰになって、シナリオ自体の将来設計の基本方針が見えなくなった。なぜＳＲＥＳでは駄目だったのか？　ＲＣＰにした利点は？

※13　ＲＣＰはRepresentative Concentration Pathwaysの略。

※14　ＳＲＥＳはSpecial Report on Emission Scenariosの略。ＩＰＣＣが特別なプロジェクトチームを組んで開発したシナリオで、２０００年に発表された。ＳＲＥＳという名称はその時に出されたレポートのタイトルから。世界の将来像を描いたストーリーが最初にあり、それに沿って計算を進めるのが特徴。

A ＳＲＥＳシナリオの時は、社会経済、放射強制力（大気中の温室効果ガスの濃度とほぼ同じ意味）、気候変化予測、影響評価という順番でやった。しかし、社会経済モデルを新しくつくるのを待てないので、同時に気候の計算を始め、並行して進められるようにした。それがＲＣＰ。「代表濃度経路」と言うこともあるが、まず濃度があり、結果的にこういう濃度になる社会経済排出を別途研究する方法。現在、どんな人口やＧＤＰや対策で、というＲＣＰに合う具体的なシナリオを、複数の機関がつくっている。一部は第３作業部会の報告書にも入っている。社会経済については、ＳＳＰ（Shared Socioeconomic Pathways）という新たな研究も始まっている。これができれば、社会の将来の進み方を考えながらシナリオの議論ができるようになる。今回には間に合わず、第６次の報告書に書かれる予定だ。

Q リスク選択の図で５本指が描かれているが、いまだに「２℃、そんな厳しいのは嫌だ」という動きがあるのか？　確か１９８０年代後半に、ある気象関係者がすでに、世界のCO_2排出量を２０５０年までに半減しないと大変なことになると言っていた。また、『成長の限界』の最新版にも、あらゆる対策をとれば安定化は可能と載っていて、私は２℃目標がすでに世界の潮流だと思っていたが？

A 残念ながら、現時点では世界で２℃に向かう排出削減のめどは立っていない。短期的に見れば、今は何も対策していないも同然のシナリオに乗っている。２℃を本気で目指すなら、かなり大胆な技術も含め、相当社会を変えなくてはいけない。私には、人類というか世界には、そちらに向かう本当の決心は、まだついていないように見える。

２０１５年のＣＯＰで２０２０年以降の世界の枠組みを決める。今は京都議定書の第２約束期間が走っているが、日本は目標を持っていない。目標を持っている欧州を中心とした少数の国と自主的に宣言している国の目標を足しても、２０５０年半減や２℃目標に相当するような削減量には全く届かないのが現状。

Q 欧州の数カ国は1990年比70〜80パーセント減らすと一時期言っていたが、後退したのか？　国立環境研究所でも持続可能なシナリオを2つつくっておられるが、それも2℃を目指すものではないということか？

A 日本も2050年には国内の排出量を80パーセント削減すると閣議決定して掲げている。しかし私の理解では、英国などは80〜90パーセント減らすための具体的な議論をしているが、日本では政府が責任を持って達成のために真剣に考えているようには見えない。もちろん原発が止まっているという事情もあるが。

Q 第5次評価報告書が出た時、気候工学が載っていて驚いたが、不確実性があるよ、という書きぶりだったと思う。これは、気候工学を一生懸命やっている人がいるからやむを得ず載せたのか、それとも、不確実性が大きいからやめておけよ、というブレーキをかけたいがために載せたのか？

A IPCCの報告書に何を書くかは、各国の政府が集まって決める。政府が話し合って出した内容がずいぶんあり、気候工学も、その一つ。いろいろな立場の政府があるのかもしれないが、やはり気候工学の議論が気になるので、今どんなことが言えるのかをちゃんと書いておいてほしいという希望はあったと思う。IPCCの表現についても、最終的には政府との合意で決まる。だから、そのニュアンスについて科学者だけが責任を持つものではないが、基本的には推進も反対もない。今分かっていることを書くというスタンス。

Q ティッピング・エレメンツについては、山本先生（第12講）の以前のご講演で、北極海の海氷面積が減るとアルベド（反射率）が低下して、それがポジティブフィードバックになってメタンが発生して……と聞いた。そういう効果は、基本的にシミュレーションモデルの中に織り込み済みなのか？

A 海氷のフィードバックは入っている。ポジティブフィードバックがあると増幅するが、必ずしも暴走するわけではない。基本的に地球の気候は、温度が上がるほど赤外線をたくさん宇宙に捨てようとするので、それが強いネガティブフィードバックになる。それをポジティブフィードバックが相殺して正味で勝てば暴走するが、海氷や水蒸気の影響を加味しても、これぐらいの範囲だと、普通そういうことは起こらない。

メタンは今のシミュレーションに入っていない。温暖化してシベリアの凍土や北極海の海底のメタンハイドレートから出るとしても、その効果は不明なので。今回の報告書には、確信度は非常に低いとしながら、その粗い見積もりが出たが、その値を見る限り、結果を大きく変えるような、例えばそれがあると暴走してしまうような大きさはなかったと思う。ただ、非常に不確実性は高い。

Q 現在の対策ではまだ実現できていない技術革新が、将来までの時間軸の中で実現していくという期待値は？　そういう社会の発展は、シミュレーションの中に、どのように織り込まれているのか？

A その分野は詳しくないが、既存の実証済みの技術については、技術革新による習熟効果、つまり安くなったり効率が良くなったりするのは、ある程度シナリオに入れることができるし、入れているものがあるのではないかと理解している。一方で、人工光合成や藻類オイル技術など未実証の技術については、シナリオに入れるのは難しい。コストや削減効果が分からず入れていない革新的技術が、たまたまうまく転んで大規模に実用化されて、楽観的な方向に話が変わっていく可能性はあると思う。

Q 平均気温が予想どおり上がっていかず、海洋にエネルギーが蓄積されたという記述がよく出てきている。これはいつごろ出た説か？　なぜ前回の報告では予測できなかったのか？

A 海が熱を吸っているのだろうと分かってきたのは、ここ数年。今回の報告書の仕上げ段階に入ってから、論文がいくつか出て、報告書が発表されてから、どういうことかという説明を含めて、より本格的に出ている。次は、いつ気温上昇が始まるかが、さらにホットな研究のトピックになっている。

基本的に自然変動というのは、非常に特殊なケース以外は予測できない。カオスといって、初期条件が少し違うと全くその先の振る舞いが変わるので、例えば天気予報も1週間より先を予測するのは非常に難しい。エルニーニョも来年のことは、ほとんど分からない。それと同じで、変動が主要因の事象なので、前回はそういう記述がなかったということだと思う。

Q 原発やCCS、宇宙太陽光発電は本当に環境にやさしい技術なのか?

A 「環境にやさしい」が何を意味するのか、やさしければいいのかを含め、技術は、さまざまな観点から評価しなくてはいけない。観点によって、人の意見は肯定的にも否定的にも変わっていく。

原発は、当然リスクがあるが、英米では最近、環境保護論者が原発推進に転じるドキュメンタリー映画『パンドラの約束』をつくった人たちや米国NASAの気候科学者ジェームス・ハンセン[※15]などが、原発はやるべきだと言っている。「日本人は論理的じゃないので、それを聞いても分からない」という言い方をする英米人もいるが、論理的かどうかよりも、日本では今、やはり原発に対する信頼が失われているということが、非常に大きい。どんなにいい技術だと言われても、なかなか聞けない。

CCSは、CO_2が漏れてくるとか、CO_2を埋める時に地震を誘発するとかいう話がある。技術者は、「たいした地震ではない」「安全です」と言うが分からない。私は、それよりむしろコストの問題が大きいと思う。わざわざCO_2を地中に埋めても温暖化対策以外の役に立たないので、CO_2を大気に出すのを避けることに、われわれが経済的な価値を付けるかどうか。その認識共有こそが、本質的な問題では。

宇宙太陽光発電、よく分からないが、発電して地球に送る時に、実質的に宇宙兵器になってしまうから実用化が難しいと聞いたことがある。つまり、マイクロ波か何かで送るので、送る場所を操作して人に当てたら大変なことになる。

※15 ジェームズ・ハンセン James E. Hansen
1941年〜。気候変動の危機をいち早く訴えた米国の科学者。

Q LCA(ライフサイクルアセスメント)で環境評価をする時、よくGWP(Global Warming Potential、地球温暖化係数)を使ってカーボンフットプリントを追い求める。産業界の方々も、GWPを信じて使っている。しかし第5次評価報告書で、GTP(Global Temperature Change Potential)という違うポテンシャルを表す指標が出てきた。どちらを使ったらいいのか?

A GWPは単位排出量が大気にもたらす放射強制力の大きさに比例して悪影響があると仮定した時に、その大きさに応じた重みを付けるもの。GTPは、温度の目標を例えばプラス2℃と設定した時に、そこに早く近付いてしまうようなものに重みを付けるもの。

2℃という目標を本気で掲げて共有する社会なら、GTPのほうがより適切な指標になる。ただしGTPを実際に使う前に、いくつか不確実なパラメータを決める必要がある。そこが技術的に難しいと思う。

Q 日本の適応策の現状は?

A 環境省に委員会ができて、「国家適応戦略」をつくる議論が2013年から始まった。2015年から、国が掛け声をかけて、各自治体に実践してもらう体制になる予定。これは他国ではすでに始まっていることだ。

水需要の高まりに応える動きを、日本から

第2講　世界における水ビジネスの最前線～勝てる日本企業の戦略は～

吉村和就（グローバルウォータ・ジャパン代表）

吉村和就（よしむら・かずなり）/1948年秋田県生まれ。グローバルウォータ・ジャパン代表。1972年荏原インフィルコ入社、1994年荏原製作所本社・経営企画室部長。1998年から国の要請により国連ニューヨーク本部経済社会局で環境審議官を務める。9.11NY同時多発テロ後帰国し、2005年グローバルウォータ・ジャパンを設立し今に至る。水の安全保障戦略機構・技術普及委員長など、公的機関で水に関する委員を多数歴任。NHK「クローズアップ現代」やテレビ東京「未来世紀ジパング」などテレビ番組出演多数。著書は、『水ビジネス―110兆円水市場の攻防』（角川書店、2009）、『日本人が知らない巨大市場 水ビジネスに挑む』（技術評論社、2009）、『水に流せない水の話』（角川書店、2012）など。

前半で「世界における水ビジネスの最前線」、後半で「勝てる日本企業の戦略」を紹介します。1は、私が『水ビジネス　110兆円水市場の攻防』（角川書店、2009）に書いたことが中心です。2と3は、国連で5年間、194カ国の外交官にもまれた経験から、皆さんの今後の生き方や海外ビジネス展開のヒントになるような話をしたいと思います。

1 世界の水資源の現状

地球は水の惑星？

1961年、人類で初めて宇宙空間から地球を眺めたガガーリン少佐※1は、「地球は青かった」と言いました。衛星写真を見ても、確かに、「地球は水の惑星」に見えます。ここから私たちの大いなる誤解が始まったわけです。

使える真水はわずか0・01パーセント

実は、地球上にある水の97・5パーセントは海水です。淡水はたったの2・5パーセントで、しかも、その8割以上は氷山や氷河と、われわれがすぐ使えない地下水です。では、地表面にあって、すぐ使える水がどれぐらいあるかというと、わずか0・01パーセントなのです（図1）。この貴重な水を、現在、地球人口72億人が分け合って暮らしてい

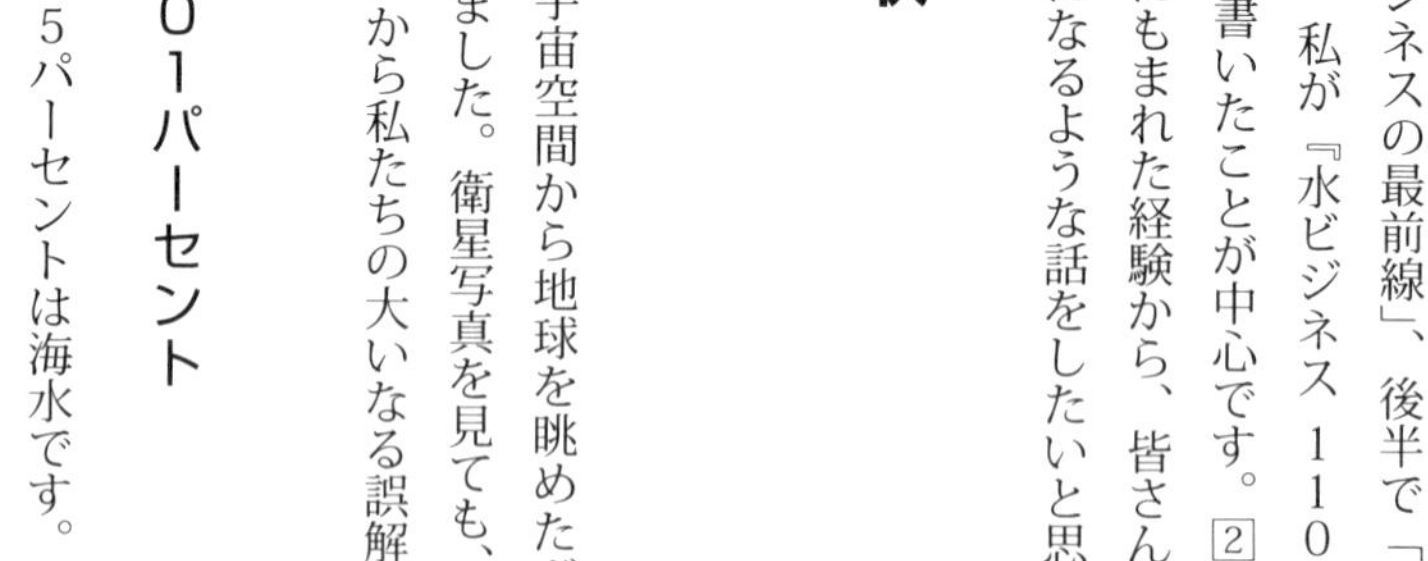

注：1. World Water Resources at the Beginning of the 21st Century;UNESCO,2003をもとに国土交通省水資源部作成
2.この表には、南極大陸の地下水は含まれていない。
出典：国土交通省土地・水資源局水資源部「平成21年度版日本の水資源」

図1　地球上の水資源

※1　ガガーリン少佐
Yuri Alekseyevich Gagarin
1934～1968年。旧ソビエト連邦の軍人、パイロット、宇宙飛行士。1961年、ボストーク1号で世界初の有人宇宙飛行を成功させた。

ます。

水需要は増える一方

誰が水資源を最も使っているのでしょうか。実は、アジアの人々が世界の水総需要の約55パーセントを使っています。これが２０２５年には約70パーセントに達すると言われています。アジア諸国では人口が急増し、経済が発展し、さらに、１人当たりの水の需要が増えていくからです。世界の水問題を語るときには、アジアの水資源をどうするかが大事なのです（図２）。

今でも地球上には、家の中にトイレのない人が約25億人、安全な水を飲めない人が約8億人います。これらの人々が水洗トイレを使ったり、お風呂に入ったりするようになると、水の需要はどんどん増えます。

国連の水への取り組み

国連は、水需要の急増を問題視し、１９９２年の「リオの環境サミット[※2]」以来、いろいろな警告を発しています。

国連にもっと資金があれば、具体的なプロジェクトが実施できるのですが、なにしろ予算がありません。加盟国の中で日本は最大の貢献をしています。国連への拠出金額は米国に次いで2番目ですが、米国はなかなか拠出金を払わないし、国連が米国の言うことを聞かないと、すぐ払うのを止

※2　リオの環境サミット
１９９２年、国連主催で、ブラジルのリオデジャネイロで開催された首脳レベルの国際会議。正式名称は「環境と開発に関する国際連合会議」。「地球サミット」「国連地球サミット」とも呼ばれる。

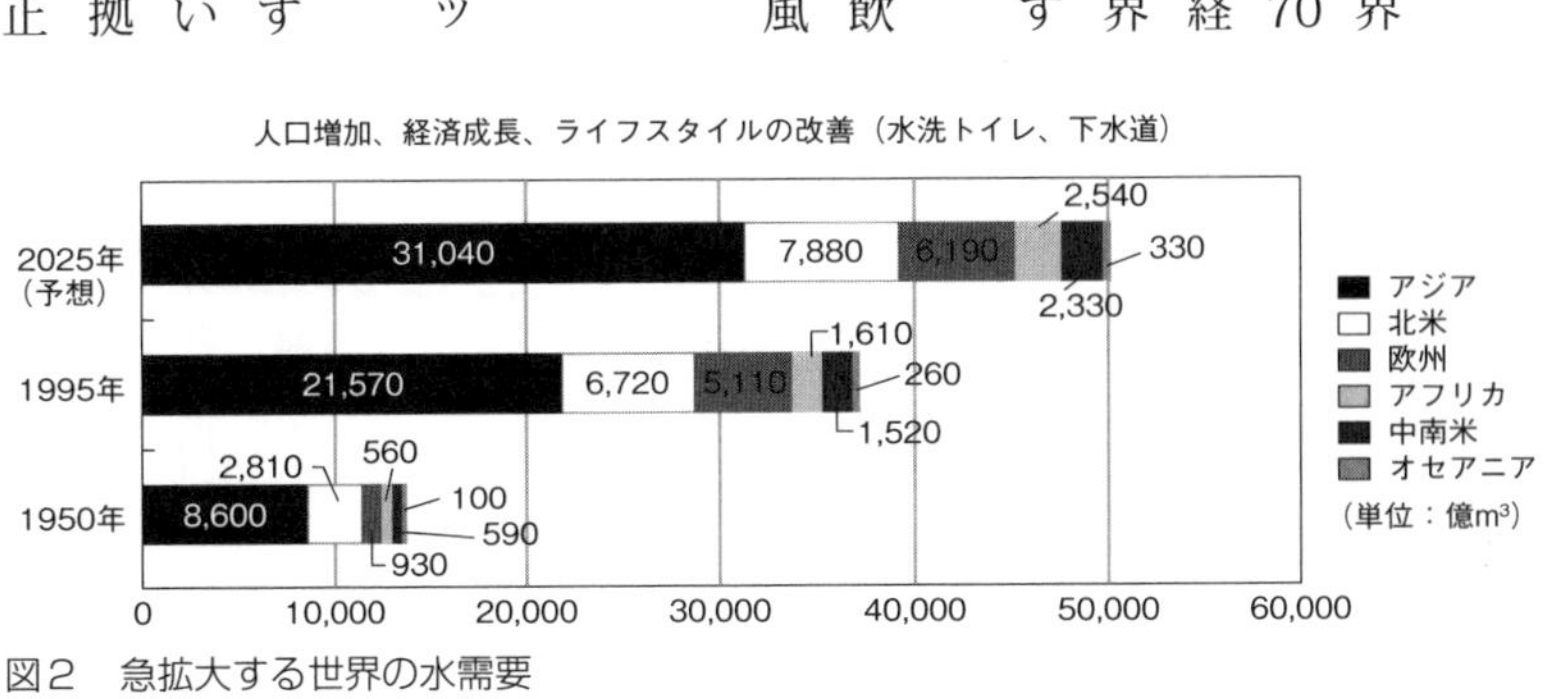

図２　急拡大する世界の水需要

めます。一方、日本は、請求書が来るとすぐに払います。実際、拠出金全体の19・8パーセントは日本が負担しているのです。それでも国連は資金が足りず、自前で事業ができません。ですから国際会議の開催や啓蒙活動が主な業務です。国際会議などで、「このままわれわれが野放図に水を使うと、世界人口の3分の2が水ストレスに直面する」といったアラームを世界に向けて発信しているわけです。

先進国にも迫る水ストレス

人間1人が1年間、快適な水環境で暮らすためには、1700トンの真水が必要です。水ストレスとは、年間1人当たり1000トンを切った状態です、例えばアフリカ諸国がそうです。しかし、水不足問題は発展途上国だけの問題かと言うと、そうではありません。先進国も今や水不足に直面しています。

米国も水不足に直面

米国の干ばつのモニタリング状況は、ウェブサイト「U.S. Drought Monitor」[※3]で毎日のように更新されています。米国は基本的に農業国なので、水資源が命です。にもかかわらず、米国の中央部、8州にまたがるオガララ帯水層の水位は、急激に減少しています。カリフォルニア州やテキサス州、それからフロリダ州も水が足りない状況です。

オガララ帯水層の枯渇

日本の国土面積の1・2倍の広さを持つオガララ帯水層は、米国の農業を支えている母体です。この地下水は浅い層にあり、それを大型ポンプで汲み上げて大型スプリンクラーで撒いて穀物を育てています。米国の西海岸から東海岸に移動する飛行機から地上を見ると、砂漠の真ん中にトウモロコシや小麦を栽培

※3　U.S. Drought Monitor
URLはhttp://droughtmonitor.unl.edu/

している緑の大円がたくさん見えます。

ところが最近、これがどんどん枯れ始めています。色が変わっている円は、水量の減少あるいは塩水化を示しています。地下から汲み上げて灌漑で使った水は、また土壌を通って地下に戻ります。これを繰返すと、土壌中の塩分がどんどん濃縮され、その結果、地下水の塩水化が進むのです。

この地域の降水量は年間500ミリ程度。日本の年間降水量は約1700ミリなので、日本の3分の1しかありません。補給水として不足しています。オガララ帯水層の地下水は、何千年もかかって溜まった化石水です。そういう貴重な化石水を汲み上げて使ってきたのが、米国の農業なのです。

オーストラリアも水不足に直面

日本が食料輸入で頼っているもう一つの国、オーストラリアも水不足です。ただ、国土面積が日本の21倍もあるので、国内で渇水と洪水が同時に起きています。渇水地域は、パース、アデレード、メルボルン、キャンベラ、シドニー、ブリスベン、ゴールドコーストなど、人間が住んでいるところに集中しています。一方で、北部のダーウィン付近は熱帯雨林なので、洪水になるほどの量の雨が降ります。ここからパイプラインで南部の渇水地域に水を送ればいいと誰でも考えますが、なにせ3000～4000キロメートルも離れているので、水路の建設資金や、水を送るポンプの動力費だけでも大変です。

渇水対策と水ビジネス

オーストラリアのクイーンズランド州政府は、渇水対策を進めています。まず、全家庭に雨水タンクを取り付けることを義務化しました。現在、約2割の家庭に雨水タンクが付いています。

中でもユニークな取り組みは、ウォーターポリスです。市内を巡回し、夏の炎天下で水を使った人から罰金を取る「水のおまわりさん」制度です。自分の車を洗っていても、見つかると200ドルの罰金。企業なら500ドルの罰金を取られます。もともと罰金制度の多い国ですが、これぐらい水資源保護にシビアなのです。オーストラリアでは、多くの海水淡水化プロジェクトや再生水プロジェクトが動き始めています。

ライバルの語源はリバー

ライバルの語源はリバー（river）です。「人類最初の大きな争いは水争い」と言われています。人間に必要なものが足りなくなると、争いが生じます。でも争ってばかりではいけません。われわれに不可欠なものがあれば、必ずそこには、ビジネスが発生します。

ビジネスには2種類あります。

①ある目的を達するために、たとえ儲けがなくても、目的に向かって活動すること。

②その活動を通じて、必ず経済的価値を得ること。

広い意味では、ビジネスは前者です。非営利活動などが、こちらに含まれます。そして、狭い意味では、後者です。水問題解決でも、こちらのビジネスが出てきたというわけです。

2 世界水ビジネスの現状

水ビジネス市場の伸び

世界の水マーケットの伸びは、過去10年間で年率平均6パーセントです。途上国のみでは約12パーセントの伸びを示しています。海水淡水化市場は、今後、世界で約14～20パーセント増が期待できると言われています。

特に、水リサイクル市場は、10パーセントか、それ以上、伸びると言われています。「水リサイクル」というのは、自分たちが使った下水や排水を膜などで処理し、もう一回使うことです。いわゆる再生水の処理です。

今後水ビジネスが伸びる地域は

水ビジネスの最大市場は、われわれが住んでいるアジア・オセアニア地域です。市場規模は約9兆ドル。それから、ブラジルやアルゼンチンなどラテンアメリカ地域も大きなマーケットです。

EU諸国の市場も有望です。旧共産圏を中心にして、ハンガリー、ポーランド地域にも、大きな水マーケットがあります。

有望な北米の水市場

米国の人口はヒスパニック等の移民によって、今後50年間で1億人増え、約4億人になると言われています。現在、先進国で人口が10パーセント以上の伸びを示すのは、北米しかありません。これから水インフラに大きな投資が行われるでしょう。

また、金額は少ないけれど伸び率が大きいのが中近東地域です。海水淡水化や下水の再生水処理ビジネスが進展しています。

この地域で活躍しているのが、水メジャーと呼ばれる世界的な水事業会社です（図3）。フランスのヴェオリア、スエズ。それから英国のテムズウォーターです。フランス系2社の売上は、それぞれ1兆円以上です。

水メジャーの実力

給水人口別で見ると、スエズは1億2000万人、ヴェオリアは1億3900万人です。日本の人口が約1億2700万人なので、日本の水道事業全体を1社でやっているぐらいの規模です。

日本の1年間の水道料金を全て積み上げると約2兆9000億円ですが、これらの会社はそれと同じことをやって1兆8000億円で、1兆円以上の差があります。日本は約1400の地方自治体がバラバラに水道事業をしていますが、仮に民間1社に水道事業を任せると、かなり安くなる可能性があると推測できます。もちろん、日本には地震や水利権の問題など、さまざまな課題があるので、欧米流のやり方では駄目ですが、そういうものを全部除くと、やはり民間会社1社に任せたほうが国民にとっていいのかな、という感覚も出てくるわけです。

なお、英国のテムズウォーターは今、寝たふりをしています。英国は現在、水道料金改定の時期で、あまり海外で水道会社が儲けると今後のロンドンの水道料金が値下げされかねないからです。2015年の料金改定作業が終われば、次の改定は5年後なので、また世界に向けてテムズウォーターは動き出すのではないかと推測しています。

企業名	水部門売り上げ	水関連の従業員	給水人口
1. スエズ（フランス）	138億ユーロ（1兆7940億円）	65,400人	1億2000万人
2. ヴェオリア（フランス）	121億ユーロ（1兆5730億円）	96,000人	1億3900万人
3. テムズウォーター（英国）	16億9500万ポンド（2373億円）	4,600人	850万人（英国内）

（130円/Euro、140円/ポンド、as of 2010年）

図３　世界の三大水企業（水メジャー）

なぜフランスは水ビジネスに強いのか

フランスでは、ヴェオリア、スエズとも160年前から水道事業をやっています。フランスは伝統的に水道事業の8割以上は民営なのです。国内市場が飽和すれば、当然民間会社はその技術やノウハウを持って海外に進出します。

日本とは、政治家の心構えが違います。「外貨の獲得は国益である」として、国家元首自身がセールスマンになります。常に大統領がトップセールスをして、フランスの水ビジネスを牽引しているのです。

またフランスは、「世界水フォーラム」[※4]を主催しています。私が国連にいたときに感じたのは、世界の人々を動かすのに、「武力を使うのが米国」、それとは逆に「文化を使うのがフランス」、ということです。途上国の人々にフランス語を教えたり、ワインを飲む習慣を伝えたり、まず文化で攻める。目標とする各国の要人をパリに招いて、昼はルーブル美術館、エッフェル塔などを視察。夜はワインと豪華なフランス料理で熱烈歓迎。これを1週間も続けられると、招かれた要人は、皆フランス通になって母国に帰っていきます。このように文化で攻めるのが得意な国が、フランスなのです。

国際金融機関の事務局を押さえる

国際金融機関の事務局を押さえるのも、フランスは非常にうまい。日本が駄目なのは、例えばアジア開発銀行（ADB）やIMF[※5]で、トップ人事のみを押さえようとする。それよりも、実務的に力のある事務局やロビイスト[※6]をきちっと押さえたほうが効果的で、これを完璧にやっているのがフランスです。外交用語にフランス語が多いのもうなずけます。

大統領のトップセールス

身近な具体例が2011年3月11日、東京電力の福島第一原子力発電所で事故が起きた時です。3月31

※4　世界水フォーラム
水問題の解決に向けて、世界中の水関係者が集まって話し合う3年に1度の大会。主催団体は、フランスのマルセイユに本部を置く民間シンクタンク「世界水会議（WWC）」。

※5　IMF
国際通貨基金。本部は米国のワシントン。

※6　ロビイスト
政治的に有利な決定を引き出す目的で、政党・議員・官僚・マスコミなどに働きかける専門家。政治家などのロビー（控室）で活躍する者を意味する。

日、フランスのアレバ社のロベルジョンという女性CEOがやって来て、「高い放射線の処理は全部お任せください」と外国人記者クラブで語ったのです。アレバ社は、世界最大級の核燃料の製造や再生事業を行っている企業です。4月1日にはサルコジ仏大統領が来日。「フランスは国を挙げて日本を支援します」と言いました。そして同日、日仏首脳会談を開催し、菅直人・元首相の前でサインをしたのが、約2兆円規模と噂される「除染の基本契約書」です。低レベルから高レベルまでカバーする基本契約の注文書を手に国に帰った大統領の日本滞在は、わずか3時間半でした。

フランスのヴェオリア・ウォーターが日本法人を設立したのは、2002年でした。数人で始めたのですが、巨大な資本力をもって国内の水関連の11企業を買収したヴェオリア・ウォーター・ジャパン（VWJ）は、現在、約3000人規模の企業になっています。

VWJの傘下にあるのは、ジェネッツ、昭和環境システム、西原環境、ニチジョー、日本環境クリアー、日本浄水管理、フジ地中情報などです。ジェネッツは、日本の水道料金徴収分野では大手2社の一つです。事業をやるならお金を集めるところが必要と考えて、ジェネッツを選び、水道事業で一番お金が掛かるのは管路の管理なので、フジ地中情報も買収した。つまりVWJは、最初から民間による水道事業化を目指して、有効なパーツを集めていたのです。これは、日立製作所、メタウォーター、水ing（スイング）といった日本のエンジニアリング会社にはなかった視点です。

なぜシンガポールは水ビジネスに強いのか

シンガポールは、ジョホールバルのパイプを通じて、国内で使用する水の52パーセントをマレーシアから輸入していました。佐渡島より小さい面積に550万人が住んでいるシンガポールでは、万が一、水道水が止められたら困るということで、マレーシアとの間で、50年と100年という長期の水道水供給契約を結んでいました。

ところが2000年の水道料金・契約改定の予備交渉で、マレーシア側が、なんと100倍の水道料金を提示してきたのです。これにはシンガポール政府も驚きました。もしも水を止められるようなことがあれば、国民の半分が干上がってしまいます。そこで、水の国内自給率を高めようと、まず雨水を貯留し、さらに、下水を膜処理して飲料水にすることを始めました。これが、国家を挙げて取り組んでいる「ニューウォーター計画」です。

世界経済を先取りして新ビジネス創出

シンガポールというのは面白い国です。とにかく国家権力がものすごく強い。国家主導で世界経済を先取りした動きをしています。

例えばコンテナヤード[※7]の規模は、上海に抜かれるまでは世界一でした。アジアの中心的な金融市場も創設しました。そして、水ビジネスの創出です。つまり、自分の身の周りにあることを全て新ビジネスにするのが、シンガポールの強さなのです。

なぜ短期間で水ビジネスを会得できたのか

シンガポールは、海外から水処理技術を導入するために、国内の下水処理場を全て開放しました。海外の水企業に、「一緒にニューウォーター計画をやりましょう」と呼びかけ、税の優遇制度も使って、世界中の水関連会社を集めました。さらに、シンガポール人を雇用する海外企業には補助金まで出しました。

水政策も徹底しています。日本では、国土交通省が下水道、厚生労働省が水道、経済産業省が工業用水というふうに、水を所管する約8つの省庁がバラバラにやっていますが、シンガポール政府には、ＰＵＢ

※7　コンテナヤード
貨物船に乗せるコンテナ（港湾で使うものは金属製で大型の箱）を集積しておく場所。通常、船が出入りする港近くのコンテナターミナル内にある。

（公共事業庁）という組織があります。ここに、水に関する許認可の権利から水施策まで、全て任せたわけです。例えば、私が明日からシンガポールで事務所を開きたいと言うと、担当の係まで付けてくれて、申請書類も全部作ってくれます。ＰＵＢに頼むと全てやってもらえるのです。

シンガポールの公務員は、外国から来る会社・支店などの立ち上げを、３年間で３社以上も手掛ければ必ず出世します。ＰＵＢの高級官僚の年俸は約1億円です。逆に3年間、成果がなかったり変な噂が立ったりすれば、即クビです。それぐらい厳しくやって、現在、海外企業約１４０企業と水事業のアライアンスを組み、水ビジネスを推進しています。

アジアの水の女王、オリビア・ラム

シンガポールで最も頑張っている水企業は、ハイフラックスという会社です。創業者のオリビア・ラム女史は、バナナを売って暮らしていたマレーシアの孤児でした。頭が良く、育英資金を得て大学を卒業した時、東レの水処理膜を見て、「これからは水だ」ということで起業したそうです。オリビア・ラムＣＥＯは、「アジアの水の女王」とも呼ばれています。

ケペルやセムコープも、シンガポールの水産業を支えている代表的な会社です。国の強力な支援があり、周辺国に活躍の場があり、かつ世界の水会社と手を組んでいるから、シンガポールの水ビジネスは強いのです。

シンガポール国際水週間から学ぶこと

私は、シンガポール国際水週間（ＳＩＷＷ）[※8]に、２００8年の第1回から全て参加しています。２０１4年には第5回が開催されて参加してきたので、日本企業に参考になる点を中心に、お話しします。

※8　シンガポール国際水週間（ＳＩＷＷ）
アジア最大級の上下水道関連の国際会議と展示会。

今回は、世界118カ国から約2万人が来場して、期間中の成約額が約1兆2000億円だったそうです。日本では下水道展や水道展をやっても、顧客に製品やシステムを見せて終わりですが、シンガポールは、必ず成果を数値として公表します。

展示ブースは850ありました。日本からは約30社が、日本パビリオンの中に24ブース、他の展示ブースに約6ブース、出展しました。シンガポールのブースでは、水メジャーのヴェオリアが目立っていました。どんな業界でもそうですが、展示会のブースの規模は、だいたい、その業界の勢力地図に合致するものです。

若い人をシンガポールに出そう

今回、某大学教授は日本から学生を20人送り込み、レポートも提出させました。若者は初めてのシンガポールで、非常に感銘を受けて帰ってきます。われわれ日本人は、背の高い青い目のアングロサクソン系の白人に英語で話されるとドキッとしてしまうけれど、容姿の似たアジア人同士なら、英語でも、心安らかに話すことができます。ですから、日本企業も社員を海外に出す時には、まずシンガポールで勉強させてから、欧米に派遣するといいと思います。

海外コンサルタントと組め

日本が世界で勝つためには、海外のコンサルタントと組む必要があります。米国のブラック&ビーチというコンサルタントは数万人規模です。それからキャンプ・ドレッサー・マッキー・スミス。創業者4人の名前をそのまま並べた社名ですが、ここは5000人規模です。シーエイチ・ツー・エム・ヒルは3万人規模。こういったコンサルタント会社と緊密に連絡を取り、世界のプロジェクトに参加していかなければ、大きな仕事はできません。日本企業は、相変わらず客先で、「うちのは性能いいですよ」「安いですよ」とやっていますが、そういう部品商売では、今後、大きなグローバル・ビジネスは望めないのです。

水関連の国際会議に参加すると、私は必ず世界中の仲間と会話をし、生きた情報を集めています。皆さんの会社でも、若い人をどんどん海外に出して、各国の人々と直接、情報交換させるといいと思います。

谷津龍太郎事務次官が来場

日本政府から環境省の谷津龍太郎事務次官（当時）が来場しました。頭の固い付き添い役人が、「今回の環境省の仕事は廃棄物である、水は関係ない」と言うので頭にきましたが、谷津次官と私は、彼が厚生労働省の水道課長の頃からのお付き合いなので、「谷津次官は日本を代表して来ているのだからジャンルは関係ない」と、直接お願いして、結局、水も含め全ての日本企業ブースを回っていただきました。谷津次官は東北大学工学部の出身で技術にも明るく、英語も流暢なので、海外企業と直接、有意義な会話ができました。日本の存在感を高めるためにも、こういう官僚がもっと増えてほしいと思っています。

再生水マーケット

展示内容の最近の傾向としては、大型の膜を使った再生水のマーケットに勢いがあります。また、水質監視モニターが、これから年率8パーセントで伸びると言われています。クラウド[※9]の基本になるのがセンサー類ですから、さらに注目する必要があると思います。

※9　クラウド
クラウドコンピューティング。手元のコンピュータや携帯電話などで管理・利用していたソフトウェアやデータなどを、インターネットなどのネットワークを通じたサービスの形で必要に応じて利用する方式。

ここでも感じたシンガポールの強さ

水ビジネス以外では、やはり、国家を挙げて取り組んできたコンテナヤードが素晴らしい。シンガポールに世界の物流量の3分の1が集まっています。最近は、クラウド・コンピュータのハブ化構想[※10]にも熱心です。アジア諸国の海底通信ケーブルがシンガポールを中継して欧州につながれています、この地の利を活用して、クラウド・コンピュータのハブ局にする構想です。ソニーも、全世界にあった２０００カ所のサーバーの約6割をシンガポールに移そうとしています。

つまり、シンガポールという国は、世界のさまざまな経済の動きを先取りして、海外企業を優遇して呼び込むことで成り立っているのです。ある意味では自転車操業ですが、これを国家権力できちんとやっているところが、やはりシンガポールの強さなのでしょう。

※10　コンピュータのハブ化構想
ハブは狭義では、コンピュータ環境で複数のケーブルを集める装置のこと。ここでは、コンピュータネットワークの中枢という意味。

韓国の水政策

次に、お隣の韓国の水ビジネス展開策を見てみます。イ・ミョンバク元大統領は最大のセールスマンでした。大統領の任期中に、世界18カ国を回って、約6兆円の注文書を集めてきました。それから国内の下水処理場７００カ所を民営化してK‐ウォーター（元・韓国水資源公社）に維持管理をさせ、その実績で今度は世界に出ていこうとしています。

サムスンやＬＧが世界の家電分野で1位になった時、「次は水だ」ということで、国を挙げて水ビジネスに力を入れたわけです。また、「日本の技術に負けるな」ということで、高効率な海水淡水化膜の開発や、先進的な水処理技術開発に取り組んでいます。日本で実証テストと言うと、せいぜい1日当たり５０0トンや１０００トン規模ですが、彼らはいきなり5万トンクラスです。アジア開発銀行（ＡＤＢ）や世界銀行（ＷＢ）が国際入札を実施するときは、1日1万トン以上でないと、実績評価にならないからです。韓国は、最初から国際入札に向けた実績づくりをしているわけです。

サムスンが水ビジネスに参入

国際水協会（ＩＷＡ）[※11]の世界大会で、サムスンが、水ビジネスに進出すると公表しました。これに先立ち、サムスンは、米国のＧＥ（ゼネラル・エレクトリック）やドイツのシーメンスなど、世界中の膜の会社から専門家を集めました。日本企業の膜の専門家もヘッドハンティングされました。つまり、サムスンは、他社の特許を侵害しないために、どこにどんな問題があるのかが、すぐに分かる人材を必要としていたのです。そして、その人材を活用したサムスンは、最先端の膜を短期間で開発しました。

通水量を増やすには、できるだけ抵抗を減らすために膜厚を薄くしますが、薄くすると、すぐ破断して壊れてしまいます。そこでサムスンは、膜に網目を組み入れました。網目を入れると、今度はそこからはがれる問題があるのですが、それも、うまく回避しています。日本が40年かけて開発した膜が、韓国では３年で完成した背景には、こういう経緯があったわけです。

国を挙げて水ビジネスを推進する韓国

まず、サムスンが作った膜を使う。さらにサムスングループが資金を提供する。水システムの維持管理はＫ‐ウォーターが担当し、大統領がトップセールスを行う。こうして国家プロジェクトを推進しているのが、韓国の水戦略です。

巨大企業の水ビジネス戦略

ドイツ企業のシーメンスは、米国ＵＳフィルターを約１兆円で買収して、いろいろな水事業を推進しています。

※11　国際水協会（ＩＷＡ）
「水の効率的な管理と水処理技術の向上を通して、世界における安定かつ安全な水の供給及び公衆衛生に寄与すること」を目的に１９９９年に設立された国際的な協会。ＩＷＡ世界会議は2年に1回。サムスンが水ビジネス進出を公表したのは２０１２年の第８回。２０１８年の第11回は、東京での開催が決まっている。

また、米国企業のGEも、ベッツディアボーン、オスモニクス、アイオニクス、ゼノンなど、とにかく優れた膜の技術を持っている会社を買収しました。そして、自ら豊富な資金で事業を生み出しています。GEの年間売上は約15兆円、従業員は32万人です。

GEについては、印象深い思い出があります。2012年にGEのイメルト会長が来日した際、GE・ジャパンから「会長が会いたいと言っている」と呼ばれました。イメルト会長は、GE専用機で羽田に着き、早朝に社内会議を開催しました。そこで1部門につき、たった5分間だけ実績を説明させるのです。会長には、固有名詞と数字を押さえて短時間で明確に説明しなければいけません。私が面談時に質問されたのは2つ。①GEがアジアで勝つためにはどうしたらいいか。②海水淡水化の将来について、どう思うか。世界最大の製造業の会長が、自ら海水淡水化の将来を常に考えている。これは、やはりすごいことだと思いました。

私は経団連や経済同友会で講演させていただく機会も多いのですが、どこの会長も社長も、「吉村さん、ご苦労さん」と言ってサッと帰ってしまう。その点、GEは、たった5分間で、イメルト会長自身がズバリ生きた情報を聞いてくる。その辺が、強さの秘密なのでしょうか。

水ビジネスのこれから

水ビジネスのマーケットは、2050年には100兆円を超えると言われています。その中身の約7割が上下水道事業なので、民間の水処理部分は約3割です。水ビジネスの市場規模というのは、実はさまざまな数字があって、経済産業省は87兆円と言っています。私の本では110兆円です。どこまでを水ビジネスに含むかという定義が異なるのです。上下水道事業と家庭用の浄水器販売、ペットボトル、飲料水製造産業まで全部入れれば、100兆円を超える大きなビジネスになっています。

上下水道のような公共事業は、長期間で、ローテク使用で、しかもローリターンです。社長が約3年で変わってしまう日本の会社は、待っていられません。とにかく明日の飯をどうするかが大事です。では、日本企業はどういう分野に参入したら良いのか。ここで私が推奨するのは、足の速い産業向けの水ビジネスです（図４）。①海水淡水化、②シェールオイル、③バラスト水向け水ビジネスです。

●海水淡水化、再生水市場
約5～10兆円規模：海水、かん水

●シェールオイル・ガス関連水処理ビジネス
1～5兆円規模：水圧破砕、排水処理

●バラスト水ビジネス
3兆円規模：IMO基準、バラスト水殺菌

図４　産業界における2030年までの水ビジネス市場は？

世界で勢いづく海水淡水化

まず海水淡水化市場は、先ほど述べたように、14～20パーセント伸びる見込みです。それからもう一つ、かん水の淡水化市場も進展するでしょう。かん水というのは、ＴＤＳ（総溶解固形分）が１０００ppm以下の、海水より塩分濃度が低い塩水です。

現在、全世界の海水淡水化プラント（1日当たりの造水量が１０００トン以上のもの）は、約1万件が稼働しています。しかし、まだ世界の水需要に占める海水淡水化による造水割合は、２パーセント以下です。

海水淡水化が盛んな地域は

海水淡水化の歴史的なマーケットは、お金があって水がないところ。つまり、油は売るほどあっても水がない中東地域です。今後、拡大する市場は、中国、インド、シンガポール、アルジェリア、チリ、そして米国です。米国では、カリフォルニア州やテキサス州、フロリダ州が、水不足に直面しています。北米では２００件以上の海水淡水化や再生水プロジェクト計画があり、さらに増えていくでしょう。

海水淡水化の方法は

海水淡水化には、蒸発法と膜法という２つの方法があります（図５）。

蒸発法は、海水を加熱して、出てきた水蒸気を冷やして真水にする方法です。熱効率を上げるために何段も減圧容器を積み重ねる多重効用法や、加圧断熱して効率を高める蒸気圧縮法があります。

膜法の一つの逆浸透膜法は、日本が誇るＲＯ膜を使って真水を作り出す方法です。昔は熱を使った蒸発法が主流でしたが、今はランニングコストの安いＲＯ膜法に変わってきています。

日本企業が強いのはＲＯ膜供給と高圧ポンプ分野です。

技術的な課題は

海水淡水化のＲＯ膜法には、いくつか技術的な課題があります。最近は原水とする海水が汚染され、その前処理が非常に大変になっているのです。東京湾の塩分濃度は３～３・５パーセントですが、アラビア海の塩分濃度は５～６パーセントと高く、しかも海水中の有機物が増えています。このため前処理に掛かるコストが増加しつつあります。

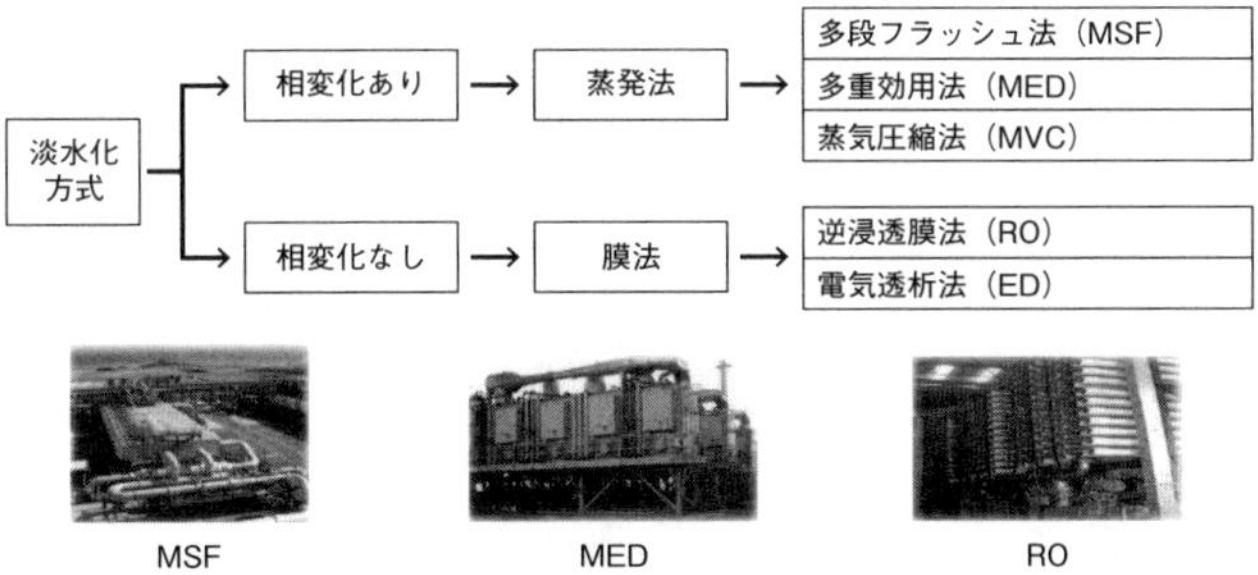

図５　実用化されている淡水化方式

造水用の電力は

それから、造水用の電力確保も問題です。水を1トンつくるのに、約3～4キロワットかかります。100万トンの真水をつくるなら、400万キロワットの発電所がないと間に合いません。蒸発法に比べればエネルギーロスは少ないけれど、RO膜でもたくさんの電気エネルギーが必要なのです。

残されている海水淡水化の課題

今、求められているのは（図6）、とにかく低コストの前処理方法です。それから、電気透析[※12]やナノフィルトレーション[※13]といった、RO膜の代替品の開発。また、使っているRO膜の汚染を防ぐ技術や、高塩類の処理技術についても、研究が進められています。

高塩類濃度の放流水も問題です。3・5パーセントの海水から真水を取ったあとに残る7パーセント濃度の塩水を生態系に放出すると、たいていの生き物は生きていけないので、高塩類排水の処理が必要なのです。

さらに、RO膜の原材料には、海水に強いフッ素系の樹脂・PVDF[※14]が使われていますが、この樹脂は、非常に安定で簡単に分解されません。使用済みRO膜の廃棄物処理も大きな課題です。

- 低コストの前処理方法
  （海底ろ過取水、高性能プレフィルター）
- RO膜法に代わる省エネ型脱塩方法
  （FO膜、電解膜、UF膜、EDM膜、他）
- 膜汚染対策技術開発（薬剤、電子線殺菌）
- ブライン（高塩類濃度）廃液の処理・活用法
- 使用済みRO膜等の廃棄物処理

図6　日本企業に求められる革新的な淡水化技術

シェールガス生産は水との戦い

シェールガスのマーケットは、世界中に広がりつつあります。最も拡大しているのが北米で、次がラテ

※12　電気透析
イオン交換膜と電気を利用する膜分離法。

※13　ナノフィルトレーション
逆浸透膜（RO膜）の中で、孔の大きさが大体1～2ナノメートルでイオンや塩類などの阻止率が概ね70パーセント以下と低いものを、英語でNanofiltration Membraneと呼ぶ。

※14　PVDF
ポリフッ化ビニリデン（Poly Vinylidene DiFluoride）。高耐性で高純度な熱可塑性フッ素重合体のひとつ。

※15　頁岩
シェール。堆積岩（泥岩）の一種で、堆積面に沿って薄く層状に割れやすい性質を持つ。

※16　水圧破砕法
地下の岩体に超高圧の水を注入して亀裂を生じさせることで、石油や天然ガスなどの流路を確保し、収率を増加させる手法のこと。

ンアメリカ、中国、欧州。そしてアフリカの一部やオーストラリア、水が少ない中国の重慶でも採掘が始まっています。

シェールガスは、従来の油田・ガス田から出てくるガスと違って、シェール層という頁岩《けつがん》[※15]の中に含まれています。地表面から垂直に２０００～３０００メートル掘り下げ、シェール層に到達したら今度はシェール層に沿って水平方向に掘っていきます。仮設の機材で掘り進めて、その都度、高圧ポンプで水をどんどん打ち込み、水圧破砕法[※16]でシェールガスを取り出します。

シェールガス産地は水の少ない地域が多く、タンクローリーで水を運んで高圧ポンプで水を打ち込んでいます。フローバック水、つまり戻ってきた水は、モバイル型水処理装置で処理するか、あるいはタンクローリーで下水処理場まで運び処理し放流しています。しかし大半の汚染水は、そのまま現地で埋められているのが現状です。

水圧破砕用溶液の成分は

水圧をかけてパカッと割れたシェール層は、圧力を抜くとすぐ割れ目が閉じてしまうので、プロパントと呼ばれる微細砂を挟んで、常にガスと油の流路を確保します。有機物と水があれば、当然そこにスライム（バクテリア類）が発生し流れが悪くなります。その対策として殺微生物剤も入れます。さらに打ち込む際の溶液の滑りを良くするために、例えば不凍液のエチレングリコールなども入れています。

これらの成分がすべて排水に含まれます。つまり、シェールガス開発は、水の量と質との戦いなのです。

発電コストを下げたシェールガス

日本では２０１１年から２０１４年にかけて、約37パーセントも電気代が上がっています。その間に米国では、発電コストが1割以上も下がっています。２０１２年に１６５基の油焚き火力発電所を、全て燃料費の安価なガス焚きに変えたからです。このことからも、安価なエネルギー資源を押さえることが、国家の一大事だと言えます。

米国では、このままシェール開発をすると、エネルギー資源の半分以上をシェールガスが占めるようになります。発電原価はさらに下がっていくでしょう。

シェールガスの産地は

代表的なシェールガス・オイルの産地は、ペンシルベニア州やウエストバージニア州です。ちょうどオガララ帯水層の周りを取り囲むように、シェール層があります。万が一、埋め戻した排水が帯水層に流れ込めば大変なことになるので、米国の環境保護庁（ＥＰＡ）が排出規制に動いています。

シェール層からは、ガスとオイルの両方がとれます。米国では、シェールガスをどんどん開発した結果、ガス価格が下がり過ぎて会社が倒産した例もあり、今度はオイル生産に切り替えました。米国企業はマーケット動向を見ながら、ガスとオイルのどちらを採掘して販売するかを決めているわけです。

そして、当然ながら、この余剰ガスを日本に売ろうというビジネスが出てきました。

ＬＮＧプラントの建設

今、米国とカナダで約31のＬＮＧプロジェクト計画が展開されています。ガス管を日本まで伸ばすことはできないので、すべてＬＮＧ（液化天然ガス）にします。マイナス約１６０℃の液体を輸送するためには超低温用ポンプや大型コンプレッサーが必要で、ＬＮＧ基地１サイトの建設に約１兆円掛かると言われています。

日本は米国のテキサス州からＬＮＧを買う予定でしたが、原油価格の急激な変動やパナマ運河の通航料などの絡みで工事が止まっています。三菱商事はカナダで合弁事業契約をして、２０１７年からシェールガスによるＬＮＧが日本に輸入される予定です。

シェールガス市場に日本企業の出番は

私は、２０１３年春頃から、「日本企業も海外へ出て行ってシェールガス・ビジネスでがんばれ」と、各種マスコミ媒体に書いてきました。なぜなら、世界のシェールガス・マーケットの中で活躍できそうな日本企業が、たくさんあるからです。日本企業の強みは、小型パッケージの排水処理や、生分解性のある新しい水圧破砕用の薬剤の提供。それからプロパント（微細砂）や高圧配管のアセンブリ製品（部品類）などです。日本は、仮設の配管類の取り合いが非常に得意です。高圧のバルブや、各種センサーを入れて振動などを監視するシステムも売りになります（図７）。

アメリカの大ざっぱさに対して、日本企業は、本当に「おもてなし」の心を持ってプラントを建設します。しかし、日本企業は拡大するマーケットに積極的に出ていかない。これから世界に広がるものを上手に先取りしていくシンガポールと対照的です。日本は、いい技術を持っていながら、世界で拡大する新

- 小型パッケージ型の排水処理装置と再生水処理装置
- 新しい水圧破砕用薬剤（生物分解性）
- 新しいプロパント（微細砂）の開発
- 高圧配管のアセンブリ時間の短縮法
- 圧力、流量測定バルブの開発（自己発信型）
- 信頼性の高いセンサー類（振動、圧力、粘度）
- IT技術による遠方監視・制御システム開発

世界に広がるシェールガス開発と排水処理市場は新天地である

図７　日本企業に求められる戦略

しいマーケット進出に躊躇し、大きなビジネスチャンスを逃しています。

バラスト水市場の展望

バラスト水も、約2・7兆円という大きなマーケットです。バラスト水は、船を安定させるために船底に溜めている海水です。「バラスト水を放出する時、完全にバクテリア・フリー（無菌）にしなさい」というバラスト水管理条約（二千四年の船舶のバラスト水及び沈殿物の規制及び管理のための国際条約）が提案されています。30カ国以上の批准と、世界で走っている船の船腹数の35パーセント以上という条件が満たされると、1年後にこの国際条約が発効することになっています。国数はすでに40カ国に達しましたが、まだ船腹数が足りません。おそらく2015年末には条件が満たされて、2016年から発効するのではないかと思います。

バラスト水に関する各国の動き

バラスト水管理条約は具体的には、バラスト水の中の動植物プランクトン、コレラ菌、大腸菌などをゼロにすることを決めた国際条約です。今、世界で年間80～100億トンの海水が船とともに移動していて、バラスト水規制の対象船は、約2万～7万隻と言われています。新造船には管理が義務付けられています。

韓国では、すでにIMO（国際海事機関）で認可されている装置が16もあり、国家で形式認定していま す。日本は完璧さを求め認証が遅れています。今後、ドイツ、中国、米国、ノルウェーなども、国家を挙げてバラスト水市場に参入するでしょう。

バラスト水の技術的な課題は

日本企業に求められる課題（図8）は、まず、大型で安価なポンプの開発です。船や飛行機は止まっている間は全て経済損失なので、客や荷物の乗り降り以外は停めてはいけないというのが基本。だから時間短縮のために、バラスト水を高速で送水する大型ポンプが必要なのです。次に重量です。荷主は余計なものを積み込みたくないので、軽さが必要です。さらに時間との戦いです。相手は微生物やバクテリアなので、どうやって短時間で生きているバクテリア類を検出するかが課題です。BOD（生物化学的酸素要求量）を測る方法では検体を5日間も培養しなければいけないので、例えば、バクテリア類を蛍光分析し、瞬時にバクテリアの存在量が分かるような方法が求められています。

□経済的な課題…建設コスト削減
→　ポンプ容量と価格帯（建設費）
　・200～250㎥/h　17万5000～49万ドル
　・2,000㎥/h　　　65万～300万ドル
→　O&M（維持管理費用）…削減
□技術的な課題
　・残留微生物の迅速測定法
　・残留薬剤の瞬時消滅技術
　・装置の小型・軽量化
　・省エネ

図8　日本企業に求められる戦略課題

3 日本が世界で勝つためには

時間を不得意なことに使うな

これからはサービス業の時代です。しかし製造業が急にサービス業をすると言っても無理なので、両者の真ん中あたりを狙った併用ビジネスを考えていく必要があります。

「時間とは、最もユニークで、最も乏しい資源である」「不得意なことに時間を使ってはならない」。これは経済学の神様、ピーター・ドラッカーの言葉です。限られた時間の中で、自らの強みをさらに強くすることに集中しろ

と言っているわけです。

日本という国は「弱いところを強くして勝とう」とする傾向が強い。それもいいのですが、それでは時間とお金が間に合いません。強いところをどんどん強化し、弱いところは、その分野で活躍している会社を買収し補完するという、アングロサクソン的な戦略がないと駄目でしょう。

クラウド戦略で「見える化」

必要なのは、「情報の見える化」戦略です。自分たちの納めたプラントや装置の状況をリアルタイムで収集できるようなデータシステムがあれば、エネルギーがどのくらい使われていて、また機械がどれくらい消耗しているか、全て分かります。生きたデータさえあれば、常に顧客と接点を持てるわけです。

もう一つ大事なことは、過去に先輩たちが納めたシステムや装置のデータの収集です。どうやって集めるかを考えましょう。そういう生きたデータこそが、次世代の重要な経営資源になるからです。

コマツの見える化戦略

具体的な成功例がコマツです。坂根正弘社長（現顧問）が２００２年に社長に就任した時、コマツには約８００億円の赤字がありました。３００社あった子会社を１１０社に減らし、退職者が１１００人、転籍者が１７００人というリストラの嵐だったのです。そのような状況の中で、坂根社長は、「ダントツの製品をつくれ」「時間との勝負だ」「やったことを全て『見える化』せよ」と、号令をかけ続けたのです。

彼の目標は、「コマツでないと困る製品を創る」「強い現場と弱い本社」「ＩＣＴ活用で開発・生産の一体化」の３つでした。２つ目については、日本企業はその逆が多く、現場から顧客の生きたニーズが入ってきません。

この目標を10年間言い続けた結果、今やコマツの売上は2兆500億円です。2011年には、海外売上比率が85パーセント、国内売上比率が15パーセントとなりました。ITや油圧サーボといった重要な基幹部品の製造では、国内生産で50パーセント以上です。つまり日本に重要な技術を残しながら、製品の大半を海外で販売しています。そしてもちろん、世界中に納品した重機、例えば30万台の油圧ショベルには、KOMTRAXというオリジナルのIT機器が搭載されています。

ビジネスチャンスを生み出すKOMTRAX

このIT機器は、エンジンの回転数や油の温度、シリンダーの開閉状態が全部分かるシステムです。例えば、東京の本社にいながら、海外の未払い客の重機エンジンが二度とかからないようにも操作できます。油圧ショベルを購入した海外顧客が、仕事が無いから払えないと言う。東京本社で見ていると機械はフルに動いていた。そこで、「代金を払ってくれなければ止めますよ」と言えば、相手は代金を払わざるを得ないわけです。

また、GPS付きなので、どこでどのくらい稼働しているかを常時把握できます。なぜか夜中に動いていたら、従業員が勝手に会社の重機を持ち出してアルバイトしていたとか、昼間にエンジンがフル回転しているのに場所が動いていないと思ったら、オペレーターが冷房をかけて昼寝をしていたとか、そういうことまで全部分かります。

顧客サービスの決め手

この管理データがあれば、次にどのくらいの補修部品が必要になるかが分かります。同じ情報を代理店と共有すれば、顧客サービスに活用できます。建設機械はだいたい辺鄙な所で使われ、故障した時にはすぐ補修部品を持って行かないと、「二度と買わない、来るな」と言われる業界です。必要になりそうな消耗部品を地元の代理店にあらかじめ送っておけば、迅速に対応できます。これでコマツは中国マーケットで1位に躍り出ました。

さらに、コマツの持っているデータは全て経済の先行指標になるのです。それゆえに、米国の証券投資会社がこの情報を欲しがり、コマツが断ったというエピソードもあります。つまり、これからは「見える化」で得られた生きた情報が世の中を牽引していくのです。

ロールスロイスの戦略

ロールスロイスは、ジェット機用のエンジンを販売しています。大量に買うと1基10億円、単品なら約20億円です。実はエンジン性能そのものはＧＥやプラット・アンド・ホイットニーなど軍事をやっているメーカーのほうが良い。では、なぜ同社が世界のエアーラインで使われているかというと、ロールスロイス製のエンジンには全部、ＩＴ機器が組み込まれているのです。衛星回線を通じて、飛行中のデータ、回転数、燃費、軸受けの温度や震動まで把握できます。

例えばロンドンのヒースロー空港から出航して成田空港に着くころには、ロンドンの監視センターから全日空や日本航空の整備部に、点検すべき箇所など全てのデータが届いています。先ほど言ったように、飛行機や船は停まっている時間は純損失なので、機体整備は着陸した瞬間から始めたい。このように利益に直結するサービスを提供しているのが、ロールスロイスです。

マレーシア航空の旅客機が行方不明になった時、実はロールスロイス製のエンジンを搭載していたので、ロンドン本社の監視センターでは、マレーシア機がどこをどう飛んだのか分かっていた。しかし、マレーシア航空との間に秘密保持協定があるので、米国のＦＢＩ[※17]やＦＡＡ[※18]から脅かされても、顧客が明かさ

※17　ＦＢＩ
Federal Bureau of Investigation　アメリカ連邦捜査局
※18　ＦＡＡ
Federal Aviation Administration　アメリカ連邦航空局

ない以上は一切、情報を出さなかったのです。

情報サービスは儲けの源泉

ロールスロイスは、世界を飛んでいるジェット機のうち約4000機のエンジンを常時監視しています。エンジン単品なら約20億円の売上。短期の利益は出るけれど持続性が低い。これを全部、情報サービス付きで売ると、オペレーションやメンテナンスで長期間、稼げるビジネスになるわけです。

先進国で使われたジェット機は、やがて東南アジアに売られて、最後はアフリカに行き、トータルで約30年間使われます。エンジンが使われている限り、ロールスロイスにはチャリンとお金が入ってきます。しかもジェットエンジンには8000時間の期限ごとに法定点検があります。この分解点検には1億から2億円かかります。それが4000機あるわけです。ロールスロイスの年間売上は約1兆2000億円ですが、その6割以上は情報サービス分野から得ている。このように、情報サービスが儲けの源泉になっているわけです。よく「モノ作りニッポン」と世界では評価されていますが、本当に大事なことは、情報サービス産業を活用して日本の技術力を世界に広げることです。

発想の豊かな人材の発掘と育成

サービス業が主流になった時に生き残れる人材とは、どのような人材でしょうか。

今まではピラミッド型で、一人の能力に頼ってきましたが、これからはチームワークでやるネットワーク型になります。反面、一人一人の個性が出る代わりに、会社全体としてのＱＣ（品質管理）が下がる恐れがあります。人による品質やサービスグレードのばらつきを無くすることが課題です。

発言しない者は去れ

個々に求められるのは、まずプレゼン能力です。会議をすると、必ず発言する人としない人が出てきますが、私が国連に勤めて最初の会議で黙って聞いていたら、会議後に英国人の上司に呼ばれ、「機会を与えたのに、なぜ自己紹介をしない。そんなことなら、次から会議に出なくていい」と、はっきり言われました。会議で発言しないのは罪なのです。国連では「発言しない者は去れ、しすぎる者も去れ」と。会議で質問するためには事前に相手より勉強していかなくてはいけない。もちろん相手とのディベートに勝つ技も身につける必要があります。

発想なき者は去れ

次に発想力です。「発想なき者は去れ」という方針だったのが、あのビル・ゲイツです。マイクロソフトは一年中、人材募集をしていて、世界中から1万2000人もの応募があります。その中から独自のプログラムで10人を選ぶ。それから人事部が5人を選び、最終面接に呼びます。ビル・ゲイツが社長の頃、最終面接で彼が出題したのは、「富士山を動かすにはどうしたらいいか」「マンホールのふたが丸いのはなぜか」「世界中にピアノの調律師は何人いるか」といった問題でした。

面接時間は一人5分。そのうち、答える時間はたった3分です。3分以内に、ビル・ゲイツが考えもつかなかった明快な論理で解決策を説明したら採用です。米国ですから、面接して良かったら、横の小切手にサインして、「明日からおいで」と年俸1億から3億円が渡されます。人を説得する時に必要な3つの要素、つまり、明解な理論、固有名詞、数字、これを駆使できる人間を登用したわけです。

新しい発想はすべて他の業界から学んだ

彼が2008年にマイクロソフト社を辞める時に、インターネットを通じて全社員にメッセージを送りました。そこで彼は、「新しい発想はすべて他の業界から学んだ」「電子化の時代に最も必要なことは、人からの刺激だ」と述べた。インターネットなどの情報は、その瞬間で数百万人が見ている可能性があるから、フェイス・トゥ・フェイス（一対一の面談）で得た情報こそ生きた情報であると言い切ったのです。インターネットでずいぶん儲けた人物が、電子化が進めば進むほど人と会って直接話をすることが大切だと言って、会社を去ったわけです。

組織は2・6・2だ

組織には「2・6・2の法則」があります。世界を動かしているのは上位の2割で、真ん中の6割は、とにかく毎日やることがあればいいという存在。その下の2割は、会社に損を与えたり同僚の足を引っ張ったりする集団です。もし皆さんが社長になって、この下の2割の人たちをクビにしても、上の6割から、2割の人が出てくる。こういう仕組みは、働きアリやハチの世界でも証明されているそうです。世の中は全部、「2・6・2」で成り立っていると常に考え、自分はいったいどこの位置にいるのか、何かを判断する時にも、この「2・6・2」のどこにあるのかをしっかりつかむことが大事です。

トップポリシーと現地ニーズ把握

日本企業の弱い点は、経営のスピードが遅いこと、また、現地のニーズを的確につかむ力が足りないことです。

理想的なのは、60日以内の決済を目標とするスピード経営です。日本は検討に半年から1年ほど時間を費やした挙句、やめたりします。韓国企業は始めるのが早く、駄目ならサッと逃げます。日本は最後に出ていき、最後まであきらめず、結局ババをつかまされて帰ってくるパターンが多いのです。

生きた情報を集めよ

次に、生きた情報を得るということです。海外だと、まず英文情報を見ますが、ベトナムなら、やはり現地のベトナム語で書かれた書類を読まないと駄目なのです。バイリンガル、トリリンガルの情報を集めていく必要があります。

さらに、コンサルタントや現地人の活用です。日本の会社はどうしても自前主義に走り、能力がない分野まで全て自分たちでやろうとしますが、金の力で解決することも考えるべきです。地元企業の買収、海外コンサルタントの活用、もし外国人責任者を雇っても用が足りないなら、即クビを斬ることも必要です。

相手の利益を強調せよ

日本は利益誘導型の営業も下手です。顧客に対して物を売るのではなく、それを導入することによって相手に生じる利益を強調したほうがいい。つまり、「うちの商品はいいですよ」と性能を語るよりも、「当社の商品を使うことによって、御社の利益が3割ほど上がりますよ」と言ったほうがいい。本来、顧客の関心は、自社の利益にしかないのです。日本の真面目さは一つの利点ですが、それだけでは勝てません。もっと顧客の儲けにつながることをズバリと強調していくことが必要です。

※19　スクリーン設備
金網などで浮遊性のごみを除去して、続く工程に影響を与えないようにするための設備。

なぜナガオカは中国で成功しているのか

実は、日本企業が軒並み苦労している中国の水ビジネスで、成功している会社があります。ナガオカという、大阪の中小企業です。この会社は一度つぶれかけましたが、社長が先頭に立って水ビジネスを立ち上げ、今や中国の約17カ所から、水道のスクリーン設備[※19]や水処理装置を受注しています。

日本企業が中国に進出する時、必ず北京や上海など有名な都市に行く傾向があります。そこには確かに資金もニーズもあるけれど、当然ながら水メジャーもいて競争が激しい。ナガオカの三村等社長は、「とにかく中央政府から見捨てられた所」を狙い撃ちにしたのです。河北省や吉林省、黒竜江省です。引き合いがあれば、まず社長が飛び、最初に支払いや現地人の雇用、サービス体制といった約束事をしっかり決めます。いわゆるトップダウン経営です。中国人はメンツを大事にするので、最初からトップが来ると対応が違います。

こういう戦略でナガオカは好調です。２０１２年が35億円、２０１３年が50億円、２０１４年は6月時点で70億円の受注が決まり、三村社長は、「3年後は株式上場を目指したい」と述べています。

難しい中国市場でも、中央政府から見捨てられた所に、相手の欲しいニーズをしっかりつかみつつ、前金をもらってリスクを最低限にしつつ、相手の雇用を増やす提案をすれば、必ず勝てるということです。

世界で戦える人材とは

世界で戦うには、グローバルな情報収集力が必要です。全世界を回って情報を集め、人脈をつくる社員が必要です。

それから日本語と英語、バイリンガルのプレゼン能力の向上も必要です。グローバルな会社にはプロのプレゼンターが要ります。日本では技術や営業の人がやりますが、欧米のプレゼンターに比べると、非常にヘタで説得力が足りません。

日本人は、例えば１００を知っていても、10しかプレゼンできない。米国人は10を知って、１００のプレゼンをするわけです。私が勤務していた国連などは特にそうです。あたかも自分が世界を牛耳っているかのようなプレゼンをするけれど、詳しい質問をすると、「それは私の専門じゃない」と逃げる。その言い訳も非常にうまい。では日本人はプレゼンの能力がないのか。そうではありません。

学校教育や職場でプレゼン教育を受けたことがなく、訓練が足りないのです。練習次第で素晴らしいプレゼンをする人もたくさんいます。英語が分かることと、話すこと、つまり対話力（コミュニケーション）は全く違う概念です。グローバルな世界では、グループ対話で統率力を出せる人や、発想の豊かな人が求められています。

例えば先ほどの「ピアノの調律師の数」の問題だったら、全世界の72億人の中でピアノを買えるのはＧＤＰがどのぐらいの国の人なのか。それは全世界の何パーセントか。ピアノにも縦型ピアノとグランドピアノがあり、グランドピアノはコンサートで使われるなら3年に1回は調律が必要。では、欧州や米国で劇場はいくつぐらいあるのか。瞬間的に自分の知っている知識をどんどん積み重ねて説明すればいいわけです。日本人は真面目ですから、「東京都内に電信柱は何本あるか」と聞かれると、本当の数を知るために「東京電力に電話して聞く」と答える。これでは、一瞬にしてクビでしょう。相手は結論ではなく、考え方のセオリーを聞いているのです。

ＩＴとＬＴ戦略で付加価値を付ける

また、先輩が築いた実績にＩＴ機器を入れて付加価値を付けていくことも必要です。さらにＩＴ（情報技術）と並んで大事なのが、物の移動、LT（物流技術）ですから、この2つを組み合わせないといけません。情報だけ来て物が来なければ、フラストレーションが溜まります。

日本は「おもてなしの心」を売りにしています。それならなぜ、日本国内では「おもてなしの心」がありふれているのに、海外では抜けているのでしょうか。よく言葉の壁と言われていますが、それは一面です。

言葉の問題だけではなく、相手の考え方、文化・風習をじっくりと観察し、それに応じた提案をする場数を踏んでいないのです。日本人は、最初は戸惑いますが、ステージに上がる回数が増えると、本来の粘りと創意工夫で、最後はきちんと仕上げます。

情報サービス、物流改善、それらを支える「おもてなしの心」が三位一体になれば、これからグローバルな世界で必ず勝てると私は確信しています。

Qあらゆる生命の源である水を、なぜビジネスにするのか?

A水は言うまでもなく、あらゆる生命のもとである。だが例えば食料を、なぜビジネスにするのかと、逆にお聞きしたい。確かに天から降る水をビジネスにするのはけしからんという人が、特に環境系のNGOグループにいる。インドでも、水を売る人はカースト制度の一番下だ。

しかし、必要な時に必要な水質や量を的確に得るには、ダムから水を送って浄水し配水する必要がある、また地下水でも汲み上げて処理して配らなくてはいけない。降る雨は無料でも、水道事業はダムや装置も必要で経費が掛かる。使用者が応分の負担をするのは当然だと思う。

ただ、ミネラルウォーターは別で、造水経費の100倍から1000倍で売っている。東京都の水道は1トン約160円だが、ミネラルウォーターは500ミリリットルで150円だと、1トンで30万円。それでも、特に震災後は宅配水が伸び、全国で約2100億円のマーケットになっている。これは経済原則では測れない。「より安全・安心」と感じる心の表れだろう。

水をビジネスにするというより、水を皆さんのところに安全・安心かつ確実に届けるためには、それなりのお金を掛けてやらなければ駄目だというのが、私の結論だ。

Q日本が勝つため、自治体の運営ノウハウを民間企業に持たせる方法が唱えられているが、現状は水ビジネス先進国に比べ日本の民営化率は低く、予想される将来の開放率も低い。そのため日本企業は海外展開のためのノウハウを入手できず、世界の民営化から取り残されるのでは? 官民連携よりも、企業同士が積極的に合併して、オペレーションとメンテナンスのノウハウを取得して、日本のリーダーとして水ビジネスに挑戦していくべきでは?

Aまさに、同感である。日本で水ビジネスをしている会社は54社で、海外でも自力でやれる会社が約11社ある。私は2009年に雑誌『プレジデント』で、日本の水企業は「日立、メタウォーター、水ingしか要らない。他社は、その3社にぶら下がってください」と書いた。書かれなかった他社の幹部から叱られたが、フランス系のヴェオリアやスエズのように、日本企業も事業統合をして会社の規模を大きくして、自分で投資できるぐらいの力を持たなければ、世界で勝てないと思っている。

Q国際入札に必要な要件、例えば複数の国での一定以上の処理規模、給水人口、運営年数を満たす日本企業は存在しない。水ビジネス市場は2025年に現在の約2倍の87兆円規模になると予想されているが、国際入札に必要な運営年数を最低5年と考えれば、現在のペースでは2025年までに間に合いそうもない。日本の高いODA(政府開発援助)も、贈与ならアンタイド(国際入札)、海外円借款ならデザインビルド(設計施工一括発注方式)のために停滞中だ。このような戦略で、海外で勝てる企業が出るのか?

A勝てると思うが別の戦略が必要だ。「オールジャパン」というのは全く駄目で、日本人のおじさんがメダカのように群れて行っても、メダカはメダカで力にならない。もちろん国際入札の必要要件も満たしていない。それよりも、話がつく海外企業と組んで出ていくほうがいい。

最近は成功例もある。水ingが韓国の建設会社と組み、ベトナムの水道事業を38億円で受注した(2014年)。今までは日本が援助資金を出しても国際入札でフランスや現地に取られていたが、10年ぶりに日本の企業が勝ち取った。

また日立製作所は、シンガポールのハイフラックスと組んで、インドのグジャラート工業団地向け海水淡水化事業を500億円で受注した（2014年）。

また、最近のビッグニュースとしては、日立製作所が水メジャーのヴェオリアと水ビジネス展開について包括契約をした。これは大きな動きだと思う。

日本の従来のビジネスのやり方では絶対失敗するので、これからは日本がイニシアチブを取って、海外の会社と一緒に出ていくべきだ。弱いところは海外の会社から補完してもらい、自分の得意なものと、相手の持っているものを組み合わせて、グローバルな協業体制で出ていくことが必要だろう。

Q 筑波大の渡邉信教授が研究している藻類バイオ燃料では、下水を使ってバイオ燃料をつくる動きがある。今後、石油精製所が統括・廃止されていく中で、新しいビジネスが生まれるとしたら、人口減で財源が減りメンテナンスできなくなっていく下水処理場の救済策にもなり得るか?

A 1970年代に米国のDOE（Department of Energy）が、やはり石油が危ないということで、藻類からバイオ燃料をつくる研究を相当やったが、全部ポシャった。その原因は、アイデアはいいが経済的に成り立たないことが、はっきりしたからである。

例えば、遺伝子操作で藻類が自重の50パーセントの油をつくることに成功しても、そこから油を取るための精製や運搬を考えると、ものすごいエネルギーが必要になる。よく笑い話に出てくるのは、オーストラリア政府がユーカリの木を植えた話。石油危機に備えて、葉や幹から油が取れるユーカリを植えて40メートルの高さまで育てた。いざ油を取ろうとしたら、実は木を切り倒すチェーンソーに必要な油のほうが、取れる油よりも多かった。しかも運ぶトラックの燃料も入れると、まるっきり、やらないほうが良かった。結局、喜んだのはコアラだけ、というオチだ。

それと同様に、藻類から油をつくる発想は非常にいいが、渡邉教授やIHI（重機メーカー）がやっている藻類は極めて敏感で、下水を入れた途端に殻をつくって休眠し、細胞分裂しなくなる。

完全に覆蓋を掛けて、条件を整えて、2重、3重のバリアの中で純粋培養しなければならないが、そういうものは経済的に成り立たない。

経済的価値を考えるなら、まず下水の処理水を栄養源にしなければいけない。それから仮に100パーセントの採油率の藻類ができたとしても、蒸留や分離には結局エネルギーを使う。学問的には正しいが、経済的な観点から見ると非常に難しいのでは。

ジェットエンジン用燃料にする試みがあるが、さらに精製コストが必要だろう。石油は何億年もかかって、地下の圧力と温度でつくられたものだから、ほとんど全ての炭化水素が入っている。人工的につくるなら、少なくとも採れる油量の数百倍のエネルギーを掛けないと使い物にならないと私は思う。

世界で広がる環境経営の「見える化」

第3講　環境フットプリントでグリーン購入を拓く

伊坪徳宏（東京都市大学環境学部 教授）

伊坪徳宏（いつぼ・のりひろ）/1970年愛知県生まれ。東京都市大学環境学部教授。東京大学工学系研究科材料学専攻修了（博士）。1998年から社団法人産業環境管理協会の経済産業省LCA国家プロジェクトで、ライフサイクル影響評価手法を開発。2001年から独立行政法人産業技術総合研究所ライフサイクルアセスメント研究センターで環境影響評価手法LIMEの開発と産業界への応用研究に従事。2005年から東京都市大学（旧・武蔵工業大学）環境情報学部准教授。2011年から同大学総合研究所環境影響評価手法センター長、2013年から現職。担当分野は環境科学、材料学、ライフサイクル影響評価など。共著に『LCA概論』（産業環境管理協会、2007）や『環境経営・会計』（有斐閣、2012）などがある。

今回のテーマはＬＣＡ（ライフサイクルアセスメント）[※1]です。私は、製品やサービスの環境影響を測るＬＣＡの研究に、評価手法やデータベースをつくるという形で関わってきました。このＬＣＡが最近、「環境フットプリント」[※2]という呼び名で社会に普及しつつあります。環境影響を評価する手法から用途が少し広がり、コミュニケーションツールとしての位置付けが強くなってきたからです。ＬＣＡの1つの応用を示す環境フットプリントを含めて、今、環境評価の手法がどのように世の中で使われているのか、国内外の企業や政策の動向をご紹介します。

環境フットプリント登場の背景

環境フットプリントには、カーボンフットプリントとウォーターフットプリント、ランドフットプリント、製品の環境フットプリント（ＰＥＦ）などがあります。

そして、これらができてきた背景に、国連の「ミレニアム開発目標」[※3]が挙げられます。21世紀になり、世界は各国の問題を共有しました。そして、「どのように途上国の発展を促していくのか」を考え、先進国も含め一体となって解決していく目標を決めました。そこには大きく8つの領域が提示されています。環境も、その中の一つです。地域別・領域別の中間報告によると、世界の約半分の地域、そして約半分の課題で、達成が厳しい状況です。

環境の持続可能性ということで、具体的には4つの目標が定められています。そのうち2つは水問題、もう1つは森林、最後の1つはスラム街です。水と森林を含む生態系の問題が、国際的に認識されたわけです。

国連が掲げる次の目標

※1　ＬＣＡ（ライフサイクルアセスメント）
Life Cycle Assessmentの略称。材料調達から廃棄処分やリサイクルまで、製品の一生を全て包括した視点から、その環境影響を評価する手法。

※2　フットプリント
足跡（footprint）。「専有面積」や「影響が及ぶ範囲」も意味する。

※3　ミレニアム開発目標（ＭＤＧｓ）
２０００年９月にニューヨークで開催された「国連ミレニアム・サミット」で採択された「国連ミレニアム宣言」を基にまとめられた、開発分野における国際社会共通の目標。極度の貧困と飢餓の撲滅など、２０１５年までに達成すべき目標を８つの分野に分けて掲げている。

国連では今、２０１５年以降、「ミレニアム開発目標」の次の目標をどうするかという議論が始まっています。そして、持続可能性をテーマにした世界共通の目標「サステナブル・ディベロプメント・ゴール」をつくって、先進国と途上国が一緒になって、達成に向けて活動を進めようとしています。現在は、先に提出された案を基に加盟各国の代表者間で議論している段階ですが、何を対象に目標を定めるかについては、ほぼ固まりつつあります。

現在、提案されている目標は17項目あります。例えば貧困をどう終わらせるか、飢えをどうしのぐか、など主に生活や社会問題に関する内容が取り上げられています。環境に関わる問題としては、水、エネルギー、気候変動、海洋資源、生態系が挙げられています。世界の国際機関は、この５つを重要な環境問題と考え、広く捉えていこうとしています。

気候変動の定量化

国連のこのような動きを前提として、環境フットプリントの現状をご紹介しましょう。

ＬＣＡの分野では今、水問題と気候変動、そして生態系。この３つを定量的に評価しようという活動が、積極的に行われています。エネルギーや資源については伝統的に評価が行われてきましたが、これらに加え、水、気候変動、生態系の３つが重視されて、具体的に定量化する動きが出ているのです。

まず、気候変動について。この問題の重要性については、もう言うまでもないと思います。ＩＰＣＣの第5次評価報告書は科学的な知見であり、こういった情報が政策担当者もしくは消費者、社会に広く通達されて、政策意思決定に重要な影響を与えています。

気候変動の問題を管理するための最も重要な定量的な指標としては、二酸化炭素の排出量があります。ここで問題です。日本の1世帯当たりの年間の二酸化炭素排出量は、重さにして、どれぐらいだと思いますか。

ＬＣＡでは、発電や、移動に使った燃料だけではなく、野菜の栽培や、家庭から出た下水の処理まで、生活に直接または間接的に関連する二酸化炭素をライフサイクルの観点から捉えます。１世帯の排出量のうち、最も量が多いのは、どのようなことに伴う排出でしょうか。

１世帯当たりの年間排出量の答えは、10トンです（図１）。排出源の内訳としては、食料、光熱・水道、交通・通信の３部門が、大きいことが分かります。その中でも光熱・水道部門、特に電力が最大です。交通・通信の分野も小さいわけではなく、車の使用による二酸化炭素排出量のボリュームが目立ちます。食料は、金額で見ると大きいものの、同じ値段当たりの二酸化炭素排出量で見ると、栽培などによる二酸化炭素の排出量は他部門に比べて小さいので、電力や交通・通信よりは小さい結果となっています。

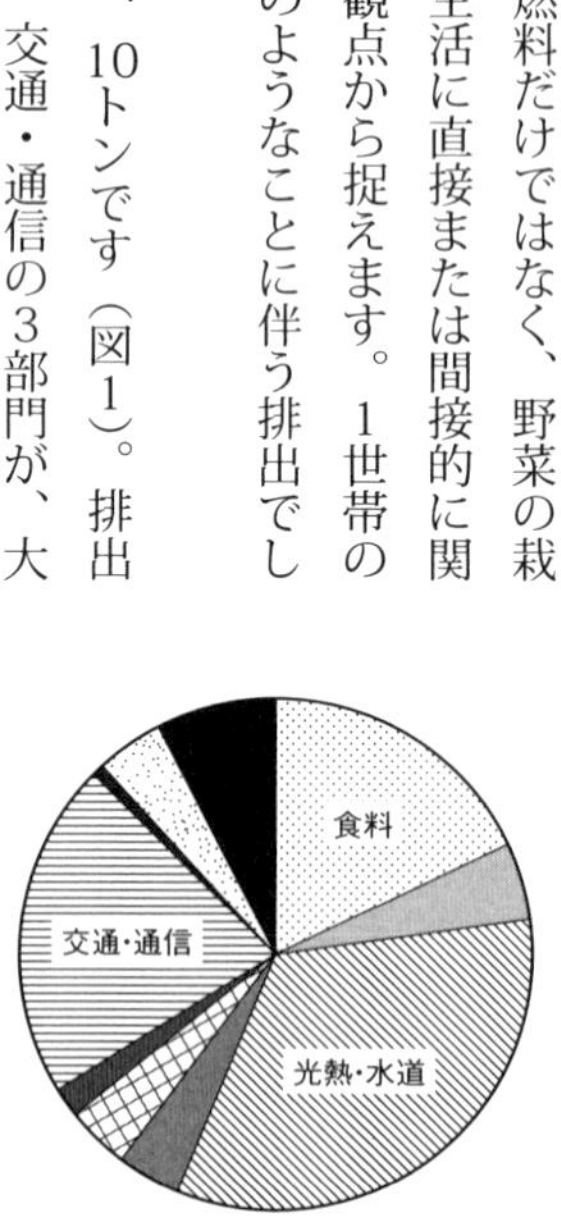

東京都市大学伊坪研究室調べ

図１　１世帯当たりのCO_2排出量
合計10ton／世帯

そして、これらを全て合わせると10トンになります。非常に覚えやすい数字なので、ぜひ覚えてください。これを認識すると、環境負荷に関するものの見方も変わってくると思うのです。

低炭素社会と排出量の見える化

この認識を社会で共有することに注目したのが、政府です。２００８年に、当時の福田康夫首相が、「低炭素社会づくり行動計画」を閣議決定しました。二酸化炭素の排出量を減らしたいが、発生源となる電気は消費者や政府や企業が使う。みんなが一緒になって排出量削減をしていかないと低炭素社会は実現できない。そのためには情報を共有して、どのようなところで二酸化炭素が発生するかを知らせることで、削減のための行動を促そうというわけです。

実際に社会全体を低炭素化に動かす仕組みを考えるためには、情報を共有しないといけません。そこで必要になるのが「見える化」でした。そして、その手段として具体的に挙がってきたキーワードが、「カーボンフットプリント」と「カーボンオフセット」だったわけです。

商品のカーボンフットプリント

カーボンフットプリントは、数ある環境フットプリントの1つです。経済産業省が中心になって行った普及事業では、はかりが描かれたマーク（図2）を使って「見える化」を進めました。いろいろな製品の二酸化炭素排出量を、ライフサイクルベースで、共通ルールによって求め、その計算結果をマークに表示したわけです。対象は、食品ラップや文具や食品、建材や洗剤など。生協やイオンも用いています。製品の二酸化炭素排出量を手に取って見られる機会をつくるための一大事業でした。

本当は多くの商品や包装材に直接添付されるのが良いのですが、なかなかそこまで行っていないのが現状です。今は、二酸化炭素の排出量を登録した製品の情報を、ウェブからダウンロードできます。関心がある人が情報を見て排出量が小さい商品を選ぶなど、二酸化炭素削減のために各自が貢献できることを考えてもらう。そういったことで、少しずつ普及が始まっています。

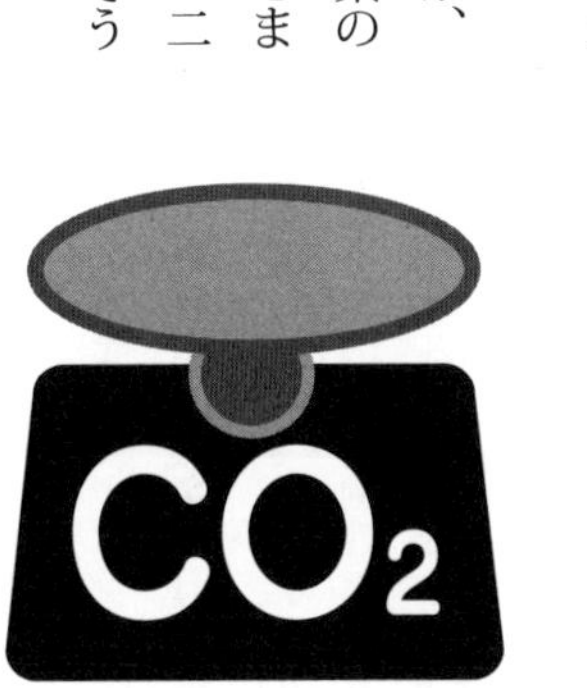

図2　CO_2を「見える化」するカーボンフットプリントマーク（はかりの皿に排出量を表示する）

イベントのカーボンフットプリント

カーボンフットプリント事業に、私の研究室が関わった例を1つだけ紹介します。カーボンフットプリントの評価対象は製品だけではなく、例えばイベントも対象にできます。一般社団法人産業環境管理協会が毎年12月に開催しているエコプロダクツ展で、どれぐらい二酸化炭素が発生するかを知るためのデータベースを開発しました。展示会の活動全てに対して二酸化炭素排出量を求めるという前例のない取り組みでした。展示品や造作物をはじめ、備品、配布物、配送のほか、電気や移動も含めて、全部を合わせた二酸化炭素の排出量を算定して、５０００トンという結果になりました。

内訳を見ると、来場者の移動と宿泊で30パーセント。主催者の広報活動や配布物関連で15パーセント。そして、一番大きいのは、出展者でした。配布物や備品、展示物をつくったり、もしくは搬入出したり、スタッフの移動やユニフォームがあるなど大変多くの項目が含まれます。こういったものを通じて排出される二酸化炭素が、全体の半分を占めていたのです。

この情報を、例えば、７００企業が集まる翌年の出展者説明会で共有するわけです。主催者が出展者に対して、「皆さんの二酸化炭素の排出量が全体の約5割に達しています。内訳を見ると、その３割を配布物が占め、造形・装飾物も大きいことが分かります。分厚い報告書やカタログ、大規模な展示品の使い捨ては、大きな二酸化炭素の排出に強く関わっています」と、排出量削減のポイントを伝えたのです。

その結果、多くの出展者が行動を変えました。例えば、これまでオモチャを配っていた企業が、デコメール用のＱＲコードを配ることに変更しました。別の企業は、1回使って捨てていた装飾物をレンタル・リースに変えたり、再利用できるように工夫したりしました。そして、展示会全体の排出量を、効果的に減らすことができたわけです。

このような形で、私たちはカーボンフットプリントを二酸化炭素の排出量を削減していくための道しるべとして用いてきました。

世界のカーボンフットプリント

カーボンフットプリントは、英国、韓国、ドイツ、スイス、台湾など、さまざまな国で用いられています。

タイでは、すでに1000点の品目で、カーボンフットプリントが公開されています。その品目数は、むしろ日本より多い。以前、カーボンフットプリントの事業をタイで始める際に、タイの文科省大臣の記者会見やセミナーが開催され、私も呼ばれて講演し、日本の活動について紹介しました。このような形で、それぞれの国の政府が主導して、カーボンフットプリントに熱心に取り組んでいるという状況です。

世界の水問題

水に関わる環境負荷は、年々増加しています（図3）。横軸が1900年から20

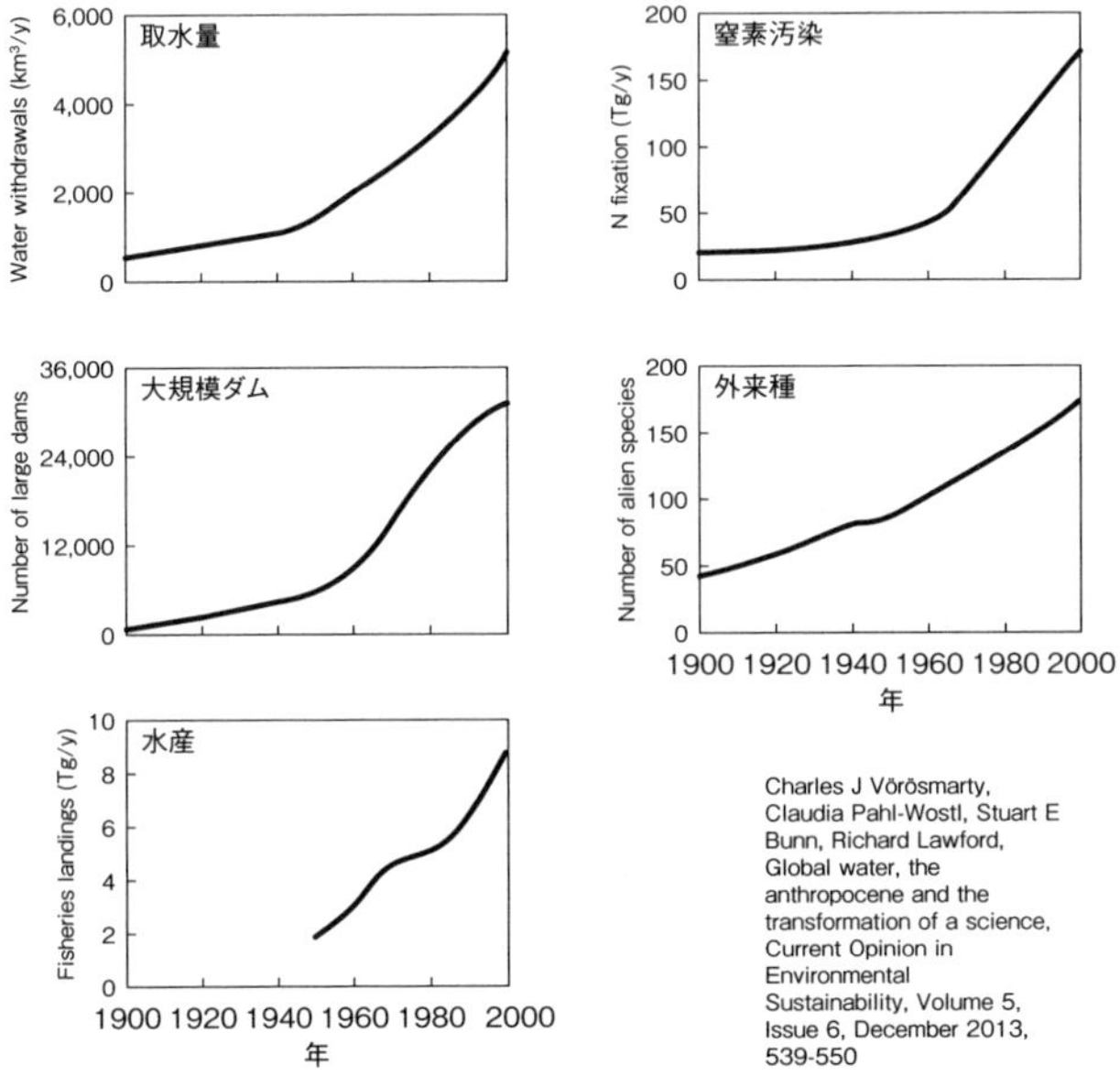

Charles J Vörösmarty, Claudia Pahl-Wostl, Stuart E Bunn, Richard Lawford, Global water, the anthropocene and the transformation of a science, Current Opinion in Environmental Sustainability, Volume 5, Issue 6, December 2013, 539-550

図3　水に関わる環境負荷の推移

００年。縦軸が水に関わる負荷です。５種類の負荷を挙げて、その推移を示しています。いずれも指数関数的に増えていることが分かります。人口が増え、生活が豊かになり、それに伴って、水に対する負荷が増えているわけです。

　では、その結果どのような問題が生じているかと言うと、実際に健康影響が起きています。ＷＨＯ（世界保健機関）は、要因別に健康損失を報告しています。指標になったのは、「損失余命」の年数です。例えば、がんでAさんが80歳で亡くなった場合、本来だったら84歳まで生きられたとしたら、4年が、がんによる損失余命ということになります。それらを全部積み上げて、全世界で失われている余命を求めています。

　ＷＨＯの報告では、たばこやコレステロールや鉛の摂取など、いろいろな要因が挙げられていますが、中には環境の要因もあります。全球規模で、例えば、水が原因で失われた余命は２１００万年です。ＰＭ２・５[※4]で失われた余命は７６００万年で、水の3倍ぐらい。最も影響が大きいのは、固形燃料の使用で、１億８００万年。先進国から見ると分かりにくい要因ですが、途上国では調理やストーブなどに固形燃料が使われ、換気が適切にできていないために煤《すす》を日常的に吸入してしまう。それによる影響が非常に大きいということです。

　つまり水問題というのは、固形燃料の燃焼やＰＭ２・５と並んで、環境問題による健康影響としては極めて大きな要因なのです。

日本の水使用量

　では、ここで、日本の1世帯当たりの年間の水使用量は、どの程度だと思いますか。先ほどの二酸化炭素排出量は10トンでしたが、水ではどうでしょうか。そして、使用量が大きい部門は、食料、光熱、交通

※4　PM2・5　微小粒子状物質。大気中に浮遊している2・5マイクロメートル（1マイクロメートルは1ミリメートルの千分の1）以下の小さな粒子のことで、従来から環境基準が定められていた浮遊粒子状物質（SPM＝10マイクロメートル以下の粒子）よりも小さな粒子。

のどれでしょう。

答えは、まず1世帯当たりの使用量は、約4000立方メートルです（図4）。25メートルプールが1杯約400立方メートルとすると、プール約10杯分という大変な量です。そして、内訳で最も多いのは、食料部門です。食料が大きいのは意外かもしれませんが、日本でも農業用水は全体の約70パーセントを占めています。なお、生活用水と工業用水が、約15パーセントずつです。食料の背後には、農作物の栽培などに伴う大量の水消費があるということです。

この評価結果は、魚介類の値が大きいのが特徴的です。ここでは、水産業による水使用として、養殖に使用する水量のみを評価しています。それでも日本人がタンパク源を肉より魚に依存していることが反映されています。これが米国になると、肉類の割合が大きくなります。この図の穀類には、米が大きく影響しています。米の栽培には1キログラム収穫するまでに1000リットルもの水が使われます。

ここで比較の対象として、光熱・水道を見てみましょう。家庭のトイレや水道、それから洗濯など家事で主に水が使われますが、その量は、全体の約1割にすぎません。ですから、家の中での節水も確かに重要ですが、それだけでは十分ではないかもしれません。むしろ食品の生産までに使用される水が非常に多く関わっているとい

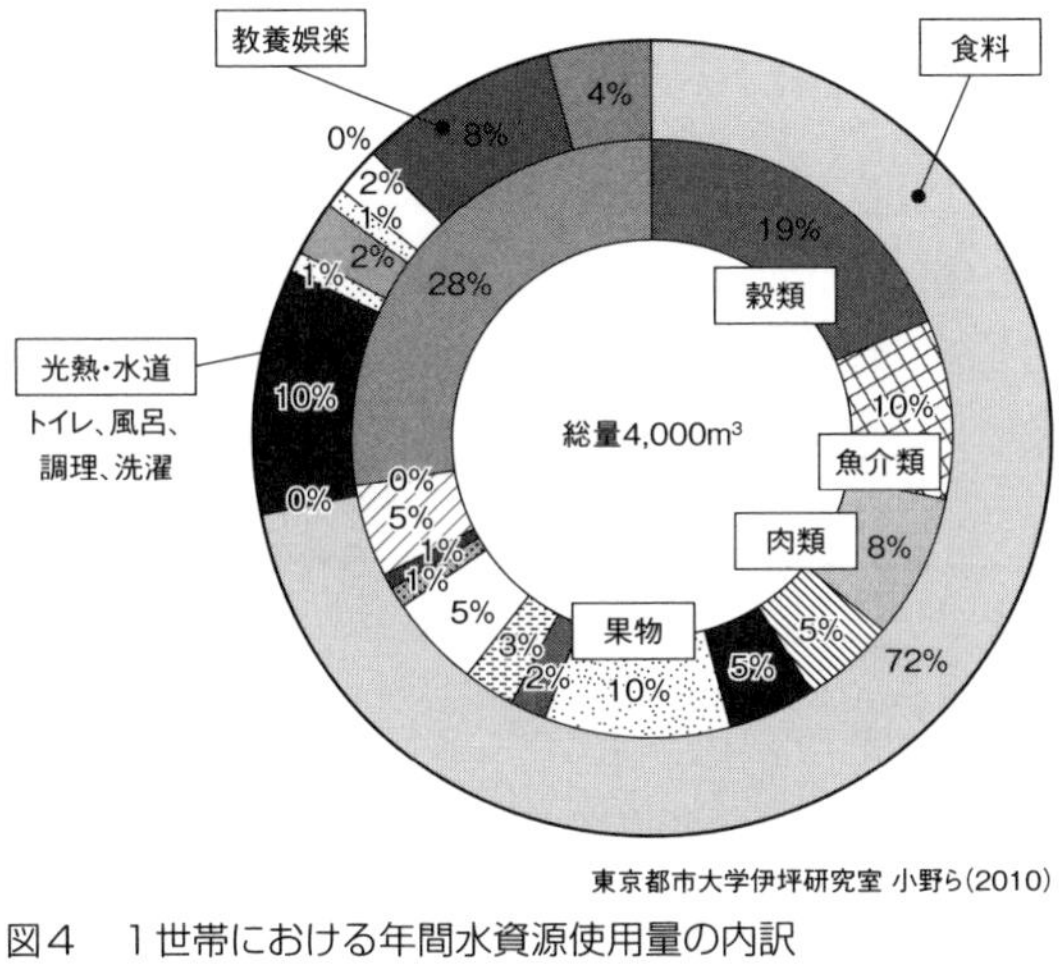

東京都市大学伊坪研究室 小野ら(2010)

図4　1世帯における年間水資源使用量の内訳

うことが、内訳から分かります。

この計算は、当研究室の博士課程の小野君が行いました。水資源使用量の情報などは、私たちの研究成果として、エコプロダクツ展で展示しました。その際、鳩山元首相も、恩師である山本先生（第12講）と同窓で親交があるということで、わざわざ当研究室のブースに2年連続で足を運んでくださいました。その時に説明したのが、紅茶を例に挙げてウォーターフットプリントを解説したパネルです。

ウォーターフットプリントとは

紅茶1杯180ミリリットルに対して、ライフサイクルを通じて使われる水はどの程度でしょうか。茶葉の栽培から収穫後の加工、包装のほか抽出にも水は使われます。さらにミルクや砂糖や紙コップを使うなら、それらの生産にも水が使われています。ミルクに1・2リットル、砂糖に1・1リットル、紙コップに0・5リットル、そして飲む時の抽出に0・6リットルです。大変多くのプロセスで水が使われていますが、実は、茶葉の栽培に必要な水は1桁大きい14・2リットル。全体の7、8割という非常に多くの水が、集中して栽培段階に使われているのです。そして、1杯180ミリリットルの紅茶のライフサイクル全体に関わっている水の総量は、なんと17・6リットル。約100倍に相当するのです。

しかも、問題は量だけではありません。ここで考えたいのは、栽培に使われる水が、どこで使われているかということです。日本で販売されている茶葉は、主にスリランカやインドから輸入しています。そして、両国の水問題は、深刻な状況にあります。

私たちが使っている商品のライフサイクルに注目すれば、水問題の深刻な地域の水に頼っているということが分かります。これが最も重要なポイントです。そういう事実に気付くことができるのが、ライフサイクルに注目するウォーターフットプリントの意義ではないかと思うのです。

ウォーターフットプリントの活用例

企業で働く皆さんには、ウォーターフットプリントの情報を、ぜひさまざまな形で利用していただきたい。水について考える範囲を広げれば、環境負荷を削減するチャンスも、さらに広がります。そこで社会的な責任を果たすこともできるでしょう。

例えば富士フイルムは、現像廃液削減装置のウォーターフットプリントの評価結果をポスターにして、エコプロダクツ展で紹介しました。現像に使った溶液を捨てずに回収して、きれいにした後に再利用すると、新たに取水する必要がなくなり、水に対する負荷を大きく削減できます。

東芝が開発した紙再使用対応型のプリンタ複合機は、印刷して使って不要になった紙を消去機に入れると印字が消え、紙を再利用できます。再生紙を生産しなくていいので、水の使用を抑えることができます。われわれの計算結果によれば、このペーパーリユースシステムを活用して紙を5回再利用すれば、水の使用をおよそ8割も減らせることが分かりました。この内容も、エコプロダクツ展で紹介しました。

次もエコプロダクツ展で紹介したものですが、資生堂は、ウォッシャブルベースを開発しました。化粧下地の代わりにこれを使うと、化粧を落とす時に、クレンジング剤を使わなくても、お湯で洗い流すことができるという商品です。それによって、クレンジング剤の製造工程の水消費を回避できて、1回の化粧行為全体の水の使用量を、15パーセント削減可能です。

次の例も東芝で、冷蔵庫の評価を紹介します。冷蔵庫と水の関係は低いように思われるかもしれませんが、最近の冷蔵庫は、生鮮食品の鮮度保持の機能が上がっています。その結果、捨てられる野菜や肉が減り、食品ロスが削減できるのです。この効果を考慮して評価したところ、従来の機種と比べて食品のロスが半分ぐらいになりました。冷蔵庫のライフサイクルでは、他にも当然、電力も使いますし、冷蔵庫自体の生産にも水は使われますが、先ほど紹介したように、水の消費は食品部門で非常に大きな負荷がかかっています。ですから、食品のロスを削減できれば、環境負荷の削減につながるというわけです。

このように、ウォーターフットプリントは、その概念や特徴について理解されただけではなく、すでに活用が始まっています。しかも、それは学術的な利用ではなく、ビジネスにおいて、エコプロダクツのアピールに活用され始めているのです。

生態系の現状

ここまで、カーボンとウォーターについて、説明してきました。次に取り上げるのが、生態系です。これは先の二つに比べて定量的に表現するのが非常に難しいです。今、生態系をどのようにして測るかというテーマは、ＬＣＡ研究の中で最重要課題の一つと認識されています。複数の研究機関が評価手法を提案していますが、いまだ合意がありません。それを前提にしつつ、生態系の評価について現在どこまで分かっているのかについて、整理してみたいと思います。

この分野で世界的に最も有名な報告書は、国連の「ミレニアム生態系評価」[※5]です。気候変動分野のＩＰＣＣと同じように、約１８００人の生態学の専門家が集まり、現在の生態系にどのような変化があるのか、科学的に分かっていることを整理して、３部作の報告書にまとめました。

そこに掲載されている有名な図の一つが、縦軸に生物種の絶滅速度を表したグラフです（図５）。なぜ絶滅種数ではなく速度なのかと言うと、母数、すなわち、今いったい世界に何種の生物がいるのかが、分からないためです。今分かっていない種が何種絶滅したかというのは計上できないので、分かっている種の中で何種絶滅したのかを計算し、その結果を割合で表現しているわけです。この図では、「１０００年１０００種当たり」何種絶滅したかを示しています。千と千を乗じると百万になるので、「１００万種年

※5　ミレニアム生態系評価
国連の主唱で2001年から2005年にかけて行われた、地球規模での生物多様性及び生態系の保全と持続可能な利用に関する科学的な総合評価のプロジェクト。成果は2005年3月に発表された。

（ミリオン・スピーシーズ・イヤー）」当たりの絶滅種数です。この指標は、略してＭＳＹと呼ばれることもあります。

非常に古い時代からの変化を見てみると、人間社会が形成される前の絶滅速度は、１０００年１０００種当たり０・１〜１種でした。この絶滅速度が、人間の登場で、最大１０００倍になっているというわけです。生物種の絶滅速度が飛躍的に増しているのです。

さらに将来は、現状のさらに10倍、場合によっては１００倍も速くなるものと予測されています。つまり、人間社会が入り込むことによって桁違いの速度で絶滅が進んでいるわけです。図の表示方法が幅をもって示されているのは、結果に不確実性があるからで、将来に対する予測はより幅が広くなっています。それだけ、今後の取り組みによってその影響を最小限に抑えることも可能なのです。

現在は６番目の大量絶滅期

ＭＳＹという指標は、いろいろなところで採用されています。科学雑誌『ネイチャー』[※6]に掲載された論文は、ＭＳＹを使って、今まさに、６番目の大量絶滅期に差し掛かっていると結論付けました。

地球史上、生物種の大量絶滅は過去に５回あったと言われています。これらは「ビッグ５」と呼ばれていて、それぞれ75パ

※6『ネイチャー』
イギリスの科学雑誌。１８６９年創刊。世界でも最も権威ある学術雑誌の一つと言われている。

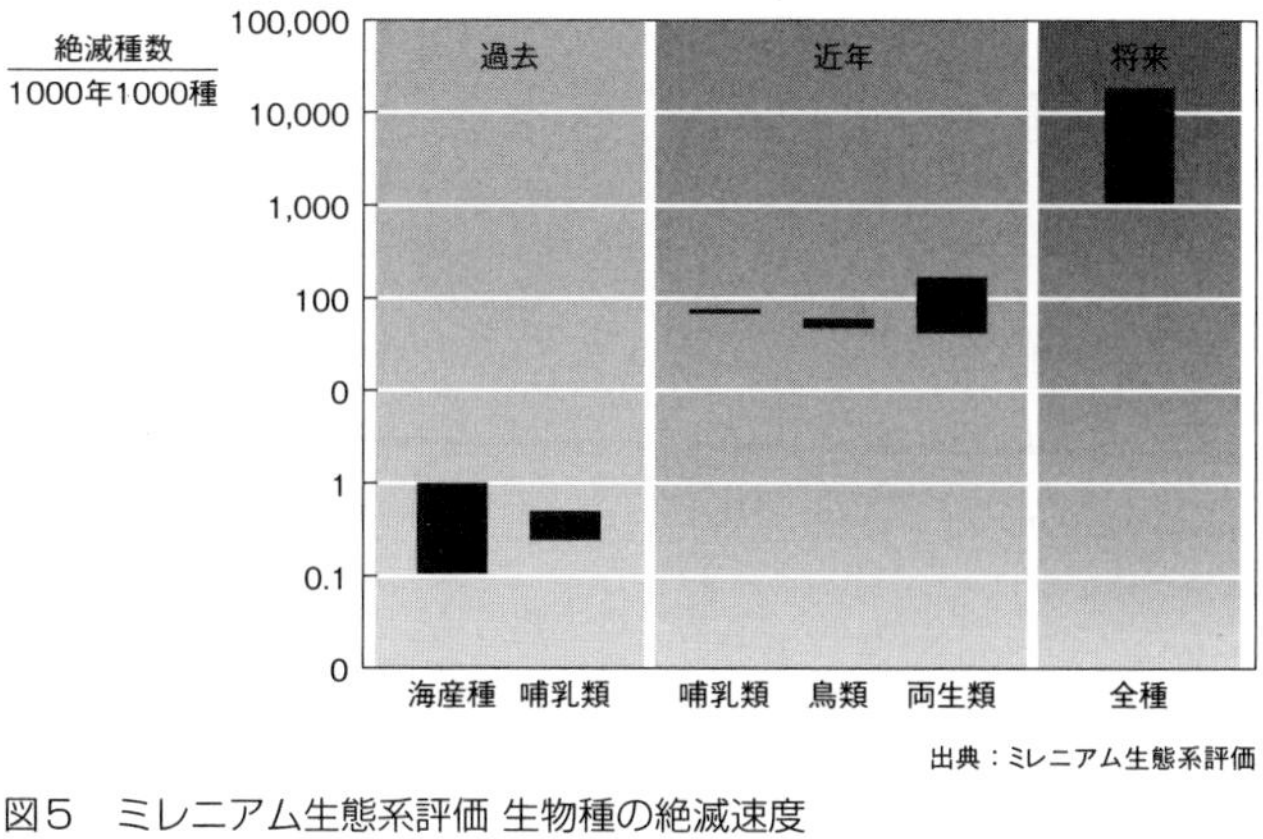

図５　ミレニアム生態系評価 生物種の絶滅速度

ーセント以上の種が絶滅したものと推測されています。最も影響が大きかったのは95パーセントの種が絶滅した2回目の大量絶滅です。パンゲア大陸[※7]ができた時に超巨大な噴火が起き、大量のメタンが出てきて、温暖化が促進されたというのが、最も有力な説です。このときに生き残った５パーセントが、空いたニッチ（生態的地位）に入り込んで繁栄し、また新たな種を形成していきました。その後また別の要因で大量絶滅があり、その後また生き残った種が繁栄しました。こうして生物たちは、栄枯盛衰を繰り返してきたわけです。

過去の絶滅速度に対して、今の絶滅速度はどういう関係になっているのでしょうか。今は、だいたい１ＭＳＹ当たり10から１０００といったレベルです。ＩＵＣＮ（国際自然保護連合）が、今後５００年間で絶滅のおそれがある種を特定して、５００年のうちでそれらが全部絶滅すると想定した悲観的なケースと、すでに絶滅したものだけを対象にした楽観的なケースで絶滅速度を計算しました。

その結果、実はビッグ５の５つのうち４つの大量絶滅の時よりも、今の絶滅速度のほうがむしろ速いことが分かりました。これがもし今後さらに速度が上がれば、もっと絶滅する種数が増えます。もしも、現在の絶滅危惧種が、５００年ではなく１００年のうちに絶滅したら、その被害の規模はビッグ５に匹敵するのです。

生態系を壊す5大要因

生態学者たちは、生物種の大量絶滅を警告しています。そして、絶滅を引き起こす要因として、生息地改変、気候変動、外来種、乱獲、汚染の５つを挙げています。

生息地改変は土地利用に起因します。汚染は、窒素やリンが原因物質です。全世界の土地の種類を森林や乾燥地に分けて、要因ごとに生態系に与える影響の大きさを表した図があります（図６）。色の濃淡

※7　パンゲア大陸
古生代ペルム紀から中生代三畳紀（2億5000万年前頃から2億年前頃）にかけて存在したとされる超大陸。当時はほぼ全ての大地が地続きになっていたと考えられている。

は、現在の影響の大小を表し、矢印の向きは、将来の傾向を表しています。

例えば、気候変動は、今はあまり影響が大きくないけれど、将来は非常に大きな影響が及ぶと予測されています。そして、５大要因の中でも、特に、生息地改変の影響が大きいことが分かります。

ランドフットプリントとは

生態系に対する影響を表現する環境フットプリントを計算するとき、先ほどのＭＳＹを指標として採用することも考えられますが、まだ精度の面で課題がありますし、少々難解です。また、５大要因のうちの一つである気候変動は、カーボンフットプリントで対処できます。そこで、これらの要因の中で影響の大きい生息地改変、つまり土地利用に注目した「ランドフットプリント」を取り上げます。

それでは、1世帯当たりの年間の土地利用面積はどの程度でしょうか。その中で大きいのは食料、光熱、交通、どの部門でしょう。

私たちは1世帯のランドフットプリントを年間平均１５００平方メートルと推定しました（図7）。１世帯の平均的な住居の面積が約１００平方メートルなので、その15倍ぐらいの面積が、生活に使われているこ

		生息地改変	気候変動	外来種	乱獲	汚染
森林	亜寒帯	↗	↑	↗	→	↑
	温帯	↘	↑	↑	→	↑
	熱帯	↑	↑	↑	↗	↑
乾燥地	温帯草原	↗	↑	→	→	↑
	地中海地方	↗	↑	↑	→	↑
	熱帯草原とサバンナ	↗	↑	↑	→	↑
	砂漠	→	↑	→	→	↑
内水面		↑	↑	↑	→	↑
沿岸		↗	↑	↗	↗	↑
海洋		↑	↑	→	↗	↑
島嶼		→	↑	→	→	↑
山地		→	↑	→	→	↑
極地		↗	↑	→	↗	↑

出典：ミレニアム生態系評価

図6　ミレニアム生態系評価 生物多様性に対する影響要因

とになります。

全体の半分以上が食料で、なかでも穀類と肉類が多いことが分かります。例えば牛なら、放牧の土地に加えて、エサを栽培する土地が必要になってきます。野菜も土地を使います。ウォーターフットプリントでは、魚介類の養殖の影響が結構大きかったのですが、ランドフットプリントでは小さいようです。

住居の土地利用が、全体のおよそ4分の1を構成しています。住宅の敷地面積の他に、家で使われる木材や内装などの資材を生産する土地が含まれます。それに比べて光熱・水道や交通・通信は、比較的小さいです。木材を使う家具は、若干大きいことが分かります。これらを合わせると1500平方メートルにも及ぶわけです。しかも、これらの面積の半数程度は、海外での土地利用になります。このような評価を通じて、今われわれが生活によって、世界の生態系に対してどれぐらいの負荷を与えているかを認識することができます。

企業での環境フットプリントの活用

これまでは1世帯平均の環境フットプリントについて紹介してきましたが、その分析対象は製品やサービスなどさまざまです。今や多くの企業が、サプライチェーンを網羅した環境フットプリントを実施しています。

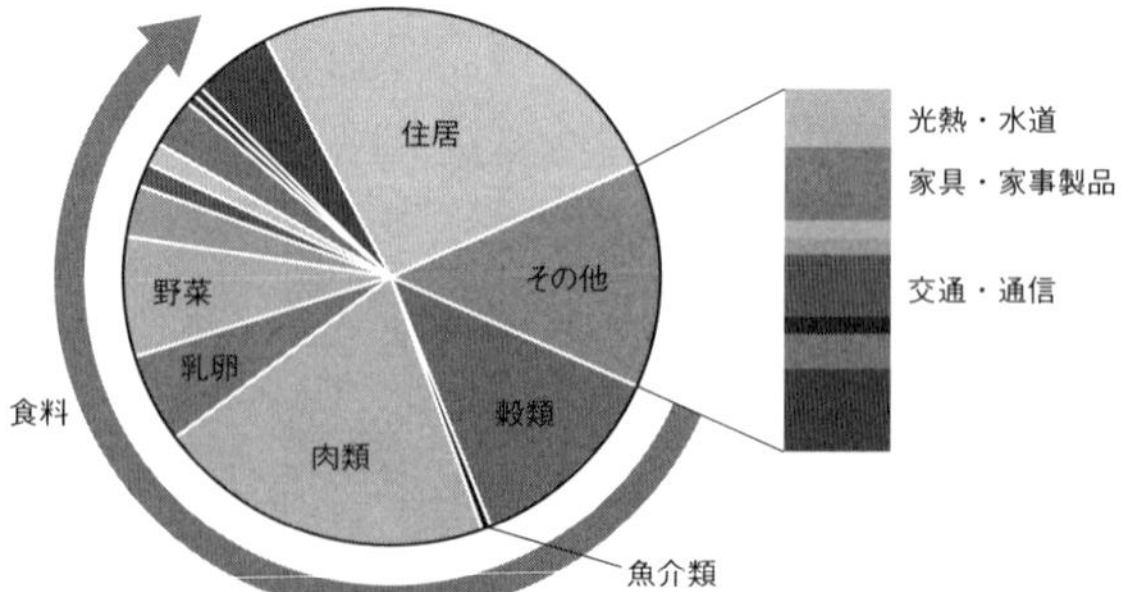

図7　1世帯の年間ランドフットプリント　合計約1500m^2／世帯

ライフサイクルの評価が広がった発端は、1997年にLCAの国際規格（ISO14040）が発行されたことです。LCAのルールができたことで、企業における製品設計や開発にLCAを活用する流れができてきたわけです。

例えば、ハイブリッド車を従来のガソリン車と比較する時に、製品のライフサイクルに注目します。ハイブリッド車の組立工程を見れば、素材も増えるし、工程数も増えるので、むしろ製造時の環境負荷はガソリン車よりも大きい。しかし、ライフサイクルに注目をすれば、使用段階の環境負荷を大幅に削減できて、トータルで見ると4割の削減になっています。エコプロダクツ供給による企業の環境貢献は、ライフサイクルに注目をすることで初めてアピールすることができます。従来の環境マネジメントシステムで工場の中の管理だけをやっていては、CSR（企業の社会的責任）として広く発信できないのです。

産学連携で評価の手間を減らせる

環境影響の評価は、その範囲が広がるほど、データを集める手間が多くなります。手間が増えれば、分析を諦めてしまう方が出てきます。それをサポートして利用促進を図っていこうということで、大学、産業界、政府などが連携しました。そして、データベースや評価手法といった、LCAを実施するための基盤ができました。

経済産業省のカーボンフットプリントのプロジェクトでは、データベースがつくられました。例えば、ステンレスを1キログラムつくるまでに、全体でどれだけの二酸化炭素が発生するのか、原油の採掘からガソリンの燃焼まではどれぐらいか、といった情報が一覧表に整理されています。これを使えば、鉄鋼メーカーやガソリンを供給する企業にいちいち聞きに行かなくても、計算できます。

ただし、経済産業省が提供しているのはカーボンフットプリント用のもので、ウォーターフットプリントやランドフットプリントに関するデータベースは、公表されていません。ならば、私たちがやりましょうということで、研究室のテーマとして、化学物質や土地利用や水など、他の環境問題も評価できるデータベースづくりに取り組み、成果を公表しました。

　ウォーターフットプリントのデータベースを公表した際は非常に反響があり、５、６社もの事例が新聞に取り上げられました。データベースの中には、米や小麦をはじめ、樹脂、テレビなど４００種類の製品に対する評価結果が含まれます（図８）。グラフの横軸は、産業分類の番号です。産業分類は１番の米（図８では最も左側）から麦類、イモ類、豆類……と農作物に始まり、鉄やプラスチックといった材料や、電気製品や自動車等の組立製品、バスなどの交通手段、飲食業を含むさまざまなサービス業、事務用品に至るまで、細かく番号が振られています。

　米の場合、１００万円分を生産するのに、

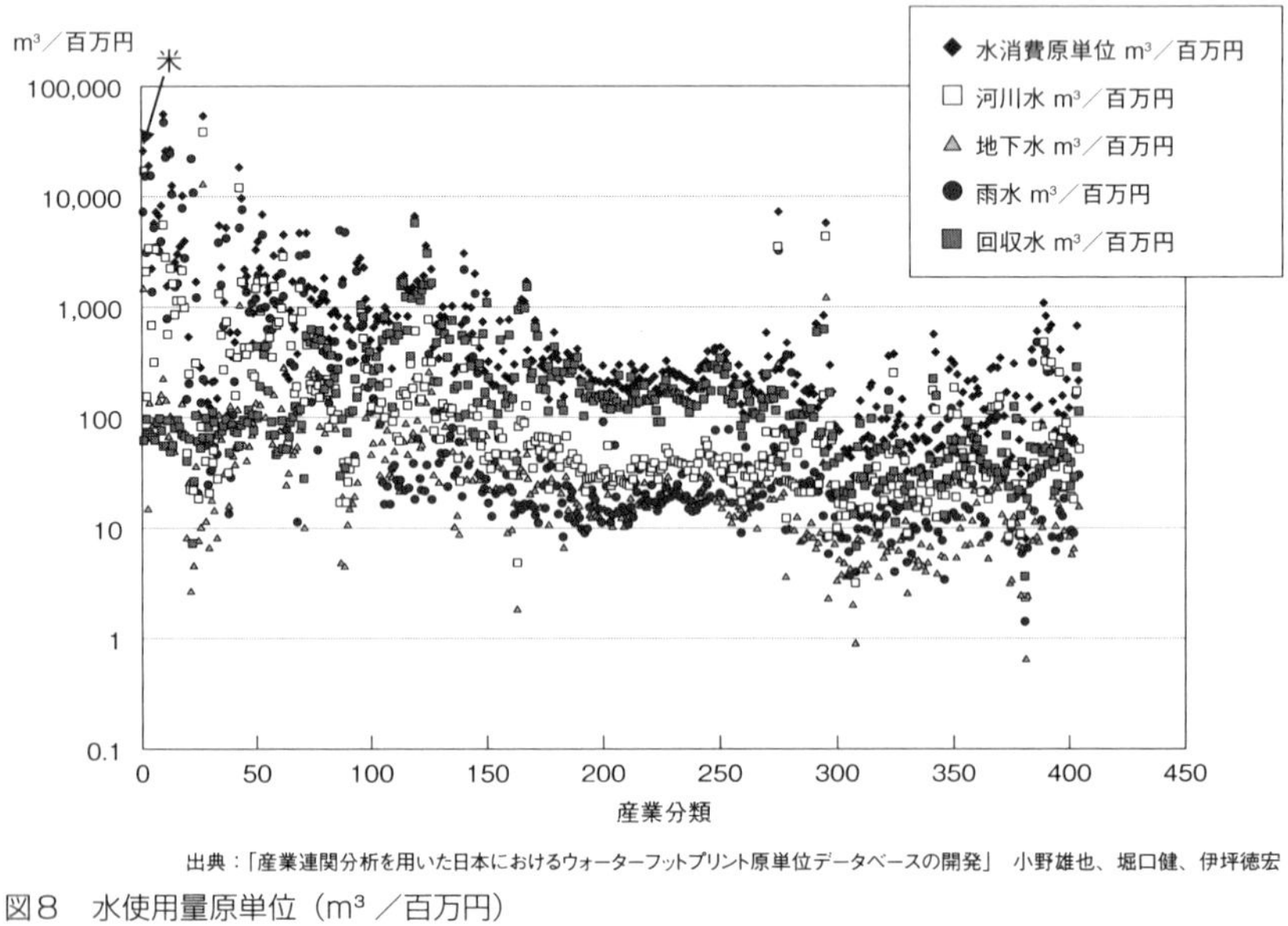

出典：「産業連関分析を用いた日本におけるウォーターフットプリント原単位データベースの開発」　小野雄也、堀口健、伊坪徳宏

図８　水使用量原単位（m³／百万円）

約2万立方メートルの水が使われます。なかでも、河川が大半を占めています。原材料を得るのにどの種類の水をどのくらい使用しているかが分かるので、これらを製品のウォーターフットプリントに活用していただくために公開したのです。

例えば、紙コップのメーカーの方なら、コップを構成する素材やエネルギーを、1個当たりどのくらい使っているかという情報の入手は難しくないでしょう。あとは、その情報とここで提供する原単位を乗じた後に、これらの和を取ることで、サプライチェーン全体を網羅した評価結果が得られます（図9）。普通、初めての製品についてLCAに取り組む方は、だいたい1製品に1年かけて検討されます。それは、原材料データを自ら調査しようとするためです。それを、こういう形で計算すれば、結果を得るまでの時間は10分の1になるでしょう。慣れている人であれば、もっと短い時間で結果が出せます。

富士フイルム、資生堂、東芝、大日本印刷、凸版印刷などの企業は、このデータベースを使って自社製品のウォーターフットプリントを計算しました。さらに、多岐にわたる製品を網羅的に分析するためのシステムの構築を行っています。こういった産学連携が、ウォーターフットプリントの迅速な普及につながっていると考えています。

評価のためのインフラ

ＬＣＡの評価範囲は広く、これまで取り上げたテーマの他に、資源枯渇、酸性化、大気汚染、光化学オゾン、廃棄物、富栄養化、化学物質など、さま

項目名	活動量	原単位	水使用量（ℓ）
紙	6.20（g）	0.235（ℓ／g）	1.46
ポリエチレン	0.50（g）	0.248（ℓ／g）	0.124
インク	0.10（g）	1.24（ℓ／g）	0.124
段ボール	0.50（g）	0.064（ℓ／g）	0.032
電力	0.003（kWh）	11.3（ℓ／kWh）	0.0339

水使用量合計1.77ℓ

東京都市大学伊坪研究室調べ

図9　紙コップ1個のウォーターフットプリント

ざまな環境問題が取り上げられています。ただ、これだけ多くの環境問題に関わる情報を一度に全て開示しても、情報過多になってしまいます。国連のサステナブル・ディベロプメント・ゴールでは、国際的な観点から重要な環境問題として気候変動、水、生態系、そしてエネルギーを挙げています。エネルギー消費と気候変動は関係が強いので、当面は、気候変動、水、生態系という3つの影響領域を対象とした環境フットプリントについて、優先して実施しておくことが望まれます。

環境影響の評価手法やデータベースができると、それらを使って簡便に計算できるツールが必要になります。例えば、一般社団法人産業環境管理協会は、ＬＣＡのソフトウェアをつくって販売しています。これを使えば、複雑なプロセスを関連付けた計算を簡便に実施することができます。

このような形で、評価のためのインフラやツールがそろってきました。

国際的な環境フットプリントの取り組み

世界的には今どのような形で利用されているのでしょうか。

まず、フランスの事例です。ジーンズブランドのリーバイスは、５０１や５０３、５０５といった主要製品を対象にして実施した環境フットプリントの結果を、店頭で表示しています。この評価には、気候変動もエネルギーも水も入っています。

また、フランスのカジノ社では、独自の指標で環境フットプリントを評価して、その結果をラベルで表現しています。カジノ社は、日本で言えばイオンのような企業です。指標には気候変動、水の消費量、水の汚染という3つの環境影響が含まれていて、この評価結果を表示したプライベートブランド商品の販売を始めています。先日、実際にフランスのカジノ社の店舗に行ったら、オレンジジュースのパッケージに葉っぱのマークやＱＲコードが印刷されていました。コードを読み取ると、ウェブページに飛べて、そこには環境フットプリントの説明や、その商品の算定結果が書かれていました。お菓子やパスタなど、さまざまな商品に添付が始まっています。

次に、ドイツの事例です。スポーツ用品大手のプーマは、企業活動に伴う環境影響について、サプライチェーン全体で評価しています。最終製品を作るところだけではなくて、関連企業が生産する部材や原材料を作る過程の環境影響も含みます。さらに、環境影響を金額で表現しています。気候変動、水、土地利用、大気汚染、廃棄物という5つの問題に対する環境影響を1・45億ユーロと見積もっています。この半分以上は原材料の栽培段階が占めています。全体の金額を法人税か何かで払っているわけではありませんが、この結果から、栽培に関わる環境影響を削減するために、プーマ社は何ができるかを検討しているそうです。

環境情報は信頼されているか

こうして、いろいろな企業の導入例を話すと、「確かに活動として紹介している事例はあるが、ビジネスの中でどのように活用されているのか。これが本当に売上に関わるのか」と、よく指摘されます。実は最近、売上につながる活用例が、出てこようとしているのです。

欧州委員会（ＥＣ）は、２万５０００件に及ぶ大規模なアンケート調査を行いました。その結果、「製品選択の際に何を重視しますか」という質問に、「質をとても重視する」という回答が65パーセント、「それなりに質を重視する」が32パーセントでした。合わせて97パーセントの方が質を重視しています。「値段にとても注目する」と「それなりに値段に注目する」が合わせて87パーセントで、こちらも質に次いで重視されているといえます。これらに対して、「環境問題に注目する」という人も意外に多くて84パーセントに上ります。値段に匹敵する8割以上の人が環境について気にしているというのです。「ブランド」

は5割ぐらいですから、ブランドよりもよほど、環境問題のほうを重視していることが分かります。

他の質問について見てみましょう。「現在開示されている環境情報は十分ですか」という質問には、半分以上が「十分ではない」と答えています。環境に関心があっても、今、その関心に見合うような環境情報は全く出ていないと考える人が、半分以上もいるということです。

さらに、もう1問、見てみましょう。これは結構、LCAをやっている事業者にとっては耳が痛いのですが、「生産者による環境情報を信頼しますか」という質問には、半分は「信頼する」、残り半分は「信頼しない」と答えています。つまり、手前味噌の環境情報については疑いの目で見るという人が半分いるのです。それだけ、欧州の消費者は環境情報に対する要求が高いのです。

環境評価の標準化

これを解決するために、ＥＣは環境フットプリントを政府主導で実施することを加盟各国に推奨しています。環境フットプリントの実施を奨励する文書を２０１３年5月に発行しました。この文書の導入部分では、今や環境に関わる情報があり過ぎて市場が混乱していると指摘しています。だから、信頼できる正確な環境情報を提供するために、環境評価を行う標準的な手法をつくることが必要であると主張しています。標準的な手法ができることによって、企業はいちいち自分で評価手法をつくったり、データを集めたりする煩わしさから解放されるし、その内容について説明する際の説得力が増すことも期待されます。

推奨文の最後には、付録として実施ガイドがあります。付録のほうが推奨文より長いのですが、そこには、ライフサイクルに注目して分析すること、14の影響領域について評価すること、などの要件が書いてあります。影響領域が広範に渡り過ぎていることについては産業界からの反対も多く、今は、14個の中のどれが重要かを選ぶことができるようになっています。ただしカーボン1種類では駄目で、最低でも3、

4種類を選ぶよう、産業界に求めています。環境フットプリントはグリーン調達に利用されることが想定されており、今後、EC加盟国全ての政府が環境フットプリントの低い製品を優先して購入する、といった仕組みができるかもしれません。

欧州に輸出するなら環境情報を

この欧州の動きに、日本企業も影響を受けます。日本が欧州で製品を販売する時に、その環境フットプリントの開示が求められ、評価結果が悪かったり、結果を開示しなければ、大きな市場を失う恐れがあります。今、環境フットプリントは実証試験の段階ですが、日本企業の中では、日立や東芝といった電機企業がサーバやストレージを対象にした評価で参加しています。欧州の動きをしっかりとウオッチしておかないと、せっかく良い環境技術があっても、環境情報の開示に対応できなかったことによって大きく遅れてしまいかねないのです。

米国から広がる企業の取り組み

欧州では政府主導で環境フットプリントの導入に向けた活動が行われていますが、米国ではビジネス主導で進んでいます。特に、製造業への影響力の強い販売・小売業がLCAに積極的です。

米国の長者番付を見ると、ウォルマート関係者が上位20人のうち4人もいます。それだけ経済力を持った企業が今、LCAを積極的に導入すると言っています。

ウォルマート社は、サステナビリティ[※8]に関する目標のなかで、環境負荷の低い商品を販売すると言っています。そして、エコプロダクツを売るためには環境情報が必要だということで、サプライヤー10万社に対して大規模なアンケート調査を行いました。

※8　サステナビリティ
持続可能性（sustainability）。人間活動が将来にわたって持続できるかどうかを表す概念。第5講※4を参照。

たとえサプライヤーが製品の環境情報を提出したとしても、販売者が自らＬＣＡを実施するのは大変です。そこで、サステナビリティ・コンソーシアムという団体が結成されました。サプライヤーが提出した基礎データを同じルールや方法で環境評価をして、その結果をウォルマートに返すというわけです。マクドナルドやサムスン、ユニリーバ、ディズニーなど、多くの企業がこのコンソーシアムに入っています。

環境情報が投資の目安に

企業全体における環境フットプリントは、投資にも影響を与えています。カーボンディスクロージャープロジェクト（ＣＤＰ）では、各企業に対して、活動に伴って発生する二酸化炭素の排出量を算定した結果を報告するよう要求しています。これらを取りまとめた結果は投資機関に渡されます。特に米国では、気候変動といった長期的なリスクに対応できない企業は、サステナブルな経営戦略に欠けていると捉えられます。投資先を決める時には、収益等の会計情報が重要な指標となりますが、近年はそのなかで環境面のパフォーマンスも一つの有用な指標として使われています。すなわち、今や企業のカーボンフットプリントは投資に、ひいては企業経営に強く影響する指標になっているのです。日本の５００社にも、気候変動対策に関わる情報の提出が要求されており、そのうち約半数の企業が回答しています。

また、日本政策投資銀行が融資先を決める際には、ＬＣＡを推進している企業に環境格付けの高い地位を与えて、非常に低い利率で貸し付ける優遇措置をしています。例えば凸版グループは、環境格付けの最高位を取得しています。その３つの理由のうちの２つが、企業活動の中で行っているＬＣＡとＬＩＭＥ※9です。ＬＣＡの実施には、製品に対するカーボンフットプリントとウォーターフットプリントが含まれます。ＬＩＭＥは環境影響の評価手法ですが、これには鉱物資源や森林資源、化学物質などが含まれ、さらに広い範囲で環境影響を定量的に測っています。低金利融資を受けられると、支出を減らしつつ、さまざ

※9　LIME（ライム）
「Life-cycle Impact assessment Method based on Endpoint modeling」の略。日本版被害算定型影響評価手法。LIME1は「第1期LCA国家プロジェクト（1998~2003年）」で開発され、2005年に公表された。その後、改良版のLIME2も開発された。海外での影響評価を可能にすることを目指すLIME3の開発も、2011年から始まっている。

まなビジネスに展開できるわけですから、極めて大きなメリットがあります。

以上のように、ＬＣＡの情報は、欧州ではグリーン調達に活用され、米国ではエコプロダクツの販売に使われています。さらに、今やＬＣＡの情報は、投資意欲を喚起したり、低金利融資の優遇を呼び寄せたりと、企業経営に直接活用されているのです。

ＬＣＡの国際規格化の広がり

ＬＣＡは、もともと製品のライフサイクルに注目して製品設計者が用いる手法でした。現在は、その評価を使う主体が広がっています（図10）。

銀行や投資機関、政府、小売などが、ＬＣＡの情報を自分たちの活動に活かそうと動いた結果、いろいろな方向に応用されています。例えば、評価の方法がコミュニケーションに使われ、フットプリントという形で製品のラベルになっています。従来はカーボンに注目していたものが、最近は欧州や米国を中心に、ウォーターフットプリントや、製品の環境フットプリント（ＰＥＦ）といった方向へと進化しています。

また、別の視点で見ると、従来は製品を対象にしてきたけれど、カーボンディスクロージャープロジェクト（ＣＤＰ）の活動を受けて、企業全体を評価するようになりました。そして、環境情報が融資先を決める手段にもなってきました。

こういった広がりを端的に示すのが、国際規格化の動きで

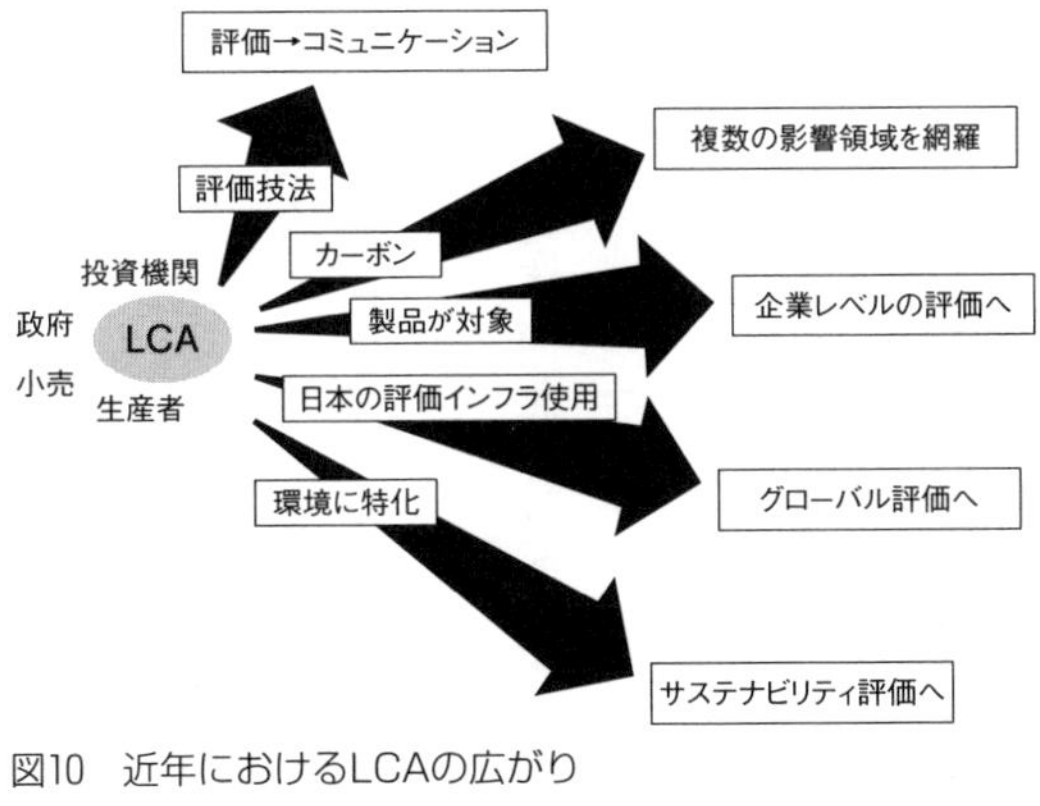

図10　近年におけるLCAの広がり

す。ＩＳ（国際標準規格）の環境マネジメントシステムＴＣ２０７[※10]の中にウォーターフットプリントがあります。私はそのエキスパートとして参画しており、国際規格文書をつくる仕事をしています。

現在、このＴＣ２０７の動きが非常に活発です。例えば、規格化の準備段階にあるＩＳＯ１４０２６では、フットプリントの情報をコミュニケーションに利用することを国際的なルールにしたいという提案があがっています。ＩＳＯ１４０２７では、フットプリントを実施する際のルール文書のつくり方を規格にしたいという提案があります。

ウォーターフットプリントについては、ＩＳＯ１４０４６において、その実施手順や要件に関する国際規格が２０１４年8月に発行されました。

それから、企業の評価という観点では、組織の温室効果ガスの排出量をどうやって求めるかというＩＳＯ１４０６４があります。今、これを改正するための議論が行われています。組織の温室効果ガスだけではなくて、そのほかの環境影響を網羅したＬＣＡをやろう、というわけです。ウォーターフットプリントの企業版の評価など、環境フットプリント全体を組織でやっていくことに対するルールづくりに向けた検討が進んでいます。

国際規格化が望まれるということは、それだけ産業ニーズがあるということです。つまり、世界でＬＣＡの活用が進んでいることの証だと思うのです。

対象が製品から企業や都市に

最近注目される動きの一つは、製品レベルの評価から始まったＬＣＡが、企業の評価に拡張され、さらに次は、都市の評価にも利用されようとしていることです。例えば、建築物を評価するためのシステムであるＣＡＳＢＥＥ[※11]が今、都市の評価に活用されようとしています。都市の評価が行われると、次は国の評

※10　TC207
「TC」とはISO（国際標準化機構）が国際規格策定のために設置した専門委員会（Technical Committee）。「207」とは207番目の委員会の意味。環境管理に関する国際規格を検討する。

※11　CASBEE
通称「キャスビー」。日本独自の建築環境総合性能評価システム（Comprehensive Assessment System for Built Environment Efficiency）のこと。建築物を環境性能で評価し格付けする手法。

価、世界全体の評価という研究も出てくることでしょう。近い将来、トップダウン的に国際機関がLCA結果をもとに都市の環境政策に意見を言うようになるかもしれません。

それから、もう一つの方向性としては、サステナビリティ評価の中に社会問題を含める動きが出てきています。国連のサステナブル・ディベロプメント・ゴールの原案によれば、全17項目のうち、環境分野は5項目です。環境以外にもいろいろな問題が入ってきます。特に今、LCA研究者が強い関心を持って開発しているのが、社会影響の評価です。例えば児童労働や労働環境、安全、ジェンダー、雇用といった社会問題を定量的に分析します。すでに社会影響をライフサイクルの視点から評価するためのガイドラインがUNEP（国連環境計画）とSETAC（環境毒物化学会）から出ています。LCA研究を牽引している国際学会であるSETACの年会では、ソーシャルLCAに関する発表が増えています。ソーシャルLCAが国際規格になるかどうかは分かりませんが、社会課題をサステナビリティ評価の中に入れるための研究が今後さらに発展するでしょう。すでに、ソーシャル・ホットスポット・データベースと呼ばれるデータが開発され、ソフトウェアに実装する試みも、米国では始まっています。

先ほど、ウォルマートが中心になって立ち上げたサステナビリティコンソーシアムを紹介しましたが、そこではサステナブル・アセスメントと言って、環境と社会の両方をLCAで評価するということが、すでに提案されています。ですから、社会影響の評価手法が実用化した途端に、超巨大な市場規模を誇るウォルマートが、商品の社会影響についても、一斉に評価し始めるかもしれないのです。

カーボン、ウォーター、ランドの環境フットプリントは、企業における環境マネジメントの情報基盤として、積極的に活用され始めています。企業だけではなく、政府や工業界、消費者に対する発信媒体としても、今、非常に注目を集めています。国際規格の発行などを受けて、ますます世の中に広まっていくでしょう。

Q LCAがどんどん複雑になっていく。中小企業は対応できないのでは?

A 先ほど紹介した欧州委員会（EC）の環境フットプリントの推奨文の中には、中小企業に関する記述が何回も出てきており、相当配慮していることがうかがえる。共通の手法や共通データベースを整備しておけば、いろいろ他を調べなくても一定の信頼性を担保しながら評価結果を得られるので、中小企業がLCAを実用化していくのに貢献できるだろう。近年進んでいるLCAの評価基盤の整備は、中小企業に対する支援を強く意識していると思う。

Q バイオ燃料は、第1、第2、第3世代とあって、第3世代の代表格が藻類バイオマス。その展望は?

A バイオ燃料のLCA評価は、今、非常に盛んに行われている。ボトリオコッカス[※12]を対象にした結果も出ている。ただし、現段階では藻類バイオマスが本当に環境影響の削減に貢献できるか、結論は出せないと思う。

人工的な池で管理しながら小さい面積で生産できるので、生態系を含めたランドフットプリントから見ると非常に有利だろう。トウモロコシなど作物由来のバイオ燃料に比べると圧倒的に効率がいいと思う。一方、カーボン（CO_2）とウォーター（水）のフットプリントについては、全てが良いというわけではなく、まだ合意が得られていないようだ。水を蒸発させる乾燥工程でエネルギーが必要なためCO_2が発生する。さらに、廃水が非常に多いため、水に対する影響も小さくないことを指摘する論文が出ている。

ただし、これらは藻類バイオマスが量産体制に入っていない現段階での計算結果だ。効率の良い生産が進めば、環境負荷も変わってくるだろう。

※12　ボトリオコッカス
筑波大学の渡邉信教授が沖縄で発見した淡水生の藻類で、特に油を生産する能力が高いため、盛んに研究されている。

Q ECのアンケート回答で、消費者の意識がかなり高く、日本とのギャップを感じた。カーボンディスクロージャープロジェクト（CDP）でも、ウォーター（水）やフォレスト（森林）も含めて全体で見ていこうということで、投資家の意識も高い印象。日本の意識は、そこまで高くないのでは? このギャップの背景は?

そして、日本では今後、どうなっていくのか?

A 同じような聞き方のアンケートをやれば、おそらく日本でも似た結果になるだろう。値段と環境のどちらが大事か、比較して聞いているわけではないし、環境について重視するか、と聞かれて重視しないと答える人はあまりいないだろう。

欧州の環境意識に対して、日本のほうが意識が低いとも、あまり思わない。例えば廃棄物の回収でも、日本国民はしっかり分別するし、化学物質の管理等についても意識が高いと思う。

ただ、水については、近年水不足で生活が困窮する経験はないし、情報も限られているので、日本国民の認識は低いかもしれない。CO_2に関する情報は、カーボンフットプリントをはじめ、関心のある消費者は自らが望めば容易に得られる状況まで来ている。しかし、環境問題は、ライフサイクルに注目する必要がある。新興国や途上国に対しても貿易を通じて影響を与えているということを、認識することが求められている。

今後、日本国民の環境意識を上げていくためには、非常に影響力を持った組織がより強い姿勢で牽引することを宣言しなければいけないと思う。欧州と日本の間では、国民の意識にはそれほど差があるとは思わないが、欧州では政府が環境政策を強く推進している。米国でも、ウォルマートが進めるといったら、多くの生産者がこれに対応せざるを得ないだろう。影響力がある組織等が強い意識を持って牽引していくこと。これが今の日本で一番欠けているところだと思う。

Q 1世帯の年間ランドフットプリントの円グラフ（図7）について。住宅は、一度建てたら何十年か使うが、年間というのは、どういう計算か？　また、肉類は、肉の種類によって差が大きいのでは？

A これは年間の土地専有面積を指している。例えば1年間その土地に家が設置されていれば、そこの住民が敷地面積をずっと占有するので、その面積が計上の対象になる。40年使うから40分の1になるわけではない。

また、住宅に使われる資材を生産するのに必要な土地も含まれる。ここでは、日本平均の結果を出しているので、個別に見るとその年に購入した人もいれば、購入していない人もいるが、日本国全体の評価を行った後に、日本の世帯数で除したものに相当する。

肉類については、飼料の消費が多い牛肉はランドフットプリントが高い傾向がある。これに対して、鶏肉は相対的に低い。ここでは、これらを積み上げた形で結果を示している。例えば米国やオーストラリアと比較するとだいぶ傾向は変わるかと思う。

Q ランドフットプリントは土地面積に換算するので、エコロジカル・フットプリントに近いコンセプトだと思う。両者の相違点は？

A エコロジカル・フットプリントは世界各国で比較できるように換算係数を適用して、「グローバルヘクタール」という独自の次元で表示している。また、農業や放牧といった直接の土地利用面積だけでなく、CO_2の固定に必要な面積も含めるなど、評価の範囲を土地利用から広げている。

例えば、東南アジアで1立方メートルの木材を得るのに必要な土地と、カナダで1立方メートル生産する時に必要な土地を比べると、生産力が低いカナダのほうが大きくなる。この地域特性による違いをそのままにして一人当たりのエコロジカル・フットプリントを比較すると、カナダのほうが不利に働く。これを避けるため、平均的な数字を使って換算したのが、「グローバルヘクタール」だ。他国と比較できるようになるのはいいが、実際に使われている土地の面積とは数字が異なるというデメリットもある。

また、エコロジカル・フットプリントでは、土地の面積を測るだけでなく、土地利用以外の影響も含めた統合指標としての性格を出すために、温暖化の影響を相殺するCO_2固定のために必要な面積を算定し、これを加味した結果を示している。これは物理的に人間が利用した面積とは性格が異なるし、エコロジカル・フットプリントの結果の大半をこの炭素固定が占めていることに対して、批判もある。

一方、ランドフットプリントを含む環境フットプリントは、土地、カーボン、水、といった環境問題ごとに分けて評価している点でエコロジカル・フットプリントと異なる。今後は環境フットプリントにおいても、これらの複数の問題間をどうやって比較するか、といった検討が求められるだろう。

Q エコロジカル・フットプリントは地球1・5個分を超えていると言われる。1個を超えていながら、われわれが生きていられるのはなぜ？

A カーボンの固定に必要な面積をエコロジカル・フットプリントの計算に含めているからだ。土地面積は、実際には、CO_2固定だけのために使っているわけではないが、そのほかの土地面積と延べで足し合わせているから、大きくなる。その結果、地球1個分の面積を超えてしまう。そういった結果を示すことで、刺激の強い情報を出すことにはなると思うが、誤解を避けるための説明も併せて必要だ。

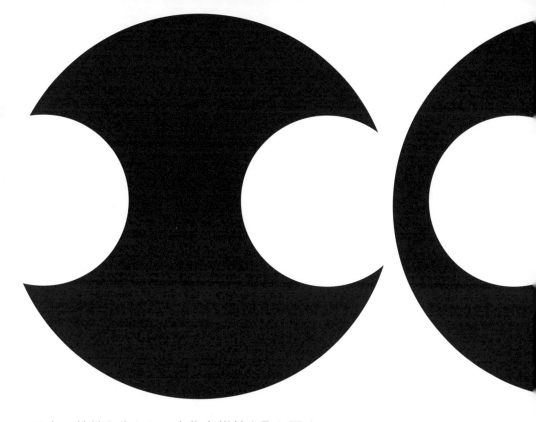

日本の特性を生かし、生物多様性を取り戻す

第４講　生物多様性オフセットから里山バンキングへ

田中 章（東京都市大学環境学部 教授）

田中章（たなか・あきら）/1958年静岡県生まれ。東京都市大学環境学部教授、環境アセスメント学会常務理事。東工大大学院と東大で非常勤講師を務める。東京大学大学院農学生命科学研究科（博士・農学の主任研究員）、ミシガン大学大学院（修士・MLA）。野村総合研究所や海外環境協力センターなどの主任研究員を経て現職。専門は生態系復元及び評価、環境アセスメント、生物多様性オフセット・バンキング、生物多様性緑化。著書に『HEP入門〈ハビタット評価手続き〉マニュアル』（朝倉書店、2011）など。「環境影響評価制度におけるミティゲーション手法の国際比較研究」で1999年度日本造園学会賞、東京都市大学中庭ビオトープパッケージでエコプロダクツ大賞と東急環境賞を受賞。

開発による自然消失の代償としての自然復元

ここに、豊かな緑に覆われた湖沼の写真があります（図1）。まず、ここのエピソードから、ご紹介します。

今から30年程前、サンフランシスコベイに注ぐサクラメントリバーが、米国カリフォルニア州都サクラメントを流れる川べりに、河川林と湿地がありました。すぐ対岸に州会議事堂があるような場所でしたが、鬱蒼と緑の茂るそこはギャングたちのたまり場となり、パンパン！と、1日に何度かピストルの音がするような状況でした。当時、サクラメントは世界で最も危険な都市と言われていましたが、それはこの場所が原因だったのです。当局としては、この土地を治安の良い美しい街に開発したいと計画していましたが、その資金もなくそのままになっていました。

そこにビバリーヒルズからデベロッパーがやってきて、「河川沿いの土地を全部買い占めて、きれいな街に整備してあげますよ」と提案したのです。ヨットハーバーやショッピングセンター、ゴルフ場まで含むようなウォーターフロントの都市型リゾート住宅地の開発計画でした。

開発に先んじて環境アセスメントが行われたところ、現地調査で希少な野生生物種が確認されました。バレーエルダーベリー・ロングホーン・ビートルという国レベルの絶滅危惧種に指定された3センチメートル足らずのカミキリムシと、スウェインソンズ・ホークという希少なタカの仲間です。

図1　野生生物の楽園 その起源は？
田中章（2012）現場にて撮影

つまり、開発予定地に、「自然保護」対「犯罪の巣窟の一掃」という難題が持ち上がったのです。そして、結果的に一石二鳥の解決策として採用されたのが、今回のテーマである「代償ミティゲーション」でした。ミティゲーションとは環境への悪影響を緩和するための段階的な環境保全対策のことを指します（後述）。代償ミティゲーションは最近の国際社会では「生物多様性オフセット」[※1]と呼ばれています。開発等の人間活動で失われることが避けられない貴重な生態系や野生生物の生息地（ハビタット）を地域全体で保全するための仕組みです。貴重な生態系やハビタットを消失する開発がどうしても避けられない事業者には、その開発の許認可条件として、近隣での同等な生態系やハビタットの確保が義務付けられ、地域全体として当該自然の量を現状維持すること（ノーネットロス、後述）を目的としています。

　先ほどの開発計画を実行すれば、どんなに環境に配慮しても、そこにある自然を消失させてしまいます。そこでやむを得ず次善の策として、消失する自然と同等な自然を近隣で代償することが義務付けられたのです。例えば、開発計画地で失われるカミキリムシのハビタットは16・8ヘクタールだったのですが、その貴重性やハビタット復元には時間がかかることなどを総合的に考慮して、その3・5倍の58・7ヘクタールの同様なハビタットの新たな復元と維持が事業者に義務付けられました。

　結局、事業者はこの58・7ヘクタールを確保するために、サクラメントリバー上流のトマト畑50ヘクタールと、それでは8・7ヘクタール足りなかったために、さらに上流の昔の三日月湖[※2]と自然が残されている51ヘクタールの土地の2カ所で自然復元事業と自然維持を行うことになりました。今回は、私が実際に生態系復元プランナーとして従事した50ヘクタールのトマト畑での代償ミティゲーショ

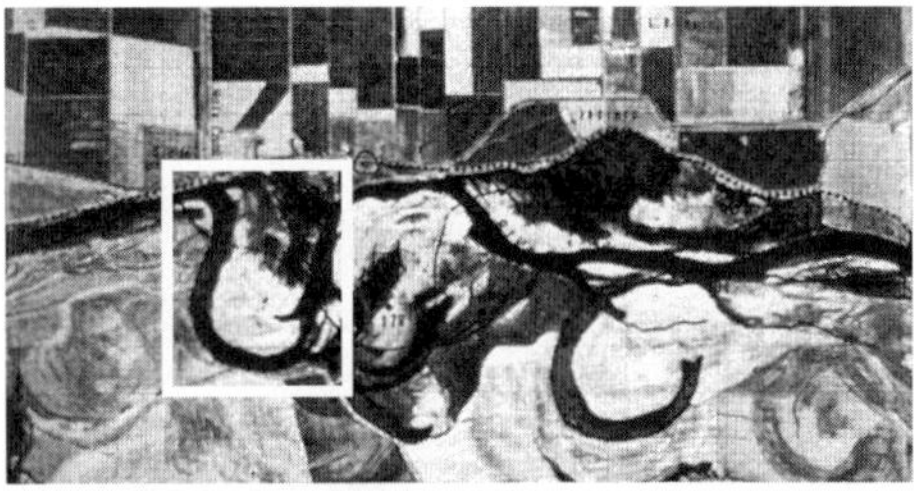

図2　画像下半分が農地にされる前のサクラメントリバー氾濫原と三日月湖（囲みの位置が今回の代償ミティゲーションサイト）
LMRD(1988)Lighthouse Marina Project Mitigation and Compensation Plan, appendix

※1　オフセット
英語で「相殺する」「埋め合わせる」の意味。

※2　三日月湖
蛇行する河川の河道が浸食作用などによって河道を変えた後にできる、三日月形の湖。河跡湖（かせきこ）。

ンについてお話しします。

ここはかつてヨーロッパ人の入植後、サクラメントリバーの氾濫原をどんどん埋め立てて農地に転換していった場所です。したがって、もともとは、サクラメントリバーの河川生態系が広がっていました。昔の写真（図２）を見ると、まだ暴れ河のままで、蛇行や三日月湖が見えます。これを少しずつ埋め立てて、最終的には、現在のような直線の河川というか、水路にしてきたのです。これは、日本でも外国でも同じです。平地の河川というのは、本来は蛇行して三日月湖などを形成します。われわれが今日、自然の川だと思って見ているのは水路であり、自然の河川生態系を開発した後の人工的な姿なのです。

図３　平坦なトマト畑を元の河川生態系に戻す
田中章（1991）現場にて撮影

さて、トマト畑に昔あったような河川生態系を復元するために、１９８９年に三日月形の湖を掘削しました。地下５メートルほど掘ると地下水が染み出すので、湖の最深部をその深さにすることで湖水の完全な乾燥を防ぐ計画です。また、この地方は冬にわずかながら雨が降るので、冬を１回過ごすと雨水が溜まります（図３）。なお、カリフォルニア州の中央部にあるサクラメントは半砂漠気候下にあり、年降水量は４００ミリ台です。※3

三日月湖を掘削後、その湖底や斜面に多様な在来樹種を挿し木し、草本類※4の種を蒔きました。この地域の在来種の草本類は美しい花を付けるものが多く、春になるとお花畑になりました。浅い湖底には、ヤナギ類、特にポプラの種類を植えます。日本のハコヤナギの類です。成長が早いので、数年で背の高い森になります。そうなると、小型の動物がやってきて、さらにそれを狙う猛禽類※5や肉食獣も戻ってきます。こ

※3
日本の年平の均降水量は１７１８ミリ。

※4　草本
そうほん。一般に草（くさ）と呼ばれる植物の生活型の一つ。茎の内部に硬い木部を形成しないことで「木＝木本（もくほん）」と区別される。

※5　猛禽類
鋭い爪と嘴を持ち、他の動物を捕食（または腐肉食）する鳥類の総称。ワシ、タカ、フクロウなどが代表的。

のような経験を経て、当該地域のどこかにそれらの種が生き延びてさえいれば、新たにハビタットを復元、創造した場合、時間の差はありますが、ほぼ必ず戻ってくるという確信を持ちました。

人間の手で河川氾濫原を平坦なトマト畑にした場所が、25年以上経った今、やはり人間の手が加わり、再び元々の自然生態系に近いものになりつつあります。それが、最初の写真（図1）というわけです。つまり、この写真にある自然は、「生物多様性オフセット（代償ミティゲーション）」として人工的に復元されたものだったのです。

帰ってきた動物たち

湖に水が張られて最初にやってくるのはトンボ類です。トンボは眼がいいのか、大きめの洗面器を置いただけで、すぐ来て産卵します。言い換えれば水辺をつくってもトンボすら産卵にやってこないような場合は、すでに地域全体の水辺生態系を破壊してしまった後だと言えるでしょう。

その次にやってきたのは、シギやチドリといった水鳥類。草原や樹林が形成されるとヒワ類やカラ類などの小鳥たちも集まり、それらを狙う猛禽類も戻ってくる。地上にはジリスや雑食性のラクーンが戻る。ラクーンとは、日本でも鎌倉あたりで増えすぎて嫌われ者になっている帰化動物のアライグマのことです。さらに、サクラメントリバー上流部から河川林に沿ってミュールディアがやってきます。米国の西側にいるシカです。

そして工事後3年以内にコヨーテが戻ってきました。このあたりの陸域生態系ピラミッドのトップに君臨する肉食獣です。昔はオオカミもいましたが絶滅してしまい、今は、より小さいコヨーテが生態系の頂点です。面白いことに、肉食獣でありながらコヨーテは熟れたトマトの実をよく食べます。

ＮＨＫが３回ほど、テレビでこのプロジェクトを特集したことがあります。その時、この地方の代償ミティゲーション事業を当時統括していた元管理官も来ました。かつて、米国内務省魚類野生生物局職員として、デベロッパーの提案する自然復元計画やそのモニタリング手法を厳しくチェックし、私とも何度かやり取りした人です。撮影当日、元管理官と一緒の車で私も現場に入りました。まず驚いたのは、代償ミティゲーション・サイトの隣の畑で、十数羽もの若いスウェインソンズ・ホークの群れが戯れていたことです。空を見ると、高く育った森林の上にも何羽かのスウェインソンズ・ホークが悠々と飛んでいます。バレーエルダーベリー・ロングホーン・ビートルのためにたくさん植えた、10センチメートル足らずのエルダーベリーの苗は樹高3メートルほどに育ち、太い幹には多くの穴がありました。同ビートルの巣穴です。一見しただけで、非常に多くの個体が生息していることが分かりました。これらの環境指標生物の復元状況から見て、河川生態系やそこに住む多様な生物種も良い方向で復元されつつあることを実感しました。現場踏査の後、元管理官はカメラの前で「ここの自然は素晴らしく、米国の数多くの代償ミティゲーションの中でも最も成功したものの一つだ」とコメントしました。実際、この代償ミティゲーション・サイトは米国で最も成功した自然復元事例として、今では米国の植生学会などにより現地視察などが行われています。

余談ですが、この代償ミティゲーション・プロジェクトは、米国における生物多様性バンキング（後述）の誕生と発展にとっても極めて重要な位置を占めるものになりました。復元工事に従事していた造園会社の社長は、米国の西半分で最初の民間企業によるミティゲーション・バンク会社を設立し、さらに、当時の管理官は現在、米国のミティゲーション・バンキング協会の会長を務めています。

環境アセスメント制度に依存する自然保護

この事例では、開発予定地から少し離れた2カ所で、計101ヘクタールもの自然復元・保存が行われました。こうした仕組みの背景にあるのが、環境アセスメント制度です。

1992年の地球サミットの二大成果の一つとして生物多様性条約という国際条約ができて、生物多様性の保全は今や地球規模の課題になっています。「生物多様性保全」という言葉自体が分かりにくいのですが、とりあえずは自然保護や自然環境保全、生態系保全とほぼ同義だと思ってください。

生物多様性の低下の第一の原因は開発事業です。開発によって野生生物の生息空間（ハビタット）が物理的に消えていく。開発によって何らかの間接的な影響を受けるという程度ではなく、この地球上から未来永劫、消失するのです。例えば、毎年、四国ぐらいの面積の熱帯林がさまざまな理由で開発され、広大なハビタットが消失しています。また、一例として渋谷駅周辺では、もうとっくに野生生物のハビタットはほぼ消失しています。「開発事業が生物多様性低下の主原因である」ことは、閣議決定の生物多様性国家戦略でも、TEEB[※6]など各種国際会議の報告書でも、明確にされていることです。

にもかかわらず、わが国においては、生物多様性保全のために開発事業のあり方をコントロールする仕組みは限られています。提案される開発事業と生物多様性保全のバランスを図り、自然やハビタットへのマイナス影響を未然防止する社会制度は、実は、環境アセスメント制度しかありません。したがって、生物多様性の保全は環境アセスメント制度のあり方に依存しています。逆にいえば、開発による自然の消失という深刻な問題を野放しにしている状況下で、どのような生物多様性保全活動を一生懸命にやっても「焼け石に水」的なところがあります。これは、開発に伴う自然の消失面積の圧倒的な広さを考えれば明々白々なことです。ただ、開発と生物多様性保全のバランスをとることは根本的に難しい。なぜなら、われわれ人類も含めた生物の生存基盤である生態系の保全も、開発も、両者とも人の幸せに必要だけれど相容れない、と広く信じられているからです。

※6　TEEB
The Economics of Ecosystem and Biodiversity（生態系と生物多様性の経済学）の略称。2007年のG8＋5環境大臣会議で欧州委員会とドイツが提唱したプロジェクト。ここでは、2010年に愛知県名古屋市で開催された生物多様性条約（CBD）のCOP10に合わせてドイツがとりまとめた報告書を指す。

※7　ノーネットロス・ポリシー
図4において、生物多様性オフセットでは、左側の開発サイトで開発事業が、右側の代償ミティゲーション・サイトで生態系復元事業が行われる。前者ではハビタットの機能が失われ、後者では逆に機能が増す。両者ともに、その機能を数量化すると、その値は年を追って変化する。提案された事業がある場合と無い場合との値の差を積分すると、天秤の皿の上にある量になる。開発サイトで減じた分（左皿）を「ネット・ロス」、代償ミティゲーション・サイトで増した分（右皿）を「ネット・ゲイン」と呼ぶ。そして、この両者が釣り合う状態を、「ノーネットロス」と呼ぶ。ノーネットロス・ポリシーとはそのような状態を維持する政策のことである。田中研究室の調査では、2010年現在、53カ国が生物多様性オフセットまたはノーネットロス政策を制度化している。

コンプライアンスと生物多様性保全

先の事例では、カリフォルニアで消失し続けているウェットランド（後述）の開発であった上に、絶滅危惧種が発見されたため、事業者は計101ヘクタールで自然復元や維持を行い、開発によって消失するハビタットや生態系を補償しました。これは、環境アセスメントの最も重要な理念であるミティゲーション・ヒエラルキー（後述）を具現化した結果です。米国カリフォルニア州の場合、生物多様性保全に係るさまざまな法律が存在し、開発を推進させるためには法律順守のために結果として生物多様性オフセットを実施することになります。事業者のコンプライアンスです。

特に強力なのが水質保全法と、絶滅の危機に瀕する種の保存に関する法律（以下、絶滅危惧種保護法）です。いずれも1970年代初頭にできた連邦法です。例えば水質保全法の中には、ノーネットロス・ポリシー※7（図4）が位置付けられています。米国でもどこでも文明の発展とともに、特にウェットランド（湿地、河川、湖沼、浅海域、沿岸域

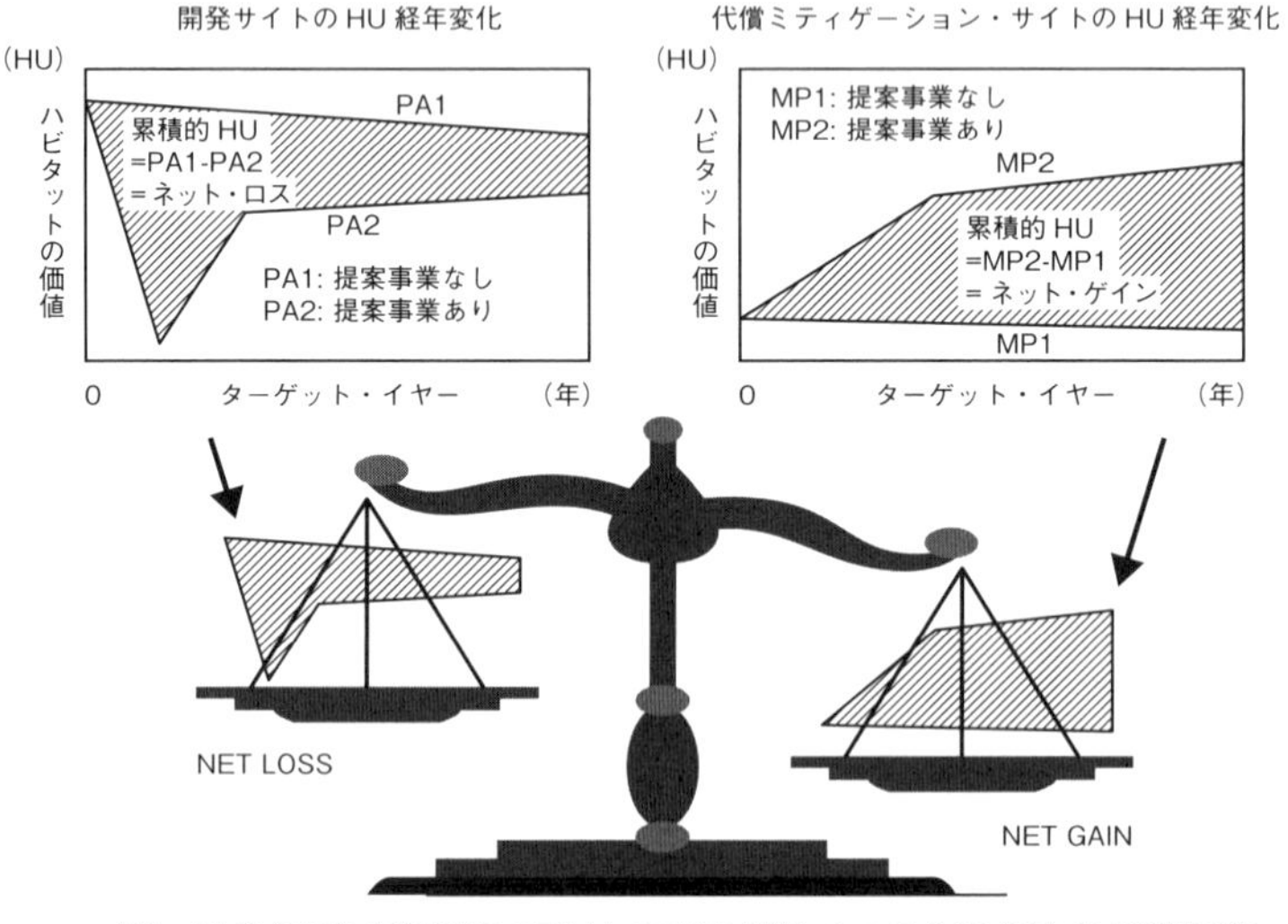

出典：田中章（1998）生態系評価システムとしてのHEP,「環境アセスメントここが変わる」編集委員会編 環境アセスメントここが変わる、環境技術研究協会

図4　ノーネットロスをHEPで示す――両皿のバランスがとれている状態

※8　エコトーン
移行帯、推移帯。連続的に変化するハビタットのこと。ここでは、水域と陸域をつなぐ水辺を指す。

など）が開発によって消失してきました。そしてそれは生物多様性にとって最も重要なエコトーン[※8]でもあります。そのような守るべき生態系を対象に、それらの現在量をこれ以上減らすことはせず、将来も維持していきましょうというポリシーです。しかし、全ての開発を禁止するわけではないので、森林伐採や埋め立てなどでやむを得ず自然を消失させることになれば、当該地域内で同等の生態系を事業者責任で確保させることになります。

もう一方の絶滅危惧種保護法では、開発などによる避けられない影響でやむを得ず希少種のハビタットに悪影響を与えそうな場合には、開発事業者は、陸域の場合は米国内務省魚類野生生物局と、海域の場合にはＮＯＡＡ（米国海洋大気庁）と、協議することが義務付けられています。何か物事をやるときに、１つの省庁で意思決定するのではなく、必ず野生生物およびそのハビタットを守る任務を持った官庁や関係する官庁・自治体などと協議しなければいけない。この「協議手続き」は環境アセスメント制度の中心的な仕組みであるべきものです。この中で、具体的な生物多様性オフセットを含めた環境保全措置が生まれ、事業者に義務付けられるのです。

私は以前から「環境アセスメントのガラス張りバケツ理論」を提唱しています。環境アセスメントとは、それ自体に正解があるわけではなくて、ただのガラスでできた大きなバケツなのです（図５）。その中にいろいろな主体（ステーク

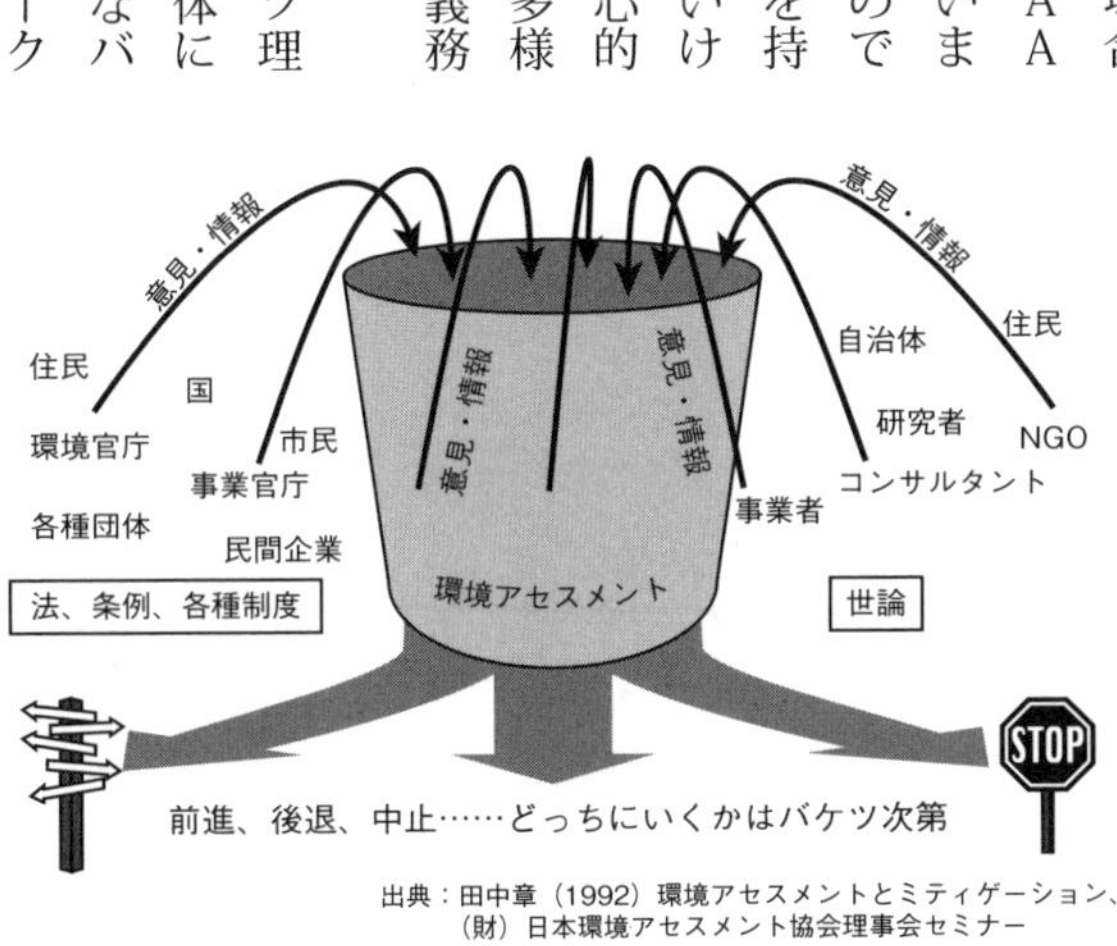

出典：田中章（1992）環境アセスメントとミティゲーション、（財）日本環境アセスメント協会理事会セミナー

図５　環境アセスメントのガラス張りバケツ理論

ホルダー）の意見や情報、それから法律や条例、専門的な知識や判断、自治体や住民の意見などを全部入れて、つまりこれが世論と似たようなものになるかもしれませんが、このバケツが、結局どちらに動くかということです。前進か後退か中止かはバケツ次第です。環境アセスメントを所管する官庁は、環境アセスメントの正解を見極めるというよりも、このガラスが曇っていないか、漏れや抜けがないか、間口は360度広く公平に開いているか、などをチェックすることが重要です。これが本来的な「手続き」としての、環境アセスメント制度のあり方なのだと考えています。

ところで、わが国の環境アセスメントは極めて大規模な一部の開発事業にしか適用されません。ほとんどの開発事業や人間活動は、たとえそれが生態系に甚大な影響を与えるとしても、環境アセスメントは義務付けられません。コンプライアンスは当然、法的義務がないところでは存在しません。そういう状況では、CSR（Corporate Social Responsibility、企業の社会的責任）において、さらにはCSV（Creating Shared Value、共有価値の創造）として、自主的で前向きな環境アセスメントを行うことが重要になってきます。国際競争力を必要とする企業においてはなおさらです。わが国の場合、代償ミティゲーションの課題の前に、ミティゲーション・ヒエラルキー（後述）などのミティゲーションの課題を考える必要があります。まず、環境アセスメント制度そのものの課題が山積しているということです。

オフセットを環境アセスメントに含めるか

幸いにも日本でもようやく最近になって生物多様性オフセット導入に向けた議論が始まっています。その際、このような仕組みを環境アセスメント制度の中で義務化する形と、環境アセスメント制度とは別のところでこのような仕組みを義務化する形とがあります。

米国方式は環境アセスメントによって生物多様性オフセットが形成されているように見えますが、環境

※9　NEPA
米国環境アセスメント制度「国家環境政策法（National Environmental Policy Act）」の略称。世界に先駆けて1969年に制定された。

アセスメント自体がそういうことを義務化しているわけではありません。米国NEPA[※9]が規定しているのは一般的なミティゲーション・ヒエラルキーです。すなわち米国は後者の形です。前述のような自然環境保全に関わる多様な法律が、環境アセスメントという透明なバケツに放り込まれるのです。その中に希少な生態系や希少種ハビタットに影響を与える場合には、まず環境アセスメントを実施し、生物多様性オフセットを含む各種ミティゲーション方策を検討して悪影響を未然防止することを義務付ける法律が存在するため、環境アセスメントのバケツはその方向に動くわけです。

前者は、環境アセスメント制度自体の中に代償ミティゲーションの義務を入れる形。もし本来の環境アセスメントを手続き制度とするならば、手続き自体に実体的な生物多様性オフセットを義務付けるのはおかしいことだと言えます。ところが残念ながら、二十数年前、私が代償ミティゲーション（生物多様性オフセット）の概念を最初に日本に紹介した頃は、日本はまだ環境アセスメントの法律も無い状況でした。

この時、一石二鳥という考えで、環境アセスメント制度の中に代償ミティゲーションの仕組みを入れることを、私は一国民として、また専門のコンサルタントとして、主張しました。具体的には、「回避→最小化→代償」というミティゲーション・ヒエラルキーを、これから作る環境影響評価法の中に最初から入れてはどうかと。結果的に、同法律の本文には入りませんでしたが、法律の基本的事項という中に、「回避」、「低減」、「代償」という言葉が入ることになりました。しかし、義務化されているわけでは、もちろんありません。

環境保全対策の優先順位

「ミティゲーション」は環境影響の緩和という意味で、「ミティゲーション・ヒエラルキー」は、環境保全対策の優先順位という意味です（図6）。まず、回避できる悪影響は避けましょう。次に、回避できずに残る悪影響の中で、最小化できる悪影響は何とか小さくしましょう。最後に、回避しても最小化しても残る悪影響については、やむを得ず最終手段として、代償ミティゲーションをやりましょう。この生物多様性保全や生態系保全の観点からの代償ミティゲーションを、最近の国際社会では、ほぼ統一して「生物多様性オフセット」と呼んでいます。

最初の「回避」の中には、実は全面回避、つまり事業の中止（ノーアクション案）も含まれています。次に検討すべき時間的回避は、事業の延期です。さらに空間的回避は、貴重な自然の場所ではなく、より影響の少ない所を開発するということです。この3つの回避を検討して、それでも残る悪影響があれば最小化したり代償したりするという順序です。

しかし、まだ日本では環境アセスメントの中で開発事業の悪影響を回避、最小化、代償という優先順位で評価して代償ミティゲーションに至った例はありません。回避の事例もありません。当然、代償ミティゲーションの事例もありません。一方、国際社会の代償ミティゲーションでは、開発で失われる自然を、もとの量まで補う「ノーネットロス」政策は、すでに当たり前です。さらに進んだ政策として、ノーネットロス以上に自然に対して良いことを行う「ネットポジティブインパクト（ネットゲイン）」が採用されつつあるという状況です。

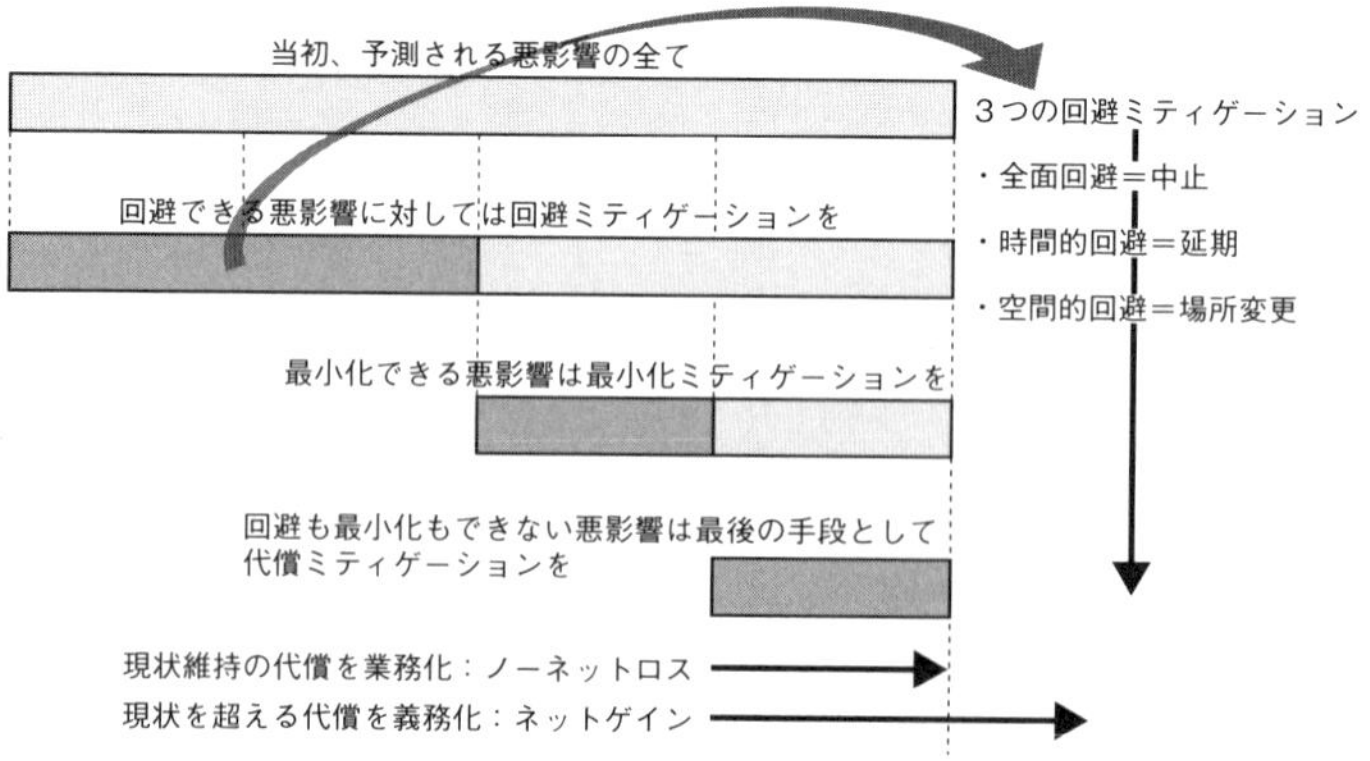
当初、予測される悪影響の全て
3つの回避ミティゲーション
・全面回避＝中止
・時間的回避＝延期
・空間的回避＝場所変更
回避できる悪影響に対しては回避ミティゲーションを
最小化できる悪影響は最小化ミティゲーションを
回避も最小化もできない悪影響は最後の手段として
代償ミティゲーションを
現状維持の代償を業務化：ノーネットロス
現状を超える代償を義務化：ネットゲイン

出典：田中章（1995）ミティゲイション ー地域自然環境保全のツール、ビオシティー No.5, p.41-50

図6　環境配慮の優先順序：ミティゲーション・ヒエラルキー

日本の開発事業の現状

代償ミティゲーションあるいは生物多様性オフセットとは、「開発事業等で消失が避けられない生態系やハビタットの損失を、事業者の責任で、他の場所に同等な生態系やハビタットを復元、創造、維持することによって、当該地域全体としての同様の生態系やハビタットの損失及びそこから派生するさまざまな環境問題をできるだけ緩和しようとする行為」です。

例えば、急増する人口に対処するため、貴重な湿地を埋め立てて住宅を建設する計画があるとします。最初は100ヘクタール埋め立てる予定だったけれど、貴重な湿地と分かってきたので、できるだけ埋め立ては回避したい。しかし他の場所で同様な開発をすることはこの事業者にはどうしてもできない。つまり完全な回避は無理。そこで、高層建築にして当初の埋め立て面積を80ヘクタールに減らすことにします。しかし、80ヘクタール分の貴重な湿地が完全に埋め立てられるわけですから、その影響は避けられません。

今の日本の環境アセスメント制度では、この時点、つまり開発とともに80ヘクタールの貴重な湿地が消失して終わりです。開発による自然の消失について、事業者を含めて誰も法的な責任を負わなくて良いのです。日本と異なり、複数案比較を義務付ける環境アセスメント制度を有している国では、場所を変えるという選択肢も、開発自体を中止するという選択肢も、最初から提示した上での環境アセスメントが行われています。

生物多様性オフセットや代償ミティゲーションに関する議論は、日本の開発と保全の現状を理解し、そこでの課題に対してどのようにしたら少しでも改善できるのか、というところから出発しなければ、机上の空論になってしまいます。ところが、ややもすると、「自然復元」という行為の妥当性から話が始まるので、日本の開発による自然消失という現存する最も深刻な問題はどこかに忘れて議論してしまう傾向にあります。その結果、「神ではない人間による自然復元はそもそも可能なのか」という全く異なる議論にすり替わってしまい、なかなか話が進まないのです。これは国民の多くが国土の開発や環境アセスメントの実態を知らないために起こることでしょう。この環境アセスメントの知名度の低さもまた、もう一つの大きな問題です。このあたりまで理解してくると、「あれ？　このままで本当にいいのかな」という疑問は、誰もが素直に抱くはずだと確信しています。

義務化で進んだ米国の自然復元

生物多様性オフセット、代償ミティゲーションが米国で法的に義務付けられるようになってから、実はものすごい勢いで自然復元が進んでいます（図7）。この図は、先ほどの事例に出てきたサクラメントリバーの河口部にあるサンフランシスコ湾エリアの人工海岸が代償ミティゲーションによってどれほど自然的海岸に復元されていったかの面積変化を示しています。この地域の人工護岸は、コンクリートがはがされて、鬱蒼とした緑や自然石に覆われた生物多様性の高い護岸に変

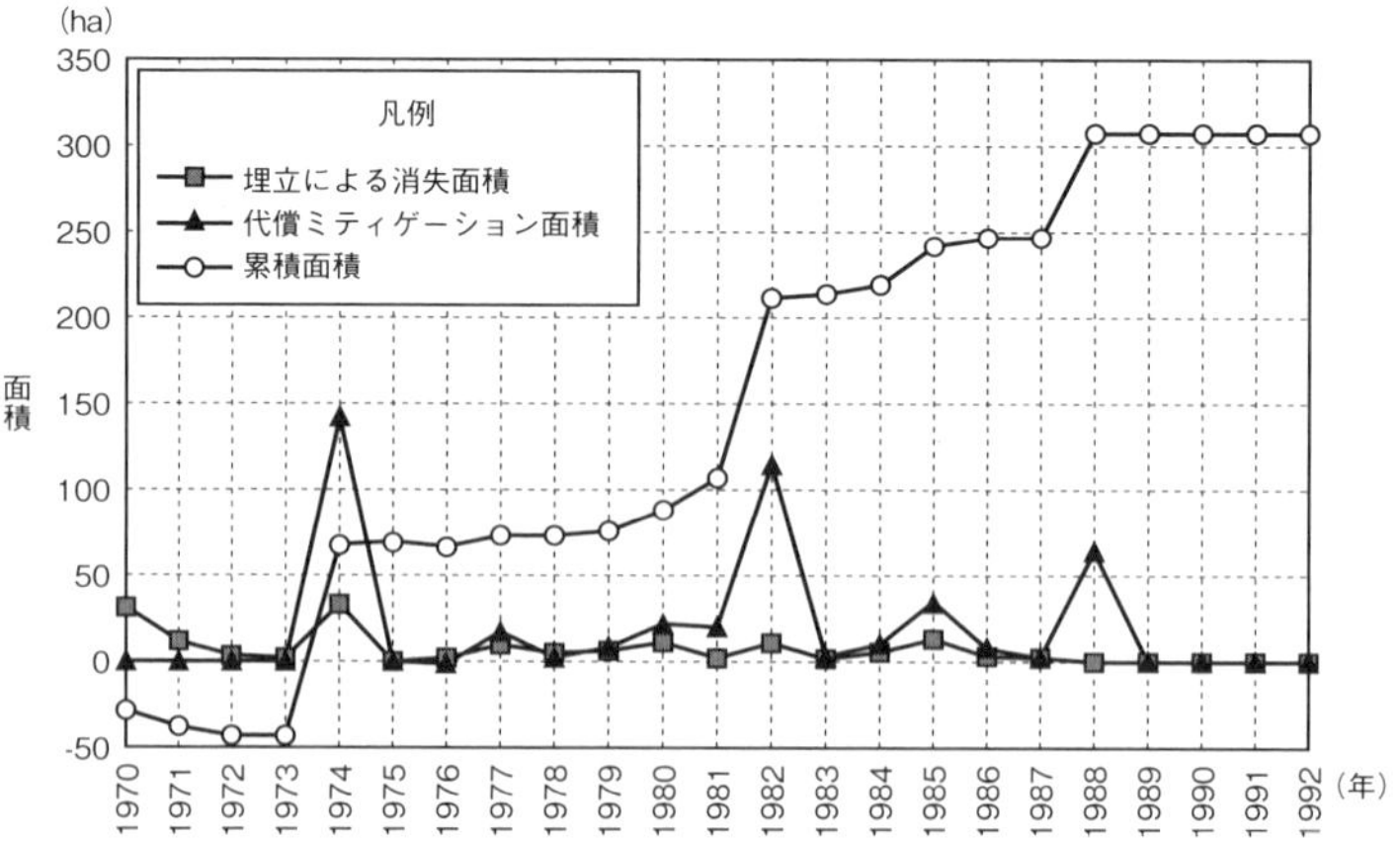

出典：San Francisco Bay Conservation and Development Commission（1992）Annual Report, Summary of Permits, Fill and Mitigation から田中章（1995）が作成

図7　サンフランシスコ湾沿岸の自然的土地利用面積の推移

わっています。開発による自然地の消失面積よりも、開発に伴う代償ミティゲーションによる自然の復元、維持面積の増える速度のほうが速い。これは、この代償ミティゲーションが法的に義務化されているからです。

各国の代償ミティゲーション制度

実は、代償ミティゲーションは、ドイツやオーストラリアなど50カ国以上で、すでに制度化されています。米国だけの特殊な事例ではないのです。

ミティゲーション・バンクという市場経済の仕組みもできています。バンカーという第三者が、まとまった広い土地をあらかじめ確保して、生態系の復元や創造を行います。これだけだとトラスト運動などと変わりませんが、バンカーは、自然復元や維持の成果として公的に認められた部分を、どこかで開発をして代償ミティゲーションを義務付けられている開発事業者に売ることができるのです。

米国でミティゲーション・バンキング（対生態系）あるいはコンサベーション・バンキング（対貴重種ハビタット）と呼ばれているこの仕組みは、国際社会では「生物多様性バンキング」と統一的に呼ばれています。単独の代償ミティゲーションはすでに多くの国で制度化されていますが、この複数の代償ミティゲーションをまとめてやりくりする経済的手法は簡単ではなく、まだ米国、ドイツ、オーストラリア、カナダ、フランス、英国、マレーシアぐらいでしか行われていません。

そもそも貴重な場所を開発して良いのか

日本の環境省も、諸外国で生物多様性オフセットが進んでいることを踏まえ、ここ数年、世界中の制度を調べてきました。そうすると、いろいろと疑問もわいてきます。先日の環境省主催の勉強会でも、稀有の景観や絶滅危惧種のハビタットや地域固有のユニークな生態系を、そもそも代償できるのかと問われました。しかしこれは、日本の開発の問題に対する理解が不十分なために出てくる疑問だと思います。

その疑問に対する答えは、「完全な代償などできない」です。しかし、その前に、稀有の景観や絶滅危惧種の生息地や地域固有のユニークな生態系を開発し、そこで消滅する自然に対してほとんど対策がなされず、ただ自然が消失していく一方である開発の現状をこそ、考えるべきなのです。「そういう貴重な場所で生物多様性オフセットができるか」という問いの前に、「そもそも、そのような場所を開発しても良いのか」ということです。

やむを得ずに開発することになればその貴重な自然はこの地上から消失するわけですから、「それに対して何らかの保全策が必要ではないですか」というのが、ミティゲーション・ヒエラルキーに基づいた生物多様性オフセットです。貴重な自然を消失させる開発が行われているからこそ、それに対する最終手段として、生物多様性オフセットという考え方が諸外国で制度化されているわけです。

生物多様性オフセットのルール

生物多様性オフセットには、その大前提としての重要なルールがあります。米国内務省魚類野生生物局では、絶滅危惧種など非常に希少な種がいる場合は、そもそも開発自体をやってはいけない（ノーアクション案）と決めています。そのような土地では、代償によって生態系の損失を地域全体で防ぐ「ノーネットロス」ではなく、ピンポイントでそこでの開発を禁止する「ノーロス」だと。次に、ある程度の個体数がまだ残されている種については、「ノーネットロス」か「ネットゲイン」で、代償ミティゲーションを義務付けています。そして、普通種ばかりの場合は、補償を義務付けていません。以上のような現実的なルールがあるわけです。

一方、日本の現状を見ると、開発に聖域はありません。例えば自然公園の特別保護地区でも開発されてしまいます。

地図上に網をかけるように「この地域は自然を保護する場所で、開発は禁止する」と決めるのがゾーニングという政策です。通常、ゾーニングは大きく分けて2つあります。前述のような保護区域と、通常区域です。通常区域は開発規制がないので、そこでは環境アセスメントを行い、ケースバイケースで開発と保全のバランスを図ることになります。本来なら、この2段構えの仕組みによって、保護区域での開発はあり得ないわけです。

ところが日本の場合、ゾーニングはありますが、例えば国立公園を見ても普通区域は民有地が多いので、さまざまな開発がごく普通に行われています。さらに特別保護地区に絶滅危惧種が生息していても、開発できてしまうこともあります。ゾーニング制度は存在しても、それに伴う自然保護義務や開発規制が弱いと言えます。そこが米国やドイツなど他の先進諸国と異なるところです。

生物多様性オフセットは容易ではない

サクラメントの自然復元が本当にうまくできたのかどうか、米国政府は1994年に、サクラメントエリアの67カ所の代償ミティゲーションの評価を行いました。生態系のタイプによって5つに分けて、それぞれ事業評価点と生態系評価点を出しました。事業評価点というのはコンプライアンスのことです。10点満点中、平均得点は法的順守5点、自然復元3点と、いずれも半分以下。今回ご紹介した事例は、これらの中のトップの10点でしたが、つまりそれは特に良くできた事例だったということで、一般的には、及第点をとるのは簡単ではないのです。

その一方で、地球上のウェットランドを守るラムサール条約[※10]という国際条約があります。この条約が守

※10　ラムサール条約
1971年にイランのラムサールで採択された、湿地の保護・保全に関する国際条約。1975年に発効した。

※11　ランドスケープ
景観・風景。あるいは、その景観を構成する諸要素のこと。風土。

るのは、自然に存在するウェットランドだけではありません。実は、人間が復元したウェットランドの生態系機能の重要性も認めています。実際、米国では、ミティゲーション・バンクとして人工的に復元した湿地がラムサール条約指定湿地に指定されています。つまり、複雑で多様な自然生態系の機能の全てを人工的な生態系が補償することは無理だとしても、その中のいくつかの重要な機能（貴重種を中心とした多様な種のハビタットなど）を復元、創造することは人間にも可能だということです。このことを理解することが大事です。

多様な代償の仕方

現在世界約50カ国で生物多様性オフセットが制度化されていますが、国によってその内容は異なります。以下に生物多様性オフセットの見方を紹介します。

まず、生物多様性の観点からは、補償するハビタットの質によって、開発で消失するのと同じような自然を補償する「インカインド」と、異なる自然を補償する「アウトオブカインド」があります。空間配置の観点からは、開発地の一部や隣接地で補償する「オンサイト」と、離れた所で行う「オフサイト」があります。土地面積によって、開発によって失われる面積と同じ面積かそれ以上を補償するものと、より少ない面積を補償するものに分けられます。

また、「ノーネットロス」のような基準に照らし合わせて、失われるハビタットやランドスケープ[※11]の質や量を等しいレベルまで補償する場合と、そこまで達していないものがあります。先ほどお話ししたように、米国を含め多くの国ではすでに「ノーネットロス」では不十分ということで「ネットポジティブインパクト」を義務付けています。

時間の観点では、生息地が開発で失われるより前に、失われるのと同じような自然をどこかに復元し終

※12　定量評価
数量や金額など、数値で計れるものを数量的に分析・評価する方法。感情や心理など、数値化できない評価を「定性評価」と言う。

わっている「オンタイム」と、自然が失われてから（開発してから）補償する「オフタイム」があります。前者は生物多様性バンキングによって可能になり、生物多様性地域戦略の観点からも、バンクの利用が推奨されます。

実施主体の観点では、開発して自然を消失させる事業者自身が生物多様性オフセットを行うものと、他の人、例えばミティゲーション・バンカーや行政、ＮＧＯなどが行うものがあります。それと似ていますが、出資者による分類として、開発事業者が責任を持つＰＰＰ（汚染者負担の原則）と、間接的にも恩恵を受けている人、つまり地域住民などが責任を持つＢＰＰ（受益者負担の原則）があります。

ノーネットロスと言っても、それを具体的に誰がどのような評価手法で行い公開するのかによってさまざまです。定量評価[※12]すらされない場合もあります。ミティゲーション・ヒエラルキーに則って、回避や最小化の検討を本当に行った上で最終手段として実施しているのか、その検討内容が環境アセスメントの報告書に公開されているか等々も重要な視点です。

さらに、複数案評価がなされた環境アセスメントの中で出てきた生物多様性オフセットなのかどうか。ＮＥＰＡなどの本来の環境アセスメントでは、「提案事業をやらない場合」というノーアクション案を含めることが義務付けられています。事業者、自治体、漁協、自然保護団体などから10案前後の案が提出され、それらの中でどれが一番、環境保全の観点から良い案なのかを比較検討して選定するのが、世界標準的な環境アセスメント制度です。ところが日本の現状は複数案がなく、最初から「ここでこういう開発をやります」という事業者案だけを対象に絶対評価をしています。

あるいは、生物多様性オフセットの具体的行為が「直接的」か「間接的」か。直接的オフセットとしては、失われる自然の復元や維持活動があります。間接的オフセットとしては、例えば生態系復元に寄与する研究や教育への補助金や寄付金があります。ここで気を付けるべき点は、ノーネットロスまでは直接的な行為に限られるということです。ノーネットロスを超えるネットポジティブインパクトの部分のみ、間接的な行為で補うことが認められているのです。これは、オーストラリアで特徴的な仕組みで、次のような具体例があります。森林を開発して病院をつくる時に、その森林が希少種のニシオジロクロオウムのハビタットであることが分かりました。どうしてもこの森林の開発を避けられなかった事業者には、最終的に代償ミティゲーションが義務付けられました。このとき、この種のハビタットをノーネットロスまで復元維持する直接的オフセットと同時に、間接的オフセットが行われました。「ネットポジティブインパクト」として、この鳥類の生態研究や保全活動を行っている地元のボランティア団体などに対して金銭的支援を行ったのです。

以上のように、生物多様性オフセットのあり方はさまざまです。日本に導入する際には、このような多様な観点から、日本の生物多様性保全に最も寄与するあり方を検討することが重要です。

日本にどのように導入するか

日本には生態系のオフセット制度もバンキング制度もまだありませんが、導入するとなると、まず誰もが疑問に思うのは「土地があるのか？」ということです。

例えば、日本には自然再生推進法があります。人間の手で自然を本当に復元できるのかなどと言っていたら、この法律自体の存在意義が揺らぐわけですが、自然再生事業で地域を指定して、いろいろな人たちの連携で自然復元を進めています。

自然再生事業の利点は、あらかじめ地域でいろいろな人たちが協力し合うので、場所が確保されていることと、地域連携が進んでいること。問題点は、いったい何をもって成功と言えるのか、定量的かつ定性的な基準が明確になっていないこと。また、活動資金はいつも不足しています。

一方、環境アセスメントを伴う開発事業は、その地域の生態学的な情報を調査の一環として集めています。開発事業者がスポンサーなので、資金もあります。問題点は、これまでご説明しているとおり、開発による自然の消失に対して対策がとられていないことです。要するに代償されていない。あるいは汚染者負担の法則（ＰＰＰ）が徹底していない。また、生物多様性オフセットを仮に行うことになっても、そのための用地確保が、個別の環境アセスメントレベルでは非常に難しいということです（欧米先進国ですでに実施されている広域的な戦略的環境アセスメントであれば用地確保の可能性は高まります）。

そこで、自然再生事業と開発事業とを掛け合わせれば、問題点を補い合って、うまくいきそうです。自然再生事業のその場所を、開発による代償としての生物多様性オフセットのバンク用地にすることも可能ではないか。しかし残念ながら、自然再生推進法には、自然再生の用地は開発に伴う代償ミティゲーションのような使い方はできませんと、わざわざ丁寧に説明があるのです。まだ代償ミティゲーション制度もなく実際の事業も日本では全く行われていないのにもかかわらず、あらかじめそう書いてある。ここは合理的な説明がつきません。

自然再生事業サイトだけではなく、お金と労働力が足りず、実は十分に保護されていない自然公園や緑地保全地域など、他にも代償ミティゲーションの候補地はいろいろあります。あまり世の中に公表されていませんが、全く使われていない行政のいわゆる塩漬け土地は広大なものがあります。企業の開発用地としての塩漬け土地も同様です。それから減反政策などによる耕作放棄地もあります。

このように、土地が無いように見える狭隘な日本の国土にも、実際には、守られるべき生物多様性が守られず、お金と労力が不足して困っている場所がたくさんあります。そういうところと生物多様性オフセットあるいはバンキング制度を組み合わせたら、うまくいくのではないでしょうか。

生物多様性オフセットは巨大市場を築く

日本では、この制度を経済を減速させるさらなる環境規制・義務と捉える風潮があります。経団連（一般社団法人日本経済団体連合会）などで講演した時にも、「そんな規制をやったら日本経済はどうなってしまうのか」「企業は自主的にさまざまな生物多様性保全活動をすでにやっている」という意見が出ました。従来の環境規制と同様、経済の足を引っ張るだけのものだと認識されているのがよく分かりました。しかしTEEBには、生物多様性オフセット市場は今後、急速に拡大すると書かれています（図8）。ドイツで書かれたので、これでも控えめな予測だと思います。米国やオーストラリアの状況を踏まえると、さらに早いレベルで増えていくと思います。

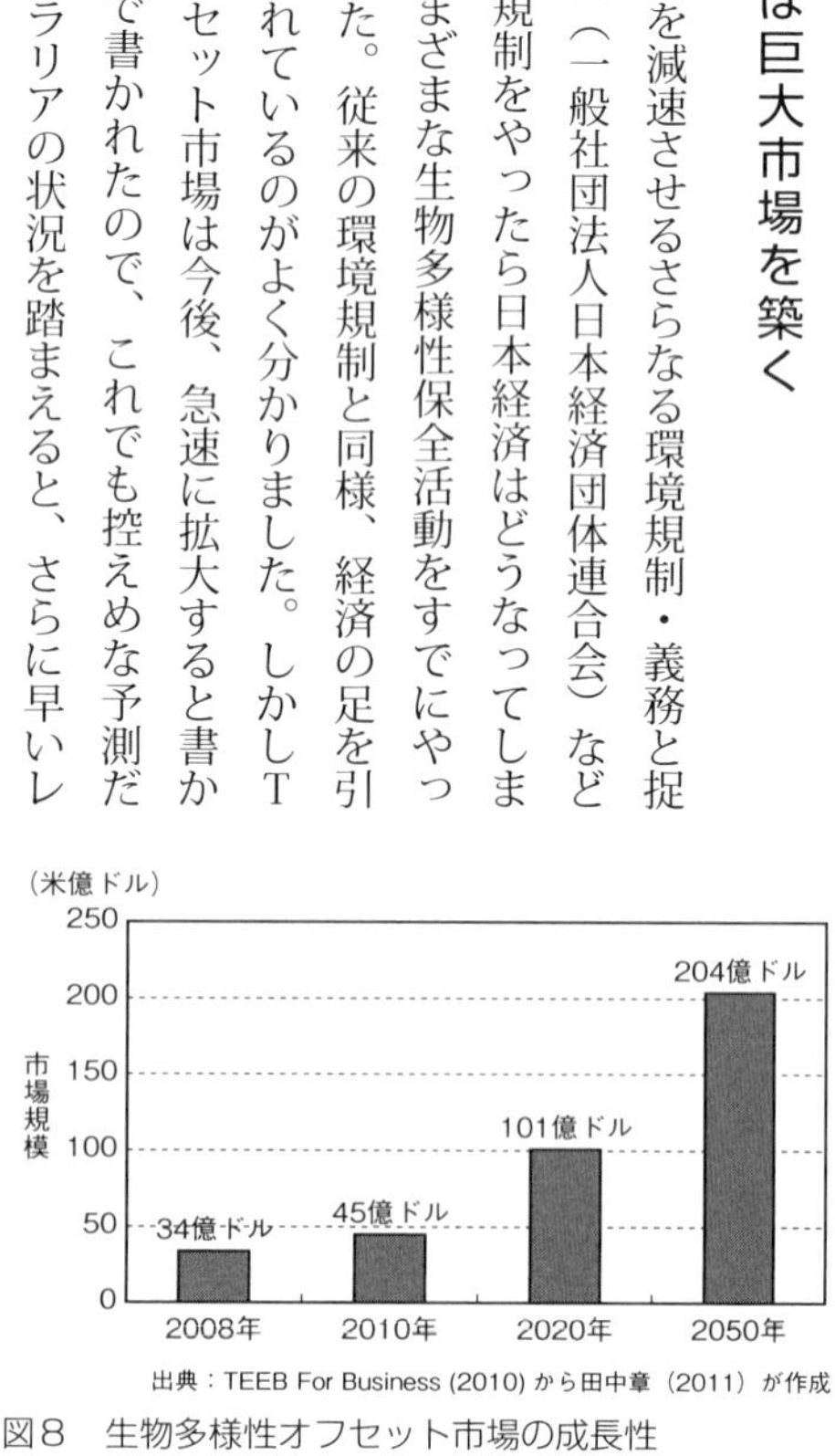

出典：TEEB For Business (2010) から田中章（2011）が作成

図8　生物多様性オフセット市場の成長性

経済に対する足かせとはむしろ逆です。例えば米国では、代償ミティゲーションが義務付けられるために、地域の在来種（いわゆる雑草）の種や苗を売るビジネスがすでに活発になっていました。

開発圧力が最も高いカリフォルニアでは多くの在来種の種子を生産したため、実は、これらが日本に輸入されて、横浜の埋め立て地の開発用地などにまかれ、一時期、あちこちで「ワイルドフラワー」のお花畑が出現しました。余談ですが、これらはカリフォルニア中央部あたりのワイルドフラワー（野生種）・在来種であって、日本にとっては全て外来種であり、中には帰化植物になる恐れがあるものも含まれます。

いずれにしても、代償ミティゲーションの義務化が、このような在来種の種苗生産の産業を生んだのです。

水産分野でも新産業が生まれていました。例えば、キャビアと食肉のためのチョウザメ類などを育てている養殖業者が、サクラメントパーチという絶滅危惧種の繁殖を始めました。代償ミティゲーションとしての自然復元の際に、湖沼を造成する事業者への稚魚販売を見込んだ希少魚類ビジネスです。ほかにも、自然復元を専門とする造園業者や土木業者、それらの調査や計画を行うコンサルタントがいました。植物や微生物、土壌、イリゲーション（灌漑）などの専門業者もいました。

自然を開発する際には必ず自然復元することが法的に義務付けられているので、いつもどこかで複数の自然復元事業が行われ、その関連産業が分化し、深化していったのです。

ご紹介した代償ミティゲーション・サイトは非常に広かったので、水やりだけでも、井戸を掘って自動スプリンクラーを設置する業者、チューブでの点滴システムを施工する業者、水を撒く散水車など、実に多様な会社が連携していました。

世界で最初の生物多様性オフセットが生まれてきた当時のサクラメントに、縁あって私も居合わせたわけですが、思い出すのは、そこで造園土木の仕事を委託していた造園会社の社長さんです。彼は、「これからは開発事業ごとに代償ミティゲーションとしての自然復元が必要になる。だから、これらをまとめて請け負うミティゲーション・バンクは大きなビジネスチャンスになるのではないか」とひらめいて、民間ミティゲーション・バンカーの先駆けになったのでした。法的規制・義務が、新しいマーケットや産業を生み出した好事例です。まさに、1970年代のマスキー法[※13]と日本の自動車排気ガス規制の関係です。日本の生物多様性保全も例外ではないはずです。

日本人の特性が生かせる制度

カリフォルニアで実施された代償ミティゲーション事業のほとんどの所で、先ほどお話ししたように生

※13　マスキー法
米国で大気汚染防止のためマスキー（E.Muskie）上院議員が提案し、1970年に制定された環境規制法。これを手本に日本も従来の排気ガス規制を大幅に強化。いずれもエコカーの開発促進につながった。

態系復元やコンプライアンスの評価点が不足していたのですが、その根本的な理由は何だったのでしょうか。私がミティゲーション・プランナーとして現地の企業に従事していて思ったことは、米国人はそもそも自然の扱いに不得手であるということです。不器用で、繊細さを必要とする小さなところでも、大きな重機を持ってきてとにかく機械でやろうとする。その点、日本人は、気が付けば雑草を一本一本手やショベルで抜いたり、こまめに歩き回ったり、作業が細やかです。これはやはり、日本人が本来持っている特性だと思います。大胆にして細心である日本庭園の凝縮された自然にも、それは現れています。造園や盆栽など日本古来の園芸的知恵や技術と、生物多様性オフセットで必要な知恵や技術は、私の中では同じ土俵にあります。

地球上の生態系は、残念ながら今後も良くなることはなく、悪化する一方でしょう。生物多様性オフセットにおいて日本の叡智や技術が生かされれば、これは日本経済にマイナスになるどころか、日本企業が競争力とブランド力をもって世界に打って出ることができる新しい産業になると私は信じています。

日本でも始まった生物多様性オフセット

法的義務化はされていませんが、日本にも類似の取り組み例がいくつかあります。例えば、逗子市のまちづくり条例には、ノーネットロスと代償ミティゲーション的な考え方が含まれています。緑地を一定量確保する2002年に制定された仕組みです。

それから、静岡県清水市（現静岡市）、実は私の故郷ですが、そこの興津川条例。これは興津川流域の森林を、ゴルフ場開発などで伐採するなら、同じ面積の森林を流域内に確保しなければいけない、という内容です。残念ながら、というより幸運なことに、条例施行後は、開発が一切無くなりました。これは一つのヒントではないでしょうか。つまり、法的に明確化された生物多様性オフセットの義務化は、自然破

※14　自然環境の保全と再生のガイドライン
愛知県が「あいち生物多様性戦略2020」の推進ツールとして2013年に作成したガイドライン。開発と生物多様性保全の調和を図る「あいちミティゲーション」を中核的な取り組みとして掲げている。
※15　緑のコリドー（回廊）
生態学の分野で、生息地の分断を補い、動植物種の移動を可能とする植物群落や水域などの連続のこと。「生態的回廊」とも呼ばれる。

壊型開発の抑止力になり得るということです。

環境影響評価法が作られた1997年ごろは、代償ミティゲーションに関する日本語の資料は、私の論文ぐらいしかありませんでした。2001年の埼玉県志木市の自然再生条例は、当時の市長が私の記事を見て、いわゆる鶴の一声でつくられたと聞いています。これはまさに代償ミティゲーション条例でした。対象は市の事業のみでしたが、最初の3、4事例ぐらいはそれなりの代償ミティゲーションをやったそうです。市長や役所の担当者が替わると共に残念ながら風化していったとのことです。

愛知県の「自然環境の保全と再生のガイドライン」[※14]は、今までの流れとは違って、CBD（生物多様性条約）COP10の愛知目標を実現するための主眼の一つとして県が推進しているものです。私もこの推進エンジンである「あいちミティゲーション」制度を一緒につくった一人です。

その特徴は、生態回廊です。愛知県内の生態学的に重要なネットワーク、いわゆる「緑のコリドー（回廊）」[※15]を、切らないようにする。あるいは切れているところを復元して、つなげる。そこに、開発事業に付随する代償ミティゲーションを適用するというものです。2013年にガイドラインができましたが、2014年から2年間は試行期間です。私も何カ所かの開発事業地に出掛けて県と事業者との協議に参加したことがあります。まだ法的義務がなく、まさにボランティアなガイドラインですが、開発に伴う緑地の保全や創出の仕方が、より生態学的になりつつあるようです。これなどは、CBD COP10後の、生物多様性オフセットを意識した国内の新しい試みの代表例と言えるでしょう。

生態系を測る手法

生物多様性オフセットを実現しようとすると、当該開発事業でどのような自然をどのぐらい壊したのか、代償用地ではどのような自然をどれぐらい復元、創造、維持できるのかという定性的かつ定量的な物差しが不可欠です。しかし日本には、そういう手法がありませんでした。そこで私は、米国で誕生し世界で最も使われているＨＥＰ[※16]を日本に導入しました。

このＨＥＰを使って、実際の環境アセスメントに適用しました。これは里山における住宅開発ですが、複数の専門家の協力を得て、かなりの時間と労力をかけて行いました。開発による影響を、貴重種のハビタットという観点から評価し、誰にも分かりやすいように開発前後の違いを定量的なグラフで表現しました。その結果、現状の計画では、結局どの野生生物にとっても著しくマイナスの影響があることが明白になりました。

これも、ほとんど知られていませんが、実は日本の環境アセスメントの中で、「開発によって著しい影響がある」と明確に定量的に出したものはなく、ほぼこれが唯一の例なのです。自然の残された土地で行う開発事業では、開発事業を中止したり、場所を変えたりしない限り、どんなに環境に配慮したとしても、回避、最小化できない影響が残るはずです。しかし通常の環境アセスメントでは、「影響はない」「影響は軽微である」「影響は回避・低減できる」といったあいまいかつ形骸化した表現で、とにかく影響がないことを述べ、その結果、実質的な生物多様性保全対策は提案されないというのが、日本の実情なのです。

それに対してこの事例では、淡々と素直にＨＥＰを用いてハビタットに対する影響評価を行っただけなのですが、当該開発事業を実施すれば回避も最小化もできない著しい悪影響が存在することが示されました。明確に定量的に悪影響が示されれば、その対策としてのミティゲーション方策も定量的、具体的になります。

20数年前、ＨＥＰを日本に最初に紹介したときは、生態学や生物学の分野から、「この仕組みは単純すぎる。もっとちゃんと細かく、しかも広範なことをやらなければ生態系なんて分からない」とずいぶん言

※16　ＨＥＰ
Habitat Evaluation Procedure（生息環境評価手続き）の略称で現在、世界各国で開発されているほとんどの定量的生態系アセスメント手法の元になっている。野生生物のハビタットとしての適否の視点から、開発によるハビタットへの悪影響と、生物多様性オフセットを含むミティゲーション方策の効果とを定量的に比較評価。ハビタットの価値を質・空間・時間の3つの観点から総合的に数量化するのが特徴。1970年代に米国内務省魚類野生生物局が開発した。日本では、著者が『環境アセスメントここが変わる』（環境技術学会、1998）で初めて紹介し、『HEP入門〈ハビタット評価手続き〉マニュアル』（朝倉書店、2012）という教科書を出している。この本は、翻訳されて韓国でも出版されている。

われました。でも私は当時から、現実の環境アセスメントを考えると、このＨＥＰでも、まだ相当細かすぎるだろうと考えていました。思い切って植物群落タイプと、それが何ヘクタールあるのかを掛け合わせたぐらいの数値から始めれば良いではないかと思っていたのです。最近になって、それを実現したような、ＨＥＰを基にしつつ非常に簡略化したオーストラリア生まれの「ハビタット・ヘクタール」という仕組みが、よく日本で紹介されるようになりました。このように、ものに対する批判というものは10年も経てば全く正反対に変わることもあるということです。

「かんたんＨＥＰ」で日本企業を評価する

また、本格的なＨＥＰの実施と併せて、ＨＥＰを日本の実情に合わせて簡略化し分かりやすくした「かんたんＨＥＰ」といったものを開発しました。富士通やＹＫＫの工場、ＪＲ西日本の鉄道敷地やビル緑化などに対する生物多様性評価で活用されています。

かんたんＨＥＰの特徴の一つは、従業員参加型で、「生物多様性とは何か」「それを守ることがなぜ重要なのか」といった啓蒙啓発も含めて実施されるということです。従来のように、専門家が分析し「これは10点、これは20点」と、一般の人にとってブラックボックス的な評価を行うのとは異なります。

企業の自主的保全活動の場合、生物多様性オフセットのような広大な土地を対象としたものではなく、狭い土地やビルにおける生物多様性保全活動が主な対象となるので、周辺の緑や水辺とのネットワーク、連関性、生態回廊を評価できるように工夫されています。

それから、ダム撤去。高速道路にしてもビルにしても、高度成長期にできた大きな構造物も、いつかは壊れます。それらを撤去する時にも生態系への影響はあります。例えば、日本で最初のダム撤去となった九州の球磨川の荒瀬ダムでは、地元の環境保護団体の方々に頼まれて、アユを評価種としたＨＥＰを実施しました。そして、ダムを撤去しなくても、ゲートを全開するだけで適正度を高めることができること、ダムを完全に撤去できれば極めて適正度合いが高まることを明らかにしました。この結果はＨＥＰをやらなくても、ある程度は感覚的に分かるわけですが、科学的かつ定量的な評価結果は、さまざまな意思決定のための一つの重要な判断材料になると思います。

里山バンキング

里山バンキングとは、日本型の地域連携による生物多様性バンキングの仕組みです（図９）。ミティゲーション・バンクの日本初のパイロットプロジェクトです。

米国では、まず生物多様性オフセットを開発事業に義務化し、生物多様性オフセット事業が増加した後に、生物多様性バンキングが始まったのですが、日本は両方ともまだ全く始まっていないので、後発の

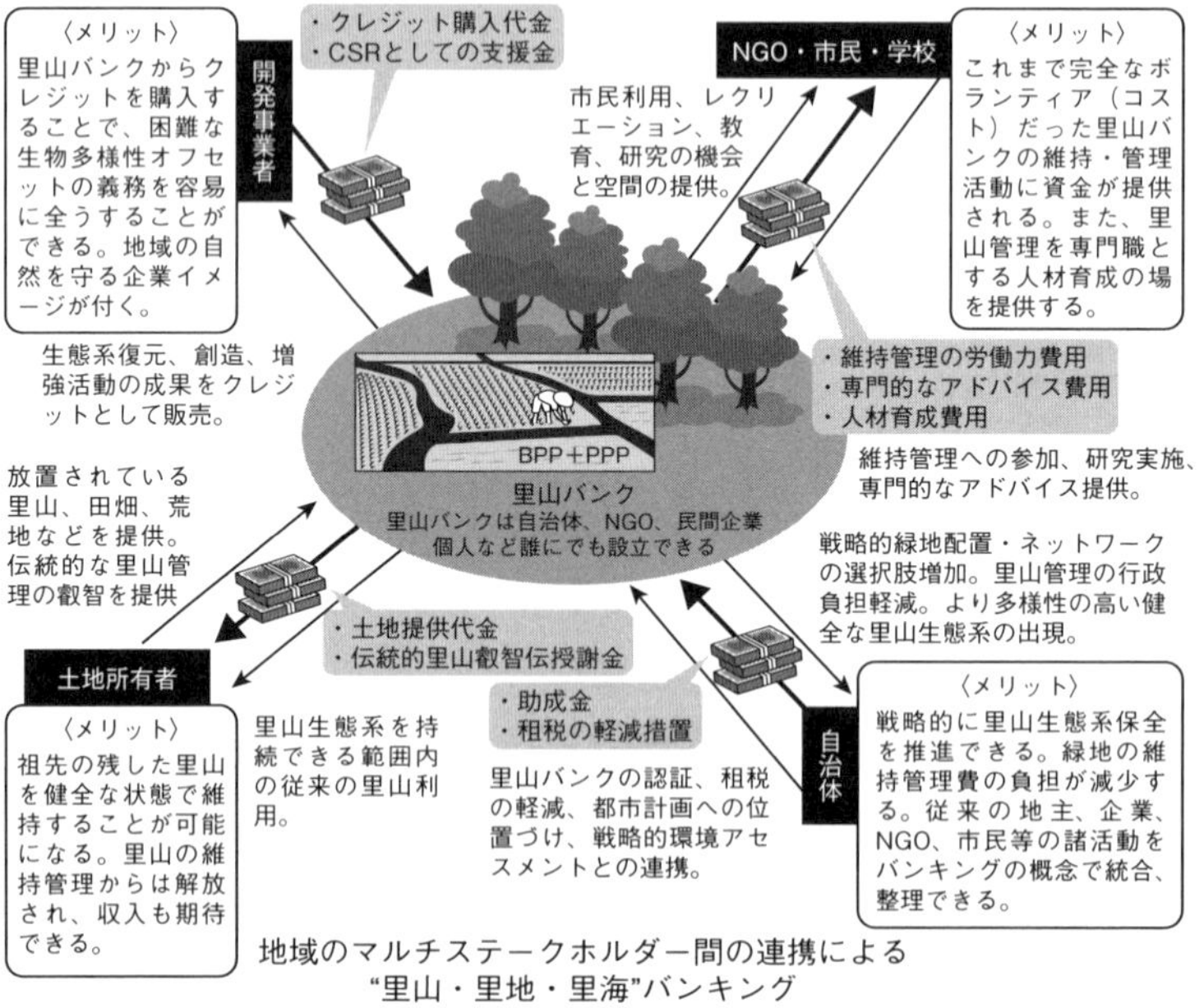

出典：田中章（2010）里山のオーバーユースとアンダーユース問題を解決する“SATOYAMAバンキング”－生物多様性バンキング・戦略的環境アセスメントと里山保全の融合、環境自治体白書2010年版

図９　“SATOYAMA BANKING”の提案

利益ということで、生物多様性オフセットと生物多様性バンキングを同時に導入することを提案しています。

前述したとおり、日本には、自然が荒廃したり保全対策が十分でなかったりする土地がたくさんあります。それはすなわち、生物多様性オフセットや生物多様性バンキングの候補地となります。そういった放棄水田や塩漬け土地などをあらかじめバンク候補地として挙げ、例えば地方自治体の生物多様性地域戦略の図面の中に、地域指定します。そして、そこをめがけて、周辺地域の開発によって自然に負荷を与える事業者からの労力やお金を集中させる仕組みをつくるのです。里山バンキングの最初は、そのような地域連携、マッチングを支援する仕組みといっても良いでしょう。

それから、オフセットとバンキングの同時導入によって、個別事業対応でなく地域全域対応にできるという利点があります。今の日本の環境アセスメント、いわゆる事業アセスは、単体の開発事業だけを対象としていますが、将来的には、戦略的環境アセスメント、つまり、地域全体のアセスも考える形に移行していく必要があります。その中で、生物多様性バンキングという存在が確実に重要になってくるということです。

簡単に言えば、従来の日本の里山生態系保全活動に、欧米で行われているミティゲーション・バンキングを足して、2で割ったのが、里山バンキングの概念です。

次世代育成こそ重要課題

里山バンキングで私が特に強調したいのは、人材育成の場であるということです。次の世代を担う20～40歳の若い人が、里山から収入を得るためには、水田づくりや森林経営、シイタケなど副産物づくりなどに加えて、環境教育やエコツーリズムなど複合的なビジネスの展開が不可欠です。

私も地元のいろいろな活動に関わっていますが、多くの場合、定年退職以降の年輩の方々しかいないという問題があります。里山、里地、里海のような二次的生態系を維持するためには、馬力のある現役世代が中心になる部分も必要でしょう。

生物多様性オフセットやＨＥＰなどの生物多様性評価も、だんだん認知度が増してきました。荒唐無稽だと20数年間言われてきましたが、やはり２０１０年のＣＢＤ ＣＯＰ10の愛知開催を境に日本の空気は変わってきました。まだ、この仕組みの良し悪しの評論家的議論もありますが、最近では、どうしたらこの日本で可能になるのかを本気で考えるようになりつつあるように感じています。

とはいえ、まだまだ一部関係者間の話であって、一般社会にはほとんど何も知られていないと思います。私のホームページ[※17]から、過去の論文や報告などをダウンロードできるようになっていますので、ご興味があれば、そちらのほうもご覧ください。

※17 著者のホームページ http://www.yc.tcu.ac.jp/~tanaka-semi/

Q&A

Q 生物多様性は科学的に正しく定量化できるのか？　科学が自然のどれほどを認知しているのか？

A 生物学者としての答えを先に言うと、定量化どころか定性的にも全てを明らかにすることは未来永劫できないだろう。それが大前提。国連で「生態系サービス」をリストアップする作業が進んでいる。「生態系サービス」[※18]と呼ばれるのは、生態系のあらゆる機能の中でも人間にとってプラスになる部分だが、それだけでも全貌を明らかにすることは難しい。ましてや生態系の機能の全体は、まだほとんど分かっていないと考えるのが妥当。

かといって、全貌が分かるまで生態系保全のアクションがとれないなら、生物多様性の劣化を止める方法は無い。こういう仕組みで、こういうふうに評価したら、少なくとも何もしないよりはマシである、と分かっていることからやるべきであろう。例えば、生態系サービスの中のある野生生物のハビタットというように視点を絞ることによって、環境指標生物の考え方のように、ある程度の定量的把握、具体的な保全活動の立案、その実現も可能になってくるのである。

環境（問題）分野は世の中の真理を突き詰める学問ではなく、問題があるから解決策をねん出するという問題解決が大前提の学問。今ここで議論すべきは、今の開発の仕組みでは守られずに消失する一方の自然があることを客観的に認識し、その仕組みをどう変えれば現状よりも保全されるか、ということ。そこが出発点だ。解決を難しくしているのは、現在の開発の仕組みでどれほど自然生態系が破壊されているのかについて、ほとんどの人が認識していないことである。

※18　生態系サービス

生物や生態系の働きによって、人類に利益をもたらす機能やサービスのこと。食品や水の供給などの「供給サービス」、気候などを制御・調節する「調整サービス」、文化や知的刺激等を与える「文化的サービス」、それらのサービスを支える基盤となる栄養循環や土壌形成の「基盤サービス」などに分類され、金銭換算したその経済価値は、世界のＧＤＰの総計を上回るという試算もされている。

Q 企業が取り組むべき生物多様性の評価手法としてＨＥＰとＪＨＥＰがあるが、その違いは？

A ＨＥＰの正式名称はHabitat Evaluation Procedure、すなわち野生生物のハビタットの評価手続き。１９７０年代に米国連邦魚類野生生物局によって開発された仕組みで、当方が日本に最初に導入し、環境アセスメントや企業の生物多様性評価にも適用している。英語のハンドブックがあり、年間数回、米国で講習があり、米国以外の専門家も受けている。詳細は拙著『ＨＥＰ入門』を参照されたい。

一方、ＪＨＥＰはJapan Habitat Evaluation and Certification Programの略で、日本生態系協会がＨＥＰを参考にして作成したものであるが、名称だけではなく内容的にもＨＥＰとは異なる仕組みである。

最大の違いは、ＨＥＰは影響や保全対策の効果を定量的に評価するものであり、どこまでやれば良いというような答えはないという点だ。今回の事例のような代償ミティゲーションの評価においては、開発で失うものと、それに対する保全対策の効果、この２つのバランスを、質と空間と時間軸の中で淡々と見極めて比較するという使われ方がされる。

それに対して、ＪＨＥＰは、事業者の環境に対する負荷とは関係なく、いわゆるＣＳＲ活動としての緑化活動などをどこまでやったら認める、という認証制度の部分があり、その部分が大きい。

いずれにしてもＨＥＰは、ＪＨＥＰを含め世界各国の定量的生態系評価手法が開発される際の手本やきっかけになっており、質×空間量×時間という単位で相対評価するという基本理念を含め、その重要性は極めて高いと言える。

Qカミキリムシとタカで50ヘクタールという話だったが、カミキリムシだけなら1ヘクタールもあれば十分だろう。50ヘクタールをタカのために守り、そのごく一部をカミキリムシのためにやるのか？　それとも、その組み合わせで何か工夫があるのか？

A例えば10ヘクタールのハビタットを壊さざるを得ないとする。そこで、他の場所で10ヘクタールの土地を確保し同じような自然を復元しようとしても、おそらく同じようなものになるには100年ぐらい時間がかかる。この質的かつ時間的な損失分を考慮するので、多めの面積を確保することによって相殺するという仕組み、すなわち、ノーネットロス政策が採られている。

本事例の場合はカミキリムシ（*Desmocerus californicus dimorphus*）が国レベルの絶滅危惧種に指定されたこともあり、そのハビタットの消失16・8ヘクタールに対して58・7ヘクタール以上、すなわち3・5倍以上の代償が義務付けられた。タカ（*Buteo swainsoni*）の場合は、このタカの行動圏全体を補償するのではなく、餌場・ねぐら・繁殖場の確保が目的である。

HEPの仕組みは、質×空間量×時間で、壊す自然の補償は結局何倍にもなり得る。その最終的な比率は、環境アセスメントチーム（HEPチーム）の構成メンバーである国や自治体の専門家、大学の研究者、NGOの専門家などが議論しながら進めていくHEPの分析結果による。

なお、日本の環境アセスメントは基本的に開発事業者とそれに雇われた専門コンサルタントの中で進められる。そのため、開発のあり方に関する意思決定の方法も、専門家とステークホルダーによる合意形成によって進められる米国の環境アセスメントの仕組みとはかなり異なる。拙著『HEP入門』にも紹介しているマテリハダムのダム撤去に対する環境アセスメント事例のように、HEPそのものが環境アセスメントの骨格として使われることもある。

Q生物多様性バンキングを導入済みの国では、どのようにクレジットの価格を決めているのか？

A制度は国や自治体によって違うが、米国の生物多様性保全を目的とする生物多様性バンキングでは、「補償すべき土地の広さやハビタットの質から一定の基準によって価格が決まっているのではない」ということに留意する必要がある。現在の米国の代償ミティゲーションの法律上のコンプライアンスは、あくまでも失われるハビタットの質×面積×時間を、代償するハビタットの質×面積×時間で補償しなければならない、すなわち、この2つが少なくともイコール（ノーネットロス）あるいはそれ以上（ネットポジティブインパクト）でなければならないというものであり、このことさえ実現できれば、1ヘクタールの復元林を1億円で買おうが、10円で買おうが、それは関係がない。

それならば、クレジットの価格はどのように決まるのか。価格は需要と供給の中で、すなわち市場の原理で決まる。例えば、簡単に復元できる普通種のハビタットのクレジットを売ろうとすると、まだ回りにたくさんあるし復元も容易なことから、競争力がなく結果として安くしか売れない。一方、貴重種のハビタットを含んだ複雑な自然を提供できれば、これは希少であり復元も困難なことから、高くても売れる可能性が出てくる。

面白いことに、生物多様性の高低とお金の高低は一致する。傷つきやすくすでに希少な自然の復元にはお金も労力も専門知識も多く必要となる。当然そういうものは高く売れなければバンキングビジネスはやっていけない。逆もまた真なりで、生物多様性バンキングはそこがミソである。

とはいえバンクは他のバンクといつも競争しているため、実際のクレジットの売値を公表したがらず本当の値段は分からないのが実情である。自然保護を担う官庁としては、失われる自然が科学的に、定性かつ定量的に保障されることさえ確認できれば良いわけである。

Q カーボンクレジットのようなオープンな取引よりも、どちらかというと二者間の取引なのか?

A まず、カーボンは地球上どこでもカーボンで同じものであるため、一律に価格を付けやすい。一方、生物多様性は極めて多様でユニークである。したがって、そもそも一律に価格を付けることはできない。しかも、生物多様性オフセット(代償ミティゲーション)は、お金のやり取りが主体ではなく、生態系やハビタットの取引が主体であり、それが、たまたまいくらで取引されているか、ということである。

また、米国ではミティゲーション・バンクの数も多く市場が形成されているので、すでにブローカーが登場している。そういうところは手数料などの差もあるだろうし、基本的には、価格は買う人と売る人の交渉で、ケースバイケースで決まってくる。

しかし、壊す自然に対して復元、確保できる自然との比較については、定量的成功基準、定量的モニタリング、定量的評価があり、それらの結果はすべて公表され、オープンなところで取引されている。環境アセスメント制度はその公開において極めて重要な役割を担っている。

Q 造園会社で、屋上緑化や壁面緑化の仕事をしている。ヒートアイランド現象の緩和効果は分かっているが、生物多様性という観点での効果は分かりづらい。どういう質で緑をつくればいいのか?

A これは先ほどの質問で、生態系サービスというものをすべて明らかにできるか、ということに通じるものである。生物多様性とは、そもそもさまざまな生物種がさまざまなハビタットにおいて、われわれ人類と人類の諸活動とともに、同じ地域ひいては地球上で共存している、というような概念である。したがって、気候帯、地域、微気象、建物の立地や向き、周囲の緑地との関係、人々の利用など、さまざまな観点に見合った、さまざまな方法論があり、ケースバイケースで決まっていくものなので、一言では言えない。

あえて一般化して言うなら、その土地の、生物種やそのハビタットの過去→現在→未来という視点から既存データの収集整理や現状調査などの分析を行った上で、在来性に留意するなど自然の流れにできるだけ逆らわない方策を取り入れることが重要である。

いずれにしても、生物多様性の実現のためには、多様なハビタット、すなわち、それらの生物種に見合った水場、緑地、餌場、ねぐら、繁殖場などを物理空間としてそれぞれ用意すれば良い。

Q どんどん湿地を開発してください、別の所で湿地を回復しますから、と聞こえる。都市部で数少ない湿地帯を開発し、復元した地ではスプリンクラーで貴重な水をばら撒き、代償ミティゲーションのような経済的な手法を使うのは、トータルで環境に本当にやさしいのか?

A まず、スプリンクラーで水を撒かなければいけないことには生態学的、造園学的な理由がある。半砂漠気候下の傾斜地で貴重な自然を壊してしまった場合、それを復元するためには相当なお金と労力と時間が必要になるということである。しかし一旦、目標とする生態系(一次生態系)が成立すれば後は放置しても自然に維持される。

余談になるが、日本のような高温多湿下では、従来里山として維持管理されてきた二次生態系が放置されるとすぐに帰化植物を含めさまざまな植物が侵入し、やぶ化し生物多様性は低下する。つまり日本の里山生態系のような二次的生態系を保全する場合、最初の復元時だけではなく、維持管理する手間や労力は復元後もずっと続けなければならない。欧米でも放牧地などの二次的自然生態系を保全するためには、復元後、牛や羊を飼い続けるようなことを行う。

さて、ご質問は、多くの方を代表する質問の一つだと思うが、たぶん誤解がある。1つ目は、日本の今の状態。日本は、貴重な緑や湿地を破壊してもただ自然が無くなるだけで、何の保全活動も義務付けられないという状況だ。代償ミティゲーション制度がないのは、OECD諸国（経済協力開発機構加盟国）、先進国の中で唯一である。

代償ミティゲーションが義務付けられる法的手続きである環境アセスメント制度も、日本は年間、法によるものでは10数件程度、自治体条例でも多くて全国合計20件程度である。ちなみに環境アセスメント制度の法制化も日本は先進国で最後だった。貴重な自然を開発で消失させても、結果的にそれを追認するしかない日本の特殊性、現状をまず理解する必要がある。

2つ目は、代償ミティゲーションの難易度。制度のつくり方にもよるが、代償ミティゲーションは、全く簡単、安易、安価なことではない。今回の事例の米国カリフォルニア州の要求度は、私が調べた限りでは世界一厳しい。何億円というお金と、少なくとも数10年の時間がかかるので、開発事業者は絶対にこんな代償ミティゲーションを義務付けられたくない。そのため、代償を義務付けられないように、回避ミティゲーション（事業の中止や場所の変更など）、最小化ミティゲーション（事業規模の縮小や域内の環境保全推進など）をしっかりとやることになる。

代償ミティゲーションの具体的な現象としての生物多様性オフセットだけを見ることは極めて問題である。地域の開発と保全のバランスを図る環境アセスメントにおいて、回避しても最小化してもどうしても避けられない貴重な生態系の破壊に対して、代償ミティゲーションが義務付けられるという、ミティゲーション・ヒエラルキー（優先順位）をパッケージで理解することが重要である。

逆にご質問のように、生物多様性オフセットが簡単なレベルで許されるなら、「オフセットするから自然を壊していいでしょ」と乱開発の免罪符になりかねない。

どれだけオフセットしたかを評価するHEPのような定量的手法が、全世界で簡略化の方向に向かっている。生物多様性の知見がいまだに不足しており、詳しくやったら調査だけで時間と労力ばかりがかかるため、簡略化の方向性は現実的にはやむを得ないところもある。生態系のすべてが明らかにできないうちは何もできないということでは、自然環境保全が進まず、自然の消失は続く一方であるから。しかし、「簡略化＝いい加減になる」ということになれば、乱開発が誘導され、生物多様性保全にならないということはあり得る。これはわが国では、環境アセスメント制度導入で経験していることである。環境アセスメントレベルの大規模開発事業における生物多様性オフセットの簡易的評価手法の開発および適用においては、生態学や造園学の専門家の意見を取り入れ、特に慎重になるべきである。

Q 今、温暖化の分野でCO_2を地中に埋める方法が真面目に議論されているが、CO_2をどんどん出してくださいよ、どんどん埋めますからというのは何か違うと感じる。それと同じような話なのでは?

A カーボンオフセットの専門家ではないので直接的にはお答えできないが、こういう話がある。米国が世界で最初に始めた代償ミティゲーション（compensatory mitigation）をオーストラリアやEU諸国が真似たのだが、あえて「生物多様性オフセット」という異なる用語に言い換えた。というのも、欧州では、カーボンオフセットは成功していると認識されているからだ。生物多様性保全の新しい仕組みも同じように呼べば全世界に普及しやすいと考えたそうだ。

しかし、日本社会の認識は欧米と異なり、カーボンオフセットが成功しているとはいえず、むしろその仕組みは疑問視されることも多い。生物多様性オフセットという言い方が日本にも定着してきたが、その意味で誤解されることもある。私は以前から代償ミティゲーションと呼んだほうが良いと考えているが、開発などの人間活動に対するミティゲーション・ヒエラルキーや貴重な自然に対するノーネットロス政策がまだ導入されていない日本においては、代償ミティゲーションという言葉も分かりにくいのは確かである。

生態学の観点からカーボンオフセットを見ると、CO_2という一要素だけで全てを判断していることについては、単純化による普及しやすさというメリットもあるが、多様な生態系もカーボンの物差しだけで図るのは最初から無理があると考えている。生態系に対しては、野生生物種のハビタットの物理空間的保全というHEP的な考えも導入すべきである。生態系サービスの検討にみられるように、人間の叡智が、まだ生態系機能の全貌にはなかなか届かないから、難しいことではある。しかし、多様なことを同時に考え続けることこそ、想定外の悪影響や災害の未然防止につながると考えている。

Q HEPやミティゲーションは、開発に対しての保全だが、開発されずに残存するが維持管理がされずに荒廃していく自然もある。企業活動の中でCSRとしてやっている保全活動を、どう多様性の評価に組み込んでいくのか？　また、それは本当にCSRなのか？

A 非常に重要なご指摘だ。まず、環境CSRあるいは生物多様性CSRという用語は、企業本来の営業活動そのものがどれほど環境や生物多様性に配慮したものになっているかを指すが、日本では、本来の企業活動の外で行われる環境保全活動や生物多様性保全活動のことを指すことが多い。例えば「企業の森」と呼ばれるような里山保全活動があるが、それらは営業活動そのものではなく、あくまでもプラスアルファの課外活動である。

このような企業の生物多様性CSRを評価しても、もともと良いことをやっているわけだから「生物多様性に対して良いことをやっていますよ」という評価になる。それはそれで従業員の環境教育やブランド力の増大などのために大切なことではある。しかし、本来の生物多様性CSRとは、企業の生物多様性に対する社会責任である。

企業の本流の営業活動を生物多様性の観点から客観的に定性的かつ定量的に把握した上で、自分たちの企業活動の生物多様性に対する負荷と、いわゆる生物多様性CSRなどの各種保全対策や活動の成果を比較し、そのバランスが取れていること（ノーネットロス）を公開することが望まれる。生物多様性オフセットはその一部ではあるが、開発事業が生物多様性減少や自然消失の最大の原因であることから、最も効果的な対策であると言える。

そのための第一歩としては、HEPでも他の方法でもいいが、資材調達から間接的・直接的な影響を全部含めて、とにかく企業の最も本筋のところを見る。例えば自動車メーカーなら車を製造する最初から最後までに、生物多様性の観点から、どこにどのような問題がどれぐらいあるのか、現状をちゃんと知る。すなわち、定性的かつ定量的、質、空間、時間の観点から客観的に把握することだ。

日本でも、生物多様性地域連携促進法ができて生物多様性CSRの可能性がより高まってきた。日本の生物多様性の基盤である里山（里地、里海を含む）生態系の保全を推進するために、それぞれの地域で、異なる主体が協力して、さまざまな活動を展開できるはずだ。例えば、企業のブランド力増強のためのニーズ、環境保全ビジネスを形成したいニーズ、地域の持続的な経済発展と自然環境保全を両立したい自治体のニーズ、里山を開発すること無しに維持管理したい地主側のニーズ、自然環境活動を進めたいNGO・NPOのニーズ、環境保全活動を職業にしたい若い世代のニーズ、環境教育のニーズなど、地域ごとに、多様な主体が多様なニーズを持っている。これらが有機的に地域連携することで問題がうまく相殺されたり、お互いに利益を得られたりするやり方が必ずあると考えている。それが当方の提案している「里山バンキング」である。キーマンは企業であり、今後企業が積極的に関わることで、さまざまな可能性が出てくるだろう。

（編集注）

出版にあたって著者が一部追記した。

第2部　生産と消費は持続可能な方向に転換しているか

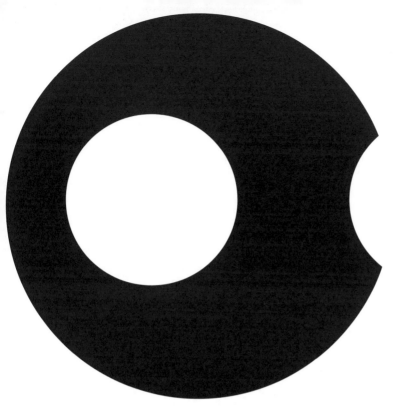

行動の影響と心理をとらえた環境情報を

第5講　持続可能な消費と生産

稲葉 敦（工学院大学 教授）

稲葉敦（いなば・あつし）/1952年静岡県生まれ。工学院大学工学部環境化学科教授。1981年東京大学大学院工学系研究科化学工学（工学博士）、同年に公害資源研究所（現・産業技術総合研究所）入所。途中、米国商務省標準局火災研究所客員研究員、オーストリア国際応用システム研究所客員研究員。2001年に産業技術総合研究所ライフサイクルアセスメント研究センター長に就任。2005年から東京大学人工物工学研究センター教授、2009年から現職。ISO/TC207委員、2014年6月まで日本工業標準調査会標準部会長。著書に、『カーボンフットプリントのおはなし』（日本規格協会、2010）、『LIME2』（産業環境管理協会、2010）など。科学技術長官賞（1998年）ほか受賞。

持続可能な消費とは

「持続可能な消費」という概念は、国連で誕生しました。まず、1972年にスウェーデンで開催された地球環境サミット、いわゆる国連人間環境会議[※1]で掲げられたのは、「かけがえのない地球」という言葉でした。1992年のブラジル開催のサミット[※2]では、「持続可能な発展」、そして、2002年の南アフリカ開催の時[※3]に広く認識されたのが、「持続可能な消費と生産」という言葉です。持続可能な「発展」ではなく「消費と生産」です。

持続可能な「発展」については、1987年に国連環境と開発に関する世界委員会（WCED）[※4]が、「将来世代のニーズを損なうことなく、現在のニーズを満たすことのできる発展」と定義しています。

では、持続可能な「消費」とは、どういう意味なのでしょうか。1995年に国連持続可能な発展委員会（UNCSD）[※5]が、次のように定義しています。

「後世の需要を損なうことなく、基本的な需要が満たされ、より質の高い生活を支える製品とサービスを利用すること。すなわち、その製品とサービスは、ライフサイクルの全過程において、資源と有毒物質の利用、廃棄物と汚染物質の排出を最小限に抑えるものでなければならない」。

この「持続可能な消費」という概念が登場する前は、プロダクト・サービス・システム（PSS）と呼ばれる概念がありました。「企業がどのように消費にかかわるか」という視点です。例えば、イタリアの洗剤の配達システムや太陽熱利用の熱供給サービス、ブラジルのワイン農家への資材・技術提供サービスやバーチャルオフィス、オランダの有機農産品配達、南アフリカの貸し出しおもちゃサービス、カナダのカーシェアリングなどです。端的に言うと、ものを売るのではなく、サービスを売るということです。

もともと欧州には、サービスを売る習慣がありました。例えば、アパートの地下にある共用の洗濯機

※1　国連人間環境会議
1972年にスウェーデンのストックホルムで開催された、環境問題に関する世界で初めての大規模な政府間会議。「ストックホルム会議」とも呼ばれる。

※2　ブラジル開催のサミット
1992年にブラジルのリオデジャネイロに世界各国の首脳レベルが集い、国連主催の「環境と開発に関する国際連合会議」（地球サミット）が開催された。

※3　南アフリカ開催の時
「地球サミット」を引き継ぐ形でその10年後、南アフリカ共和国のヨハネスブルグで「持続可能な開発に関する世界首脳会議」（第2回地球サミット、ヨハネスブルグ・サミット）が開催された。

※4　国連環境と開発に関する世界委員会（WCED）
委員長のブルントラント元ノルウェー首相にちなんで、「ブルントラント委員会」と呼ばれることもある。1987年に「地球の未来を守るために（Our Common Future）」、別名ブルントラント報告

書を公表し、その中で「サステナブル・ディベロップメント（持続可能な開発）」という言葉を初めて提唱した。

※5　国連持続可能な発展委員会（ＵＮＣＳＤ）
国連持続可能な「開発」委員会とも言う。「発展」と「開発」は、いずれもDevelopmentの和訳。1992年の地球サミットで採択された「アジェンダ21」を実施していくために、翌年に設立された。

※6　エコラベル
商品・サービスが環境に配慮したものであることを示すラベル・マークの総称。中立公正な第三者機関の認証を必要とするものの他にも企業が自らの責任で主張するものなど、複数のタイプがある。環境ラベル。

※7　ライフサイクルアプローチ
第3講を参照。

※8　ＱＯＬ
quality of lifeの略。

は、使う時に当然お金が必要です。そうすると、パンツ1枚では洗いません。洗濯物が適量たまってから洗うようになり、使用段階のエネルギー消費が非常に効率的です。ＰＳＳの背景には、そういう考え方があったのです。

「持続可能な消費と生産」は2つの柱から成っています。1つは、生産者がどのようなサービスを提供するかというサステナブル・プロダクション（持続可能な生産）。もう1つは、消費者がそれをどういうふうに使うかというサステナブル・コンサンプション（持続可能な消費）です。この2つの柱があって初めて、持続可能な社会が実現し、持続可能な発展につながるというわけです（図1）。

持続可能な消費のカギは幸福感

私たちは経済産業省の支援を受けて、「持続可能な消費」というプロジェクトを2001年から始めました（図2）。生産者は、インフラや製品を提供します。それを消費者が、衣・食・住・移動・学習・余暇など、いろいろな場面で受け取ります。この消費者の受け取り方が、いったいどうやって決まるのかが問題です。

また、この図には今まで開発されてきたいろいろなツールが書き込まれています。下に書いたグリーン購入やエコラベル[※6]などは、消費者に近いツールです。上に書いたライフサイクルアプローチ[※7]や先ほどのＰＳＳは、生産者に近いツールです。

消費者は、生活の質（ＱＯＬ）[※8]や幸福感、満足感に基づいて製品やサービスを選択し、受け取るのです。ですから持続可能な消費の

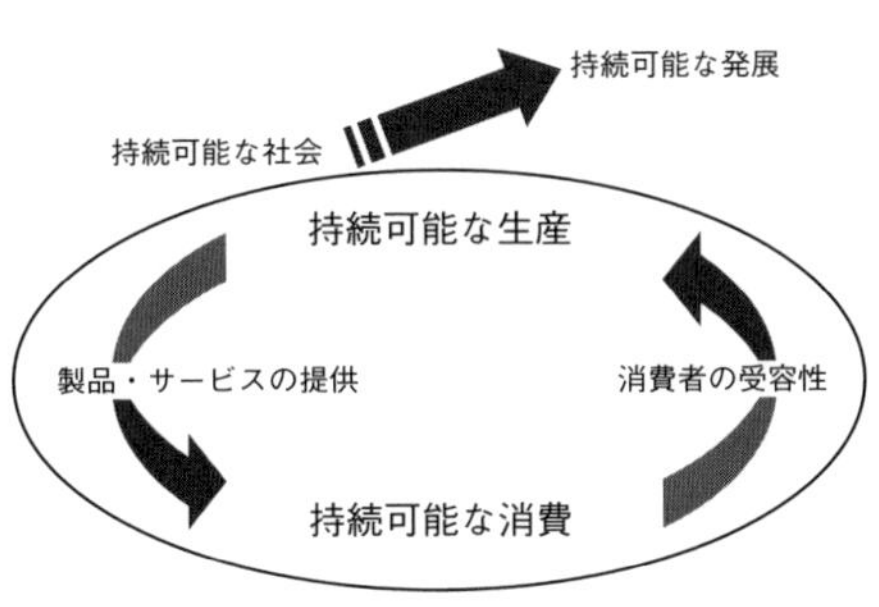

出典：「持続可能な消費に向けた指標開発とその活用に関する研究」
報告書 2004、一般社団法人未踏科学技術協会、より抜粋

図1

研究では、幸福感とは何だろうというテーマが必ず出てきます。中原先生（第8講）にも協力していただき、日本と欧州で計7回のワークショップをやりました。しかし、幸福感というものは、なかなか分からない。これから、このプロジェクトの成果なども紹介します。「持続可能な消費」について、一緒に考えていきましょう。

消費者が使う製品由来の排出量が多い

私たちが「消費」に注目するのは、日本の部門別二酸化炭素排出量の推移を見た時に、産業部門は減っているのに対し、家庭部門は増えているからです。

家庭からの排出量、つまりエネルギーの消費量が一番多いのは、やはり照明・家電製品で、その次が自動車です。でも、こういう製品のエネルギー消費効率は、どんどん良くなっています。省エネルギーセンターによると、１９９７年度と２００４年度前後のエネルギー消費効率を比べた時、テレビは25・7パーセント、蛍光灯器具は35・6パーセント、エアコンは67・8パーセント、冷蔵庫は55・2パーセント、電子計算機や磁気ディスク装置に至っては98パーセント以上も改善しています。これほどの省

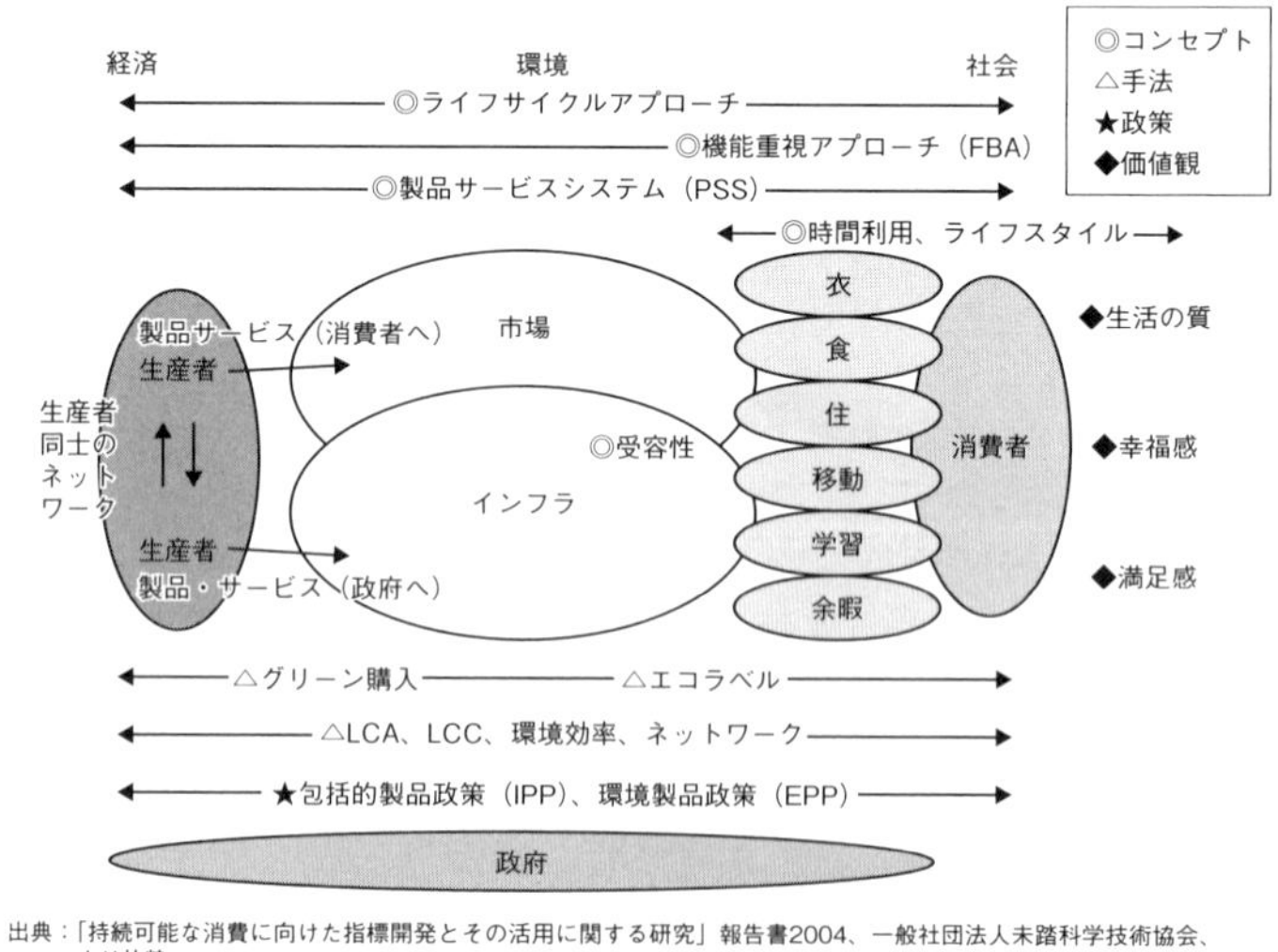

出典：「持続可能な消費に向けた指標開発とその活用に関する研究」報告書2004、一般社団法人未踏科学技術協会、より抜粋

図2　経済産業省国際協働プロジェクト「持続可能な消費」（2001～2004）の概念図

エネ機器を開発しても排出量が増えているのはどうしてなのか。それは、使い方に問題があるからです。持続可能な消費のためには、使用段階を、きちんと突き詰めなければいけません。

　エコ製品の普及が急がれる背景を示すものに、ＧＨＧ（温室効果ガス）の排出源の分析があります。日本全体の二酸化炭素排出がどこに由来するかを示したグラフ（図３）を見ると、１人１日当たりの国内の排出量は、約30キログラムです。製品と一緒に輸出されて外国へ出ていく排出量や、ビルなどの固定資本になってしまう排出量を除くと、残り半分以上は、結局、消費者が排出しています。そのうちのガソリンや都市ガス、電力など直接的な排出量の合計が６・７キログラム。それに対して、製品を使うことによる間接的な排出量は７・５キログラムで、直接的な排出量より多いのです。これに、中央・地方政府が消費者のために製品を使って出した１・２キログラムを足すと、間接的な排出量の総計は８・７キログラムです。だからこそ、製品を二酸化炭素排出量の少ないものに替えていく必要があるのです。

　そこで、消費者の協力を得るために省エネを啓蒙するわけですが、それだけでは足りません。エコ製品をもっと普及させる必要があります。こうして始まっ

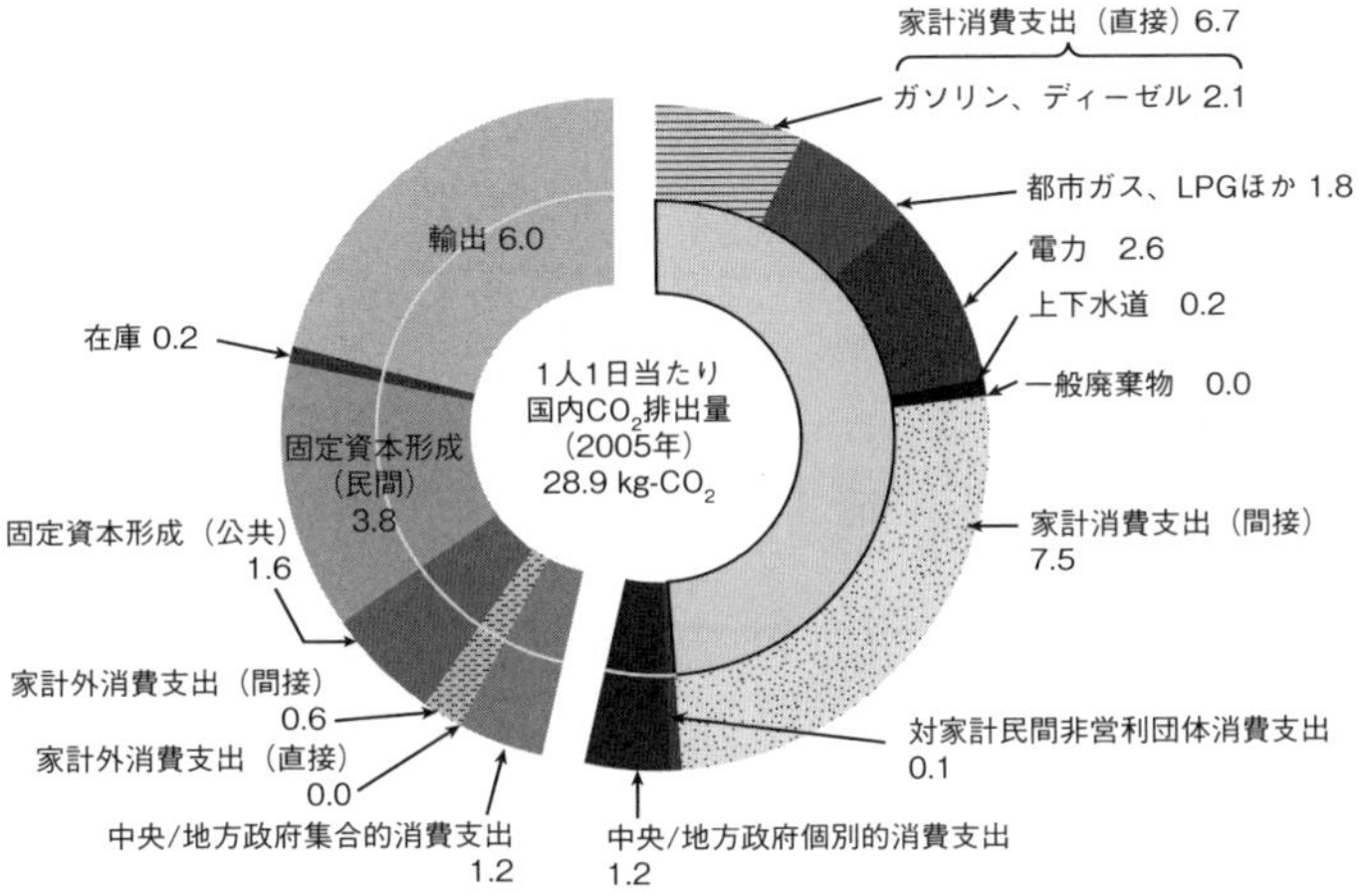

出典：3EID（南斉・森口、2012）をもとに東京大学の井原智彦氏が作成

図３　１人１日当たりのCO_2排出量の内訳

たのが、カーボンフットプリントです。消費者の選択に役立つように、製品の環境情報を伝えるツールです。

カーボンフットプリントの現状

製品は、その製造段階で二酸化炭素を出しているので、さまざまな製品を買うことで、それらを製造する時の排出量が家庭からの排出量に加算されます。それならば、製品ごとの排出量を、ちゃんと皆さんに見せて、排出量が少ない製品を選んでもらおうということで始まったのが、カーボンフットプリントです。商品のライフサイクル全体で排出されたＧＨＧを「見える化」する仕組みです。ＰＣＲ（プロダクト・カテゴリー・ルール）という一定の計算方法に基づいて、数値を算出しています。

カーボンフットプリント制度では、まず3年間の試行事業をやりました。２０１２年6月までに５２５製品に二酸化炭素排出量を示すマークが表示されました。その後、この制度は民間に移行し、現在では一般社団法人産業環境管理協会が運営しています。２０１４年6月9日現在、ＰＣR認定数が１００件、認定製品が累計８４８件、カーボンフットプリント登録公開企業が１５８社あります。消費者の製品選びの問題ですから、やはり認定品の26パーセントは生活用品が占めています。そして、食品関連が19パーセント、印刷関連が15パーセント、衣料品関連が11パーセントと続きます。

カーボンフットプリント規格化の課題

製品のカーボンフットプリントの国際的な規格は、正確に言うと国際規格になる前の文書の段階にあります。ＩＳ（国際標準規格）ではなく、ＴＳ（テクニカルスペシフィケーション、技術仕様書）です。ＴＳ１４０６７番ということで２０１３年5月に発行されました。

なぜ国際標準規格にできなかったのかというと、アルゼンチン、ブラジル、中国、コロンビア、インドなどが反対したからです。カーボンフットプリントが始まると、欧州に農産物を売る時に、飛行機で運ぶ分の二酸化炭素排出量が付加されることになり、彼らにとって不利なのです。カーボンフットプリントの国際規格をつくる作業が始まった時には、計算の仕方と伝え方（コミュニケーション）の2つの国際規格をつくる予定でした。ところが、この2つの規則は2011年に合体されてしまいました。彼らは、数え方の規則はいいけれど、伝え方の規則に異議を唱えていました。だから私は、「計算の仕方を独立させておけば、それだけは標準規格になるから」と、2つの規則を一緒にしない方針を主張していました。しかし、2つを一緒にした結果、案の定、先ほど言った国々に反対されてしまいました。計算法は技術的なことだから仕方がないとしても、それを商品に貼って見せるのは嫌だということです。国際標準規格は各国の合意で作成されるので、関わる人々の思惑に左右される側面があります。

大学でのLCAの取り組み

私は今、工学院大学のISO[※9]推進委員会の委員長を務めていて、大学全体のライフサイクルアセスメント（LCA）[※10]に取り組んでいます。今まではISO14001に基づいて、電気とガスと水道の消費量と廃棄物量などを調べれば良かったのですが、ライフサイクル全体ということになると、大学が買っている製品のLCAまで調べなければいけなくなります。そこで私は今、大学全体の二酸化炭素排出量を計算するために、工学院大学のスコープ3[※11]をやっているわけです。

経理課から収支報告書をもらって、何万行もある記録を学生が全部整理しました。例えば、紙をX円買ったなら、金額からキログラムに換算して、紙のLCAデータを使って二酸化炭素排出量を計算する。そういう作業を一つずつ全部やっていきました。計算してみると、やはり製品由来の二酸化炭素が全体の約

※9　ISO
International Organization for Standardization（国際標準化機構）の略。世界的な共通ルールを策定して国際取引の標準化を図る機関。JISC（日本工業標準調査会）も1952年に加盟した。ISO規格は固有の番号で管理される。例えば、環境マネジメントシステム関係の規格は14000台の番号でシリーズ化されている。

※10　LCA
第3講※1を参照。

※11　スコープ3
企業など組織によるGHG（温室効果ガス）排出量の算定と報告の対象となる「範囲（スコープ）」の3つ目の概念。スコープ1は、化石燃料などの燃焼による直接的な排出。スコープ2は、電気など間接的な排出。そして、スコープ3は、企業であれば、サプライチェーンでの製造や輸送、社員の出張や通勤などの排出量まで含む広い範囲を指す。

60パーセントもありました。従来の計算対象だったエネルギーに起因する二酸化炭素の排出量の合計値より多かったのです。

しかし、この計算は、まだスコープ3で決めている範囲の全てをカバーしていません。スコープ3では、製品の使用段階の二酸化炭素排出量を計算する必要があります。ここで、「工学院大学の製品は何か」という問題を考えなければなりません。卒業生が製品だとすると、その使用段階の二酸化炭素を入れる必要があるかもしれません。

また、スコープ3は通勤も含めて計算することになっているので、先生方の通勤費を全部数えて通勤手段を想定し、金額から二酸化炭素排出量に換算しました。しかしまだ、学生の通学が入っていない。学生の通学は大学の収支に含まれないため、データがないのです。さらに、生協団体が買い学生が食べているパンなども、大学が買っていないのでデータがない。そのため、「工学院大学の製品のことを何も考えていないスコープ3だ」と言われてしまいました。そこで今、改善に乗り出しています。大学全体のＬＣＡに取り組むには、「何が組織か」を、まず把握することが重要というわけです。

太陽光発電のエネルギー回収は2年

私たちはライフサイクル全体の二酸化炭素排出量を計算するのが得意なので、さまざまな技術や製品に由来する二酸化炭素の排出量を数えてきました。ライフサイクルで見れば、太陽光発電に伴う二酸化炭素についても、面白いことが分かります。

太陽光発電システムは、製造時にエネルギーをたくさん使います。でも、太陽光発電は使用段階で、電気、つまりエネルギーを自らつくり出します。では、入れたエネルギーを、出すエネルギーで回収すると、いったい何年かかると思いますか。

20年ぐらいと思う人が多いかもしれませんが、その年数は、太陽光発電を設置する時に掛かったお金を回収するのに必要な期間です。いわゆるコストペイバックタイムは20年ですが、実は、エネルギーペイバックタイムは約2年なのです（図４）。製造時に費やしたエネルギーは、だいたい2年で回収できます。だから、太陽光発電は、どんどんやればいいと思います。ただ、初期費用が高いので、政府が補助しなければ、導入は進まないでしょう。

エコバッグは本当にエコなのか

次に、エコバッグの環境影響をライフサイクルで考えてみましょう。皆さんは、買い物などにエコバッグを使っていますか。また、それを本当にエコだと思っていますか。こういうことを日本ＬＣＡ学会[※12]環境教育研究会で議論しています。

例えば、東京23区では、レジ袋入りのごみを回収してくれます。つまり、レジ袋がごみ袋として役立つわけです。しかし、買い物にエコバッグを持って行く場合は、ごみ袋を別に買わなければなりません。

ごみ袋を買っている限り、たとえエコバッグを使っていても、ごみ袋をつくる時に排出される二酸化炭素とごみ袋の焼却によって排出される二酸化炭素は減らないのです。しかも、エコバッグを持っている人は、１つではなく、何

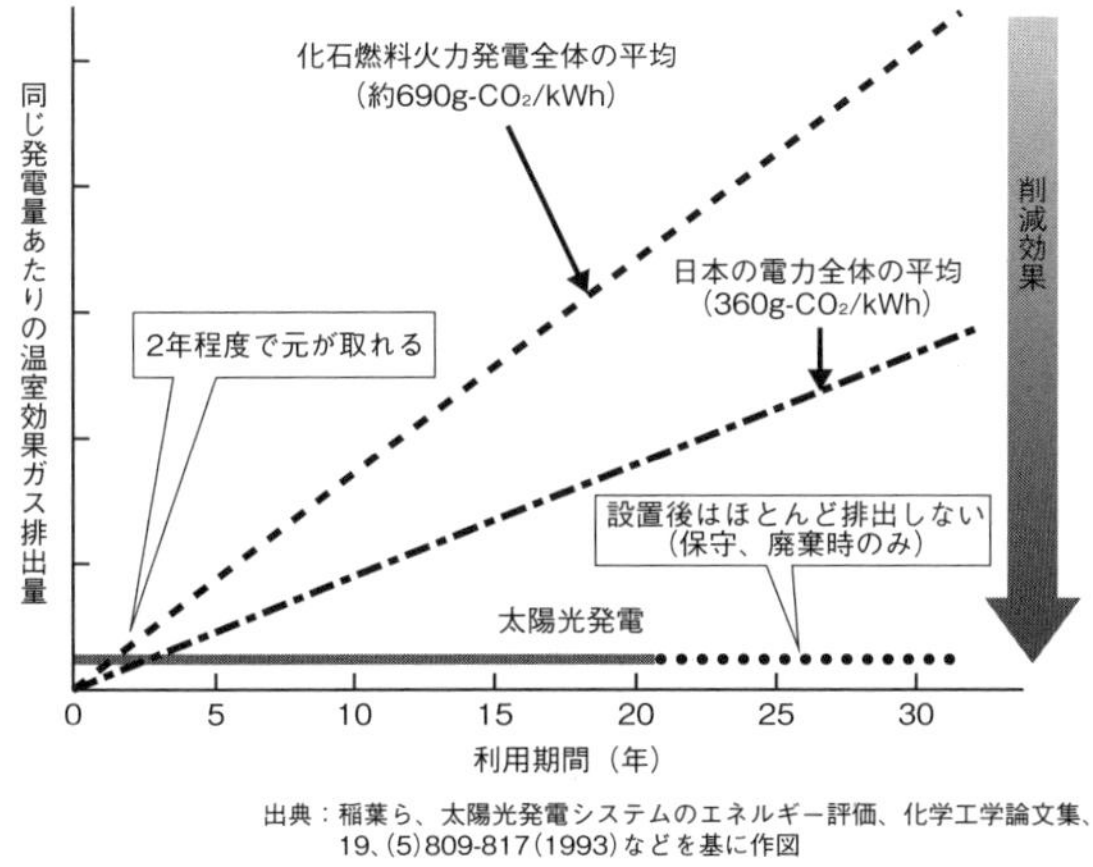

出典：稲葉ら、太陽光発電システムのエネルギー評価、化学工学論文集、19、(5)809-817(1993)などを基に作図

図４　太陽光発電のエネルギーペイバックタイムの具体的な数値

※12　日本ＬＣＡ学会
日本のＬＣＡの研究者・実施者の学会。２００４年11月設立。
http://ilcaj.sntt.or.jp/

個も持っていませんか。そう考えると、レジ袋をもらって、ごみ袋にするほうが二酸化炭素の排出量は少なくなります。

この講義を大学1、2年生にすると、かなり盛り上がります。例えば、東京23区内ではレジ袋でごみ捨てができるのに、同じ都内でも八王子市には指定ごみ袋がある。どうしてなのか、という疑問が出てきます。それで、学生たちが考えて、「ごみ袋を買わせるほうが、ごみを出さなくなる」というような回答が出てきます。では、それは本当なのかと考える。また、自治体指定のごみ袋と、すでに忘れている人が多くなったダイオキシン問題との関係を考える。そのような教育を、今やっています。

時間のリバウンド効果とは

持続可能な消費のためには、消費者が考えて行動しなければなりません。では、何を考えれば良いのか。その一つの答えは、やはり、「全体を見る」ということでしょう。自分の周りにあるものをトータルで考えないといけません。一つ一つが良くても他方では悪いということが、必ず出てくるからです。二酸化炭素排出量を減らす生活を考えた時に、実は、「リバウンド効果」というものがあります。これは、体重の話ではありません。

まず時間のリバウンド効果の例を挙げます。横軸に時間、縦軸にエネルギー消費量をとったとき、リバウンド効果の概念図では、右肩上がりに比例して増える直線が描かれます（図5）。これは、生活時間当たりの平均エネルギー消費量です。当然、エネルギー消費量が少ないほど、二酸化炭素排出量も少ない。この直線は、普通に生活している時に、私たちが排出する二酸化炭素の量を示しています。私たちは、時間をいろいろなことに使います。いろいろなことをやるということは、エネルギーを使うということです。車の運転でも、テレビの視聴でも、平均すると、長く時間を使えば使うほど、エネルギーをたくさん使います。

では早速、ライフスタイルの変更例を2つ見てみましょう。

1つは、エネルギー消費量が減る例。マイカーで買い物に行っていた人が、ネットスーパーなどで買い物を済ませ、配達を頼んだ場合です。配達の車は効率良く回りますから、各自がマイカーで買い物に行くよりも、エネルギーの消費は少なくなります。そして利用者は、買い物に行かなくて済むので、自分の時間が余ります。その時間を平均的なエネルギー消費量で過ごす、つまり直線と同じ傾きで時間を過ごすと、結果的に、商品を手にするまでに消費するエネルギーの量は、マイカーで買い物に行った場合よりも、少し落ちている。ネットスーパーを利用することで、排出量を少し減らせたわけです。

もう1つは、エネルギー消費量が増える例です。家の修理を自分で行っていた人が修理屋に頼んだ場合です。やはり人に頼んだ分、自分の時間が余ります。そこでまた、平均通りに時間を使ったとすると、今度は、自分で修理をした場合に比べて、エネルギー消費量が上がってしまいます。

今は、余った時間を平均的なエネルギー消費量で過ごすと仮定しましたが、要するに、この余った時間をどう使うかが、結果を左右するのです。変更前の時間の使い

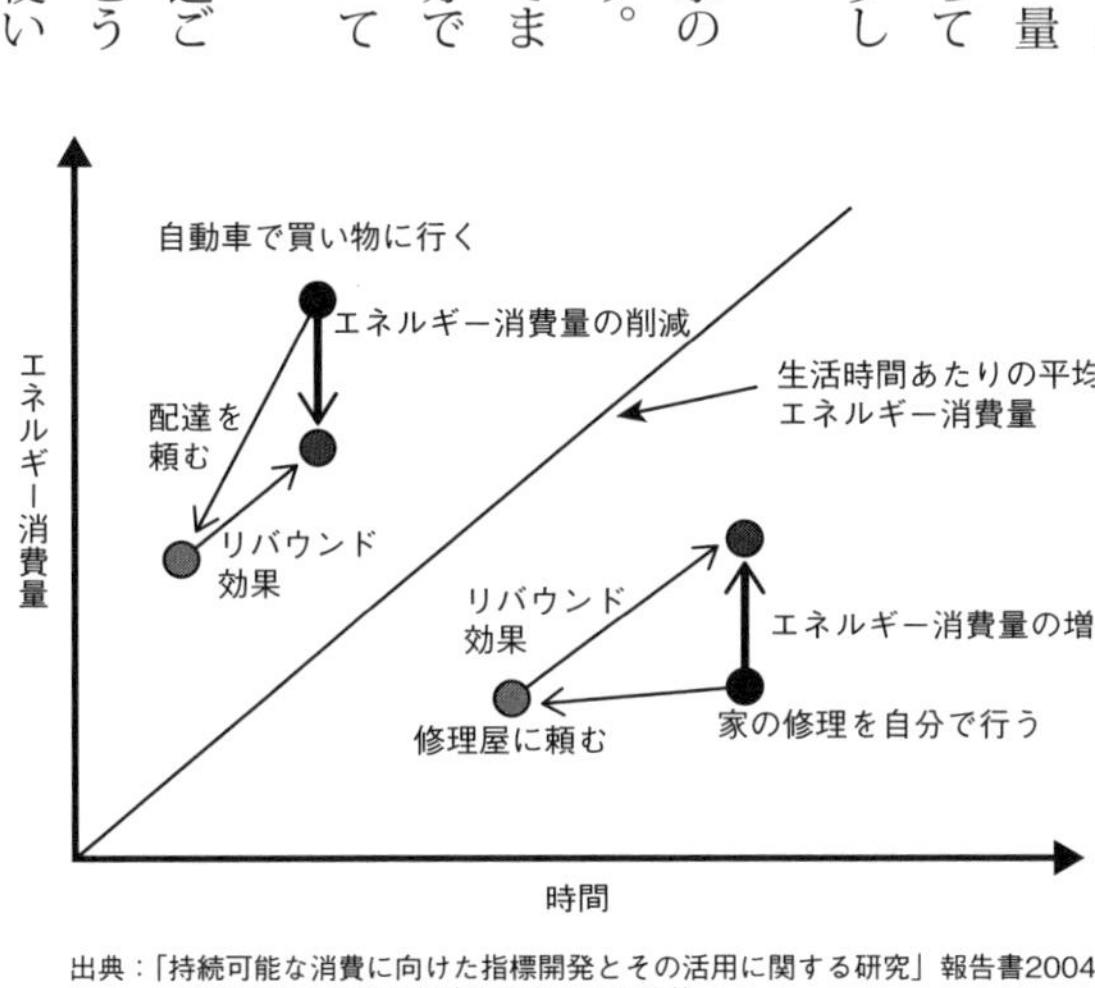

出典：「持続可能な消費に向けた指標開発とその活用に関する研究」報告書2004、一般社団法人未踏科学技術協会、より抜粋

図5　リバウンド効果の概念図

方よりもエネルギーをたくさん使う過ごし方を選ぶと、二酸化炭素が増えます。これをリバウンド効果と言います。物事の一面だけを見ていては、なかなか見えてこない効果です。

例えば、コンピュータを使う時間が増えた人の過ごし方の変化を調べた研究があります。それによると、別のことをする時間が減っていることが分かります。コンピュータでゲームをする時間が増えた人は、テレビを見る時間や外出する時間が減っていました。何かをやるようになると、必ず何かが減る。時間は誰でも1日に24時間しか持っていないので当たり前なのですが、この事実に、私たちは割と気付かないものです。

1時間長くインターネットを使った人は、ラジオを聞く時間、テレビを見る時間、趣味やゲームに費やす時間、友だちに会いに行く時間が減っています。逆に外出する時間は増えている。おいしいものを食べに行く前にインターネットで調べるなら、当然そうなるでしょう。男女別の統計を見ると、性別によっても余暇の過ごし方には違いが見られますが、どちらにしても、持ち時間が24時間しかない中で、何かにたくさん時間を使い始めると、何かに使う時間が減ります。これが時間のリバウンドです。

費用のリバウンド効果

時間だけではなく、お金にも、リバウンド効果があります。例えば、省エネのために使ってない部屋の電気を消すと、節電した分、電気代が少し浮きます。その浮いたお金を何に使うかが問題です。

家庭で省エネしてお金を節約できたら何をするか。これを、ある小学校で子どもたちに聞いたところ、「貯金をする」という答えが返ってきました。そこで私が「貯金が貯まったら、どうするの」と聞くと、「大きい家を買ってもらう」と答えるわけです。残念ながら、大きい家に住んでしまったら、その分、またエネルギーを多く使うようになってしまうので、節約した分は消し飛んでしまいます。トータルで見ると全く減ったことになりません。こういうことを、お金のリバウンドと言います。

「リバウンド効果というものがある」という事実を知って、生活全体で考えることが大切でしょう。トータルで見ることの重要性、これこそが、私たちが、この「持続可能な消費」というプロジェクトの中で学んだ一番大きなことです。

車を持たない生活はエコか

持続可能な消費の調査のため、1つの集合住宅を「ノーカー住宅」にした実験結果があります。2003年にウィーンのフロリズドルフで実施した「脱自動車生活プロジェクト」です。

244戸のアパートの前の道を車両通行禁止にして、地下にカーシェアリング用の共用自動車を置き、個々の車の所有をやめるという実験です。そのアパートは、最寄り駅から地下鉄利用で都心に出られる立地です。その結果、5パーセントが共用の自動車を使い、58パーセントが公共の輸送機関を使い、残りは徒歩や自転車利用で生活していました。そして、ノーカーではない隣の同じアパートでも、サンプリング調査をしました。

果たして、ノーカー住宅では、本当に二酸化炭素の排出量が減ったのでしょうか。結論から先に言うと、実は、たいした違いは見られませんでした。

車の走行距離だけを見ると、確かに、ノーカー区域では減っています。ノーカー区域では1世帯当たりの年間の平均走行距離が、566キロメートル。対象区域の1万979キロメートルに比べて格段に少ないので、二酸化炭素も減っているように思えます。ところが、普段、車を使わない人たちは、小旅行もしません。だから、きっとお金が余るのでしょう。それで、バケーションともなると、飛行機に乗って遠くへ出かけてしまうのです。ノーカー区域の飛行機の走行距離は6948キロメートルで、対象区域よりも

７１１キロメートル多い。電車の走行距離も対象区域の約15倍でした。

飛行機は非常に排出量が大きいので、ノーカー区域と対象区域で年間の1人当たりの二酸化炭素排出量を比べてみると、たいして変わらない結果になってしまいます。対象区域では1人当たり年間約４５０キログラム、ノーカー区域では４２５０キログラム。若干少ないけれど、たかだか、３００キログラム程度の差でした。

ちなみに、オーストリアの平均的な排出量は、７０００キログラムで、実験した2つの居住区域よりも断然多い。なぜかというと、郊外に住む人々も含んだ数値だからです。田舎の一戸建て住宅というのは、やはりどうしてもエネルギーを多く使います。

環境負荷の少ない生活とは

以上のようなリバウンド効果をどう考えるかという研究を、ずっと続けている人たちがいます。産業技術総合研究所の田原聖隆《たはらきよたか》さんの研究グループです。私が産総研[※13]にいた時代、田原さんのグループがＬＣＡのデータベースをつくり、伊坪先生（第3講）のグループが影響評価の研究を進めてくれて、優秀な部下に恵まれた私は楽をさせてもらいました。

田原さんの研究成果の一部を見てみましょう。いろいろな行動がある中で、ある行動を選ぶと、二次的な行動が起きる。これが、リバウンドです。それらをトータルして、地球温暖化にどのくらいの影響があるのか。本当は温暖化以外の影響もあるわけですが、今のところは、二酸化炭素だけで見ています。

例えば、彼の研究に「寝苦しい夏の夜の対策」の比較があります。寝苦しい夜をしのぐ方法として、エアコンを付ける、扇風機で我慢する、冷却マットを使う、窓を開ける、それぞれの選択があります。扇風機の効果が小さい場合は、汗をかくのでシャワーを浴びるし、洗濯も増えるでしょう。それぞれの

※13　産総研
産業技術総合研究所。日本の産業を支える目的で2001年に独立行政法人として発足（2015年4月1日に国立研究開発法人に移行）。2000人以上の研究者を擁する国内最大の公的研究機関。著者は同研究所ライフサイクルアセスメント研究センター長として2004年まで在籍した。

行動パターンによって、一晩当たりで計算して、地球温暖化への影響を比較したわけです。なお、エアコンなどの製造時の排出量は使用時に比べて少ないので加味せず、いずれも使用時の排出量だけを考えています。

エアコンの場合は、外気温との関係も計算に入れます。洗濯は回数や水の使用量の増加も考えます。冷却マットからも一晩で二酸化炭素を１２５０グラム排出する結果になっていますが、これは製造時ではなく、冷蔵庫で冷やすのに必要としたエネルギーの分です。

こうしてトータルで計算すると、エアコンを2時間つけて扇風機を朝までつけた人は、一晩で０・33キログラム。一方、扇風機だけを朝までつけて、起きてシャワーを浴びた人は、０・46キログラム。前者は、2時間エアコンをつけたとしても、シャワーを浴びない分、後者よりも二酸化炭素排出量は少ないことが分かりました。シャワーを浴びてしまったのが結果に響いたわけです。

なお、エアコンは室内を冷やす代わりに外に熱を出しますが、ここでの計算には、それは含んでいません。人の行動の部分しか考えていない計算なので、外の世界まで入れると、また違った解になるかもしれません。

いろいろな仮定が入っている計算ではありますが、この結果から、一概に、エアコンをつけると二酸化炭素が増えるとは言えないことが分かります。そして、扇風機を朝までつけてシャワーを浴びるのは良くないらしいということも分かりました。とにかく、2次的行動を考慮に入れて、多面的に把握しなければ、本当の環境負荷量は測れないということです。

それぞれの行動の影響を知る

生活のパターンをいろいろと決めて、その組み合わせの中で何をやるかを考えるとき、必要になるのがデータベースです。リバウンド効果も含めて、時間当たりのエネルギー消費や、行動ごとのエネルギー消費に関するデータが必要になります。

目的行動別の費用は、例えばレジャーであれば、「レジャー白書」から抽出できます。そして、行動ごとの二酸化炭素排出量は、レジャー1回当たりの費用と、「産業連関表」から抽出した排出原単位を掛け合わせて求めます。これらと、所要時間の推定値があれば、目的行動ごとのデータベースになります。

次に、移動に関するデータベースは、移動の往復に要する時間と料金、二酸化炭素排出量が分かれば完成します。料金は、車体料金も加味して計算します。二酸化炭素排出量は、国土交通省が公表している原単位から求めることができます。

これらのデータがあれば、生活パターンの中で、どのパターンを選んで組み合わせれば、生活全体の二酸化炭素がどれぐらい減るかが分かります。

行動ごとのデータを座標にプロットして、効率を比較した表があります（図6）。縦軸に排出量当たり

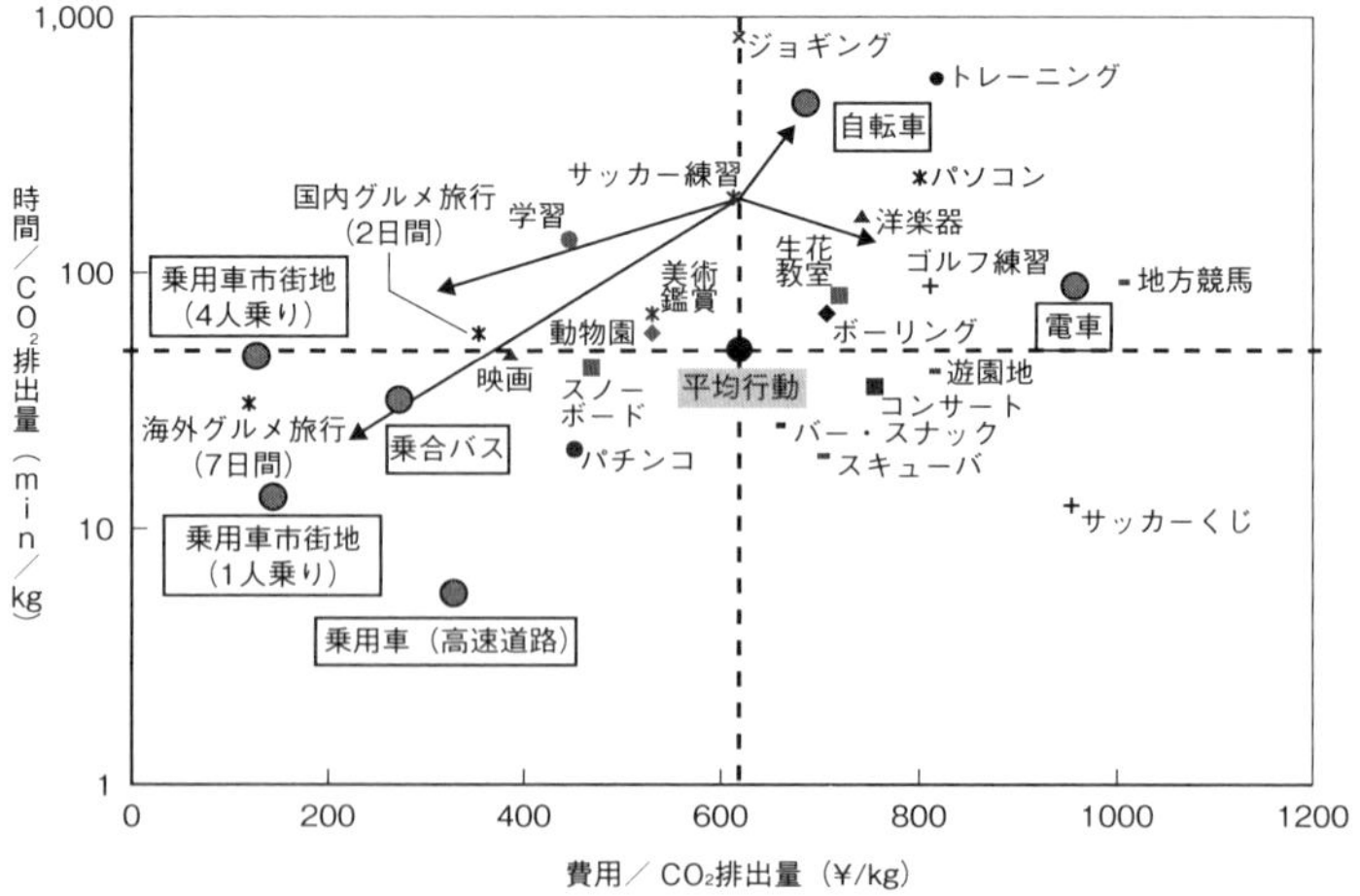

出典：第1回日本LCA学会研究発表会講演要旨集（2005年12月）、消費行動レベルのリバウンド効果の潜在性
―レジャー行動

図6　目的行動別の潜在的なリバウンド効果

の時間、横軸に排出量当たりの費用をとります。縦軸は対数目盛です。そして、二酸化炭素1キログラム当たりの費用が約６００円、二酸化炭素1キログラム当たりの時間が約70分のところに位置する行動を中心に考えます。それより右に行くほど、そして上に行くほど、時間と費用のリバウンド効果が小さい。右上にある行動ほど良く、左下にある行動ほど良くない。さまざまな行動を平均行動と比較して、時間と費用のリバウンド効果の潜在性の大きい行動と小さい行動に分けることができるということです。

左下のゾーンにある行動は、乗用車・市街地1人乗り、乗用車・高速道路、乗合バスなどのドライブ、それから、海外グルメ旅行7日間、パチンコ、スノーボードなどです。これらは、リバウンド効果が比較的大きい。

逆に、右上のゾーンにある自転車や電車による移動やジョギング、トレーニング、パソコン、地方競馬、ゴルフの練習、洋楽器、生花教室、ボーリング、サッカーの練習などは比較的リバウンド効果が小さいと言えます。

例えば「ゴルフの練習」であれば、平均的に何時間やるのか、ゴルフ器具の値段や交通費などのお金が平均的にいくら掛かるのかといった数値から座標上の位置を決めています。できるだけ右上のほうにあり、エネルギーの使い方が良い行動をしなくてはいけない。左下の海外グルメ旅行7日間は駄目で、国内グルメ旅行2日間なら少し良い。乗用車の1人乗りは駄目で、４人乗れば少し良い。この表は、そのように、環境負荷を考えてから行動を選ぶための指標になるのです。

一番効くのは「移動」

二酸化炭素の排出量に一番効くのは、やはり移動です。だから、同じ目的行動であっても、その移動手段によって、環境影響は変わります。先ほどの「サッカー練習」も、練習場が遠い場合、何に乗って往復するかで、位置付けが変わってきます。自転車で行くと、費用はかからないし二酸化炭素も出ないけれど、時間がかかる分だけ縦軸方向に上へ移り、少し良い領域に入ります。バスや乗用車で行くと、二酸化炭素を出す割に時間がかからず、さらに費用もさほどかからないので、時間と費用が余る。つまり、悪い領域に落ちてくる。電車で行くと、お金や時間がかかる割に二酸化炭素が少ないので良い領域に入る。この場合、自転車か電車で行くのが、時間のリバウンド効果も費用のリバウンド効果も小さいことが分かります。移動分の要素が、全体行動（目的行動＋移動）のリバウンド効果の潜在性に大きく影響していることが、明確になったわけです。

地球にやさしいライフスタイルとは

リバウンドがあることを考えて、いろいろな生活を比較した時、生活全体で二酸化炭素が少ないライフスタイルというものがあるのではないか。そう思って計算してみましたが、結論を先に言うと、まだ、あまりうまくできていません。

みんなとディスカッションしながら、環境に良いと言われているライフスタイルを5つにまとめました。

1．エコ・プロダクツ型

モノの所有・消費意向自体は変わらないが、購買対象がエコ・プロダクツである。

2．ネットワーク型

インターネットを用いて、通勤などの移動を極力せずに、地域に分散して暮らす。

3．伝統回帰型

昔の暮らしの知恵を活用し、無駄な消費を抑えていく。

4．倹約型
世間並みにこだわらずに、普段の生活を切り詰めて、その分をレジャーや自分の趣味に使う。
5．サービス型
モノを買いそろえて所有するのではなく、賃貸やレンタルやサービス購入に切り替える。

皆さんは、どのライフスタイルが好みですか。一般の人に聞くと、倹約型、つまり、あまり人と争うようなことはせず、自分の生活をちゃんと保つスタイルが好きという人が多い。一方、サービス型、買うより借りてしまおう、というスタイルが好きな人は多くない。私の調査では、多い順に、倹約型32・2パーセント、ネットワーク型19・2パーセント、伝統回帰型18・6パーセント、エコ・プロダクツ型17パーセント、サービス型3・5パーセントでした。

この5つのライフスタイルのうち、どの生活の二酸化炭素排出量が一番少ないのかを、リバウンド効果を考えながら計算しました。過去の統計データに基づいて、2人世帯で月間の平均消費支出が28万486 3円だとします。そして、現在の平均的な消費パターンを、各ライフスタイル・イメージに基づく消費パターンに変更したと仮定して、その変更に伴う二酸化炭素排出量の「差分」を試算しました。

例えば、倹約型だと、あまりガスを使いません。ガス料金は毎月769円減ります。すると都市ガスをつくるときの二酸化炭素も、都市ガスを燃やしているときの二酸化炭素も減ります。節電・節水することで、電気料金は1582円減り、水道代は759円減る。それぞれ二酸化炭素も減ります。これらの光熱費の節約の小計で、51・8キログラムの二酸化炭素の排出量が減ります。

それから、お弁当にして外食費を毎月6303円節約します。節約ばかりではつまらないので、食料品を3152円買うと仮定しても、差し引き3151円が倹約できます。これで二酸化炭素は4・9キログラム減ります。

倹約型の場合は、もう自動車は買いません。だから月々890円が浮きます。ガソリンも使わないので750円の節約。合わせて1640円減ります。これらの合計で毎月7901円の節約になって、二酸化炭素は76・9キログラム減ります。

そして、リバウンドです。浮いた7901円を何に使うか。ここが問題です。一番ありそうなのが、2年間ほどお金を貯めて、例えば沖縄旅行に行く。飛行機に乗る。ホテルに泊まる。おいしいものを食べる。現地でタクシーに乗る。その他のレジャーをする。節約した金額を全部使うと仮定します。そうすると、この「費用のリバウンド効果」で、二酸化炭素も32・9キログラム排出されてしまい、減らした分の半分ぐらいが無くなります。でも、倹約型のこのパターンだと、完全にマイナスを相殺してプラスに転じてしまうことはない。通常のライフスタイルよりは、まだ二酸化炭素の排出量が減っています。減る量は、生活パターンのつくり方によって変わります。

いろいろなリバウンドを考えて試算したところ、二酸化炭素排出量の純削減量は、倹約型の場合は1カ月当たり44キログラムでした。最も大きな削減効果が見られたのは、エコ・プロダクツ型です。70・7キログラム減る結果になりました。逆にあまり効かないのが、ネットワーク型です。5キログラムしか減りませんでした。なお、伝統回帰型の削減量は46・7キログラム、サービス型は25・5キログラムでした。エコ・プロダクツ型の削減効果が際立っています。省エネ家電などが、かなり効くのです。

リバウンドをどう捉えるか

以上の結果を踏まえて、「環境にいいことをしているようで、2年に1度の沖縄旅行に行くと、やはりいけないいな」というのは、環境に関心がある人の考え方です。普通の人は、こういう考え方はしません。逆に見るのです。「夫婦2人で一生懸命に仕事をしていたら、たまには沖縄に行きたい。でも沖縄に行くにはお金が掛かるから、普段はお弁当にしないとね」と思うのです。どちらの考え方をしたとしても、結果的にやることは一緒です。

つまり、環境を考える人たちは、自分たちがいいことをしているので「リバウンドだ」という表現になりますが、普通の人だって結局は同じことをしているのです。そうすると、環境というのを声高に言うことが、本当に地球を良くしているのだろうか、という疑念がわきます。

それはさておき、とにかく「全体的に見て考える」ということをやっていかなくてはいけません。そこで、愛知万博の時に、シェイプアップCO_2というプロジェクトで、ウェブ上に「CO_2チェッカー」[※14]をつくりました。「マンションに住みたいですか、一戸建てに住みたいですか」「どんな車を持ちたいですか」といった質問をしながら、生活の中のどこで二酸化炭素を減らせるかを知るためのツールです。

先ほどの旅行に行きたいから普段はお弁当にするという人たちは、毎日の食事にはあまりこだわらないということです。つまり、生活をトータルで考えて、こだわりがない部分で二酸化炭素を減らしているということです。

リバウンド効果は、人の幸福感と関連があります。幸福感に関しては、持続可能な消費のプロジェクトを実施した時、海外の研究協力者が幸せとエネルギー消費の関係について研究しています。幸せを感じる傾向は、男女で違いがあることが分かりました。男の人は、エネルギーを使うことをしないと幸せだと思わない。一方、女の人は、エネルギーを使わなくても幸せだと思えることが、いくつかある。昼寝、ソーシャライジング、趣味、スポーツなどです。たくさんエネルギーを使う過ごし方の例としては、テレビを見る、ショッピング、レストラン、ディスコに行くなどが挙げられます。エネルギー消費の大きいこういう行動には、男の人のほうが幸せを感じるという結果でした。

※14　CO_2チェッカー
愛・地球博（2005年日本国際博覧会）の「サイバー日本館」ホームページ内に設置されたゲーム型プログラム。今はアクセス不可。

幸せをどうやって測るか

それでは、持続可能な消費に向けて、具体的には、何をしたらいいのでしょうか。施策を「規制」「教育」「ボランタリーアクション」に分けて考えました（図7）。中央に生産から消費に向かう矢印があります。生産サイドについての施策としては、普通は規制をします。守らないと罰則があるので、実施率は高いです。しかし、消費サイドになると、上から規則を被せるということは難しい。そこで、教育やボランタリーアクションに頼ることになります。消費者が自発的にやらなくてはいけないということです。そうすると、どうしても実施率は下がります。この実施率を上げるために、何をやるかが重要です。

まず考えられるのは、情報の提供です。カーボンフットプリントも、その一つでしょう。次に、環境教育です。大人向けのセミナーや勉強会も環境教育の一環ですが、専門家が小学校に行って授業をするなど、特に子どもへの教育が大切です。小さい頃に植え付けないと駄目なのです。

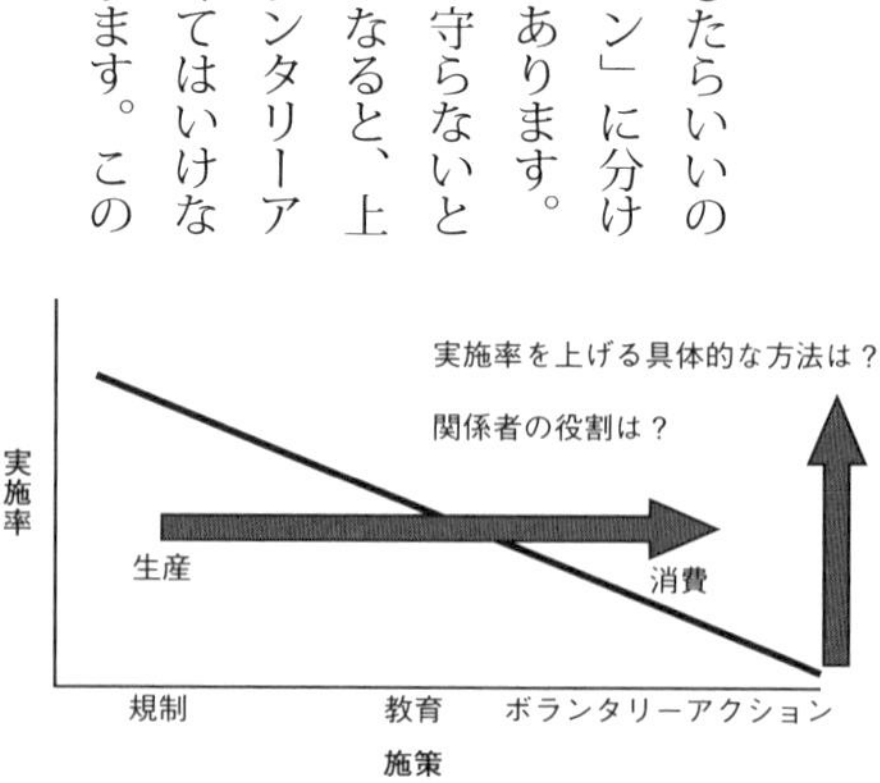

出典：「持続可能な消費に向けた指標開発とその活用に関する研究」報告書2004、一般社団法人未踏科学技術協会、より抜粋

図7　持続可能な消費と施策

それから、習慣を変えるトリガー（引き金）の活用です。トリガーとは何かというと、ライフイベントです。私たちは、中原先生（第8講）にも入ってもらって、海外の研究者たちと、この「持続可能な消費に向けて、何をやったらいいのか」という議論を一生懸命にしてきました。その議論の中で、海外のある研究者が特に強調したのが、このライフイベントなのです。その研究者は、「情報提供や環境教育は役に立たない。ライフイベントこそ重要だ」と主張しました。ライフイベントとは、結婚や引っ越しなど人生

の転機となる出来事のことです。自分の生活の中のイベントを活用しないと、習慣は変えられないということです。例えば、今まで1人で暮らしていた人が、結婚して相手と一緒に住む。そのタイミングで、これからどういう生活をするかを設計できるということです。

以上のように、情報提供、環境教育、ライフイベントの活用で、人々を環境負荷が少ない行動に向かわせることが、ある程度はできるでしょう。それと併せて必要なのが、消費行動と密接に関わる幸福感の増大です。

そこで私は、総務省の統計データを取って、ハピネス（幸せ）と二酸化炭素排出量の関係を捉えようとしました。総務省にはハピネスの研究をやっている人がいますから、ちゃんと統計データがあるのです。その調査では、モデルとなる人物を決めて、その人を一生ずっと追いかけています。そして、結婚してハッピーだと思った割合が増えたとか減ったとか、そういうことを調べ続けているわけです。しかし、ハピネスに関する私の研究は、あまりうまくいきませんでした。私の研究室でハピネスと二酸化炭素排出量の研究をしてくれていた人は、研究職を辞めて、なんと人の幸せを考える牧師になった。これ、本当の話です。

とにかく、どんなことでハピネスが増大するかという問題です。これはまだ捉え切れていません。私たちは二酸化炭素排出量の計算をするのは得意です。環境影響の評価をするのにも慣れています。しかし、幸せを評価することは、まだできていません。これが現在の課題です。評価方法の研究があることはあるのですが、それは、クオリティー・オブ・ライフ（QOL）がテーマなので、ニュアンスが異なります。つまり、学校に行く機会がどれだけあるか、地域に病院がどれだけあるか、というような指標で生活の質を表すということです。それらの条件が満たされたからといって、人は幸せになれるとは限りません。人の気持ちの幸福感をどうやって測るか。これは一番難しい研究だと思います。

本当に活用できる環境情報とは

最後に、海外での講演などで、とても喜んでいただける定番のお話をします。ＬＣＡ学会の食品研究会で調査した和食と洋食と中華料理の比較です。いずれも夕食メニューで、ビール付きです。さて、ＬＣＡで評価した場合に、二酸化炭素排出量が最も多いのはどれでしょうか。材料由来の二酸化炭素とクッキング由来の二酸化炭素を、それぞれ分けて考える必要があります。私は最近、このクッキング部分のデータを明確にしようと思って、クッキングの二酸化炭素排出量の推計の仕方に関する論文を書いたところです。[※15]

まずクッキングの時に出る二酸化炭素だけを見ると、中華料理が一番少ない。調理時間が短いからです。茶わん蒸しがある和食が一番多い。水をわかして蒸気にすることは、多くのエネルギーを必要とするからです。その代わり、和食のメインは魚なので、材料由来の二酸化炭素は、和食が最も少ない。洋食のハンバーグは牛なので非常に多い。こういった材料由来の排出量を、クッキング時の排出量と足します。その結果、最も多いのは、洋食の5・42キログラムでした。というわけで、答えは洋食です。

これは4人前なので、1人分にすると約1・4キログラム。実は、日本で鉄を1キログラム製造するときの排出量が、だいたいこれぐらいなのです。ハンバーグ定食をレストランで食べると、排出する二酸化炭素は、鉄1キロを食べているのと同じということになります。

では、こういう情報を、積極的に提供している飲食店はあるのでしょうか。例えば、本学の食堂には、カロリー表示はすでに掲示されていますが、果たして、この二酸化炭素の量を学食のメニューに貼り出したとき、カロリーと同じように気にする人がいるのでしょうか。

この3種類のメニューは、あらかじめ栄養士の指導を受けて、カロリーやその他の栄養価がほぼ同じに

※15
稲葉敦、風間理応、玉利有香、森本涼子「家庭での調理のCO_2排出量の推算方法」日本ＬＣＡ学会誌.10(2) P.155-164 (2014)

※16　環境効率
製品やサービスの価値を分子にし、環境負荷を分母にして示す考え方。価値が高く、環境負荷が小さいほど環境効率は高くなる。ISO14045（2012）に実施方法が示されている。

なるようにしてあります。食の価値が栄養だとすれば、そこをそろえないと環境情報を比べられないと思ったからです。ですから、カロリーは一緒ですが、環境影響は異なるメニューがある時に、それを掲示するかどうか、また、カロリーと環境影響を比べながらメニューを選択するようになるかという課題です。

結局のところ、こういう環境情報は気にしない人が多いと思います。では、環境教育や環境情報とは、いったい何なのかと思うわけです。

持続可能な消費を進めるには

このもやもやした感じは、カーボンフットプリントの宣伝ボードを見ても、わき起こります。「ライフサイクルで考えましょう」「生活全体で考えましょう」と伝えるところまではいいのですが、それに続けて書いてある「製品の質（価値）と環境負荷の比較＝環境効率」[※16]が、まだすっきりしていません。なぜなら、カーボンフットプリントは商品一つ一つに貼ってしまったので、この商品の「価値」を考える部分は人任せだからです。

先ほどのメニューの比較でもそうです。メニューの価値をどう考えるかは、相手任せでしかありません。しかし、だからこそ、製品やメニューの質と環境負荷とを比較する「環境効率」が重要になってくるのです。私たちのさまざまな行動についてプロットした先ほどの考え方も、環境効率を考えていることになります。これをうまく使わないといけない。環境負荷と時間、環境負荷と費用、この2つの組み合わせで、対象を座標にプロットする。そして、先ほどの図（図6）で言えば、右上のゾーンに位置するものを選びなさいということです。これは行動の比較でしたが、製品ごとに比較してもいい。ただ、製品の場合は、費用と排出量は分かっても、縦軸を何にしたら良いかが分からないので、そこは今後の課題です。製品の価値と環境負荷とを比較する縦軸のつくり方を考えなければならないということです。

持続可能な消費に向けて、今までにやってきたことは何か、これからすべきことは何か。研究の過去と未来を見据えつつ、とにかくこのテーマについて、考え続けることが大切だと思っています。

今までは、企業が環境問題に取り組むことが行われてきました。これからは、消費者が環境を考えることが必要だということです。これが「持続可能な消費」の本質です。企業で環境問題を考えている人も、家に帰れば一般消費者です。消費者と生産者が一体となって「持続可能な消費と生産」に取り組むことが必要な時代が始まったということだと思います。

Q人の思考のパラダイム（規範的な考え方）の変化を起こさなければいけないのでは？

A人の思考のパラダイムの変化というのは、「安くて質が良い製品を使う」ということから「環境に良いことをするのがいいのだ」というような変化だろう。しかし先ほど言ったように、実は環境を気にしていない人も環境を気にしている人と同じことをやっているので、環境を大事にすることと行動の関係について私は混乱している。一つ言えることは、とにかく生活をトータルで考えなければいけないということ。そこで何をハッピーだと思うかが大事だということだ。

環境を考えることがハッピーだという人を増やさねばと言うが、環境をハッピーだと思っていない人も、同じことをやっているという現実がある。地球全体の環境負荷を減らすために何をやるかは非常に難しい問題だ。持続可能な消費に向けて進めるべき一つ一つの駒は、使っていない部屋の電気を消すことや省エネ製品を購入することなどと明らかだが、それがリバウンドも含めてトータルで、どう機能するかは正直、不明である。

つまり、研究者としては、環境を一生懸命に考えながら、リバウンドが少ないことを求めなければいけない。そして、リバウンドの実態は、やはり皆さんに伝える必要がある。その流れの中で、クーラーと扇風機の計算など、行動別のCO_2排出量のパターンをつくる研究が出てきた。こういう活動を積み重ねていくしかない。消費者が自分のハピネスの増大と環境負荷との関係を考えることができる情報を提供することが重要だ。それにしてもハピネスの評価方法は特に難問だ。

Q旅行がリバウンドになるというが、カーボンオフセット付きの旅行やホテルは、利用者の自己満足につながるので、ハピネスが上がる気がする。このあたりを、どう評価したらいいのか？

A日本ＬＣＡ学会の「ニューツーリズム研究会」で旅行のCO_2の計算の仕方を全部つくっている。それをカーボンフットプリントに移して、旅行パックにCO_2を貼り付ける研究をしているKさん、コメントを。

（Kさん）

旅行のＰＣＲ（プロダクト・カテゴリー・ルール）をつくった。簡略化を心掛けたが、計算に含めるものと含めないものが旅程によって非常にたくさんある。例えば、見学や体験の部分は、まだ含めていない。それを入れれば、かなり変動するだろう。オプションを選ぶ・選ばないは参加者の好みによるので、主催者側としては、その排出量をあらかじめ設定しておかなくてはと思っている。

（稲葉）

旅行の要素は移動、食事、宿泊、観光と４つある。移動と食事は比較的計算しやすい。宿泊も、いろいろなホテルに協力してもらって、日本旅館だとCO_2がいくつ、ビジネスホテルだといくつ、と出せるようになった。分からないのは、観光だ。先ほどの行動のプロット（図６）に動物園や美術鑑賞はあっても、まだディズニーランドはない。もっと多くの観光パターンを計算していけば、観光のCO_2も分かるようになるだろう。

先ほどのリバウンドの話では、全くオフセットのことは考えずに、ダイレクトの排出量だけを計算していた。オフセット付き旅行は、もう排出量を減らせないときに誰かが減らしてくれたのを買ってくるもの。その行為を自分で納得できるのであれば、それはハピネスだろう。オフセットをハピネスと考える人が増えるかどうかが課題だろう。

Q ＣＦＰ（カーボンフットプリント）が広がっているようには思えない。その理由は？

A ここは議論が必要なところ。将来は、多くの商品にＣＦＰが貼られて、その中からCO_2排出量が少ない商品を選択するようになると言うが、いろいろな商品にＣＦＰが貼り付けられることは、あり得ないと思う。なぜなら、自分の商品はCO_2が少ないと思っている人しか貼らないから。でも、それはそれで定着すれば、貼ってある商品はCO_2が少ないと認識される。そこまで行く前に、表示することをみんなで躊躇してしまうので困る。

表向きは、同じ種類のいろいろな商品でCO_2が見えるようになると言うが、それはあり得ないと思う。実際は、同じ商品群で一番少ない商品しか貼らないだろう。そこが、カロリー表示などと違う。栄養素は他の商品と違っていても貼れるし、むしろそのほうが、どんなものでも自由に選べる。

ＰＣＲを決めた途端に、同じ価値観で比べることになる。つまり、栄養素が同じで一番CO_2が少ないのが和食だから、これを食えと言うようなもの。実際は、和食を食べても幸せだと思わない人もいる。だから同じ商品群でCO_2を貼ろうとすると、ギクシャクする。

一番の成功例は、印刷物ではないか。同じＰＣＲで、いろいろなものに貼ってある。雑誌があったり、ノートがあったり、こういうものは比べられないから、平気で貼る。貼るのが常識になって初めて、では、どれがいいかと選べるようになるのだから、ＰＣＲで縛り過ぎてはいけないと思う。

（編集注）

出版にあたって著者が一部追記した。

求められる、事業と環境経営の一体化

第6講　企業の環境経営最前線
～エコ・リーディングカンパニーを目指して～
実平喜好（株式会社東芝 環境推進室長）

実平喜好（さねひら・きよし）/1957年岡山県生まれ。株式会社東芝 環境推進室長。1980年に北海道大学工学部卒業、東芝入社。固体デバイスの開発・製造技術などに従事した後、1993年に工場の品質保証課長。1995年に事業本部環境保全担当課長になり、環境というテーマに取り組み始める。1997年にコーポレートスタッフ部門に異動し、全社的な立場から環境経営に携わるようになった。2007年に東芝グループの環境施策全般を統括する環境推進部長に就任。2009年に理事。2013年から組織改称により現職。東芝独自の「ファクターT」を開発して、自社製品群の環境効率を検証。このファクターを指標にする「環境ビジョン 2050」をまとめ、エコ・リーディングカンパニーを目指す東芝グループの未来の姿を描いた。

20万人で展開する多彩な事業

東芝１３９年の歩みを振り返ると、まず、１８７５年に創始者の一人、田中久重がモーターなどをつくる芝浦製作所を始めました。どちらかというと重電系[※1]の流れです。１８９０年には藤岡市助が、当時マツダランプと呼んでいた電球をつくる東京電気を始めた。これが弱電、軽電系の流れです。１９３９年に、この東京電気と芝浦製作所が合併して東京芝浦電気になりました。私は１９８０年、この社名の時代に入社しました。それが統合して株式会社東芝になったのが１９８４年です。本社ビルも、その時にできました。

ですから、東芝は創業が１８７５年。現在、資本金は４０００億円強、従業員が約20万人。売上は約６・５兆円です。最近は海外が増え、売上全体の61パーセントを占めています。連結子会社は約５００社です。

事業領域としては、まず電力と社会インフラ。売上の25パーセントです。モーターや蒸気タービン、それからリチウムイオンなどの蓄電池が、ここに含まれます。これらを組み合わせれば、ハイブリッドカーやＥＶができる。それから、メガソーラー（大規模な太陽光発電）もやっています。

次に、コミュニティソリューション事業。売上の19パーセントです。２０１４年4月から、ビルを丸ごとビジネスにしようということで始めました。エアコンやエレベーター、電球、複写機などが含まれます。エレベーターで言えば、台湾の「ＴＡＩＰＥＩ１０１」[※2]というビルに東芝のエレベーターが入っています。日本のスカイツリーのエレベーターも東芝製です。

そして、ヘルスケア事業。今は６パーセントですが、今後、伸ばしていきたい分野の一つです。Ｘ線ＣＴ[※3]や超音波診断装置があります。

※1　重電系
重電は、主に、発電機やタービンなど、プラントで使うような大型の電気機械全般を指す。反対語は家電などを指す軽電。

※2　TAIPEI101
台北市の超高層ビル。地上101階、地下5階、高さ509.2メートル。2004年当時、世界一の超高層建築物として竣工した。

※3　X線CT
X線を使ったコンピュータ断層撮影法(Computed Tomography)。製品の非破壊検査などにも使われている技術。医療分野では、主に患者を架台に寝かせX線でスキャンして、体内の骨格や内臓や血管の断面を可視化する装置を指す。複数枚のスライス画像を組み合わせて立体視できるものもある。

※4　NAND型フラッシュメモリ　デジタルカメラで使うSDカードなど、多くのメモリカードに使われている大量データ保存技術。東芝が1987年に開発した。消去や書き込みスピードの速さが特徴。

※5　CSR　企業の社会的責任（corporate social responsibility）

それから電子デバイス。これも25パーセントです。NAND型フラッシュメモリ※4など、いろいろなメモリやハードディスクドライブなどを手掛けています。

最後に、売上の18パーセントを占めるライフスタイル事業。パソコンやテレビ、冷蔵庫や洗濯機などの、いわゆる白物家電です。

課題解決型のビジネス展開

これからの社会のキーワードは、やはり人口増加です。日本国はもう減少社会に入っていて、さらに高齢化が進みますが、世界では増加中です。情報の爆発的な増大も、まだ続くでしょう。資源・エネルギーの面では、いろいろな制約が出てきます。そして当然、地球環境に配慮しなければいけない。

これらの課題を解決するビジネスを展開して、環境そのものを制約と捉えるだけではなく、リスクをチャンスにしていこうというのが、われわれの考え方です（図1）。

そこで、東芝グループは、経営方針として「創造的成長」を掲げました。その基盤にあるのがCSR※5であり、もちろん、この中には環境経営も入っているわけです。CSR経営をベースにして、人をうまく活用しながら、事業を広げていきたいという内容です。

別の見方をすると、3つのイノベーションをやっていこう、という内容です。新しい価値を創造していく「創新＝バリューイノベーショ

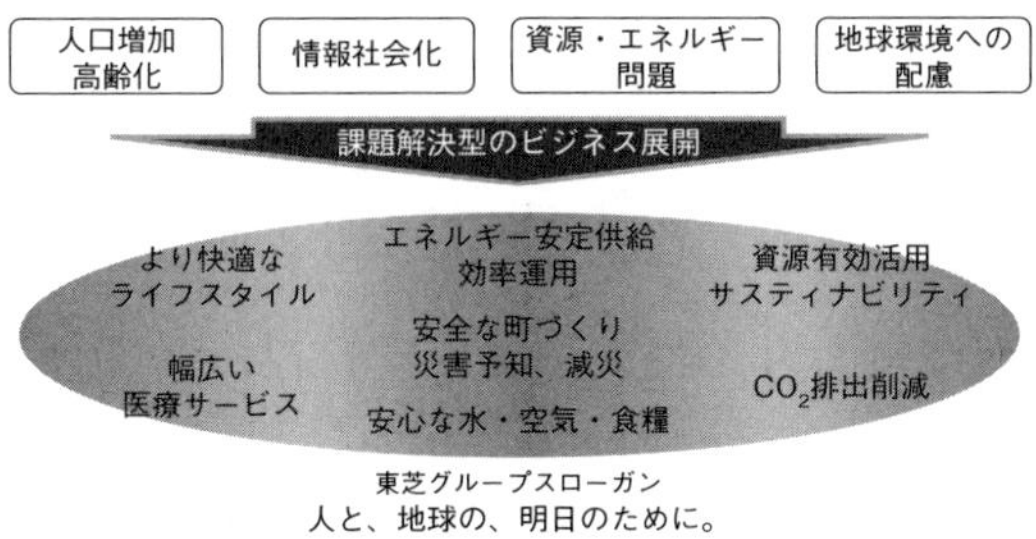

図1　実現すべき未来

ン」、現状のやり方を少し改良してやっていく「創意＝プロセスイノベーション」。そして、最近言い始めたのが、今まで他でやっていたものを新しい分野に持ってくる「創発＝ニュー・コンセプトイノベーション」です。

「創発」の例が、裸眼３Ｄテレビです。高価なため消費者向けにはなかなか難しいということで、医療機器分野に持ってきました。これを使うと、例えば頭の中の血管なども、非常によく見えます。医師が治療方針を立てやすくなるし、カテーテル[※6]を入れやすくもなる。普通の消費者向けテレビだと20万円や10万円に落ちるけれど、医療分野では何百万円かかっても許容できるというわけです。

これらの事業を通して東芝が目指すのは、安心・安全・快適な社会です。最近これを、「ヒューマン・スマート・コミュニティ」と言い始めました。「スマコミ」の世界です。

その1本目の柱が、風力・地熱・水力など再生可能エネルギーも含めたエネルギーの活用。２本目の柱が、ストレージです。情報爆発の時代でクラウド[※7]の世界がやってくるので、われわれのＮＡＮＤ型フラッシュメモリを多数組み込んだＳＳＤ[※8]という技術で、世の中のストレージに寄与していきたい。そして、３本目の柱が、先ほどのヘルスケアです。予防を含めた診断はもちろんのこと、吐く息をモニタリングして調子の良し悪しを測り健康管理に役立てる取り組みも始まっています。

「環境」を全社的に推進するには

東芝グループは、２００７年に「環境ビジョン２０５０」をつくりました。この年は、私が東芝の環境推進部長になった年です。その前から、いろいろと環境のことをやっていましたが、見ていると、環境部長がものを言っても、従業員がなかなか聞いてくれない。そこで、どうしたら、みんなが一体になって環境の仕事をやってくれるかを考えました。環境担当の人は、それでご飯を食べているから、もうやらざる

※6　カテーテル
医療用に用いられる中空の柔らかい管のこと。体腔内や消化管、尿管、血管などに挿入し、体液の排出や薬液の注入などに用いられる。

※7　クラウド
クラウドコンピューティング。第2講※9を参照。

※8　SSD
固体型ドライブ（Solid State Drive）の略。大容量を保存するハードディスクドライブ（HDD）と同じぐらいの容量を保存できるメモリが開発され、HDDの代替も可能なものとして登場した。HDDと違って回転部分が無いため、静かで速い上に省エネ。しかし、寿命や価格の点で、まだHDDに利点があるため、両者を使い分ける形で普及が進んでいる。

※9　メトリック
測定基準。メートルに語源があり、距離を表す指標がメートルであることから用いられるようになった。ネットワーク業界では到達点までの道順や優先順位の意味。ここでは到達点を決めるうえで優先的に考慮すべき因子のこと。

を得ない。そうではない人を、どう巻き込むかが重要です。

それから、当たり前ですが、従業員を動かすのは社長です。人事権を持っているし、一番怖い存在ですから、社長自ら環境のことを話してもらうのが一番良い。そこで私は、就任直後に「ご自分の言葉で、社外で講演をしてくれませんか」と、お願いに行きました。

そうしたら、当時の社長は、その後、会長から相談役になった西田《にしだ》厚聰《あつとし》ですが、「まあ、いいけど。私が話すからには、相当内容の濃いものにしてくれないと困る」と言うわけです。それで考えたのが、環境ビジョン2050です。

ビジョンのベースにある3つのメトリック

私は前に製品のファクター（後述）を算出する仕事をやっていたので、そのあたりから着想を得て、「2007年時点で2050年を考える」という内容で社長に発表してもらえば、みんながついてくるだろうという目論見がありました。

その時に考えたメトリック[※9]が3つあります。1つ目は人口です。2000年の世界人口が60億人。これを起点にして、2050年を考えると、いろいろな推計がありますが、約90億人、およそ1・5倍になると。

2つ目は1人当たりのGDP。世の中には、その日の食べものにも困っているような人々がいるので、当然このままでいいとは思っていないわけです。もう日本はいいかなという気がしないでもないですが、貧しい人たちがいるから、もっと豊かでなければいけないとするならば、やはりGDPが平均で3・4倍ぐらいになるべきだと。

一方、環境への負荷という話になると、ちょうど2007年は第1次安倍政権のころで、美しい日本、美しい星50（クールアース50）といった方針が出されていました。二酸化炭素の排出量を半減しなければいけないと。これが3つ目です。これらを考え合わせてつくったのが、このビジョンの始まりでした。

東芝が考える「2050年のあるべき姿」

東京大学の茅陽一《かやよういち》名誉教授の「茅恒等式」（図2）は、右辺の掛け算で、分母と分子のEとGがどちらも消えて、P（ポピュレーション、人口）も消えて、二酸化炭素＝二酸化炭素になるので、絶対に成り立つということで「恒等式」と呼ばれています。われわれのファクターという考え方も、この式を変形したものです。

価値を環境影響で割ると、環境効率[※10]を導けます。1990年初頭にドイツのブッパタール研究所が提唱した概念です。例えば、価値をGDPとし、環境への影響を二酸化炭素で代表させて単純化すると、「環境効率」は、「GDP」割る「二酸化炭素」です。分子は大きいほうがいいけれど、分母は小さいほうがいい。

パフォーマンス（成果）を、そのパフォーマンスを生み出す時に地球環境に与えた影響で割り算するわけです。われわれ企業人は、成果を売上高や製品の価値で見るので、それを環境への影響で割り算します（図3）。

われわれは、ここで、日本初の3つの統合を行いました。環境影響については、LIME[※11]で環境被害金額として統合しました。製品の価値については、QFD[※12]を使って統合し、それから、事業プロセス、つま

●茅恒等式：人類の活動とCO_2排出量の関係を表した式

$$CO_2 = \frac{CO_2}{E} \times \frac{E}{G} \times \frac{G}{P} \times P$$

$\frac{G}{P}$：一人当たりの経済水準
$\frac{E}{G}$：経済活動のエネルギー効率
$\frac{CO_2}{E}$：エネルギー消費当たりのCO_2排出量

CO_2：活動に伴うCO_2排出量
E：1次エネルギー消費量
G：GDP
P：人口

●価値＝GDP、環境影響＝CO_2排出量と単純化すると

$$\frac{G}{CO_2} = \frac{G}{P} \times P \times \frac{1}{CO_2} = \frac{E}{CO_2} \times \frac{G}{E}$$

環境効率 $\frac{\times 3.4 \times 1.5 \times 2}{\times 10}$ →ファクター10
$\frac{E}{CO_2}$：エネルギー供給側 → Green by Technology
$\frac{G}{E}$：エネルギー使用側→Green of Products

図2　2050年のあるべき姿《地球と調和した人類の豊かな生活》

※10　環境効率
第5講※16を参照。

※11　LIME
第3講※9を参照。

※12　QFD
品質機能展開（Quality Function Deployment）の略称。顧客が製品を選択するときの重要度に基づいて、製品の機能を統合化する体系的プロセス。

り、ものづくりの環境効率と、製品の環境効率の統合も図りました。

この式に、先ほど言った2050年のGDPや人口の予想値を入れて環境効率を計算しました。その結果、2000年の環境効率を1とした場合、2050年の環境効率は、その10倍なければいけないことが分かりました。ファクターは、環境効率の改善度の指標です。2050年の環境効率を2000年の環境効率で割り算すれば、目指すべき改善度（ファクター）は10です。10倍も効率を上げるためには、エネルギーの供給側と使用側の両方で対策が必要です。

2050年に「ファクター10」の世界を目指すと決めて逆算すると、途中の2010年にはファクター2が必要、2015年にはファクター3が必要です（図4）。環境ビジョン20

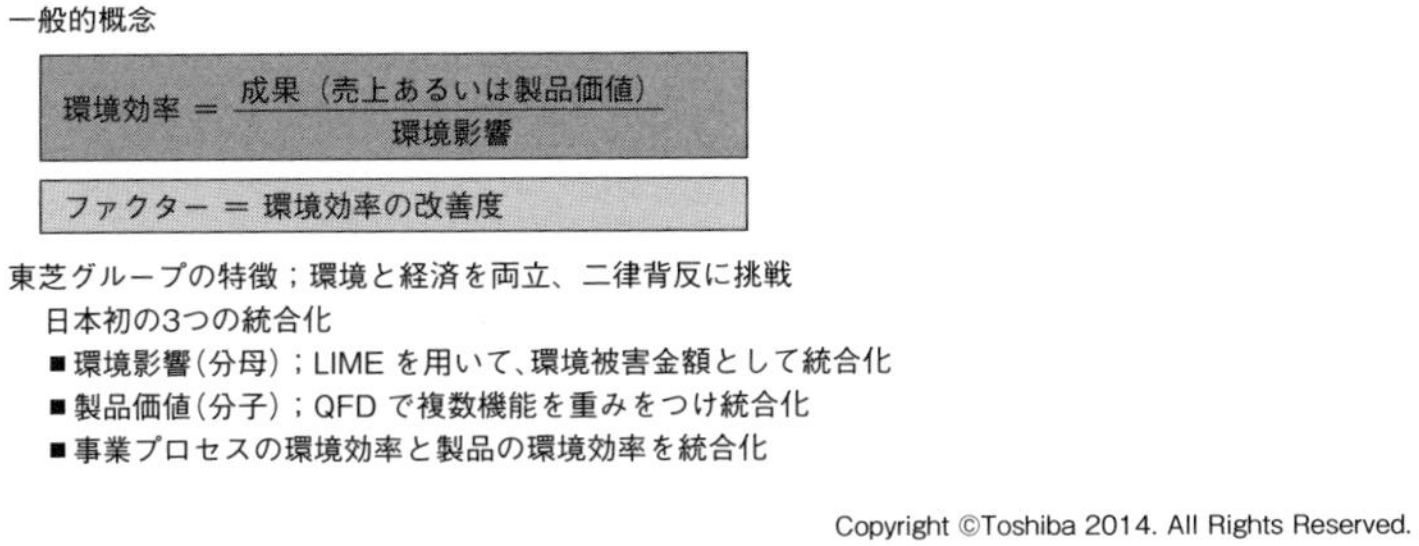
一般的概念
環境効率 ＝ 成果（売上あるいは製品価値）／環境影響
ファクター ＝ 環境効率の改善度
東芝グループの特徴；環境と経済を両立、二律背反に挑戦
日本初の3つの統合化
■環境影響（分母）；LIME を用いて、環境被害金額として統合化
■製品価値（分子）；QFD で複数機能を重みをつけ統合化
■事業プロセスの環境効率と製品の環境効率を統合化
Copyright ©Toshiba 2014. All Rights Reserved.

図3　環境効率／ファクターの考え方

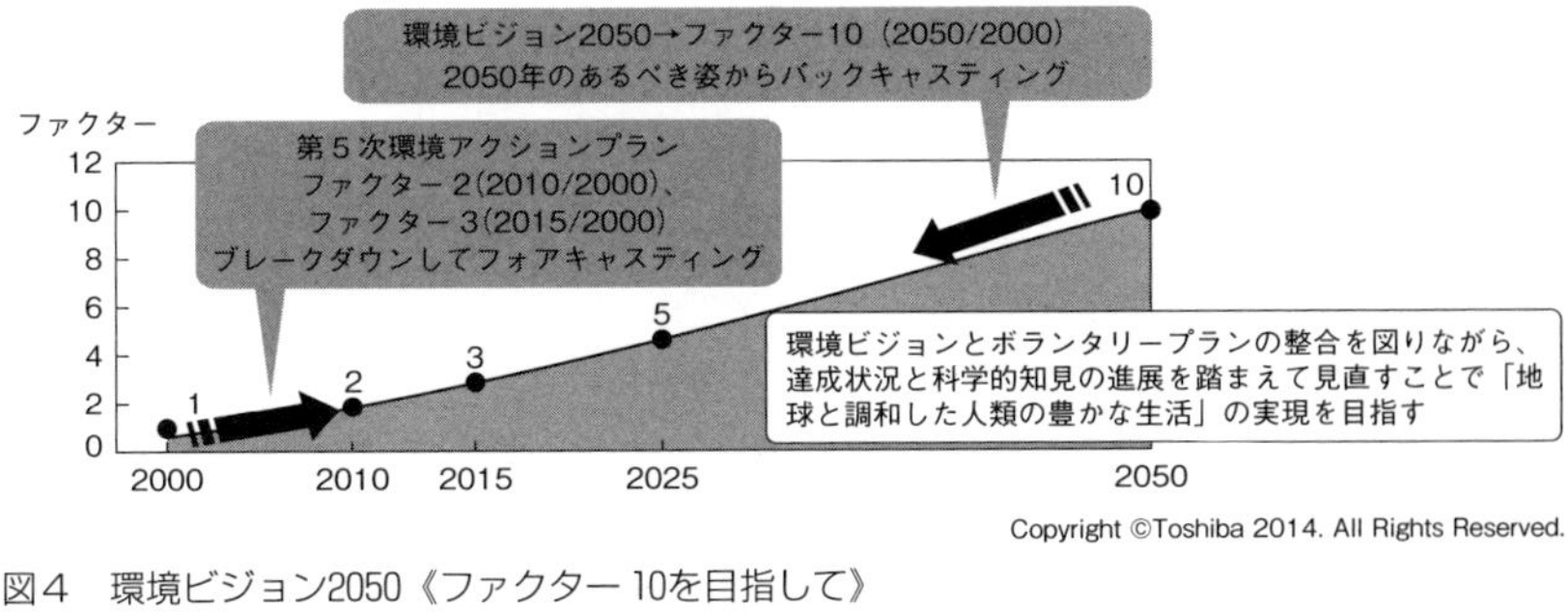
環境ビジョン2050→ファクター10（2050/2000）
2050年のあるべき姿からバックキャスティング
ファクター
第５次環境アクションプラン
ファクター２(2010/2000)、
ファクター３(2015/2000)
ブレークダウンしてフォアキャスティング
12
10
8
6
4
2
0
1
2
3
5
10
2000
2010
2015
2025
2050
環境ビジョンとボランタリープランの整合を図りながら、
達成状況と科学的知見の進展を踏まえて見直すことで「地
球と調和した人類の豊かな生活」の実現を目指す
Copyright ©Toshiba 2014. All Rights Reserved.

図4　環境ビジョン2050《ファクター 10を目指して》

50では、この目標に向かって、年次ごとのアクションプラン（行動計画）をつくって進めているわけです。

東芝の環境戦略の歴史

東芝グループは、1997年に始まった日本経済新聞社の環境経営度のランキングで、ここ10年連続、6位以内に入っています。

最初に環境の組織ができたのは、1988年でした。それ以前にも、排水処理などをやっているグループには環境担当がいましたが、ちゃんと経営の中に組み込む必要があるという判断で、コーポレート（本社）の中にできたのは、この時です。

1991年に初めて、東芝グループの環境の最大の意思決定機関とも言える東芝地球環境会議を開催しました。国際的には、この翌年に、リオで地球サミットが開催されました。そして1995年あたりが、ISO14001やBS7750[※13]といった認証取得が始まった時期です。

私が環境をやり始めたのが1995年で、1997年に事業部門から今のコーポレートのほうに移ってきました。1997年は、京都でCOP3[※14]があった年です。私が本社に移って最初に受けた指令が、「環境報告書をつくれ」というものでした。前任者がなかなかつくれなかったということで私が行ってつくったのですが、発行できずに終わるという悲しい目に遭いました。なぜか。今だから言えるのですが、この年、東芝は「名古屋の土壌汚染」で非常に叩かれたのです。トリクレンで汚染をしたということで、環境庁（当時）に呼ばれ、私の上司が謝っているところが全国的に報道されました。その年に環境報告書を出しても、逆にもっと騒ぎになる可能性があるということで、発行を見合わせたわけです。

2000年ごろに、環境会計が始まりました。環境にかかるコストと、そのコストに見合うような効果

※13　BS7750
1992年にイギリスの規格協会が策定した環境マネジメントシステムに関する規格。環境マネジメントシステムの先駆けとなった。

※14　COP3
1997年12月に京都で開催された第3回気候変動枠組条約締約国会議。先進国に温室効果ガス排出削減目標を課す「京都議定書」が採択された。

※15　LCA
第3講※1を参照。

があったかどうかを見る。毎年、少しずついろいろなことをしながら、効果の計測方法などを提案し始めました。それまで私は、報告書や、ものづくりでの化学物質対策が専門でしたが、2003年からは、製品の環境をやるようになりました。この時に出てきたのが、ファクターです。日本の先進的な企業は、実はもうやっていたので、「ちょっと東芝は遅れ過ぎている」と発言したら、「おまえがやれ」と。それで、製品分野で環境効率を計算する仕事を始めました。この後、電機・電子業界8社が集まり、ファクターの共通化を目指して、いろいろなことをやりました。でも、今、ファクターを使って、ものを言っているのは、おそらく東芝しかいない。当時一緒にやっていたところは、組織改革などで消えていってしまいました。

この時、いろいろな教訓がありました。データをLCA（ライフサイクルアセスメント）[※15]のデータベースと比較すると、本当に違うのです。テレビやパソコンなど共通の題材を提供しても、各社で二酸化炭素排出量が2倍だったり半分だったり、それほど違うケースがありました。ただ、ファクターの良いところは、割り算だから結果がそろうのです。そういう意味でも、ファクターは使えると思うわけです。

そして2007年から、ビジョンをつくっていきました。私ども環境の分野から経営会議に掛けた案件というのは、これが初めてでした。社長、会長、副社長などがそろった席で、質問攻めに遭いました。企業経営においては、やはり売上は伸ばさなければいけない。だけど環境も考えろと。

この二律背反に対しても、やはり、このファクターの考え方というのは、とても合うのです。環境だけ重視するなら何もしないのが一番いいわけですが、そうはいかない。価値は伸ばしたい。しかし環境影響は下げたい。この経済と環境を両立する時に役立ったのが、環境効率という指標でした。

さらに「環境グランドデザイン」を策定

２００７年に私が環境推進部長になって、レポートする先は主に副社長でした。今の社長が私の直属の副社長だった時に、「もう一回、ゼロベースで活動を見直せ」と言われました。いつも言われるのですが、自己の全面否定から入れと。ビジョンの方向性は良いけれど、ターゲットが２０５０年なので、そこに至るまで当面どうしたいのかを示せということでした。例えば、２０１５年にどうなりたいかを見直せというのです。それで、いろいろ議論をして、土曜出勤などをもして、新しいものをつくりました。それが、２０１１年に策定した「環境グランドデザイン」です。

やはり、最も気を付けたのは、事業と環境経営の一体化です。環境、環境というけれど、とにかくネガティブ要因になる。がんばって当たり前で、失敗すると叩かれるという世界です。そこを少し転換して、CSR的な環境というものだけではなくて、事業として一体感を目指すというのが、重要なコンセプトでした。企業は当然きれいごとだけではいきません。売上を伸ばして利益を出さないと、次の成長はないわけです。

具体的には、製品、技術、ものづくり、マネジメントの4分野で、環境戦略を展開しました。

１つ目が「グリーン・オブ・プロダクト」。製品そのもののグリーン化。環境性能ナンバーワンの商品を生み出していこうじゃないかと。

２つ目が「グリーン・バイ・テクノロジー」。いくつかある低炭素化技術のグローバル展開。先ほどのメガソーラーなどです。これは当初は原子力発電をやっていました。１００万キロワット発電する時に、石炭火力に比べて、６７０万トンも二酸化炭素が少ないからです。その点ではクリーンなエネルギーだということです。その後、震災等々があって、今も非常に逆風が吹いています。

※16 エネルギーミックス
火力、原子力、水力、太陽光、風力などを組み合わせた電源構成のこと。


３つ目が「グリーン・オブ・プロセス」。これは、ものづくりでのグリーン化です。環境負荷の少ないものづくりということ。

４つ目が「グリーン・マネジメント」。これは基礎教養というか、全員参加で、次の展開の力をためるようなものです。以上４つで、エコ・リーディングカンパニーを目指すというわけです。

最新アクションプランの成果

「第５次アクションプラン」は、２０１２年から始めました。本来は震災があった２０１１年３月に出す予定でしたが、あのあと日本全国ガタガタで大変な騒ぎになって、原発がかなり駄目になったということもあり、二酸化炭素の排出量が読めなかったわけです。新しいエネルギーミックス[※16]は、いまだに決まっていませんが、当時は「少し待とう」ということで、結局、１年間ぐらい待ちました。

プランの構成は、やはり、環境効率をどうしていくのかを前提に置きました。「環境ビジョン２０５０」は残したということです。

「グリーン・オブ・プロダクト」と「グリーン・バイ・テクノロジー」、つまり製品・技術系としては、環境性能ナンバーワンの製品群「エクセレントＥＣＰ」（後述）をやりました。従来は製品１個、２個と、件数で数えていましたが、やはり経営との一体感を出すには売上だと。それで、エクセレントＥＣＰの売上高をメトリックにして、管理していこうということになりました。地球温暖化防止については、二酸化炭素削減への寄与について、数値目標を掲げました。資源有効活用と化学物質管理については、後述します。

「グリーン・オブ・プロセス」も基本的な構成は製品・技術と同じです。温暖化、資源、化学物質という環境３要素で、それぞれターゲットを決めました。

※17 クリーンルーム
空気中のゴミ（浮遊微小粒子）や細菌の数、温度、湿度、室圧が管理されて、清浄度が保たれた部屋のこと。半導体の製造には小さなホコリの付着も許されないため、この設備が必須となる。

この、ものづくりについては、二酸化炭素排出の総量と原単位、どちらを見るのがいいのかという議論が続いていました。それを２０１２年からは、どちらも管理することにしました。一般的には、当然、排出量の総量が重要です。ただ、総量は、事業が伸びると伸びやすいという性質があるので注意が必要です。そこで、試みとして、両方でやってみることにしたわけです。

「グリーン・マネジメント」については、今まで、定性的な記述はあったけれど、定量的な約束をしてこなかった。「そのままではいけない」ということで、数値目標をつくったのが、今回のポイントです。

この第５次アクションプランの２０１３年度の統括では、目標に対して、22項目中３項目で未達でした。

8割が使用段階の排出

東芝にはだいたい80の製品群があります。テレビを1つ、冷蔵庫を1つ、タービンを1つ、変圧器を1つというふうに数えて、約80あると。そして、それぞれのライフサイクルを調べると、どのあたりに重きがあるのかが分かってきました。

例えば半導体製品は、お客さま使用のところのエネルギーはほとんどない。支配的なのは、半導体をつくるところ。ここが80パーセントぐらいです。クリーンルーム[※17]というのをつくって、その中でやるからです。

逆に冷蔵庫などは、調達やものづくりの過程での二酸化炭素排出量は、それほどでもない。しかし、ずっとコンセントに挿しておかないと用をなさないものなので、お客さまでの使用段階が支配的だと。

こうした重みづけを全80製品群でやってみると、トータルで、ものづくりの環境負荷が20パーセント、お客さまの使用段階での環境負荷が80パーセントと出ました。

製品の環境効率とものづくり（事業プロセス）の環境効率については、毎年のファクター値の目標を、それぞれ具体的に決めています。総合的な環境効率については、これは粗っぽい議論ですが、製品の環境効率に０・８を掛けて、ものづくりの環境効率に０・２を掛けて、両者を足して算出しています。

売上順調なエクセレントECP

エクセレントＥＣＰの売上を拡大して、２０１５年に１・８兆円ぐらいまで持っていきたいと考えています。１・８兆円を目指すというのは、全体の売上から見たら、東芝の製品群の約３割をエクセレントＥＣＰにしたいということです。

何をもって「環境配慮製品」と呼ぶかは、各社それぞれの定義なので難しいところがあるかもしれません。東芝は、環境については、もう全ての製品で配慮はしています。アセスメントをきっちりとクリアしないと製品化できないルールがあるからです。

そして、「エクセレントＥＣＰ」の定義は何かというと、世の中に出した時点で環境性能が一番である、ということです。２０１３年度ですでに１・６兆円ぐらい売り上げたので、２年ほど前倒しで計画を達成できたということです。

今の社長は、「全ての製品群で環境性能ナンバーワンになるようにしよう」と言っています。結果として他社に負けることはあるかもしれないけれど、最初からあきらめるようなことはするな、というわけです。売上が結構伸びた理由の一つは、トップの人がそういうふうに号令を掛けてくれるからです。そうすると、製品の事業分野の人たちが、カンパニー同士で見られていることを意識する。そして、各カンパニーの社長の間で、「おい、俺のところ、どうなっているんだ」「恥ずかしい思いはしたくないぞ」と、競争心が出てきたのではないかと思います。

ｅｃｏターゲットは自社に厳しく

エクセレントＥＣＰ製品を企画するとき、「ｅｃｏターゲット」を定めます。市場投入の時期の他社製品のベンチマーク（水準点）を予想するという考え方です。

例えば４００リットル級の冷蔵庫があれば、当然、消費電力量の少なさが温暖化防止に効くわけです。東芝の現行機種の年間消費電力量が２９０キロワットアワーで、Ａ社は２８０キロワットアワーだと、Ａ社のほうが勝っている。そこで、Ａ社が次の機種を出すときに、どれぐらいまで下げるかを想定するわけです。ここで２５０キロワットアワーと考える。ベンチマーキングというのは、自分に厳しく相手に甘く見なさいということですから。そうすると、当社は２３０キロワットアワーを狙うことになるわけです。それで設計をして結果として達成できた、なおかつ、上市をした時点で他社製品に勝っている。以上の条件を満たして初めて、その製品をエクセレントＥＣＰと呼ぶわけです。

実は冷蔵庫やエアコンなどのエクセレントＥＣＰの考え方は、出した時点で1番であれば、その後は負けてもいい、ということになっています。と言うのも、お客さまが良く知っている製品群は消費電力量が特に重要で、各社の競争も激しく、往々にして負けてしまうからです。でも出した時点で1回、1番を取れば、それが世の中の改善競争に火をつけたことになるから良しと。そういう考え方でやっています。ただ、売れなくなったら売上高は上がらないので、カウントできません。1番になり、なおかつ売れていれば、その売上だけを計上するというシステムにしています。

２０１３年度のエクセレントＥＣＰとしては、社会インフラ系のコンバインドサイクル発電[※18]プラント、ヘルスケア系の医療装置。それから、洗濯機、エレベーター、半導体系のフラッシュメモリやクラウドなど。だいたいの製品分野で出てきたという状況になっています。

※18　コンバインドサイクル発電　ガスタービンと蒸気タービンを組み合わせた発電方式。ガスタービンからの高温の排熱を利用して蒸気タービンを回転させるので、通常の火力発電より効率が良い。

次の課題は「熱」と「再生プラの利用拡大」

冷蔵庫の消費電力量を従来機種より下げた結果、年間10トンの二酸化炭素削減効果がありました。これに、販売した冷蔵庫の数を掛けます。こうして地域別に、冷蔵庫や洗濯機、テレビなどを集計すると、世界全体で約１０００万トンの二酸化炭素の排出抑制に寄与していることが分かりました。

二酸化炭素削減という観点では、かなり省電力はできたと。次は、やはり熱がポイントになります。かなり無駄が多いからです。ヒートポンプ[※19]などの概念を使って、熱をどう利用するかが、次の課題になってくるでしょう。

省資源という観点では、再生プラスチックの取り組みがあります。再生プラの利用が多い製品群は、やはり初期は洗濯機や乾燥機でしたが、最近は冷蔵庫などでも、かなり増えてきました。冷蔵庫や洗濯機、掃除機などに、ポストコンシューマー系のプラスチック[※20]の再生利用を、どんどん進めています。

今は、ＰＰ（ポリプロピレン）が多いのですが、ＡＢＳ樹脂やＰＥ（ポリエチレン）についても再生利用を拡大していく予定です。ですから、今後の重要課題は、プラスチックの素材別のソート（分別）技術です。

ものづくりでの環境配慮

基本的には投入するものを極小化することと、排出をするものを極小化することで、低環境負荷を図ります。しかし、環境負荷を下げろと言っても、なかなか難しいので、製造現場のコストダウンにつながるようにするという概念でやっています。「投入するエネルギーは少ないほうがいいよね」という話です。そうすると、排出量も当然少なくなります。

※19　ヒートポンプ
熱媒体（冷媒）などを用いて、低温部から高温部へと熱を移動させる技術。一般家庭用品においても、冷凍冷蔵庫やエアコンなどに用いられている。

※20　ポストコンシューマー系のプラスチック
飲み終わったペットボトル飲料の容器など、使用済みの製品を回収して再生したプラスチック。対語は「プレコンシューマー（のプラスチック）」で、工場内などで発生する端材や不良品など消費者の手に渡る前のものから再生したプラスチック。

かつては消費電力量などを見る場合に、工場全体のエネルギーを測っていました。最近は、建屋ごと、さらには、製造装置1つずつを「見える化」しています。エネルギーを多く使う装置はどれか、どこに無駄があるのかが細かく分かります。それによって、案外、製品を加工していない時に無駄があることも分かりました。稼働していないけれど、ベースラインとしての消費電力量が結構あると。それを、どう抑えていくのかもポイントです。

東芝グループのGHG（温室効果ガス）総排出量のグラフがあります（図5）。濃いほうが目標で、薄いほうが実績です。折れ線グラフは原単位です。環境負荷については、効率を上げていくのが目標です。絶対量については、申し訳ないけれど、ビジネスを伸ばしたいので増えていくと。そして、増えていくけれど、その量をどれくらい下げるか、努力による「下げ量」を約束しているというつくりです。

省エネ施策は、まずはお金がかからないところからやろうということで、全社的に「見える化」をして、問題点に対策を打つようにしています。省エネ診断なども結構やっています。中長期的には、やはり設備更新など投資が重要になってくるので、それもやります。

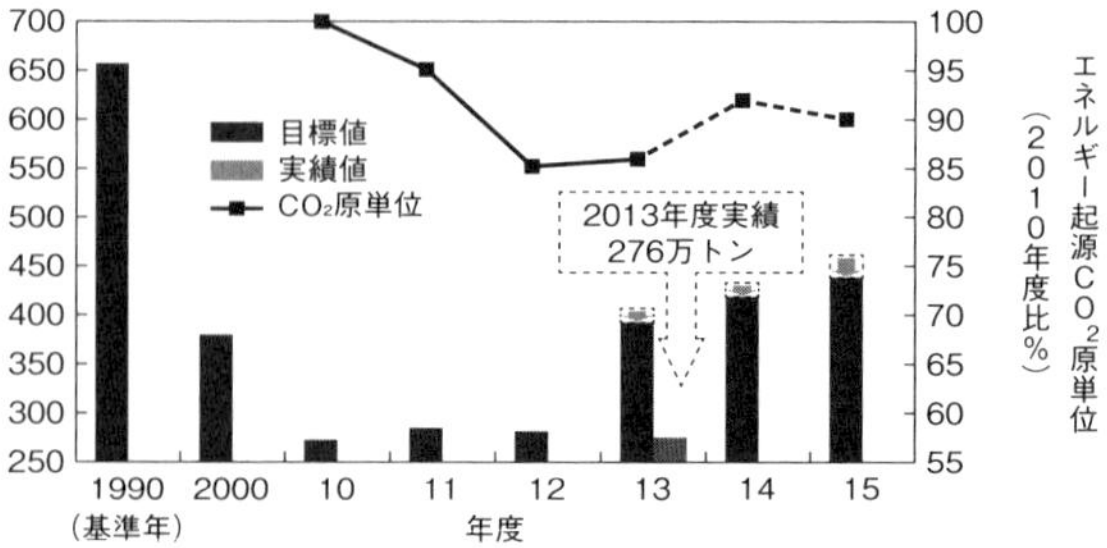

図5　GHG総排出量とエネルギー起源二酸化炭素の総排出量原単位

二酸化炭素削減費用のイメージ

2020年度までの二酸化炭素削減ポテンシャルと削減費用のイメージをつかむには、こういう表が使利です（図6）。縦軸が削減単価、横軸が削減可能量です。施策によって1トンの二酸化炭素を削減するのに必要な費用は当然違ってきます。単価の安いものからやっていくのですが、単価の安いものは削減量が少ないということなので、必要な削減量に届くまで、その対策を打つことになります。それが、この表では面積で表されています。

廃棄物の抑制は海外会社がネック

廃棄物について最も苦労しているのは、最終処分率です。これは、工場からの排出量を分母に、最終埋め立ての量を分子に置いた値で、国内の多くの企業は、0・5パーセント以下と定義しています。そして当社はこの値を、だいぶ前にもう達成しているのです。しかし問題は、M&Aで買ってきた大きな会社、米国のウェスチングハウスエレクトリック社や、スイスのランディス・ギア社です。

米国は、皆さんも旅をされると思いますが、とんでもない国です。ハンバーガーを1個買うと大量の包装を付けてくる。エネルギー多消費の典型です。そういうところで育った人たちは、どうして日本人は、そんなちまちました話をするのだと、こう言うわけです。でも、これが東芝のポリシーなのだと。グローバルで展開するのだということで、何年かして、私のほうから手紙を書きました。実際に現地にも行って指導したり、チェックしたり、監査をやったり。それを何回も繰り返すと、彼らもやはり動くようになる。米国の工場長も実際に点

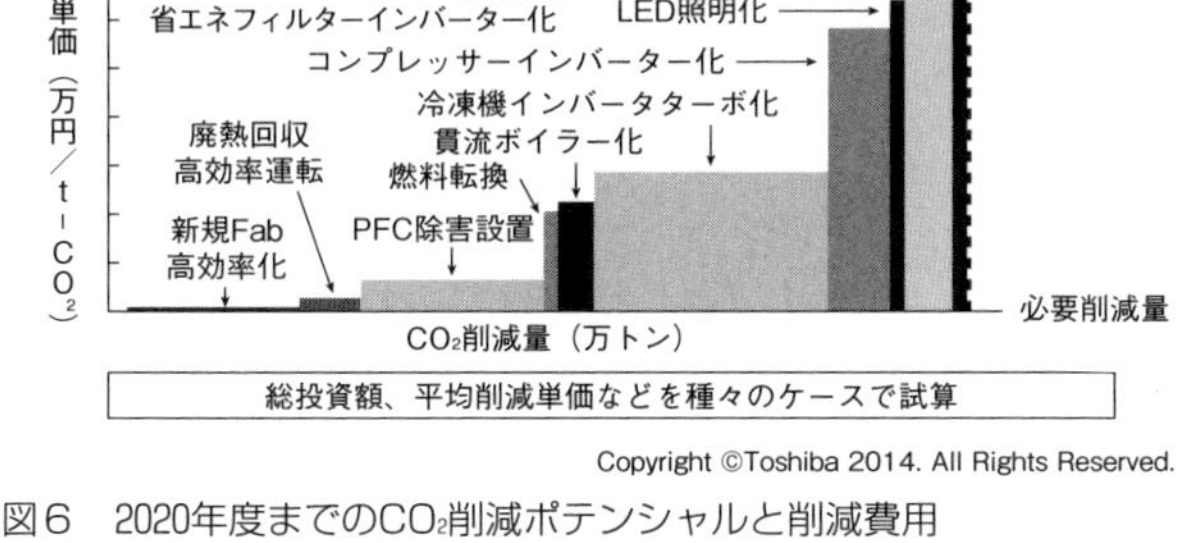

図6　2020年度までのCO_2削減ポテンシャルと削減費用

検するようになりました。

米国では、例えばトイレットペーパーでも、システムが違うのです。日本のように最後まで使わず、業者に委託して、少々残っていてもバーンと取り替えてしまう。そういうことをやると、それも廃棄物になります。そういう文化の違いの中で、日本の事例を紹介しながらやっているわけです。

化学物質も下げ量の努力を約束

化学物質も二酸化炭素と同じで、基本的には排出量の総量の下げ量を約束し、効率を改善するための指標をつくりました。化学物質の量を生産高で割り算して、それを年率数パーセントずつ改善していく計画を立てています。具体的には、ＶＯＣ（揮発性有機化合物）などを水に変えるといった工夫をしています。洗浄自体をなくせれば良いのですが、今は主に、溶剤の代替など排出率低減のための対策をいくつも打っているところです。

生物多様性の保全活動

次に、グリーン・マネジメントの具体例を紹介します。この分野の定量化は難しく、なかなか世の中に対して約束ができませんでしたが、その数値化を進めています。

例えば、グローバルの64拠点で、そのサイト（工場などの立地）にどのような動植物がいるかという調査を始めています。地域ごとのレッドデータブック[※21]と見比べながら希少種の有無を確認したり、行政の助けを借りながら地歴全般を調査したりします。

調査後は、この工場で守るべき動植物の種を決めます。例えば、工場敷地内にビオトープをつくり、そこで毎朝、鳥をカウントするなど、それぞれで指標を選定する。最終的な狙いは、放っておいたら減少す

※21　レッドデータブック
絶滅のおそれのある野生生物について記載したデータブックのこと。ＩＵＣＮ（国際自然保護連合）によるもののほか、日本の環境省や地方自治体なども独自のレッドデータブックを作成しており、それぞれ必要に応じて内容の改定・見直しが行われている。

る一方であった希少な動植物を、２０１５年から改善に持っていくことです。マイナスをプラスに転じる、その転換点に持っていけたらという施策を打ち立てたわけです。

国内では、例えば、三浦半島に咲くハマカンゾウ[※22]という黄色い美しい花を保護しています。売り物になるため盗掘の対象となり減ってしまうということで、横須賀に工場がある東芝ライテックが、工場の敷地内に28株のハマカンゾウを植えました。生物多様性条約にある「域外保全」という考え方です。工場は守衛がいるので、夜でも外の人は入れません。そこで育てたハマカンゾウが、2年ほどで約１００株まで増えたため、それを三浦半島の小網代[※23]に戻すイベントを開催しました。その場所は今、一般にも公開しています。

絶滅危惧種になったメダカの保全もしています。私たちの本社ビル35階でも、以前、飼っていました。小さな生き物の存在に心癒やされました。

実は私はあと3年ぐらいで定年なので、郷里の岡山で農業をしようと思っています。今も年に6回ぐらい帰っては草刈りをしたり、樹木を植えたりしています。5年ほど続けていたら、最近、いろいろな実がなり始めました。これが可愛いのです。植物は文句も言わないから、枯れてしまうと、自分が悪かったと反省する。部下が育たない時、こうは思えないと。この流れで人材育成の話をしましょう。

社員の1パーセントを環境リーダーに

東芝グループには、環境担当者が約３００人います。しかし、この人たちがやっているだけでは駄目で、一般の社員をどれぐらい巻き込めるかが重要です。

そこで、２０１５年までに「ｅｃｏスタイルリーダー」を約２０００人育成するという目標を立てました。東芝グループ従業員が約20万人いるので、その1パーセントぐらいは環境をやる人たちがいないと、

※22　ハマカンゾウ
ワスレグサ科の常緑多年草。関東以西の本州、四国、九州の海岸の草地や岩場など、温暖で日当たりの良い場所に生育する。花期は8～9月。

※23　小網代
三崎町小網代に位置する約70ヘクタールの自然の森。川の集水域となる森から湿地、干潟、海までが自然状態のまま一体となって残されており、首都圏では唯一ともいわれる完結した自然集水域生態系（流域生態系）が形成されている。

全体として広がらないだろうと考えたわけです。

ｅｃｏスタイルリーダーの要件は、環境資格を持っていること。一番ハードルが低いのは、ｅｃｏ検定（環境社会検定）でしょう。私は、たまたま東京商工会議所の環境社会検定委員をやっているのですが、この検定の問題は、易しすぎても難しすぎてもいけないということで、合格率70パーセントぐらいになるようにつくられているそうです。当社では、従業員なら誰でも、ｅｃｏ検定合格者には受験料の５２５０円を支給します。また、合格者のうち希望者を「ｅｃｏスタイルリーダー」に認定し、いろいろな活動に参加してもらっています。

ウェブを活用したコミュニケーション戦略

コミュニケーションの一例として、「ＴＯＳＨＩＢＡ ＢＡＴＯＮ」[※24]という従業員向けのウェブサイトを開設しました。「私の周りの緑」とか「私の周りの生き物」といったテーマに沿って利用者が写真とコメントを投稿します。すると、このサイト上を走っているランナーのキャラクターが、バトンを引き継ぎながら何キロメートルかずつ進んだことになる。そして、それにコメントが付いたり、「いいね」ボタンが押されたりするたびに、またランナーが何メートルか進むと。こうして、ランナーが地球1周の約4万キロメートルを走り切ると、環境保護団体などに寄付が行われるといったサイトです。すでに1周を終え、2周目に入っています。閲覧自由なので、ぜひ見てください。

なお、1周目完了後は、先ほどのハマカンゾウを植えた小網代で自然保全活動をしている岸由二[※25]先生の団体に寄付しました。「いるか丘陵」を提唱された方です。

グローバル環境一斉アクション

※24　ＴＯＳＨＩＢＡ ＢＡＴＯＮ
http://toshibaton.com/

※25　岸由二
元慶應義塾大学経済学部教授、現在、同大学名誉教授。ＮＰＯ法人小網代野外活動調整会議の代表理事。「いるか丘陵」保全の提唱者でもある。いるか丘陵は、多摩三浦丘陵群の愛称で、形がイルカに似ていることから命名された。

２０１４年は、世界全体の東芝グループで環境への取り組みをやっていこうということで、初の「一斉アクション」を実施しました。4月1日から5月20日にかけて、世界20カ国１４０拠点にそれぞれ協力してもらって、「何か環境にいい活動をやろう」というグローバルなキャンペーンをやったわけです。

日本は先ほどのハマカンゾウの保護、中国は植林、シンガポールは川の清掃、米国は省エネコンペ、欧州は廃電化製品の回収と、回収重量に応じたアフリカへの寄付、アフリカでは、その寄付金を使って井戸を掘るなど。期間中に一斉に、各地で各種活動を展開しました。

そのフィナーレセレモニーを、6月5日の「世界環境デー」に、川崎の東芝スマートコミュニティセンターで開催しました。世界でこういう活動をやった、という報告をつなげて、最終的にこれくらいの成果が出たと発表したわけです。田中久雄社長や、川崎市の三浦淳副市長、それから米国、中国、インド、欧州などの東芝グループの面々が集まりました。

会場になったスマートコミュニティセンターのあたりは、「ラゾーナ川崎」という商業施設になっていますが、東芝堀川町工場の跡地です。私が最初に配属された思い出深い工場です。今でこそ6時半に苦もなく出社していますが、当時は若くて起きられず、前日のうちに、できるだけ打刻が遅れるタイムカードに目星を付けておいて、翌朝そこにダッシュする、なんてことをやっていました。機差に着目したわけです。まさに匠の時代でした。

今は工場跡地が生まれ変わり、スマートコミュニティセンターの2階には、東芝未来科学館[※26]もできました。大人も楽しめます。無料ですし、エアコンも効いていますので、暑い日などにぜひどうぞ。

環境活動に対する社内外からの評価

２０１３年は、いろいろと社外からの評価をいただき感謝しています。日経環境経営度は、歴史のとこ

※26　東芝未来科学館
http://toshiba-mirai-kagakukan.jp/

ろ（P186）でお話ししたランキングですが、2年連続で1位をもらうことができました。それからカーボン・ディスクロージャー・プロジェクト（国際NGO団体CDPの「CDPジャパン500気候変動レポート」）では業界1位になっています。全国では日産・ホンダに次ぐ3位です。

CDPのレポートは参照している投資家も多いと知ってから真面目に取り組み始めて、やっと業界1位まで来ました。それからLCAフォーラム10周年の特別記念表彰や、環境レポート2013の優秀賞、グリーン物流パートナーシップ優良事業者の経済産業大臣賞も受賞しました。また、製品でも、第10回エコプロダクツ大賞の経済産業大臣賞や、平成25年度地球温暖化防止活動の環境大臣表彰、省エネ大賞の会長賞、3R推進功労者表彰の会長賞などをいただくことができました。

「スコープ3」は継続的改善が課題

新しい潮流ということで、いくつかご紹介します。

まず、スコープ3[※27]についてです。GHG（温室効果ガス）の直接排出が「スコープ1」、電気を使うことによる排出が「スコープ2」、それ以外の上流・下流を含めた排出が「スコープ3」ということですが、私は、スコープ3の精度については懐疑的です。精度が高くないものに対して、「これくらい下げます」とまでは言えない。だから、まだ、使うのは難しいと思っています。

正確性を上げようと思えば、サプライチェーンの上流から順番に、いろいろ聞いてくるのでしょう。でも聞かれるほうも、答えなくてはいけないので、結構大変だと思います。

一方、網羅性を上げようとすると、全部は聞けないので推計を入れてやることになる。だから、基本的には、正確性つまり算定精度の担保と、網羅性つまりカバー率の確保。この両方の組み合わせが重要なのでしょう。

※27　スコープ3
第5講※11を参照。

※28　ＥＵ２０２０
欧州委員会（ＥＣ）が２０１０年に掲げた中期的な環境目標。２０２０年までに、次の３つの項目で「20パーセント」を目指す。
1．温室効果ガスを１９９０年比20パーセント削減する
2．再生可能エネルギーの割合を20パーセントにする
3．エネルギー需要そのものを20パーセント削減する
※29　ＧＨＧプロトコル
温室効果ガス（Greenhouse Gas）排出量の算定と報告の基準。

既存の算定方法などで網羅性を大きくカバーしたあと、個々のサプライヤーについては、やはり一つ一つ聞いていって、全体の修正を試みると。なかなか難しいですが、そのようなやり方で精度を上げていくのが、今後の流れだと思います。

環境フットプリントに力を入れたい

次に、欧州環境フットプリント制度についてです。ＥＵ２０２０[※28]というエネルギー戦略があって、環境フットプリントの指標を、二酸化炭素を含め、計14領域で挙げています。われわれは今、欧州にも社員を派遣していて、現地と国内の両サイドでなんとかうまく使えないかと模索しているところです。

ＧＨＧプロトコル[※29]と欧州環境フットプリントの比較については図を見てください（図７）。実施主体や評価対象、策定ルールなど、どこにどういう違いがあるのかを示しています。

東芝には、ＬＣＡのデータベースがあります。具体的には、今まで環境経営の情報システムとして積み上げてきた各種環境負荷のデータや、製品のＬＣＡとして積み上げてきた個別の使用データなどを持っています。これらをうまく活用していくため、環境フットプリントの試用を始めています。これは、今後、相当に力を入れてやっていきたいと思っている分野です。

	GHGプロトコル	環境フットプリント
実施主体	WBCSD・WRI(技術顧問：TSC)	欧州委員会（技術顧問：JRC）
評価対象	製品／組織	製品／組織
策定ルール	PCR／スコープ3基準	PEFCR／OEFSR（Product/Organization Env. Footprint Category/Sector Rule）
策定単位	製品毎／共通ルール	製品毎／セクター毎
意図する用途	製品：顧客への環境情報提供 組織：投資家への格付けランク	製品：顧客への環境情報提供（製品比較） 組織：企業の環境報告書（企業間比較）
算定対象	GHGのみ	14の影響領域から有意な領域を複数選定
データ品質	不問（使用理由を明記）	70%以上が5段階中3以上のデータを使用
コミュニケーション	製品：ウォルマートが指標活用中（Sustainability Index） 組織：CDPレポート	製品：各国法で環境ラベル導入の可能性（ErP指令、ラベリング指令などに組込） 組織：各国で公共調達基準の可能性

図7　GHGプロトコル（SCOPE3基準）と欧州環境フットプリントの比較

独自の羅針盤で環境経営の深化と拡大

最後にご紹介するのが、最新のツールである「T－COMPASS」です。これは、東芝グループの環境羅針盤です。環境負荷をどういう切り口で料理して、対策をどう見ていくかというところを、このコンパスを使って、やっていきたいと思っています。

Tは東芝の頭文字ですから、東芝のコンパスという意味です。北のNをナチュラル・リソース（天然資源）、東のEをエネルギー、西のWをウォーター（水資源）、南のSをサブスタンス（化学物質）に見立てて、それぞれの環境影響を見ていこうというものです。

ライフサイクル管理の強化という視点を持ちたい。それから、グローバルで環境対応していきたい。そうなると、地域ごとに異なる興味関心に応じて、水あるいは天然資源などの対応策を取ることが、次の展開のポイントだろうと感じています。

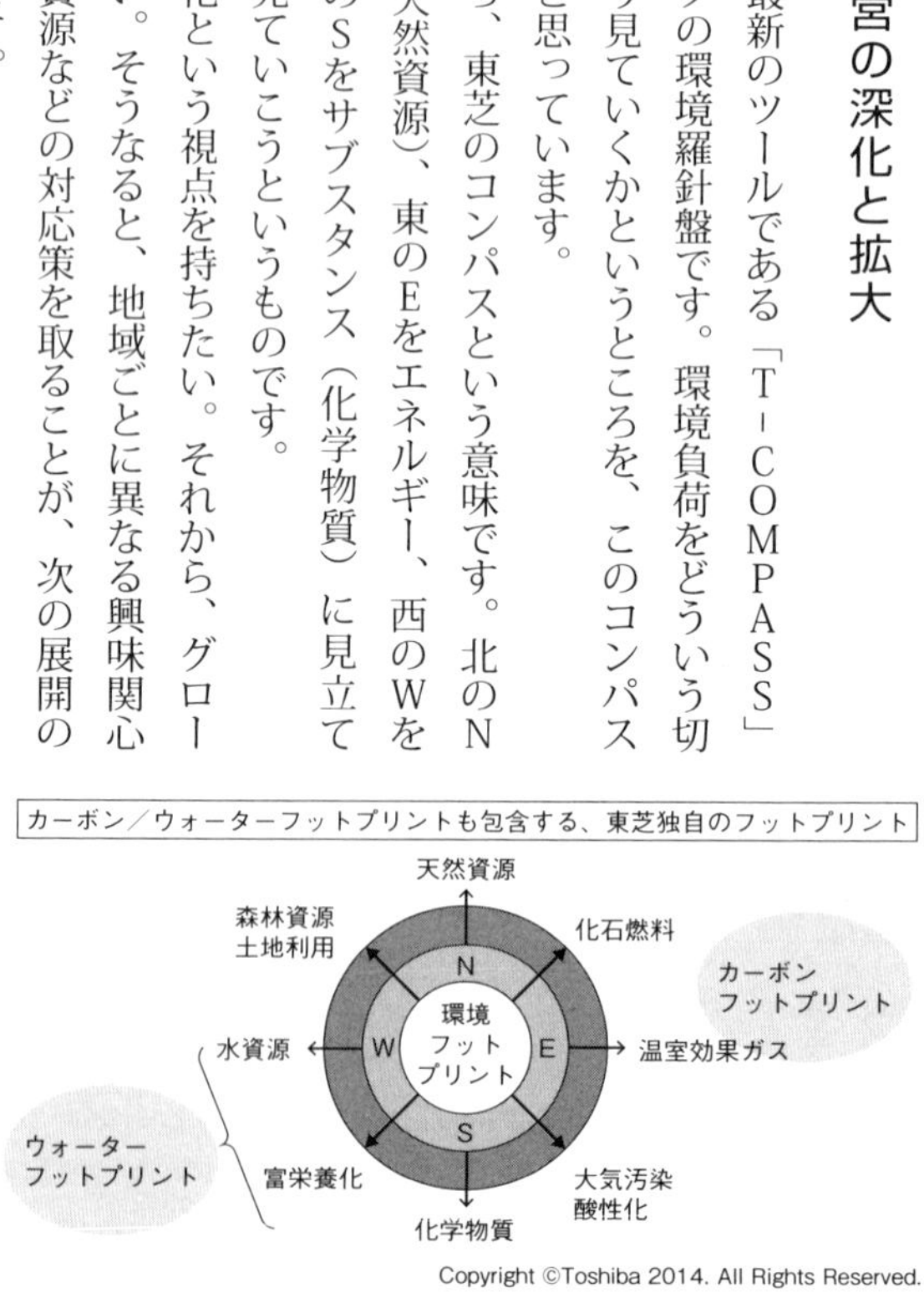

図8　T-COMPASSによる環境フットプリントの見える化

このコンパスの目的の一つは、環境経営の深化です。今までは二酸化炭素なら二酸化炭素というところにフォーカスし過ぎていた面もあるので、もう少し広い視野で物事を見て、それぞれを深掘りしていきたい。それから、もう一つの目的は、環境経営の広がりです。対象範囲の広がりとともに、環境に取り組む人たちの広がりを求めていきたい。このコンパスで、社員全員が参加できる枠組みを提供できればと思っています。

方位磁石ですので、北と東の間には北東があるように、N・E・S・Wだけではなく中間域のものにつ

※30　BEMS
Building Energy Management Systemの略。ベムス。ビルのエネルギー管理システムのこと。

いても、いろいろやっていけるということです（図8）。水資源と富栄養化などはウォーターフットプリントという概念につながりますし、E（エネルギー）のGHGだけを取り上げれば、カーボンフットプリントという概念にも持っていけます。このコンパス一つで、総合化が可能です。いろいろなニーズを捕まえるとともに、既存のニーズに対しても対応できるというわけです。

コンパス活用の具体例

T-COMPASSによる環境訴求ということで、チェックリストをつくりました。N・E・W・S、つまり天然資源、エネルギー、水資源、化学物質を各行に、各列には、サプライチェーンの調達、使用、廃棄・リサイクルの3つを置いた表を描き、それぞれの製品のコンセプトが、どこに関係があるのかを示しています。

具体例を、いくつか挙げます。まず、先ほどの東芝スマートコミュニティセンターで進めている「スマートBEMS」※30です。センターの建物は、川崎駅前にある変わった形のビルです。この中には、空調の省エネ制御システムや、ネットワークを組んで人が多く待っている所を中心に移動させるエレベーター。それから、画像センサと組み合わせて、スキャンして人がいないところの照

チェックリスト

	調達・製造	使用	廃棄・リサイクル
Natural resource			
Energy			
Water			
Substance			

資源量の削減　小型、軽量化
（2007年度自社同クラス（80列）比で体積34%、重量28%削減）

架台内ユニット最適設計
最新構造設計技術を導入し、患者さんの検査環境、機械強度・剛性は維持しつつ、小型・軽量化を実現。電源ユニットも小型化、排出熱も抑制。電気設備工事、空調設備工事も削減。

架台内レイアウト最適化
搬入性・メンテナンス性（サービス性）も配慮、架台内ユニット構造、レイアウトを最適化。附帯工事、撮影室改装工事を最小限に留めるなど見過ごしがちだった排出ごみ削減。

図9　T-COMPASSによる環境訴求：X線CT

明を切っていくシステムなどがあり、ビル全体の動力費削減に寄与しています。まずは東芝の中で実験をしながら、いろいろなノウハウを蓄積して、お客さまに価値提供をしていく。ここは、そのベースになっているわけです。

次の例は「X線CT」です（図9）。架台の最適設計などの工夫で、小型軽量化を実現しました。従来品は、病院などに搬入する時に、壁を少しぶち抜いて窓側から入れなくてはいけないこともありました。架台内のレイアウトの最適化を図り、病院のエレベーターを使えるような設計に変え、搬入時も含めた全体の環境負荷低減に取り組んだ例です。

次に「ランドリー」。ランドリーなので、水（W）がかなり支配的です。洗濯槽の外側に親水性のガラスコーティングなどを施し、汚れが付きにくい「マジックドラム」を開発しました。槽洗浄運転の頻度を減らし、ひいては水や電気の使用量削減に貢献しています。

それから「四日市工場」。これは、三重県の四日市にある私どもの半導体の主力工場です。NAND型フラッシュメモリをつくっている所なので、製造段階の環境負荷がとても高い。二酸化炭素を年間50万トンぐらい出しています。

では、50万トンがどれくらいかというと、今、世界の二酸化炭素排出量が約300億トンです。日本は年間13億トン。東京都は6000万トン、神奈川県は工場が多いので東京より出ていて7000万トン。東芝グループが、グループグローバルで300万トンぐらい。そして、四日市工場が50万トンです。普通の組み立て系の工場だと1万トンとか、大きな所でも5万トンぐらいなので、これはかなり大きい。

二酸化炭素以外にも、化学物質なども使われているので、これを削減していくことが環境への負荷軽減、さらにはコストの低減につながっていきます。それで日々、いろいろなプロセス改善をやっているところです。

廃棄の段階では、資源の有効活用という観点で、リユースとリサイクルも推進しています。半導体プロセスというのは、フッ素をよく使います。これを処理するためにカルシウムで凝集沈殿[※31]を起こすと、フッ化カルシウム、別名「蛍石」[※32]ができます。この純度をかなり上げて、原料として販売する取り組みがあります。単に捨てるのではなく、有価にして売ろうということで、進めています。

さらに次の10年に向けて

東芝グループは、１９９３年にＬＣＡを導入しました。その10年後の２００３年には、環境効率「ファクターＴ」という概念を打ち立て、さらに10年経った２０１３年に、この「Ｔ－ＣＯＭＰＡＳＳ」を開発しました。

10年ごとに環境経営のイノベーションを起こしているつもりです。こういった取り組みによって、「エコ・リーディングカンパニー」という地位を確立していきたいのです。

東芝グループ全体で環境経営について発表する「環境展」[※33]は、２０１４年で第23回を数えました。約60テーマを展示します。２０１４年は、「どのように環境経営に落とし込めたか」を、初めて事業主体ごとに展示します。カンパニー単位で競い合うので、そのあたりが見どころです。「環境展」は今後も毎年開催予定です。ぜひいらしてください。

※31　凝集沈殿
凝集材を用いて水中の粒子を集め、大きな固まりにして沈殿させること。

※32　蛍石
ほたるいし・けいせき。古くから製鉄などにおいて原料を融解しやすくするための添加剤として利用されてきたほか、現在では望遠鏡やカメラのレンズの高性能化のための特殊材料としても用いられている。

※33　東芝グループ環境展
2014年は8月の平日2日間の日中に、浜松町の東芝本社ビル（東京・港区）で実施された。2015年以降の詳細は決まり次第ホームページ等に掲載予定。

Q 持続可能な消費は、物質面だけではなく、精神面でのバランス感覚に頼らざるを得ないように感じる。パラダイムシフトのためには幼児期からの学習も重要だろう。精神面への取り組み事例は?

A 前提として、持続可能な方向に転換しているのかという議論がある。21世紀環境立国戦略では、低炭素社会、循環型社会、自然共生社会の3つが相まって、やっとサステナブルな社会があるという話だ。

しかし、低炭素については、いまだにCO_2排出量は増え続け、半減が必要と言いながらピークアウトしていないので、なかなか難しいと思う。循環についても、リサイクル法などができて進んではいるが、本当に十分なのだろうか。自然との共生も、かなり危ない。東芝グループで特定の動植物種を保護してみても、悪い方向にいかないようにしているだけで、良い方向に転換するところまでは行っていない。つまり3つとも難しいので、社会は持続可能な方向に転換していないのではないか。

事例ではないが、私は環境省のＥＳＤ[※34]に関する委員会に出ている。隣の席が、さかなクン。ちょうど昨日が最終回だった。その中で、発達段階に応じた教育学習の工夫という議論があった。サステナブルのコンセプトを植え込むには、就学前の幼児期に自然体験の機会を増やすのが重要。知識・能力・態度の根幹は、そこで築かれるということを話し合った。精神論かどうか分からないが、「三つ子の魂百まで」というのは、あるのではないか。

※34　ＥＳＤは持続可能な発展のための教育（Education for Sustainable Development）の略。詳しくは第13講参照。

（司会の中原）

私の専門分野なのでコメントを。実平先生のお話によく出てきた「環境効率」は、Eco-efficiencyであり、もう一方の精神的な満足（Eco-sufficiency）と自転車の両輪だ。食べ物を大勢で分けると1人分は少なくなるけれど、シェアすることで楽しさは倍増する。持続可能な生産と消費のためには、親や社会などが加勢して、「少ない資源で満足できる」新しい価値観を育んでいく必要があるだろう。まさに教育が重要だ。環境経営の中にも今後、学校教育や社会教育、コミュニティ教育といった多様なステークホルダーとの関係を含めた戦略が出てくるのではないか。

Q 一般的に企業が環境に取り組むと「利益に結びつくのか」という議論が出てくる。環境性能が良ければ高くても売れるのか? そのあたりについて、社内外で、どのように評価されているのか?

A 最近、エクセレントECPと、エクセレントECPではない群とを比べる試みを始めた。利益率とシェアを定期的に観測すると、やはりエクセレントECPのほうが良い傾向にある。今後もＢ to Ｂ（第7講※9を参照）を含め、全ての製品について計測を継続していく。

なお、Ｂ to Ｃ（第7講※10を参照）の家電に関する昔の調査では、製品によって差があった。環境に配慮した冷蔵庫やエアコンは（省エネの結果が）お金で返ってくるので、かなり意識している人が多かったが、パソコンやテレビやデッキ類は、ほとんど考えていない層が多かったのを記憶している。

Q ＬＣＡの研究者として東芝の取り組みには非常に注目している。ＬＣＡのデータベースも自主的に求めていて、新しい概念を提唱して、ほぼ全製品を評価しているのは素晴らしいと思う。ただ、Ｔ－ＣＯＭＰＡＳＳでの新しい医療機器の評価に、例えばＣＴスキャンで御社が実現した「放射線量の削減」が反映されていない。画像処理の工夫で少ない照射線量できれいに映せるようにしたのは大変すばらしいので、アピールされては？

Ａ 確かに。メインの環境性能なので、これは早急に対応していく。

Ｑ 環境配慮を行いながら、売上を急激に伸ばしたり、特に環境イノベーションにつながったりした製品例はあるか？

Ａ 一例として、消えるインクと組み合わせて紙の使用量を削減したエコＭＦＰ（プリンタ複合機）がある。中学の理科の教科書にも載っているぐらい古い、もう10年ほど前の製品だが、売れていなかった。これが、ようやく品質もイメージもアップして、売上につながってきた。[※35]

※35　ペーパーリユースシステムＬｏｏｐｓ（ループス）。第３講Ｐ93参照。

（東芝の製品担当者）

エレベーターは、ほぼ全機種が、他社比較で省エネ1番。マシンルームをなくして省資源、さらにオイルを使わない設計で化学物質削減も実現した。温暖化防止・資源有効活用・化学物質管理の三拍子がそろっている。シェアは計測中だが、売上につながることを期待している。環境性能で商品企画ができた好事例だと思う。

（司会の中原）

四日市工場のフッ化カルシウムの95パーセント以上を再資源化して、純度の高い資源として売り出すのは、資源調達コストを減らして企業利益にもつながる好事例ではないかと思う。

消費者を含む物流のデザインを考えよう

第7講　見逃してはいないか物流の持続可能性

増井忠幸（東京都市大学環境学部 名誉教授）

増井忠幸（ますい・ただゆき）/1945年生まれ、和歌山県出身。東京都市大学環境学部名誉教授、専門は環境ロジスティクス。早稲田大学大学院理工学研究科（博士）、武蔵工業大学（現・東京都市大学）工学部経営工学科教授を経て、1997年に同環境情報学部教授、2006年に同学部長に就任。2013年から現職。日本経営工学会、日本ロジスティクスシステム学会などで理事や評議員を、国土交通省・経済産業省の「新しい総合物流施策大綱の策定に向けた有識者検討委員会」「モーダルシフト等推進官民協議会」など多数の委員会で委員や座長を務める。共著書に『アジアの経済発展と環境問題ー社会科学からの展望』（明石書店、2009）、『ロジスティクスのOR』（槇書店、1998）、『生産管理の事典』（朝倉書店、1999）など。

温暖化すると収益の2パーセントが飛ぶ

最近、新聞紙上でも海面上昇やゲリラ豪雨が話題になっていますが、これらは地球温暖化の影響ではないかと言われています。

企業における環境問題の扱いは、リーマン・ショック以来、少し下火になった感がありますが、最近また盛んになってきました。温暖化すると収益の2パーセントぐらいが飛んでしまうと、IPCCが報告しています。温暖化対策は金がかかると言われますが、今、手を打っておかないと、将来大きなコストが掛かるということです。企業にとっても、これは生命線を決する内容になってきたわけです。

ものが届くまでにかかる環境負荷

皆さんが使っているいろいろなものは、材料調達から始まり、製造、保管、そして販売という経路をたどります。この間には、必ず輸送というステップが入ります。ものが移動するということです。ここまでが一般にサプライチェーンと言われます。一方、使用後の製品を回収し、分解し、再利用し、さらには廃棄するという処理のための輸送は、リバースチェーンなどと呼ばれます。いわゆる供給する側の動脈物流と、回収する側の静脈物流があるわけです[※1]。この両方を一連の流れとして全体を捉えていく必要がある。こういう時代に入ったと思います。

物流に対する要求の高まり

最近、物流は非常に身近になりました。ものが当日配送されることも、今や当たり前です。宅配便等の普及で、リードタイム[※2]が非常に短くなりました。特に日本人はすぐに欲しがる傾向がありますので、これ

※1　動脈物流と静脈物流
「動脈物流」は、製品の原材料調達や製品の消費者への提供などの、消費のための物流のこと。一方、「静脈物流」は、廃棄物の処理やリサイクルに関わる物流のこと。「回収物流」とも呼ばれる。詳細は後述（P234）。

※2　リードタイム
発注から納品までに必要な時間のこと。

※3 地産地消
地域生産・地域消費の略。地域で生産された生産物や資源を、同じその地域で消費すること。
※4 定温物流
商品の品質維持のために、一定の適切な温度を維持したままで行われる輸送の仕組み。温度維持のためのさまざまな機器や設備、施設、ノウハウ等が必要とされる。
※5 廃棄も増えている。詳細は後述（P235）。

に拍車がかかっています。

一時は「地産地消[※3]」が叫ばれたのですが、最近は、逆に「産地直送」が増えています。原産地から宅配便で送られてくるので、ますます物流が激しくなってきました。それも、定温物流[※4]です。特に食品は一定の温度で運ばなければいけない。この分野は日本が非常に進んでいます。

このように、いろいろな宅配便が増えたと同時に、コンビニも普及しました。24時間オープンで、いつでも欠品しないように、過剰にものが置かれている。しかも賞味期限が近づくと、返品が頻繁に起こる。返品を前提にして、ものを並べるという、極端な状態になっている。顧客の要望に応えて品揃えと鮮度を保とうとする結果、廃棄も増えているわけです[※5]。

さらに、ネット通販がどんどん広まり、宅配便と相まって、ネット購入と宅配による配送が当たり前になってきたのです。このサービスは、重いものを運べない、あまり遠くへ出ていけない高齢者層をつかんでいるとも言われています。さらに、女性の社会進出の影響もあります。昼間に買い物に行けないから、注文しておいて、夜に届けてほしいと。こういうような「買い物弱者」と呼ばれる人が増えているため、配送が要求される頻度が、非常に高くなってきたということです。

日本の物流が世界に影響を与える

グローバル化に伴い、この日本の得意とする宅配便のシステムが、世界中に広まっていこうとしています。

例えば、ファミリーマートもアジアで展開し、コンビニのシステム自体が世界に広まりつつあります。環境を悪くしないよう、よほど考えた上で、上手な流通システムをつくってからシステムを輸出しないといけないと思います。

シンガポールとマレーシアの国境を越えてヤマト運輸（以下、ヤマト）が翌日配送するというサービスも始まっています。日本の宅配技術は、これから世界にどんどん進出していくでしょうから、われわれには責任があります。日本の物流は、他国と比較してコストが高いと言われていますが、サービスがいいということで海外にも広まっている。コストも環境負荷も十分に下げた上で、進出していくことが必要ではないでしょうか。

13億人の人口を擁する中国にも進出しています。あの広大な土地で宅配するとなると、大変なことになるでしょう。アジア全域を捉えて、宅配のネット網を考えなくてはならない時代が来ているということです。

返品物流の登場

国内の年間宅配個数は、この約20年間で急増しています（図1）。郵政民営化の影響で、途中で郵便物の集計方法が変わりましたが、いずれにしても急激に伸びています。通販市場の売上高も同様です。

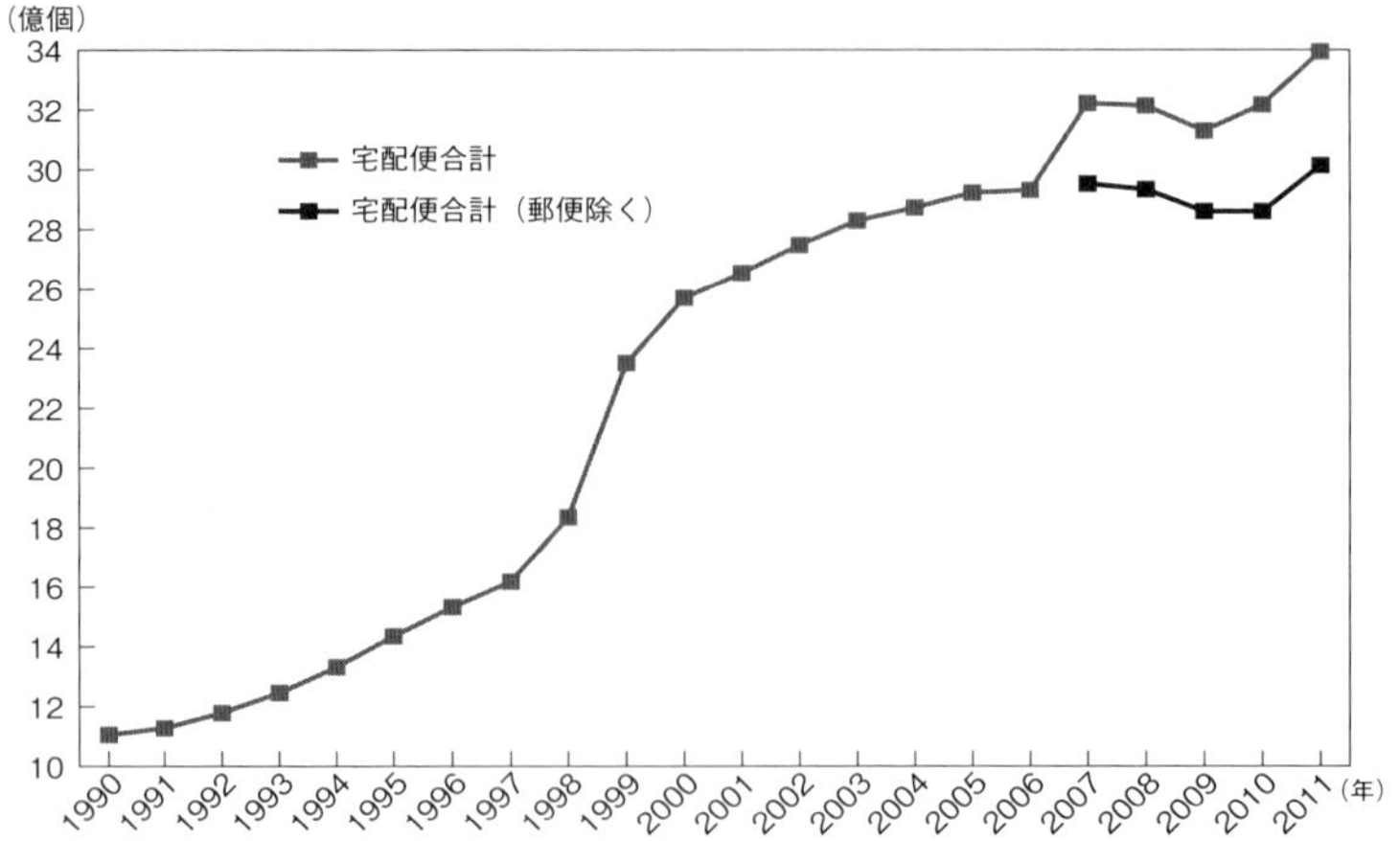

出典：国土交通省平成23年度宅配便等取扱実績関係資料
（2007年度から郵便事業の取扱個数も計上）

図1　宅配便取扱個数の推移（新しい物流施策大綱作成に向けた有識者検討委員会資料より）

※6　トレーサビリティ
追跡可能性。商品の生産段階から最終消費段階や廃棄段階までの追跡が可能なこと。

この傾向は、今後ますます強くなるだろうと思われます。

さらに物流にとって厄介なのは、試着サービスの増加です。靴や洋服をいくつか選んで家に送ってもらい、試着してみて必要なものだけ買い、あとは全部送り返す。要するに、返品を前提としたネット販売が当たり前になってきているのです。私どもは1回箱を開けたら、返すのは失礼だという環境で育ちましたが、今や、一度着てみて、気に入らなかったら遠慮なく返すことにも抵抗がなくなってきている。新しい静脈物流の発生です。

社会生活基盤としての物流

以上のように、物流に対する要求は、かなり変化してきました。生活水準が上がって、ライフスタイルが変わり、多様化してきたからでしょう。昔は皆と同じものを持っていれば安心だったけれど、違うものが欲しくなってきました。

しかもＩＴが進展して電子市場やインターネット注文販売が増加し、さらに少子高齢化が進んで買い物弱者が増えてきています。

安心・安全面からも、トレーサビリティ[※6]と言われる品物の情報、例えば、どんなエサを食べた牛の肉なのかまで記録して消費者まで届けてほしいという要求も出てきています。

もう一つはグローバル化。製品の材料は、多くが世界中から集まってきています。食品でさえ60パーセントは輸入に頼っています。グローバルにものと情報をリアルタイムで把握しながらマネジメントしなければならない時代になったわけです。

これらを担うのが、「物流」という過程です。

非効率な小ロット化

最近は、運ばれる単位がどんどん小さくなっています。本を頼んでも、1冊ずつ送られてくる。小さなUSBチップを頼んでも、大きな箱に入ってきたりする。あまり小さくすると紛れ込んでしまうし、ある程度大きくしないと運べないという事情は分かりますが……。しかもドア・トゥ・ドアで、手元まで届けるため、小ロットで多頻度の物流が、当たり前になっています。

さらに、スピードや時間指定の問題もあります。企業でも時間指定が当然のようになっていますが、よく考えてみると、そこまでの指定が必要でない場合も多い。このあたりは見直す価値が十分にありそうです。

また、輸送距離が短縮化しています。最近では、「ラスト・ワンマイル」[※7]が問題だという言い方をします。長距離を大量に運んでくるまではいいけれど、そこから先、個別に運ぶのに相当な手間がかかる。環境負荷も大きいわけです。

温度管理や定時性、確実性といった物流品質への要求は、ますます高くなっています。日本は品質管理がずいぶん進んでいるので、この点では世界で勝負できるでしょう。ただ、こういうことをやろうとすると、どうしてもコストがかかる。それとともに環境負荷も増えていくので、これをどうマネジメントしていくかが、大きな問題になります。

ということで、物流と言えば、もともとは企業間の物流（ビジネスロジスティクス）を指していたのですが、最近では社会生活の基盤という色合いが非常に強まってきました。

震災直後は鉄道が大活躍

※7 ラスト・ワンマイル
幹線経路からエンドユーザーまでの最後の1マイル（約1.6キロメートル）のこと。特に物流業界や通信業界で問題とされている。

物流が社会基盤であることに特に気付かされたのが、3・11の大震災です。これは不幸な出来事でしたが、物流に非常に注目が集まった出来事と言ってもいいかと思います。複数の流通経路が寸断されたために、ものが届かなくなってしまった。救援物資があっても届けられない。「ものがあるということと、使えるということは違う」と認識されたのは、大きなインパクトでした。薬も水もない、人も足りない。助けに行こうにも、交通網が寸断されて行けないという状況でした。「物流」というものは、電気、ガス、水道と同じように、ライフラインであることが認識されたのではないかと思います。

企業にとっても、これは非常に大きな問題でした。電気が来ないのと同時に、ガソリンや石油なども運んでこられなくなりエネルギーが不足し、産業が止まりました。

このときに活躍したのが、鉄道でした。京浜港の備蓄基地から、わざわざ新潟を回り、秋田や青森を経由して、盛岡へ運びました。郡山にも新潟経由で運びました。盛岡には、タンクローリー70台分を1日で運びました。これによって、何とか燃料を届けられ、3日程度で、現地でエネルギーが使えるようになったわけです。

実は、日本は鉄道による輸送が異常に少ないのです。ほとんどがトラックです。しかし、ひとたび震災が起きてトラック網が遮断されると、鉄道が活躍し、その重要性が際立ちました。これを私は「冗長性」と言っていますが、トラックで運べて、鉄道でも運べて、さらには船でも運べるという状況をつくっておかないと、有事の際に大変なことになります。

物流は企業の重要な活動基盤

震災後は、部品やエネルギーが届かず工場が止まり、企業にとって物流がいかに大事かということが強く認識されました。それと同時に、一般の人の間でも、「サプライチェーン」という言葉が急にポピュラーになりました。物流というと、どうしても消費者へ配る供給過程が気になるのですが、これからは、材料や部品の供給、いわゆる調達物流が重要になるだろうと言われています。産業がグローバル化すると、さらにこの重要性が増すでしょう。

在庫をできるだけ少なくしたいけれど、かといって届かないとすぐに生産が止まってしまう。有名なJIT生産[※8]を行っているトヨタも、震災時には台湾や韓国や中国と連携して、部品調達に随分力を入れました。電子部品メーカーが1社つぶれたら世界中の工場が止まったという話があるくらいですから、やはり、サプライチェーンは、「冗長性」を考えておかないと危ないのです。

地震で工場が止まってしまう原因は、「工場の損傷」、「エネルギーや電気の停止」、そして「物流停滞」だと言われています。生産体制の復元には、この3つの回復が必要であるというのです。物流が、いかに大切かが分かります。

企業内の運搬や企業間の物流・輸送のコストを削減し効率的に行うには、大ロットでまとめて運ぶのが良いことは明らかです。これは昔から当たり前のように言われ、B to B[※9]の物流においては、常に効率化やコストダウンに努めてきました。最近は、物流の世界では、企業から消費者へ（B to C[※10]）、あるいは、お互いに荷物を送り合う消費者同士（C to C[※11]）の話題が増えています。消費者相手になると、どうしても時間指定や小口配送になり、状況がどんどん変わってきます。ここでも効率とコストは問題ですが、それに加えて、環境やサービスも意識されるようになったのです。「物的流通」と言われたものから、「サプライチェーン」という認識に変わってきました。環境問題についても、そういう視点で考える必要があると思います。

日本の物流の現状

※8　JIT生産
ジャスト・イン・タイム（Just in Time）生産システムのこと。トヨタが「無駄を徹底的に排除する」ため、約3万点もの部品について、複数のサプライヤーと調整を重ねて開発した仕組み。「必要なものを、必要なときに、必要なだけ」調達できるようにした。

※9　B to B
Business to Business

※10　B to C
Business to Consumer

※11　C to C
Consumer to Consumer

物流量を測る時には、重量と距離の2つを掛け合わせて、1トン1キロメートル運ぶことを表す「トンキロ」という尺度をよく用います。まず、重量のみ、いわゆるトンベースの国内貨物輸送量の推移（図

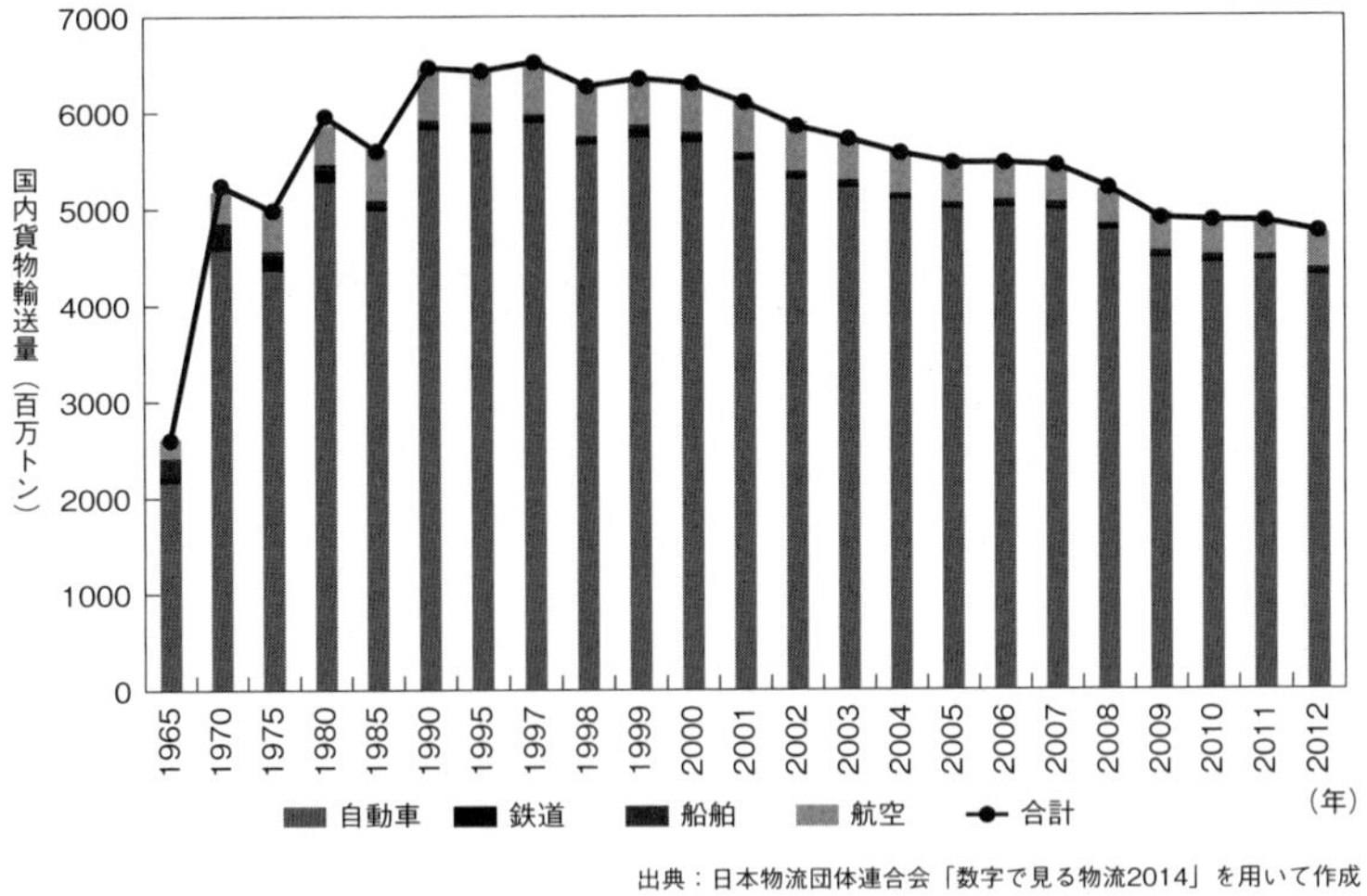

出典：日本物流団体連合会「数字で見る物流2014」を用いて作成

図2　国内貨物輸送量の推移（トンベース）

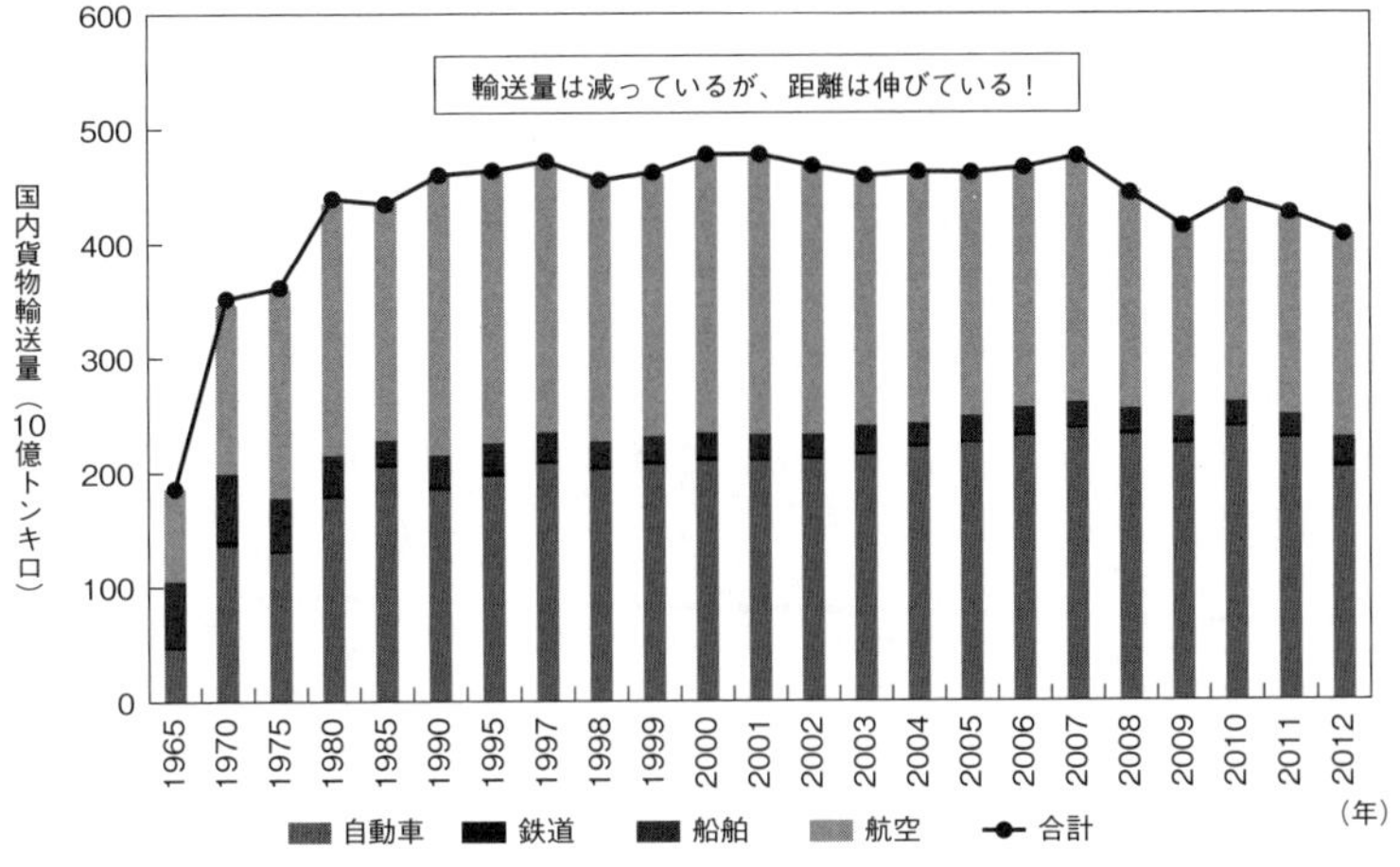

出典：日本物流団体連合会「数字で見る物流2014」を用いて作成

図3　国内貨物輸送量の推移（トンキロベース）

２）を見ると、物流量は徐々に下がってきている。昔は鉄など重いものが主体だったのが、最近では小さい電子部品などが多くなったという影響かもしれません。ところがトンキロベース（図３）で見ると、ほとんど横ばいです。つまり、物流量は減りながら輸送距離が伸びているという状況なのです。

しかし私は、物流業界は誇っていいと思います。一般には、ＧＤＰが上がるとエネルギーも上がり、二酸化炭素排出量も増えると言われています。確かにそうなのですが、日本の場合、ＧＤＰ当たりで見ても、頑張って下げている。２０１０年度には１億円の財を産出するのに排出した二酸化炭素は２・３３トンで、１９９０年度と比べて７・３パーセントも減少しています。物流はこれに大きく貢献していると思います。

日本は鉄道輸送が少ない

１９５５年頃は、鉄道が輸送の約半分を占めていました。ところが最近では、４パーセントしかありません。一方で、トラックが急激に伸びています（図４）。また、日本は島国でありながら、海運も３割ぐらいで横ばいです。問題は、トラックが非常に伸び

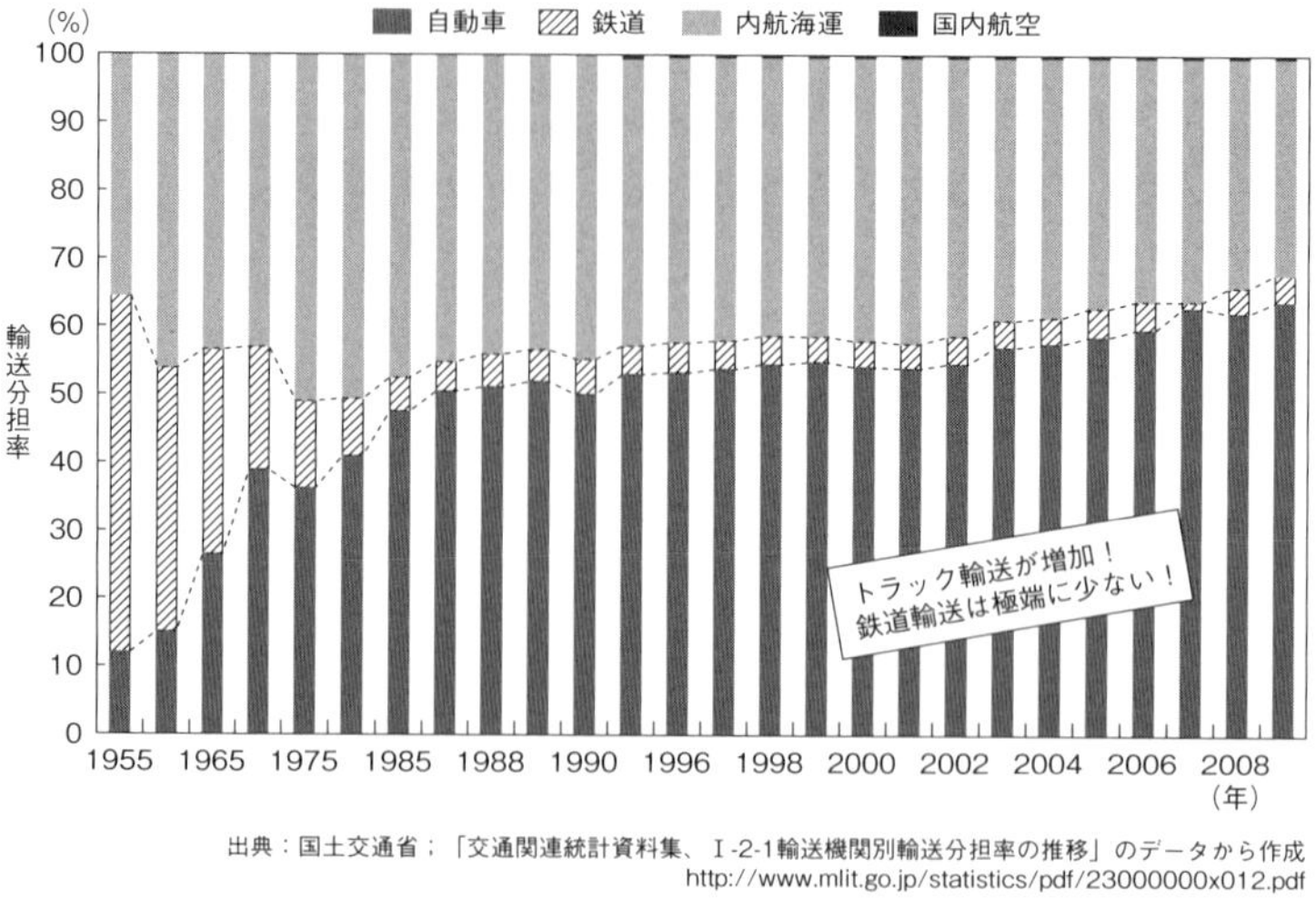

出典：国土交通省；「交通関連統計資料集、Ｉ-2-1輸送機関別輸送分担率の推移」のデータから作成
http://www.mlit.go.jp/statistics/pdf/23000000x012.pdf

図４　各輸送手段の輸送分担率の推移（トンキロベース）

ているということです。

輸送機関別の輸送量の統計によると、最近は、いわゆる物流事業者の営業トラックが少しずつ増加しています。一方、各メーカーや販売業者の自家用トラックが、少しずつ減少している。いわゆる「自営転換」です。自家用車から営業用トラックへの転換が進み、鉄道はほとんど変わっていないという状況です。

距離的にも、１００キロメートル未満は自動車の分担率が高いのは当然ですが、注目すべきは、１０００キロメートル以上になってもまだ2割もトラックが担っているということです。さすがにこのくらいの距離になると、鉄道や海運が増えますが、長距離もトラックがかなりの部分を担っており、これがドライバーの労働環境を非常に悪くしている原因でもあるわけです。

２００５年の日米比較（図５）を見ると、日本はトラックが約6割。それに対して、米国は鉄道が約4割です。日本は、鉄道が異常に少ない。トラックがこんなに多いのは、日本とオランダぐらいです。米国に特徴的なのはパイプラインで、これは日本には、ほとんどありません。

落ち込む積載効率

このように日本のモーダル（輸送手段）は非常に偏っています。さらにトラックは積載率が悪くなっています。

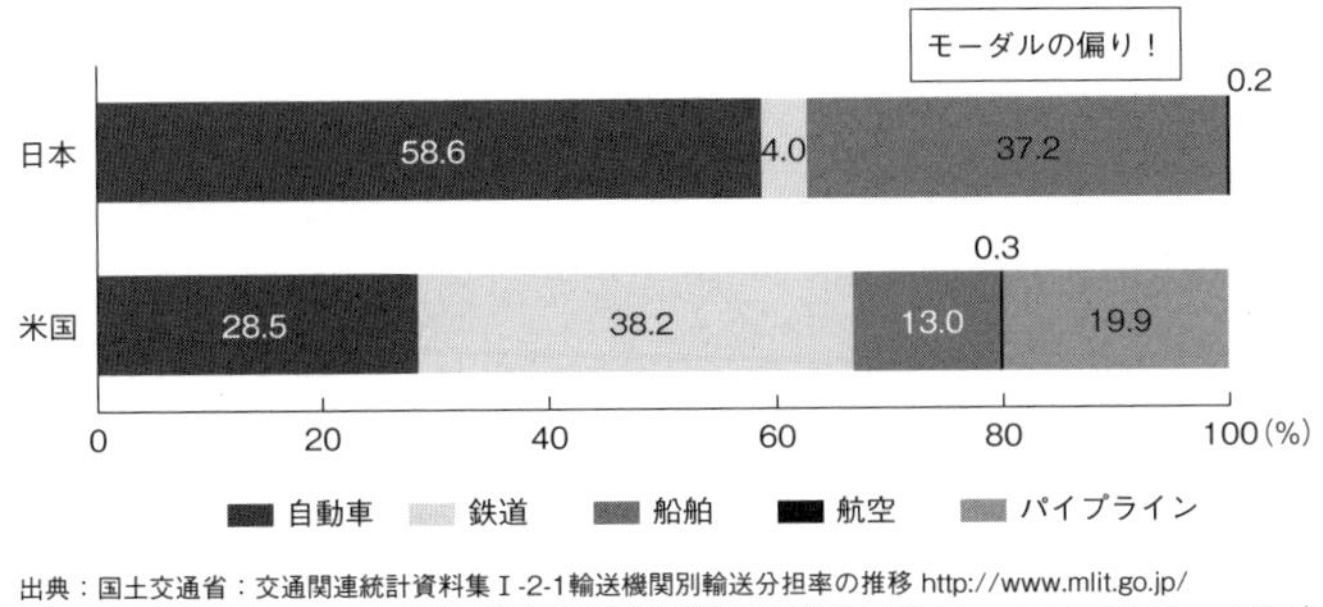

出典：国土交通省：交通関連統計資料集Ⅰ-2-1輸送機関別輸送分担率の推移 http://www.mlit.go.jp/statistics/kotsusiryo.html 及び、米国の輸送機関別輸送実績推移：U.S. Department of Transportationをもとに2005年度を比較（元データ提供：田中達之助氏・北条英氏）

図5　輸送機関分担率の日米比較（トンキロベース）

例えば、自家用の2トン車は、平均17パーセントしか積んでいません。全体で見ると平均積載率は約4割、つまり6割はカラということです。

実車率も似たようなもので、非常に悪い。実車率というのは、荷物を載せて走っているか、載せずに走っているかを調べ、載せている率を出したものです。特に、2トン・4トンの自家用トラックは実車率が約2割で、ほとんどカラで走っていることになります。

積載率と、この実車率を掛け合わせたものが積載効率（ロードファクター）ですが、これが4割に届かない状況です。

メーカーの方たちから見たら、製造能力の4割しか使っていないなんて、信じがたい状況でしょう。容積が大きく、たくさん積み込めない場合もあるとはいえ、驚くべき数字です。これでよく採算がとれると思います。

しかも統計によると、積載効率は、1990年以降、ずっと下がってきているのです。2010年には、4割を切るような数字が出ている。小口配送が増えているからです。

皆さんの近所でも宅配便のトラックは、しょっちゅう走っているでしょう。不在票を見て電話すると、すぐ来てくれます。近くにいるからです。市街地では、約500メートル四方に1台いるという状況です。これだけ多いと、積載率が良いわけがない。

さらに都心では、約340～350メートル四方に1台いる。ビル街では高さがあって配達するのに時間がかかるからです。信じられないようなサービス状況にある。私たちが便利に使うほど、積載率がどんどん下がることになります。

1個でもモノを積んで走ると実車になるので、もちろん実車率は上がっています。しかし、とにかく積載率の落ち込みが激しいので、掛け算すると全体として効率（ロードファクター）は下がっています。

さすがに長距離になると積載率はだんだん上がってきます。500キロメートルを超えると1個だけ積んで走ることはまずないので、約70パーセントに達しています。しかし、近距離では散々な状況です。

営業用トラックと自家用トラックの実車率を比較すると、例えば、2トン・4トン車は営業用が6割、自家用が2割です。ですから、自社の看板を付けたトラックを走らせる事業者が減り、自営転換で、営業用トラックに頼む形が増えている。専門家に任せないと、やっていけないというわけです。自営転換は、物流コストや環境負荷を下げるのには大きな効果があると言われています。

自家用トラックのコストは飛行機以上

日本では、GDPに占める物流費の割合は、この10年、8パーセント台で推移しています。企業として見れば、売上高の約5パーセントが物流コストということになります。この数字だけ見ると、たいしたことはないように思われますが、薄利多売の社会では、かなり大きな数字です。物流コストのうち一番高いのは、やはり輸送コストです。次が保管コスト、次いでマネジメントコストです。輸送コストは、2010年のデータでGDPの5パーセント強です。

輸送機関別にトンキロ当たりのコストを比較すると、安いほうから船舶、鉄道、営業用トラック、航空、そして驚くなかれ、最も高いのが自家用トラックです。1トンキロ運ぶのにかかるコストは、自家用トラックのほうが、航空機より高いのです。

もちろん、それぞれの輸送手段に利点も欠点もあるのですが、できれば安いほうに切り替えたほうが経済的にも良いということです。

深刻化するドライバー不足

モーダルの偏りの結果、ドライバーが不足し、奪い合いになっています。２０２０年の東京オリンピックに向けて、ますます深刻になると言われています。さらに船員も不足しています。例の高速道路料金無料化の時に、フェリー業者がたくさん潰れ、船舶輸送が一時、下火になりました。モーダルシフト等推進官民協議会[※12]でも「日本から船舶を消すのか」という議論が出るくらい、フェリー業界が大変になった時代でした。その影響もあり、今も船舶輸送は増えず船員も足りません。

ドライバーも船員も足りず、これから物流はどうなるのでしょうか。最近は、ヤマトでさえ、５パーセント減益になり、物流事業者は一斉値上げに動いています。送料無料を謳っている通販業界も大変でしょう。もうこの料金では引き受けられないという輸送事業者も出てきています。

※12　モーダルシフト等推進官民協議会
物流分野における環境負荷の低減に向けて設置された荷主や物流事業者、行政機関等から成る協議会。２０１０年から２０１１年にかけて4回開催された。「モーダルシフト」は、人や貨物の移動・輸送手段の転換（シフト）を図ること。

物流分野は努力している

以上のような現状を大前提に置いた上で、環境問題を考えなければなりません。現在の日本の二酸化炭素排出量は約12億トンですが、そのうち自動車や船舶など運輸部門が占めるのは19〜20パーセント、約２割です。この運輸部門の中には、旅客も入っており、約半分です。残りが物流分野です。その内訳によると、自家用トラックの二酸化炭素は減っています。また、営業用トラックは、物流量が増えているにも関わらず、二酸化炭素は減っています。自家用貨物で排出量が減るのは量が減っているからですが、貨物量が増えている営業用トラックでも減少傾向にあります。これは評価してよいと思います。

さらに、運輸部門全体のエネルギー消費量は、着実に減っています。あれほど物流が増えているのに、と思われるかもしれませんが、技術革新もありましたし、努力の成果が出ているのです。

まとめとして、部門別の最終エネルギー消費の推移を見てみましょう（図6）。１９９０年を起点として、パーセント表示にしていますが、１００パーセントのラインの下になっているのは、貨物部門だけです。その他の、産業部門、家庭部門、業務部門、旅客部門は、全て基準年を上回っている。物流は多大な努力をしていることが分かります。２０１３年の統計では、１９９０年比で約17パーセントも削減できているのです。評価しても良いのではと言うのは、このような根拠からです。

二酸化炭素排出のイメージ

さて、ここで、1トンの二酸化炭素がどのぐらいの量なのか考えてみましょう。公益社団法人日本ロジスティクスシステム協会（以下、ＪＩＬＳ）の北条英氏の試算によると、燃費３・５キロメートルの10トントラックが、時速60キロメートルで1日中走行すると、排出量が約1トンになります。これは人間が約3年間で吐き出す二酸化炭素の量と同じです。

モーダルごとに比較すると、営業用トラックの排出量は、自家用トラックの約4分の1です。さら

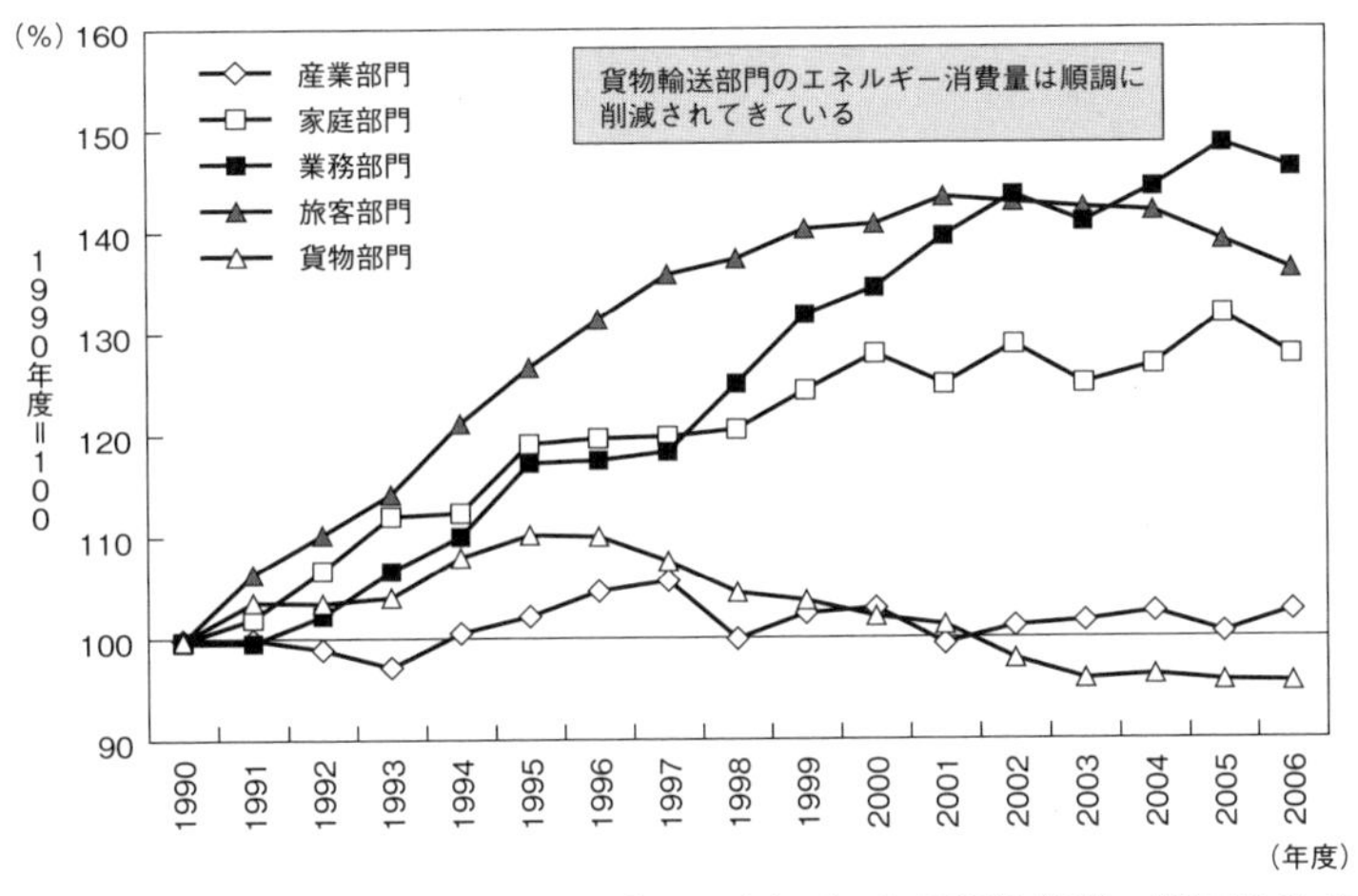

出典：2006年度 エネルギー需給実績（確報）：資源エネルギー庁
http://www.kanagawalpg.or.jp/txt/080603.pdf

図6　部門別最終エネルギー消費（指数）の推移

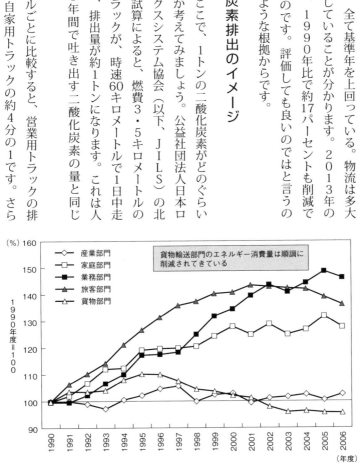

に、モーダルシフトして、営業用トラックを船舶に替えると約5分の1に、鉄道に替えると約8分の1になると言われています（図7）。船や鉄道で運ぶと、二酸化炭素は劇的に減るのです。本気でやれば、5〜6パーセント削減は、容易に達成できるでしょう。

物流の6機能

物流分野での具体的な削減努力を見ていく前に、環境問題を整理しましょう。

最初に意識が行くのは、やはり「排出」（アウトプット）です。温室効果ガスや有害物質、PM[※13]、粉じん。それから音、振動、光害[※14]等があります。廃棄という意味では、段ボールなど、包装・梱包材があります。運び方を変えると梱包材も変わるので、これも環境負荷に対する影響が大きい。次に、資源・エネルギーの「インプット」です。この双方を減らしたいわけです。

さて、輸送、保管、荷役、包装を、「物流の4機能」と呼び、さらに物流加工、情報提供を加えて「物流の6機能」と呼びます。

物流というのは運ぶだけではなく、保管したり、包装したり、荷役や仕分けをしたりします。さらに、

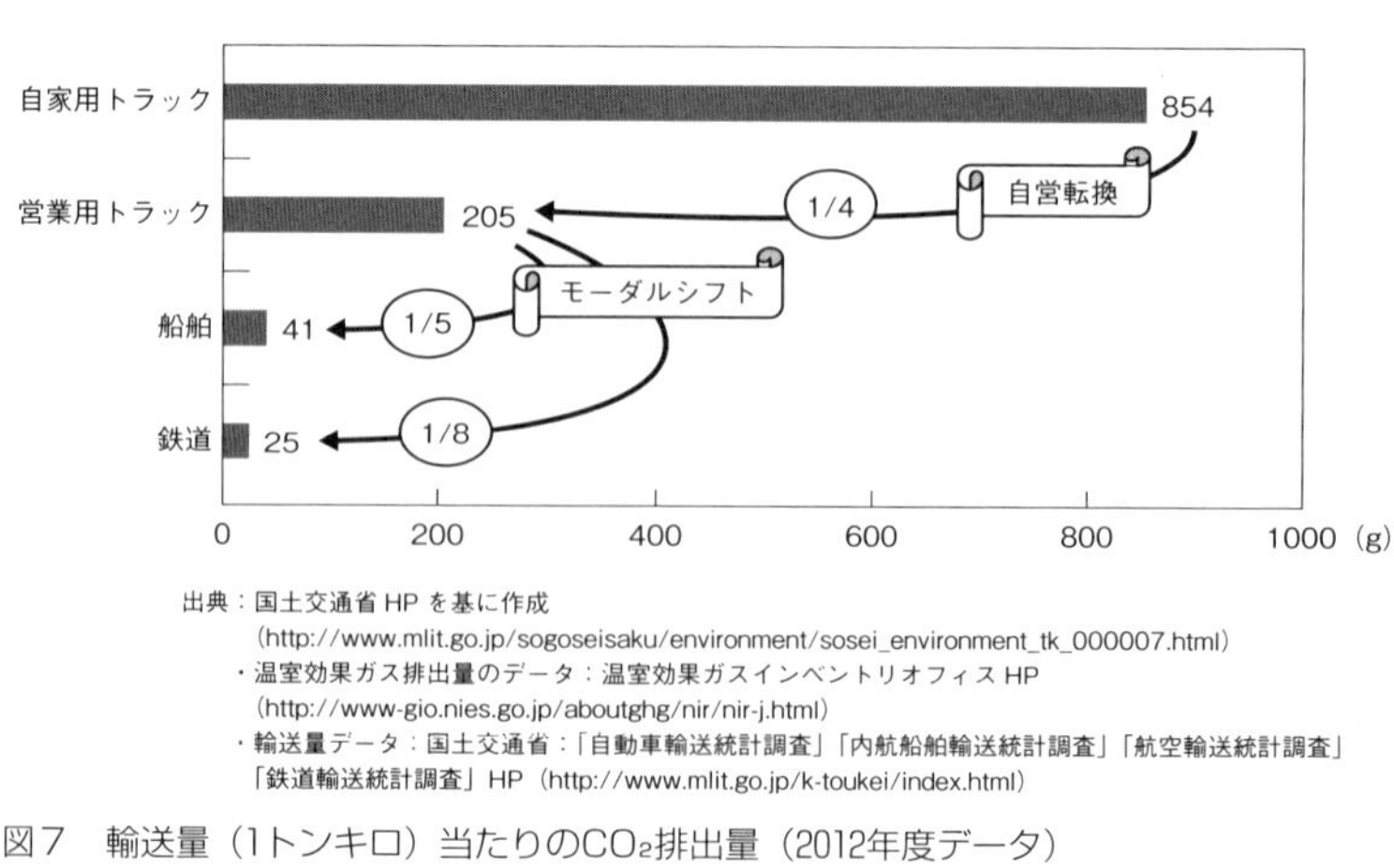

出典：国土交通省 HP を基に作成
（http://www.mlit.go.jp/sogoseisaku/environment/sosei_environment_tk_000007.html）
・温室効果ガス排出量のデータ：温室効果ガスインベントリオフィス HP
（http://www-gio.nies.go.jp/aboutghg/nir/nir-j.html）
・輸送量データ：国土交通省：「自動車輸送統計調査」「内航船舶輸送統計調査」「航空輸送統計調査」「鉄道輸送統計調査」HP（http://www.mlit.go.jp/k-toukei/index.html）

図7　輸送量（1トンキロ）当たりのCO_2排出量（2012年度データ）

※13　PM
粒子状物質。マイクロメートル（μm）単位の大きさの、微細な固体や液体の微粒子のこと。大きさによって「PM10」や「PM2・5」など、いくつかに分類されている。PM2・5については第3講※4を参照。

※14　光害
「こうがい」もしくは「ひかりがい」。人工光の不適切な使用や漏れ光によって、良好な光環境の形成が疎外されること。1993年の環境基本法の定義には含まれていないが、近年では公害の一つとしての理解が進んでいる。

※15　フードマイレージ
食料（food）の輸送距離（mileage）のこと。食料の総重量と輸送距離を掛け合わせた数値として把握され、輸送プロセスで使用されるエネルギー量や、排出される二酸化炭素の量に比例する傾向がある。

値札を付けたり、お中元の商品を揃えたりする物流加工や、運送状況やトレーサビリティに係る情報伝達も行います。そういうことにもエネルギーや資材を使います。この6機能の全てで、環境負荷を軽減する対策を進めてきたわけです。

物流分野での二酸化炭素削減策

事前に、「国は二酸化炭素削減を本気でやっていますか」という質問を受けましたが、かなりやっています。すでに、経済産業省や国土交通省が中心になっていろいろと手を打ってきました。もちろん環境省や、最近では、農林水産省も興味を持っています。食品分野ではフードマイレージ[※15]という言葉もありますし、もともと意識は高かったのでしょう。

１９９７年に閣議決定された「総合物流施策大綱[※16]」は、非常に大きなエポックでした。本気で政府が物流の環境問題に取り組み始めたのがこの頃です。その後、私もいろいろな機会を通じて物流の環境問題に関わってきました。２０００年前後には、「環境調和型ロジスティクスマネジメントシステム（ＬＥＭＳ）導入マニュアル[※17]」の作成にも携わりました。

企業も環境問題に取り組んできました。そして、一社だけでは何もできないから国を挙げてやろうということになり、国土交通省、経済産業省、ＪＩＬＳ、物流連（一般社団法人日本物流団体連合会）が、経団連（一般社団法人日本経済団体連合会）の後援も得て「グリーン物流パートナーシップ会議[※18]」を立ち上げました。そのころ京都議定書が発効し、われわれも、「ロジスティクス分野におけるCO_2排出量算定方法 共同ガイドライン[※19]」をつくりました。そして２００６年の改正省エネ法[※20]、これもエポックになりました。その後、総合物流施策大綱は5年ごとに見直されています。このように国も本気になって取り組んできています。

※16　総合物流施策大綱
日本の物流政策の指針となるもの。１９９７年以降現在まで、５回策定されている。

※17　環境調和型ロジスティクスマネジメントシステム（ＬＥＭＳ）導入マニュアル
企業が物流分野の環境マネジメントに取り組むためのマニュアル。経済産業省が２００２年に公表した。

※18　グリーン物流パートナーシップ会議
http://www.greenpartnership.jp/を参照。

※19　ロジスティクス分野におけるCO_2排出量算定方法 共同ガイドライン
荷主企業と物流事業者の双方の利用を想定して２００７年に作成されたガイドライン。

※20　改正省エネ法
運輸部門の抜本的な省エネのため、輸送活動に携わる主体に義務を課す、いわゆる「荷主規制」が初めて盛り込まれた。詳細は後述（Ｐ２２７）。

最新の総合物流施策大綱（２０１３～２０１７年）の中では、現状認識と課題として、３つのことが書かれています。

１つ目に、「グローバル・サプライチェーンの深化と物流の構造変化」です。特に、アジアでの物流を意識しましょうということ。それから結節点、いわゆる「つなぎ目」のシームレス化。ものを積み替える過程をスムーズにしないと、時間やコストばかり増える。私はこの点を最も重視しています。これらを工夫し、国民の生活を支える効率的な物流を実現することです。

２つ目は、「地球温暖化など環境問題の状況」をしっかり把握して取り組むということ。物流の、さらなる環境負荷削減を、きちんと謳っています。

３つ目に、「安全・安心な物流をめぐる状況」です。災害に強い物流体質をつくること。いわゆるライフライン[※21]です。これについては、わが国は、もっと本気で港湾の設備に投資しないといけないと思います。老朽化が進む一方で、現在では、東京港と横浜港、神戸港の荷扱い量を合わせても、韓国の「釜山港」一港に追いつかない状況なのです。お金もかかるし難しい事ですが、対策が望まれます。輸送の安心・安全には、セキュリティーや定温物流の問題も含まれます。

国としても、今後は、やはり強い経済の再生と成長を支える物流施策がないといけないということで、施策大綱にわざわざ、「国内外で〝ムリ・ムダ・ムラのない〟全体最適な物流の実現を目指す」と書きました。われわれ経営工学分野の人間としては、50年前に言い古された言葉なので今さらとも思いますが、「今こそ必要」ということで書き込まれました。

この大綱の中でも、アジアの中心になろうという意識は強いものがあり、そのために、インフラ整備や人材育成を謳っています。特に「人材育成」が問題です。昔は物流と言えば３Ｋでキツイ職場でしたが、最近は「サプライチェーン」ということで、見直されています。中国でも東南アジアでも、物流人材の要

※21　ライフライン
命綱（Lifeline）。日本では、人々が日常生活を送る上で必要不可欠な、各種のインフラ設備のことを指す。

※22 PDCA
plan-do-check-act cycle
主に品質管理を目的に、計画し、実行し、チェック（評価）し、改善する一連の取り組みを指す。

求は非常に強くなっています。現状では、ただ運んでおしまいですが、それでは駄目だというわけです。

それから、大綱には、「今後の推進体制」まで書かれています。国は施策の実施について評価しているのかという議論もあり、「PDCA[※22]を回していく」と、わざわざ書き込まれました。いわゆるマネジメントシステムのサイクルを回していくということです。国も実行し評価すると明記したわけですから、期待したいと思います。

荷主の責任を明らかにした改正省エネ法

先ほど触れた2006年の改正省エネ法で何が変わったのでしょうか。それまでは、物流の省エネ化は各社それぞれの方法で独自に取り組んできましたが、限界にきていました。そこで、この法律では、トラックを保有する業者ばかりでなく、「荷主」にも、二酸化炭素排出原単位の年1パーセント削減を義務化しました。「年間3000万トンキロ以上を運んでいる荷主は責任を持ちなさい」と、計画義務と報告義務を課したのです。これは、やはり大きなエポックだったと思います。

JIT（ジャスト・イン・タイム）物流が始まった頃、例えば花王では、「シャンプーを1本、10時半に店に持ってきて」という要求に応えようとしていたこともありました。1本ずつ運んだのでは採算が合うわけがありません。物流の効率も落ち、環境負荷も高くなります。それで花王は、6本以上でないと持って行かないという「最小ロット単位」を決めました。発荷主と着荷主が意識改革しないと、物流は変わらないのです。

JIT物流が非常に流行ったころ、「トヨタのJITシステムは道路状況を悪くする」と新聞記事になったことがあります。しかしこれは誤解なのです。トヨタでは、個々では少量の部品を、品種をまとめ、トラックを満杯にして運んでいます。しかし、どのようにして満杯にするかはノウハウですから社外に出

※23 シングル段取り
プレス機械の金型交換などにかける段取り時間を1桁の分数（10分以内）に抑え、作業時間を短縮すること。工場の効率改善策の一つ。

さなかった。それで、みんな「必要なものを、必要な時に、必要なだけ」という部分だけを真似して、かえって効率が悪くなり、とんでもないことになってしまったのです。生産の平準化やシングル段取り[※23]など、基本になっている技術を見逃してはなりません。

大切なのは物流全体のデザイン

省エネや廃棄物削減は、より高所からの視点が必要です。現場ではどうしても指示通りにやるしかありません。ここで必要なのは、デザインです。

生産基地や物流拠点をどこに置くか、マーケットをどこに展開するか、そして何で運ぶのか、これらは毎日変えるわけにはいかない要素ですから、「物流システムをデザインする」という視点が求められます。

さらに、物流に配慮した商品設計や商取引も重要です。荷物の大きさや重さや形を、物流を意識して効率よく運べるように開発する。取引単位や納入頻度を、物流の環境負荷やコストをよく考えて決めるなどです。

個々の取り組みだけでは、物流は劇的には変わりません。今や物流の改善に向けて、企業間の協力や連携は当たり前。荷主と物流事業者の連携も増え、さらには、消費者も巻き込もうという形に変わってきています。

取り組みの実例

物流の環境負荷削減というと、すぐにエコドライブや低公害車の導入が思い浮かびますが、これらはスタートラインにすぎません。輸配送の計画や納入条件の見直し、ロットまとめなど、効率を上げるための積載率の向上、そのためのサイズの標準化、納入時間の適正化、返品の見直し、共同輸配送など。製品の強度や重量・容積の変更によっても、物流は改善します。それから拠点の立地戦略。これは今、日本で盛んに考えられていて、激しい競争の真只中です。その他、倉庫内レイアウト変更やモーダルシフト、データの標準化など、工夫すべきことはたくさんあります。このようなことを地道にやってきた成果が、先ほどのデータです。

最近の新聞記事などから事例を挙げます。

東京エレクトロンの例は、自社で運ぶのをやめて、部品の搬入をヤマトに依頼することによって費用が半分になり、二酸化炭素もずいぶん減ったというものです。これから重視されるであろう調達物流の自営転換の一例です。

味の素は、500キロメートル超の輸送をトラックから船舶や鉄道に変えるモーダルシフトに、本気で取り組み始めました。現在54パーセントを占めるトラック輸送を、13パーセントに減らすことを目指しています。二酸化炭素排出量の半減が見込まれていますが、味の素の狙いは、コスト削減にもあります。2015年にトラック運転手が14万人不足するという予測[※24]を受けて、トラック運賃が上がり、相対的に船や鉄道が安くなることを見越して取り組んでいるのです。つまり、コストが下がり、二酸化炭素も減ることを狙いとしているのです。

東芝は、2013年からシベリア鉄道でパソコンを運んでいます。従来は中国でつくったものをロシアに空輸していました。これを鉄道に替えると、リードタイムは1週間だったものが1カ月になりますが、コストは航空機の約半分に、二酸化炭素は、なんと97パーセントも削減できます。ちなみに、船舶利用だと、2カ月かかりますが、コストは6分の1〜10分の1になります。航空輸送のパソコン1台当たりの二酸化炭素排出量は24キログラムですが、鉄道だと0・8キログラムになります。これもグローバルなモーダルシフトと言えるでしょう。

※24　2015年にトラック運転手が14万人不足するという予測　国土交通省が2013年に発表した「貨物鉄道輸送の将来ビジョンに関する懇談会」の報告書に掲載された。詳細は http://www.mlit.go.jp/report/press/tetsudo05_hh_000034.htmlを参照。

※25　RO－RO船
ローローせん(roll-on/roll-off ship)。フェリーのように船体と岸壁を結ぶ出入路「ランプ」を備え、トラックやトレーラーなどの車両がそのまま乗り降りできる機能を持つ貨物船のこと。

※26　佐川の新しい物流拠点
佐川急便は、2013年12月に千葉県柏市に「柏SRC（佐川流通センター）」を、2014年9月に、大阪市此花区に「舞洲SRC」を開設した。それぞれ延床面積11万平方メートル（他社とシェア）と4万平方メートル。同社はこのような大規模物流施設を国内54カ所に展開している。

船で運ぶ際のシームレス化も始まっています。RO－RO船[※25]は大きな貨物船で、そこにトラックがそのまま入っていきます。引っ張るトレーラーヘッドだけが船から出て行き、荷物の入ったコンテナシャーシは、足下駄を履かせて船倉に固定されます。港へ着いたら、トレーラーが入ってきて、シャーシーをつないで出て行くというものです。そうすると長距離輸送でも、運転手は、移動しなくていいのです。輸送先の地元の運転手が、トレーラーヘッドを付けて動かせばいいことになります。しかも、荷物をクレーンで吊り上げたりしなくてもいい。このRO-RO船は、もっと盛んになるといいと思います。

効率的な輸送のための配送拠点

今、日本は「メガ物流拠点」とも呼ばれる大型物流センターの建設ラッシュです。関東の環状道路がつながり、配送センターの立地条件が大きく変わったからです。海外の投資家も参入し、外資がどんどん投入されています。

日本郵便は、全国20カ所にメガ拠点をつくり、当日配送を可能にしようとしています。もちろん、これに先立って、ヤマトや佐川急便（以下、佐川）も動いています。ヤマトは「羽田クロノゲート」を、佐川は柏と大阪に大きな物流拠点[※26]をつくりました。大規模に一気に仕分けをして当日配送するような新しい施設です。

配送拠点をどこに立地するかによって、輸配送の環境負荷もコストも変わってきます。これは、先ほど触れた設計、デザインの問題です。コストが絡むので企業は本気です。

国も、カラの帰り便をなくしたいと本気で願うなら、産業立地を考えることが必要です。例えば、東京から九州に行く貨物は多いが、逆は少ない。多くのコンテナはカラで帰ってこなくてはなりません。空車でも燃料は使うので、二酸化炭素が出る。九州に大きな産業を創出すれば、帰り便がカラでなくなります。産業立地も、物流の視点から、しっかり考えていかねばなりません。

ダイワハウスは、物流拠点の中で製品を組み立てることを始めています。部材の共同配送も始め、年間10億円で倉庫を借り、年間30億円のコスト削減を実現しました。物流拠点を変えると、こういうことが起きるのです。どの企業でも一連の流れの中で何らかの形を変えて皆さんに届けるのですから、物流も製造も、サプライチェーンの中では同じ価値を持っています。どこで加工するか、組み立てるか、という問題です。サプライチェーン全体として環境負荷を下げていく方法を考えることが必要です。

ICタグによる物流改革の可能性

次に、ITについてです。情報技術も物流改善のキーになります。従来からバーコードがよく使われてきましたが、これから注目したいのは、ICタグです。小さなICチップの周りにアンテナコイルが巻かれ、このコイルの間に電磁波を通すと電流が流れ、その電流でチップの中の情報を送ってくるものです。スイカやパスモ[※27]には、これが埋まっているわけです。

バーコードは読み取り専用ですが、ICチップは情報を書き込めます。容量も非常に大きい。ひらがなや漢字でも6000文字程度は楽に入ります。バーコードは、せいぜい20バイトですから、容量の違いは明らかです。

ICチップは、情報容量が大きい上に、電磁波なので情報を十数メートルでも飛ばせます。スイカが定期入れの中にあっても読めるのと同じで、箱などに入っていても読み取れます。例えば、今は1つずつバーコードを読み取っているスーパーのレジでも、かごを置いて電磁波を当てるだけで、全ての商品を一度に読み取れます。隣の人の分まで読み取る可能性もあるので遮へいの方法は課題ですが、うまく使えば物流の大幅な効率改善につながります。

※27 スイカやパスモ
鉄道やバスの共通乗車カード（電子マネー）。スイカ（Suica）はJR東日本など、パスモ（PASMO）は関東地方を中心とする私鉄や路線バスなどで導入されている。

現在活用されているのは、コンテナにタグを貼り付け、そこに商品情報や位置情報を書き込んでいく方法です。フォークリフトにアンテナを付け、近づくだけでコンテナの中の商品情報を読み取り、運びたい物かどうか確認でき、間違いなく荷役ができるというシステムです。

現在、これを環境問題に活用するアイデアを考えています。まず荷物に商品名や送り先などを書き込んだＩＣタグを貼り付けておき、トラックの荷台の入り口にはアンテナを取り付けておきます。荷物を積み込む際に、荷物情報を読み取りトラックにあるコンピュータに入れ、荷下ろし時にまた読み取れば、どこで積み込みどこで下ろしたかが分かります。さらに、運んだ分の二酸化炭素排出量を燃料計で算出し、そのデータを荷物のＩＣタグに書き込む。こうすると、荷物を受け取った人が、輸送時の二酸化炭素排出量や、運んだトラックの情報、輸送中の温度なども確認できるというものです。これが実現すれば、物流の環境負荷の把握やトレーサビリティにも、とても役立つでしょう。

シームレス化のため規格の統一を

国際物流と国内物流のシームレス化のためには、法律的な問題に加えて、いろいろな機器やシステムの標準化が必要です。

現状のコンテナやパレット[※28]は大きさがまちまちなので、荷扱いがとても厄介なのです。機器の標準化は、パレットやコンテナの共用を検討する際の大きな課題です。

国の対策として、「アジア新興国進出企業の物流・調達の最適化に伴う障壁等調査」も行われています。日本とアジア、そしてアジア域内でのシームレス化を進めるべきということで、不統一の解消に向けて検討を始めていますが、これには国際間の調整が必要になります。

シームレス化と言えば、昔は、港と鉄道をつなぐ青函連絡船がありました。船に鉄道のレールが敷き込

※28　パレット
荷物を載せるための荷役台のこと。すのこ状の平台が多い。

まれていて、列車ごと船内に入って行くものです。今の日本にはどこにもなく、とても残念です。こういう方法だと、いちいち荷物を積み替えなくて済むわけです。日本は島国ですから、船舶輸送は不可欠であり、これに注力すべきです。特に内航海運[※29]は、もっと発達してほしいと願っています。

連携と協働で二酸化炭素を削減

最後に、積載率向上についてです。これは最も身近なので、各社とも手を打っています。自営転換もその一つです。トラックの小型化もそうです。それから積み合わせや帰り荷の工夫、動脈物流と静脈物流の一体化。いろいろあります。自社だけで行えないことも、企業が連携して実施してきています。そこまで努力して二酸化炭素を減らしているのです。ポイントは、共同化と標準化と情報共有でしょう。ここでも、ＩＣＴ（情報通信技術）がキーになります。

努力の例として、ＪＲ貨物と日本通運（以下、日通）とキヤノンは、協力してコンテナの内寸を少し広げ、無駄な隙間をなくして、従来はコンテナに7段しか積めなかったものを8段積めるようにしました。これによって積載率が上がり、コストも下がるわけです。これは、1社ではできません。日通が2社の間を取り持つ形で実現したのです。

ＪＩＬＳの調査によれば、共同輸配送の工夫は、現状でも約4割の企業がやっていますが、実はまだまだ共同の余地があります。東京─大阪間など長距離の幹線輸送は、なお5割の会社が共同配送を望んでいます。関東圏など同じエリア内で積み合わせを希望している会社も6割もあります。現状のままではコスト的にも合わないので、共同輸配送は今後さらに進むでしょう。

これまでは、ほとんど同業種内でしたが、業種を越えてやらなくてはならない時代になりつつあります。短距離でも異業種間でも共同配送が求められる。もう物流は、そういう状況まできています。

※29　内航海運
国内の港から国内の港へ船で荷物を運ぶこと。

実は、宅配便でも、ヤマトや西濃運輸など8社が、すでに協力しています。例えば過疎地域などでは、共同でなければ無理でしょう。遠く離れたお宅に1個だけ荷物を運んでいたのでは、絶対に割が合わないからです。それから地方路線の帰り便活用も一緒にやったほうがいい。というわけで、宅配業者さえ変わりつつある。競争すべきところは競争し、共同できるところは共同でということです。

共同事例として、もう一つ。輸入業者は、輸入品を積んで港に到着したコンテナを、自分のところに運んで荷を下ろし、カラになった状態で港に返します。一方、輸出業者は、港からカラのコンテナをわざわざ取り寄せて、荷物を積んで港に持っていく。無駄な話です。それならば、輸入荷主から輸出荷主まで、カラのコンテナを回送すれば良い。これが、最近登場した「コンテナラウンドユース」です。

発想としてはごく当然のことですが、不思議なことに、大きな会社では、壁一つ隔てて輸入課と輸出課があり、各々が別々にコンテナを手配していたりします。企業間の共同どころか、同じ企業内でも改善できる場合があるということです。

コンテナラウンドユースはかなり進められています。例えば、東芝とクボタです。以前は、東芝が柏の倉庫へ輸入品を運び、カラのコンテナを東京港に返していた。一方、クボタは、つくばみらい都市までカラのコンテナを取り寄せて、製品を積み込み輸出していた。今は、これをつなげて、コンテナを共同利用しています。

この方法は、単純な仕組みながら、コンテナのサイズやタイミング、料金の問題、コンテナの修理など、いろいろな課題もあります。しかし、国の後押しもあるので、今後さらに進んでいくでしょう。

動脈物流と静脈物流の一体化

これからの新しいテーマとして、動脈物流と静脈物流の一体化の例もご紹介します。

千葉県野田市にある生協の配送センターの事例です。ここでは動脈物流は商品の配達です。組合員の自宅や店舗にトラックで配達し、商品配送後は空車でセンターに戻ってきます。一方店舗では、肉や魚のトレー、発泡スチロールの魚箱、プラスチック容器、オーダーシートなどの紙、ペットボトル、空き缶などを顧客から分別収集し、それぞれ専門のリサイクル業者が回収しに来ていました。これは非常に効率が悪いというわけで、商品を配送する車が、店舗に集められた資源物を持ち帰る方法を採用しました。そのために、配送センターの近隣に、資源物の加工場をつくりました。

回収物を「廃棄物」ではなくあくまでも「資源物」として扱い、その処理を「廃棄物処理」ではなく「加工」とした点がポイントです。集めたものを資源化工場で圧縮するなど加工し、専門業者に取りに来てもらうと、ペットボトルや空き缶も、古紙も、売却できます。廃棄物ではなく有価物になるのです。廃棄物処理場ではなく資源化工場だということで立地に関する法的制約もクリアできました。

このような工夫で、カラ輸送が減り、容器回収の専用便も不要になりました。さらに、資源物を圧縮することで、配送の際の積載率も上がります。資源リサイクルが進み、資源化工場では新たな雇用も生み出しました。

日本の食糧廃棄量は世界一

次に、消費者との連携事例です。日本の食糧自給率は、カロリーベースでわずか39パーセントです。世界有数の自給率の低い国です。私たちの食事は、ほとんど海外からの輸入に頼っているのです。ところがその3分の1が捨てられています。日本は廃棄大国とも言えるのです。その損失は年間11兆円、廃棄量は2200万トンにもなります。発展途上国への世界の食糧援助が550万トンであることを考えると、その多さが分かります。

廃棄は物流にも大きく影響しています。廃棄物輸送、すなわち回収、静脈物流です。捨てると同時に、物流コストも環境負荷も発生していることを忘れてはいけないのです。

日本では、フードマイレージなど食品物流に対する意識はありましたが、最近は、サプライチェーン全体として食品問題を考えようという動きが出ています。どこから調達し、どこで加工し、消費すべきか、そして、どこで廃棄するか。または、廃棄しないでいかに再利用するか。肥料や飼料にして、どのように循環させるのか。それらを考えることです。

賞味期限と食品廃棄の関係

食品の廃棄に関しては、「３分の１ルール」が、最近、大きな話題になりました。工場から卸や小売への出荷期限が、賞味期限の３分の１。卸や小売での取り置き期限も同じく３分の１。そして消費者の手元に３分の１の期間は残しましょうというものです（図８）。

つまり、賞味期限が６カ月あるものでも、工場やメーカーでは、その３分の１の２カ月以上経ったら出荷しない。この期限が過ぎたものは、せっかく作っても工場から出ることもなく捨てられているということです。

スーパーやコンビニでは、賞味期限が３分の１を切ったものは受け入れず返品します。賞味期限間際の

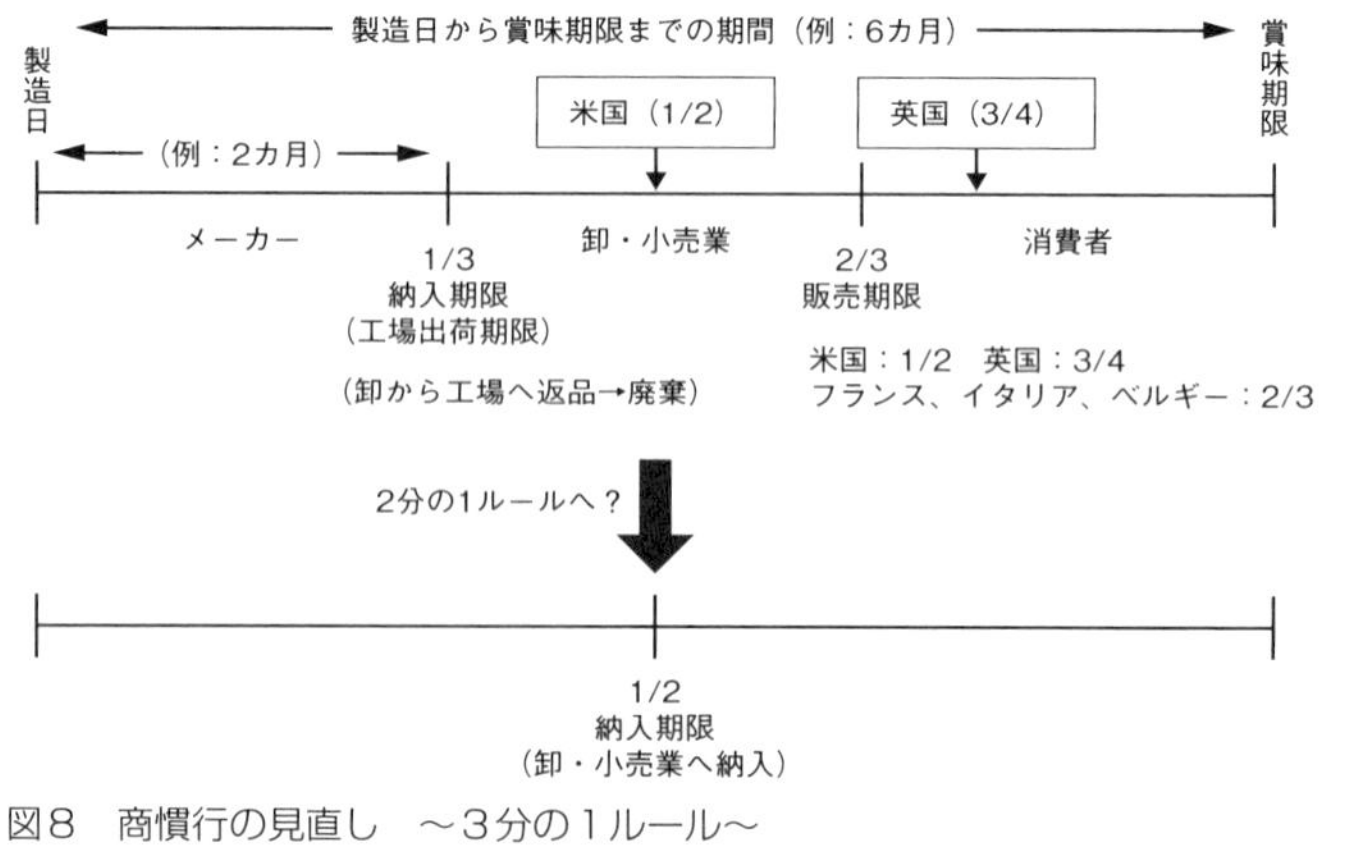

図８　商慣行の見直し　～３分の１ルール～

ものを安く売って問題になったこともありました。3分の1ルールは決まりではなく、食品業界の商慣行です。それなのに、みんなが守るから、廃棄物が激増している。

農林水産省でも、この問題を取り上げ、2013年に、2分の1ルールに変えられないかという検討が始まりました。どのぐらい廃棄物が減るかを試算したりしています。実現すれば、物流も変わるはずです。

ルール変更に先駆けて、食品業界も賞味期限の長いものについては、年月日表示をやめ、年月表示を始めています。

指標は消費者に選択の余地を与える

もう一つ、消費者を巻き込む試みとして、二酸化炭素を表示する「カーボンフットプリント」があります。これは第3講（伊坪先生）に詳しいので割愛しますが、フランスや韓国など、世界中で取り組んでいます。日本では2012年7月から本格施行になりました。はかりが描かれたマークで、調達から廃棄までに排出する二酸化炭素の量を表示しています。

最近では、GHGプロトコル[※30]というルールも欧州中心に広まりつつあるということで、日本でもその対応を迫られています。

これらの共通点は、消費者に「どちらを選びますか」と問いかけているということです。過剰包装の野菜と、ただ積んで売っている野菜とでは、環境負荷が違います。だから値段と同時に、二酸化炭素も表示して、消費者意識を啓発できれば、世の中が変わるのではと期待しているのです。カーボンフットプリントもGHGプロトコルも、そういう試みの一つなのでしょう。

※30　GHGプロトコル
第6講※29を参照。

まちの物流を丸ごと改善する

宅配便の急増、買い物弱者への配達など、ますます複雑になるまちの物流にどう対応したらいいのでしょうか。2013年に、NEDO（国立研究開発法人新エネルギー・産業技術総合開発機構）のプロジェクトとして、多様なステークホルダー[※31]が連携する新しいまちづくりの試行事業に、JILSとともに取り組みました。

まちの物流は、高齢者や買い物弱者の増加によって、より複雑かつ頻繁になります。病院やデイケアセンターへの移動、日常品の買い物といった人流はもとより、店舗やコンビニからの配達や宅配便も増加するでしょう。それによってトラックが街中を頻繁に走り回る状況になってしまいます。そこで出てきたアイデアが、まちの中に「物流コンシェルジュ[※32]」を置くというものです。このコンシェルジュのもとに、まちの貨物情報を全てまとめ、荷物の流れをマネジメントしようという考えです。

おそらく、この仕組みは宅配業者が中心になって動かすことになると思うので、宅配業者の既存の拠点をセンターとして活用します。まずは、顧客に会員カードを発行し、都合の良い受取時間帯などを登録してもらいます。顧客は登録店舗での買い物の際に、カードを提示し支払いを済ませ、手ぶらで帰ります。購入情報は店舗の端末からリアルタイムにコンシェルジュに届きます。コンシェルジュはこれを整理し、荷物情報を取りまとめ物流事業者に情報を送ります。これに基づいて、街中を巡回しているトラックが、店舗に荷物を受け取りに行き、それを顧客に届けるというものです。この方法なら、各商店が各家庭へ届ける必要がなくなり、1台の巡回車で集荷と配送ができます。受け取る側も指定時間帯に1回の受け取りで済みます。配達ついでに廃棄物や資源物を回収するような事業や、さらに、最近始まっている「見守りサービス[※33]」も追加できないかと考えています。

※31　ステークホルダー
直接および間接的な利害関係者のこと。具体的には消費者（顧客）、従業員、株主、取引先、地域社会、行政機関などのこと。近年は特にその範囲や概念が拡大しつつある。

※32　コンシェルジュ
Concierge。フランス語の原義は、「建物の門番」や「集合住宅（アパルトマン）の管理人」。そこから拡張されて、顧客のさまざまな要望や相談に対応する職種・職業や、サービスの意味で使われている。

※33　見守りサービス
独居高齢者や児童などの安否確認や安全確保、緊急時の駆けつけなどのサービスのこと。

このような物流システムが、まちの中でできれば、「あそこに住んだら、このようなサービスが受けられる」ということで、そのまち自体の価値が上がり、また大手スーパーのみに依存するのではなく、地元の商店もやっていける社会になります。これは簡単にできるものではありませんが、ビジネスとして成り立つかどうかを考えていきたいと思っています。キーコンセプトは、移動弱者、見守り、動脈と静脈、そして物流の一体化です。

おわりに

持続可能社会の物流として、共同化や業界を越えての取り組み、国際化、それから情報化や動・静脈の一体化がキーになるでしょう。一企業だけでやれる時代は過ぎました。企業と消費者と行政が連携して進めなくてはなりません。いずれにしても物流は、いろいろな業者にかかわるため、結節点のシームレス化や連携が必須です。効率化のために、国を挙げて標準化を図る必要もあります。

消費者がバラバラに要求していては、物流は変わりません。やはり、環境に関する社会的価値観を変えていくことこそが、最も必要なことなのでしょう。

Q 建材の物流について、サードパーティ・ロジスティクス[※34]ということで建材商社が中心となる仕組みを2年ほど検討したことがあるが、頓挫した。先ほどの「物流コンシェルジュ」も、誰がやるのかが問題。第三者とはいっても、結局、宅配業者など物流の専門業者でないとできないのでは?

※34　荷主がサービス向上やコスト削減のため、物流業務を一括して外部に委託すること。略称3PL。

A おっしゃる通り、キーになるのは物流事業者だと思う。彼らがコーディネーター役を務めて、例えば高齢者見守りサービスを加えるならケアセンター専門の人も入れるなど、物流事業者を中心としたパーティをうまくつくり、さらに行政が調整しないと駄目だろう。まち自体が本気にならないと。

Q 最近、物流事業者が住宅会社や建材資材メーカーと合併して、グループ化が進んでいる。その中だけで進められたら、小さな住宅会社や工務店レベルのところは取り残されてしまうのでは?

A グループ傘下の運輸業者がパーティを組もうとしても、リーダーシップを取るのは難しいだろう。やはり、物流の専門事業者が本気になって、建材業界に外から入っていってマネジメントしていくスタイルが一番いいのでは。

Q 調達物流と、メーカー出荷で顧客に届ける普通のロジスティクスとの、日本での割合は?

A 正確な数字は分からない。(以下、関係者から)たぶん統計はない。誰かの調達物流は結局、立場が変われば誰かの販売物流になる。日本の坂道の上りと下りはどちらが多いかという議論と同じで、結果として同じぐらいでは。

Q 即日配送へのこだわりが、モーダルシフトが進まない一つの大きな要因だと思う。急ぐ物流と何日かかっても大丈夫な物流を切り分けて、料金格差を設ければ進むのでは?

A おっしゃる通り。JR貨物はレールを持っておらず全て旅客から借りている。どうしても旅客優先になり、貨物は空いた時間帯、例えば夜間を主とするしかないという制約もあり、モーダルシフトも進まない。国にも「物流は人流と同じぐらい大事だから、貨物専用線を」と提案しているところである。リニア新線も結構だが、物流の専用線にも注力すべきだろう。

佐川急便がスーパーレールカーゴ[※35]を夜走らせて翌日配送しているように、現状でもモーダルシフトできないことはないが、「今日受け取りたい」といった消費者意識が変わらない限り、維持すること自体大変だと聞いている。昔は、例えば米国から本を取り寄せるのに3カ月もかかった。待ち遠しくて飢えているから、着いたら最後、猛烈な勢いで読んだ。今は待つ楽しみがないという面もあるのでは?すぐ届くから、ありがたみが無くなり、積んでおいて忘れてしまうことにもなる。

それから、配送料無料は物流の敵。無料スマホが使用料で元を取るのと同じで、結局は誰かが負担するのだから、消費者も賢くならないと。リードタイムも輸送方法も配送方法も選択肢が増えて、それがうまくコストに反映されて、「1週間後着なら200円、明日着なら500円」などということが受容される社会になるといいと思う。

※35　モーダルシフトの推進を目的にJR貨物と佐川急便が共同開発した貨物専用の貸し切り列車。

Q 鉄道輸送はCO_2排出量がトラック輸送の約7分の1だと。それに比例するぐらいコストに反映されているのか?

A 従来そういうことを考えずコストは決められてきたが、輸送距離で約500キロメートルが切り替わり点と言われている。長距離なら鉄道がやはり圧倒的に有利だが、短距離ならトラックのほうが良い。10キロメートル運ぶのに鉄道を使えば、駅までのトラック輸送や積み替えなどで非効率になる。われわれのシミュレーションでは条件によっては300～350キロメートルでも、鉄道でもコスト的に見合うという結果を得ている。

CO_2排出量の違いをコストに内部化し、鉄道のほうが明らかに安いから消費者に選ばれる社会になるのが望ましいが、まだCO_2に対するコスト自体が定着していない。例えば排出権取引は当初1トン3500円くらいだったが最近では暴落し、単純にCO_2換算したら非常に安くなってしまう。どう見積もるかは今後の課題であり、今は「10円高いのと、6キログラムのCO_2削減、あなたはどちらを選ぶ?」と2つ並べて感覚に訴えるぐらいしかできない。倫理観や道徳観を醸成していくしかないだろう。

また、内部化が望ましいとはいえ、すべてお金に換算する価値観には疑問もある。アリストテレスは、美的価値、道徳的価値、司法的価値、宗教的価値など、価値には7つあると言った。私はそれに環境価値を加えているが、経済価値は多くの価値の一つに過ぎない。市場原理だけで進むと、将来空気が悪くなって息ができないなんていうことになりかねない。地球は金魚鉢と同じで、水が濁ったら金魚は死ぬしかないのだから、環境は何円という問題ではなく、生存の問題だ。今の社会はお金に振り回されているが、もっと違う価値観があってもいいと思う。

Q 実車率と積載率が想像以上に低いのに、カーボンフットプリント(CFP)の結果を見ると輸送の割合はかなり小さい。増井先生はCFPプログラムの委員をやっていらしたが、これは、輸送の効率の悪さが、まだ十分に環境評価に反映されていないということなのか?

A CFPにおける物流の把握の仕方は、まだまだラフなことが多い。「距離が分からなければ500キロメートル(または1000キロメートル)としなさい」などと、倍も違うオーダーで示されている。原単位も、マクロから出したトンキロ原単位などをそのまま利用するなど、個々の企業努力が反映されない計算をしていることも多い。もちろん、きちっと計算している企業も増えているが……。

本来は品物によって計算方法を変えなくてはいけない。改正省エネ法のCO_2算定ガイドラインには、トンキロ法の他に燃料法、燃費法の3つが示されているが、多くはトンキロ法を用いている。この方法では、帰り便など空車の場合に排出量がゼロになってしまう。燃料法なら違ってくる。どの計算方法を使ったのかを見ないとCFPの信頼性は分からない。

Q 小さな荷物が増えているのに大きな梱包材で運んでいると聞いて、重量ベースで輸送の議論をすることに限界を感じた。容積100パーセントで積んでいても、重量では実は半分という場合も結構ありそうだ。重量ベースで見たときと、容積ベースで見た時とでは、積載率の傾向は変わるのか?

A 10トン車といっても、鉄や砂利などは別として、普通の荷物は容積が大きいので10トンも積めない。しかし、物理的には、エネルギーは重量と移動距離の積に比例して消耗するのが原則なので、やはり現実には、統計データは重量ベースで把握するしかないと思う。だから積載率40パーセントは低いと言っても、単純に荷物のトン数が少ないだけで、トラックは満杯の場合もあるだろう。

消費者のシビアな目が企業を育てる

第8講　グリーンウォッシュの罠にはまらないようにするためには

中原秀樹（東京都市大学環境学部 教授）

中原秀樹（なかはら・ひでき）/1950年大分県生まれ。東京都市大学環境学部教授。国際グリーン購入ネットワーク（IGPN）会長、グリーン購入ネットワーク(GPN) 名誉会長。東横学園女子短大助教授、マンチェスター・メトロポリタン大学客員教授などを経て現職。専門は「持続可能な消費」。環境省の環のくらしフォーラム座長、内閣府の先駆的省資源・省エネルギー事業推進委員会会長などの公職を歴任。2013年から国連環境計画（UNEP）の持続可能な公共調達イニシアティブアドバイザーに就任。環境経営学会会長や日本LCA学会の理事も務める。2007年Consumer Citizenship Network(CCN) から「国際的な消費者教育に貢献した代表人物賞 2007」を受賞。テレビ・ラジオ出演多数。著書に『私たちは消費者』（岩波書店、1995）、『地球共有の論理』（日科技連出版社、1999）など。

表示は正しい環境経営の基本

製品は売れて初めて経済を動かします。今回は、そこにグリーンウォッシュという落とし穴があるのではないか、という話をします。

日本経済新聞の「偽装ドミノ」という連載に、「どこでもやっている」という見出しが躍りました。つい先日の上海の事件[※1]のようなことを、どこでもやっているとしたら、企業は海外で安心してOEM生産[※2]ができなくなります。と同時に、消費者は国産以外の商品を買うことに躊躇しますし、海外に依存している企業は、きちんとラインも含めて管理できているのかが問題になります。

ここ最近の一連の報道の発端は、ホテルによるメニューの偽装でした。結局、延べ307業者で、次々と偽装が発覚しました。表示は、正しい環境経営の基本です。そこで過ちを犯したら、どのようなことになるか。ビジネス界の方ならお分かりでしょう。2020年にはオリンピックがやってきて、「おもてなし」に恥じぬ表示をと言うけれど、ホテルオークラをはじめ、一流だと思っていたホテルも例外ではなかった。それが分かったというのは、記憶に新しいことです。

持続可能な社会を実現するには、持続可能な生産だけではなくて、持続可能な消費も必要です。買った後にやたらエネルギーを使う製品や、度重なる買い替えが必要で廃棄物を増やすような製品だと、その消費は持続可能ではありません。環境に配慮した製品やサービスが、消費者が受容できるような形で市場に出て初めて、消費者はお金を払うし、そのお金によって、持続可能な消費と生産のサイクルがうまく回り始める。そして、この回転が、「持続可能な発展」につながります（第5講図1を参照）。

このプロセスが評価されたのは、1987年のブルントラント宣言[※3]の時です。そのあと、1992年にリオ・サミットが開催されました。しかし、その頃は、まだ、こういうコンセプトで持続可能な社会が実

※1　上海の事件
2014年7月に、内部告発で発覚した事件。複数の大手チェーンに加工肉などを卸している中国企業「上海福喜食品公司」の工場で期限切れの肉を使っていたことが明らかになった。日本でもマクドナルドでチキンナゲットが販売中止になるなどの影響が出た。

※2　OEM生産
Original Equipment Manufacturingの略。自社ブランド品の生産を、他社に委託すること。

※3　ブルントラント宣言
第5講※4を参照。

現できるとは考えていませんでした。コンセプトが出来上がるまで、実は10年かかっています。２００２年のヨハネスブルグ・サミット[※4]で、ようやく「マラケシュ・プロセス」（後述Ｐ２４９）という形で出てきたわけです。

その時、われわれはＵＮＥＰ（国連環境計画）や経済産業省と一緒に、持続可能な消費と生産のプロジェクトを立ち上げました。その時に中心的な役割を果たしたのが、稲葉先生（第５講）です。

このマラケシュ・プロセスの中で、企業など生産側はＬＣＡ[※5]やＬＣＣ[※6]、さらにはＰＳＳ[※7]に取り組むわけです（第5講図2を参照）。

私の研究は逆サイドの消費側です。生活の質、幸福感、満足感がテーマです。買って損したら、もう二度とその製品やサービスは買わないというのが、消費者のまっとうな反応です。だから、良い循環が継続するためには、あらゆるライフステージで私たちが満足できるのか、充実感を持って幸せだと思えるのか、そこが大切です。

日本は技術志向で、エンジニアリング[※8]の研究は非常に進んでいるのに対して、消費者や生活者の分野の研究はとても遅れているのが現実です。技術の進化の一方で、車の両輪であるはずの社会学的な考察がうまく回っていない。これが実は、持続可能な社会の到来を遅らせている一つの原因なのだろうと思います。

持続可能な消費と生産を実現するには、社会システムとして、政策や価値観を、うまくつくっていく必要があるのです。

グリーン購入とは

まず私たちにできることは、ＬＣＣや環境効率に従ってできた商品を、少しでも広めることです。そし

※4　ヨハネスブルグ・サミット
第5講※3を参照。

※5　LCA
第3講※1を参照。

※6　LCC
ライフサイクルコストの略称。LCAと同じく製品の一生（ライフサイクル）を通して掛かる費用のこと。生涯費用。

※7　PSS
第5講P152を参照。

※8　エンジニアリング
工学技術のこと。

て、それらが市場の中で流動性を得るには、グリーン購入やエコラベルなど、環境に関する「表示」が重要です。

グリーン購入やグリーン調達の基本的なコンセプトは、複数の歯車で表現できます（図1）。まず、目の前の汚染問題やゴミ処理問題、さらに広げて地球規模のオゾン層の破壊や温暖化など、さまざまな環境問題の関心を高める。それと同時に、研究者だけでは進められないので、企業や行政、他の地域社会などとコラボレーションという形の共同作業を行い、コミュニケーションを図っていく。ここで、LCAやエコマークなどの、検証された環境情報が必要になります。そして、これらの歯車がかみ合って動くことで、消費者の行動が改善し、最終的にはより良い世界につながっていくという理論です。

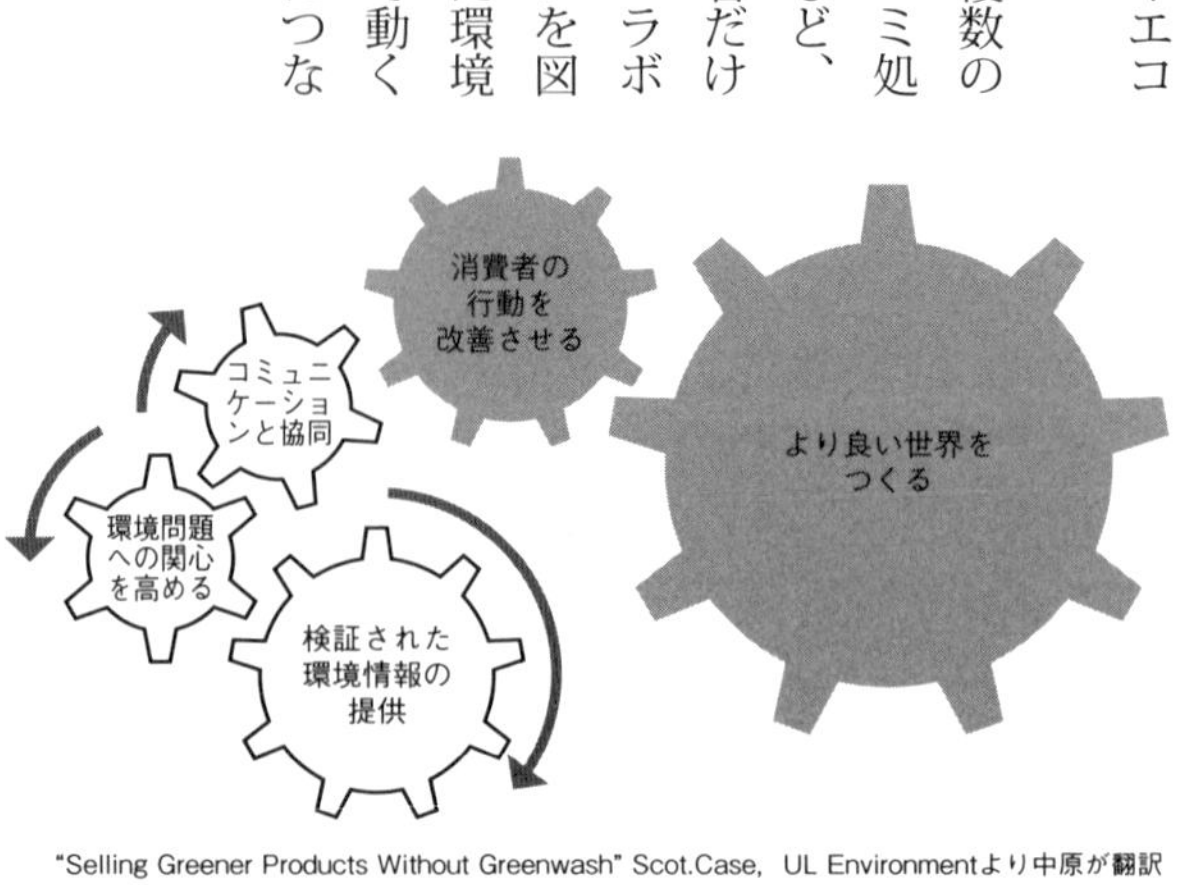

"Selling Greener Products Without Greenwash" Scot.Case, UL Environmentより中原が翻訳

図１　グリーン購入の理論

温暖化で広がった消費者の関心

消費者意識は変化しつつあります。従来はできあがった製品をどう使うかに関心がありましたが、さまざまな社会問題が出てくるにつれて、グリーン購入に必要なライフサイクルに目を向けるようになりました。エコデザイン[※9]に始まり、資源調達、製造、廃棄やリサイクルという、全プロセスに消費者が関心を持ち始めたと言っても過言ではありません。

社会問題の典型的な例が、身近になった気候変動です。例えば先日も、局所的な集中豪雨によって、都心で約4000世帯が停電になりました。IPCCの第5次報告書によると、世界の平均気温の過去30年

※9　エコデザイン
ここでは環境に配慮した企画や設計のこと。

の急激な上昇は疑いようのない事実で、二酸化炭素の排出量は過去80万年間のうちで今が最多。しかも、人間の経済活動が原因であることは明らかだと。これは第4次報告書から書かれていますが、今回、確信をもってＩＰＣＣが述べたのは、注目すべきことだろうと思います。

第5次報告書は、われわれが温暖化地獄に落ちるのか、それとも何とか持ちこたえるのか、今なら、まだ選択の余地があると結論付けています。

移ろう消費者意識

消費者は、こういう温暖化問題も気になるけれど、ＰＭ２・５や、毒性のあるメタミドホス[※10]などによる食品汚染や発がん性など、いろいろな角度で、さまざまな環境問題に関心を寄せていることが分かってきました。では、これら全てに企業が対応できるのでしょうか。これを無理だとするのか、できるかぎり応えようとするのかが、民主的環境経営の主要な課題になってきます。

実際に消費者が買い物をするときの意識について、２０１３年のエコプロダクツ展来場者などを対象に調査しました。その結果、最も関心があるのは省エネで、47・1パーセントの人が気にしていました。光熱費は具体的に生活コストになるので、やはり敏感なのです。

そして、米国のＵＬ[※11]が、誰がグリーン製品を購入するのかを調べたら、面白いことが分かりました（図2）。同じ人でも、ライ

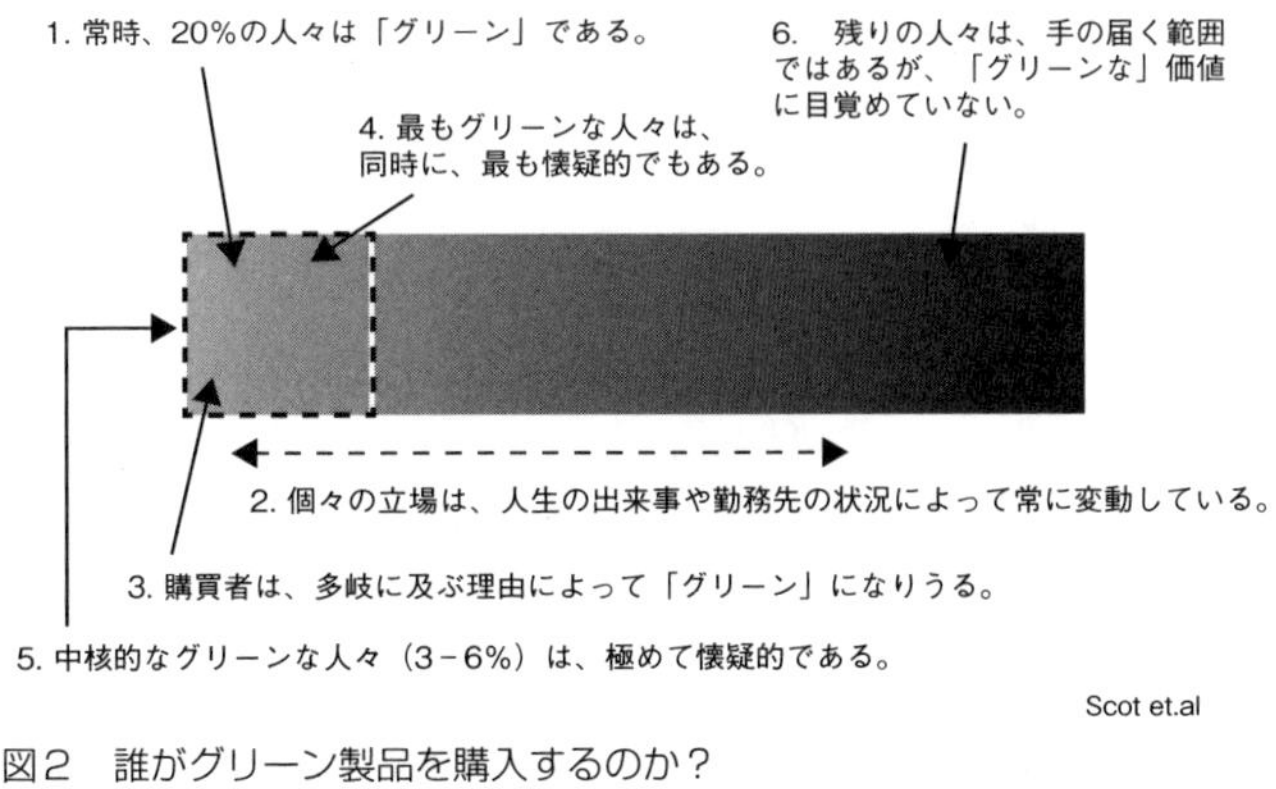
1. 常時、20%の人々は「グリーン」である。
6. 残りの人々は、手の届く範囲ではあるが、「グリーンな」価値に目覚めていない。
4. 最もグリーンな人々は、同時に、最も懐疑的でもある。
2. 個々の立場は、人生の出来事や勤務先の状況によって常に変動している。
3. 購買者は、多岐に及ぶ理由によって「グリーン」になりうる。
5. 中核的なグリーンな人々（3-6%）は、極めて懐疑的である。
Scot et.al

図2　誰がグリーン製品を購入するのか？

※10　メタミドホス
有機リン系の農薬、殺虫剤の一種。2007年から2010年にかけて、輸入食品に混入する事件が相次ぎ、社会的な注目を集めた。

※11　UL
Underwriters Laboratoriesの略。米国で非常にメジャーなUL規格を策定し、認証事業などを行っている非営利試験機関。シカゴの博覧会で大火事が発生したのを機に、1894年に米国の火災保険業組合が設立した。電気分野を中心に、材料から製品までの安全性などをテストし、認証している。

フステージや、勤務先の状況などによって、絶えず意識が変わるというのです。「私は環境派である」という人が必ず一定数いますが、やはり彼らも変わります。その証拠に、環境に関心のある人が全員、いわゆるガラケー[※12]を使っているわけではありません。

　実はガラケーは２・７ワットしか消費しませんが、スマホ[※13]の消費電力量は20ワットです。なんと６、７倍も電気を食う。これが毎年９０００万台つくって売られ、本学の学生を調べたところ、１・９年に１台ずつ買い換えられています。現在、全世界で使われているスマホ台数を考えたら、発電所何基分にもなるはずです。１つずつは小さくても、影響は地球規模で巨大なのです。

　さて、調査結果に戻ると、全体の約２割の人々は環境を理解する。その中の最もグリーンな人々は、同時に最も懐疑的です。環境にいいと言われても簡単には信用しない。次の中核的なグリーンな人々は、極めて懐疑的。関心が無い人より始末が悪いかもしれない。このような非常に研ぎ澄まされたステークホルダーやＮＰＯ、ＮＧＯに、企業の環境経営は監視されているということです。

　そして、グリーンでない人々も、何かのきっかけで突然、グリーンな消費者に変わることがあります。例えばガソリンの値段が上がれば、エコカーに替える人は増えるでしょう。消費者の行動は変わる。ビジネスチャンスも、そこにあると言えそうです。

グリーン購入を東南アジアにも

　市場をグリーン化し、グリーン購入を進めようということで、日本では１９８９年にエコマーク事業がスタートし、１９９４年に滋賀県がグリーン購入の指針を策定しました。滋賀は、琵琶湖の汚染の問題以降、非常に環境問題に熱心です。滋賀県を中心に、私たちは１９９６年にグリーン購入ネットワークを設立しました。

※12　ガラケー
「ガラパゴス・ケータイ」の略。日本国内専用の多数の機能を備えた携帯電話を、独自の進化を遂げたガラパゴス諸島の生物になぞらえた言い方。

※13　スマホ
スマートフォン（Smartphone）のこと。

その後、グリーン購入を進めるための循環型社会形成推進基本法[※14]やグリーン購入法[※15]ができ、2005年には、日本のこの経験をサクセスストーリーとして広げるべきだということで、国際グリーン購入ネットワーク（IGPN）を立ち上げました。アジアの中で日本ができることは何かを考えて、東南アジアに集中して活動しています。UNEPやEU、国連などの協力を得てグリーン購入の国際展開を進めています。

マラケシュ・プロセスとは

マラケシュ・プロセスは、「持続可能な消費と生産」を各国政府が推進するための、国際協力の取り組みです。これを決めたのが、2002年に南アフリカで開催されたヨハネスブルグ・サミット（第5講※3を参照）です。「持続可能な開発」や「持続可能な社会」といった非常に抽象的なものを、具体的な方向へシフトさせる狙いがありました。

翌年、最初の会議がモロッコのマラケシュで開催されました。政府のグリーン化への取り組みを支援すること、企業が環境に配慮したビジネスモデルを開発することを支援すること、そして、消費者が持続可能なライフスタイルにシフトすることを促進すること。この3つの目的が決まりました。

持続可能な消費への世界の取り組み

これを受けて、国連や世界は今、グリーン購入やグリーン調達から一歩進めて、「サステナブル公共調達（SPPI）」へ向かっています。そして、CSRに関する国際規格であるISO26000に、非常に注目が集まっているのです。

アジアでは、「ASEAN＋3」や欧州発の「スイッチ・アジア」「SPPEL」といったプロジェクト

※14　循環型社会形成推進基本法
2000年制定。有用な廃棄物を「循環資源」と定義付け、廃棄物処理の優先順位（発生抑制→再使用→再生利用→熱回収→適正処分）を初めて法定化した。

※15　グリーン購入法
正式名称は「国等による環境物品等の調達の推進等に関する法律」。循環型社会形成推進基本法の個別法の一つとして2000年に制定された。国や自治体等公的機関が率先して環境負荷の小さな製品やサービスを購入することなどを定めている。

が動いています。いずれも詳細は後述します。

このようなサステナブル公共調達の国際的な取り組みが旗揚げされたのは、リオ＋20[※16]の時です。この時、UNEPは、サステナブル公共調達では、「3つの柱の間の適当なバランスをとることを追求する」と決めました。3つの柱というのは、今までトリプルボトムライン[※17]と呼ばれてきた「経済」「社会」「環境」です。そして、「社会」面でのサステナビリティを具体的に担保するために、「社会正義、社会的平等、安全と保障、人権と雇用条件を含む」と定義したのです。まさにこれは、ISO26000のコンセプトです。

グリーン調達からサステナブル調達への移行を、実際にどうやって企業や行政と一緒に進めていくかについては、「SPPIマルチステークホルダー・アドバイザー委員会」の30人ほどの委員が、今日まで議論してきました。次々と具体的な成果が上がり、出版物もいろいろ出ています。詳細は、2013年6月にUNEPのホームページ上に開設した専用の情報センター「SCPクリアリングハウス」[※18]で公開しています。

技術を超えた政策が支配する時代

アジアで進む各プロジェクトを紹介します。

まず、「ASEAN＋3」のプラス3というのは、日中韓です。アジアの環境のために、環境をリードする3国が協力していこうというプロジェクトです。環境ラベルの問題を積極的に進めていて、各国制度のハーモナイゼーション（調和）が課題です。

実はこれは中国政府の予算で動いています。いろいろな環境問題について、かつては日本政府の予算でアジアに対してやっていたのですが、今は、中国、韓国の力が非常に強くなっています。日本の環境省

※16　リオ＋20（プラストゥエンティ）
ヨハネスブルグ・サミットの10年後、2012年に開催された国連持続可能な開発会議。1992年に開催されたリオ・サミットの20年後なので、こう呼ばれた。

※17　トリプルボトムライン
経済と社会と環境の3方面に配慮すること。企業の決算書の最終行（ボトムライン）に、経済面の総評だけではなく、社会面、環境面についても書き加えるべきだと、1997年に英国サスティナビリティ社のジョン・エルキントン氏が提唱したのが始まり。

※18　SCPクリアリングハウス
http://www.scpclearinghouse.org/
UNEPが「持続可能な消費と生産（SCP）」に関する情報共有の場として開設した専用ウェブサイト「グローバルSCPクリアリングハウス」。

は、国際グリーン購入ネットワークが口説いて、ようやく1回だけ、この会議に出てくれました。その後、日本環境協会が気付いて出席するようになったけれど、日本は今、アジアの中でレゾンデートル（存在価値）をきちんと示さなければ置いていかれるぐらいの状況です。まさに、技術を超えた政策が支配する時代の到来を感じます。

次に、ＥＵを中心とした「スイッチ・アジア」プロジェクト。環境問題の解決を進展させるために、ＥＵが大変な予算を持ってアジアに進出してきたわけです。一番お金を出しているのはシーメンス[※19]ですが、ドイツ政府も出しています。２００７〜２０１３年に、東南アジアの国々に計１９０億円を投じました。アジア市場の中で優位を保ちたいという政策的な意図があるようです。支援先としては、グリーン公共調達やクリーナー・プロダクション[※20]、そして環境ラベルに関するプロジェクトがあります。

最後が、サステナブル公共調達を進める上で、表示がどう機能するかを検証する「ＳＰＰＥＬ」です。ＵＮＥＰのラベリングに関するプロジェクトです。名称の由来は、ＳＰＰ（サステナブル公共調達）とＥｃｏ－Ｌａｂｅｌの頭文字です。

着目すべきは、特に中小企業への技術支援やキャパシティ・ビルディング（能力開発）を掲げていることです。ここには、韓国が非常に多額の資金を出しています。

というわけで、日本はいずれも援助していません。アジアではＴＰＰ[※21]の話もありますが、どうやって環境規格を売り込むのか、どうやって日本規格を進展させるのか。これに関しても、指をくわえて待っているだけで、経済産業省もいまだに動いていないのです。

消費者の行動はどのように決まるのか

市民には、いろいろな情報が与えられます。「ガソリンが高いからエコカーに替える」といった単なる

※19　シーメンス
電化、自動化、およびデジタル化などエネルギー分野を中心に手広くビジネスを展開している多国籍企業。本社はドイツ。

※20　クリーナー・プロダクション
略称CP。リオ・サミット開催の1992年からUNEP（国連環境計画）が推進している活動で、低環境負荷型の生産システムの構築を目指している。具体的には、製造工程で資源の消費量や廃棄物の排出量を抑える技術など。

※21　TPP
環太平洋パートナーシップ協定（Trans-Pacific Partnership）。環太平洋地域の国々による経済の自由化を目的とした多角的な経済連携協定。当初はシンガポール、ニュージーランド、チリ、ブルネイの4カ国が参加して2006年5月に発効したが、その後、米国やオーストラリアなどが参加を表明。日本の参加に関しては、その是非を巡って2015年4月現在も議論が続いている。

※22　古紙偽装事件
製紙業界大手各社が販売・納入していたはがきやコピー用紙などの再生紙の古紙配合率が、契約上の基準を下回っていた事件。2008年に発覚し、大きな社会問題となった。

※23　環境リバウンド
エコリバウンドともいう。環境に良いと思ってやったことが、かえって環境負荷を招いてしまうこと。第5講P162以降を参照。

問題への対処から発展して、省資源や省エネになるものを積極的に選ぶ消費者や、持続可能なライフスタイルを身に付けようとする消費者が出てきます。そして、そんな消費者たちが、やがて社会に変化を及ぼすのです。つまり、どういう情報を出すかで、買うか買わないかだけの状態から、社会参加を含めた社会変革へと、消費者は動くのです。

逆に、動いてもらわないと、カウンターパワー（対抗勢力）としての市民や消費者の役割はありません。では、どうやってやるかですが、「教育しかないでしょう」という意見が、稲葉先生（第5講）や増井先生（第7講）のお話でも出ました。

最初に私が消費者行動の問題に触れたのは、実は、2008年の古紙偽装事件[※22]の時でした。テレビや新聞がずいぶん取材に来ました。製紙会社大手3社が「深くお詫びします」と謝り、当時の福田首相は急に、「消費者庁」をつくりました。私は、「屋上屋《おくじょうおく》を架すような官庁は要らない」と新聞に寄稿しました。最も力を持っている現行の行政機関がしっかり許認可の問題を含めてやれば、その指導に対して企業は動くのです。消費者庁という形で寄せ集めをしてしまうと、「なんだ、言うことを聞かなくても、つぶせとは言われないな」となることを懸念したのです。

そして今、悪い予想が的中して、いろいろな消費者問題が降って湧いたように起きています。歯止めが利かなくなっている。かつては、「行政指導をやられると困る」という緊張感があったのに、「消費者庁」という館をつくったために、公正取引委員会も解体寸前。ほとんど機能していません。

それから、環境リバウンド[※23]も問題です。実は地デジ化に伴ってテレビを買い替えた時、ブラウン管26インチから液晶32インチにするなら大丈夫ですが、液晶37インチを選んだ途端に、消費電力量が買い替え前をオーバーしてしまうのです。

それを裏付けるように、なんと会計検査院が、環境省の過大評価を指摘しました。家電エコポイント制度で、二酸化炭素の削減効果が、実際は公表値の10分の1しかなかったと言うのです。このように役所が互いに足の引っ張り合いを始めたら、私たちは誰を信用したらいいのでしょう。

「小エネ」からグリーンウォッシュ研究へ

3・11以降、私が提唱しているのは、省エネならぬ「小エネ」です。小さなエネルギーで生活しよう、ということです。あかりを少しだけ減らしても、私たちは満足できるのです。ちなみに、暗いと目が悪くなるなんて嘘。うさぎ跳びが体に良いと思い込まされていたのと同じで、昔の都市伝説です。

そろそろ、「大きいことは良いことだ」から「小さいことの中で、どう生きていくのか」という価値観にシフトしなければいけない。

そこでぶつかった問題が、「グリーンウォッシュ」です。「本当に環境にやさしいのかな」という疑問です。それで私は、北海道から九州まで各地を歩きました。やはり大学の中だけでは駄目です。環境のことは、いろいろな形で地域社会と連携してこそ、効果が出てくるのでしょう。私たちが宣伝隊になって、考え方を皆さんと共有していかないと始まりません。例えば、全国8カ所で「曖昧広告を学ぶセミナー」を開催しました。ラジオにも出演しました。環境にやさしいかどうかは、試験結果をきちんと出して第三者機関が認証してくれないと分からない、という話をしました。データやエビデンス、つまり証拠がないと、口先だけで言っていても消費者はなかなか信じることができません。タイプⅡのエコラベル（後述）のように、勝手に企業が「良いんだぞ」と言っている場合は、消費者にどちらの面を見せようとしているのか、きちんと確認する必要があるのです。

グリーンウォッシュとは

「グリーンウォッシュ」という言葉は、「ホワイトウォッシュ（修正液、漆喰）」からきています。白い壁が汚れた時、掃除をせずに白いペンキをかけても、きれいにはなります。ホワイトウォッシュには、「上辺を飾る」「ごまかす」「取り繕う」という意味があるわけです。その色を緑に書き換えたのが、グリーンウォッシュ。つまり、環境という言葉でごまかすという意味です。「企業活動や製品・サービスの環境影響について、消費者に誤った印象を与える可能性がある行為」を指すのです。

ちなみに、ホワイトウォッシュには、「検閲」という意味もあります。情報公開制度のある米国や日本でも、いまだに墨塗り教科書のような、黒いベタ塗りの書類があるかもしれません。まさに真実は、アル・ゴアの『不都合な真実』[※24]のように、隠されている可能性があるのです。

※24　アル・ゴアの『不都合な真実』
当時の米国副大統領アル・ゴアが出演した、2006年公開のドキュメンタリー映画、および書籍。地球温暖化（気候変動）の危険性を主張して、大きな話題を呼んだ。第11講※3も参照。

消費者は何を信じて買うのか

市場の中での商取引に着目すれば、消費者は、表示や広告に基づいて、「買う」という意思を出しています。そして、料金を支払うことによって、そこに契約が成立するわけです。福袋や宝くじは別として、「分からないけれど買う」という消費者は、本来いません。消費者が知りたいことを伝えなければ買ってもらえないのだから、企業が、サービスの内容や取引条件をちゃんと消費者に説明するのは、市場のルールなのです。

しかし、本当に、これをきちんとやっているのでしょうか、というのが私のテーマです。

米国で、ある美容院が、「髪をぐちゃぐちゃにされて結婚式に間に合わなかった」という客に、何千万円もの訴訟を起こされた例があります。取引条件をちゃんと消費者に説明しておかなかったからです。環境にやさしいと言われても、消費者は全く分かりません。だからこそ、企業にとっても、表示の重要性が、どんどん高まっています。きちんと説明責任を果たさないと、訴訟に持ち込まれたり、あっという間にSNSで叩かれたり、いろいろな怖い目に遭う可能性があるわけです。

説明できる販売員を育成する

多くのメーカーは、消費者と直接売買をしません。自動車ならディーラーがいますが、スーパーのような小売店では、メーカーの人が来て展示販売するのはワインぐらいで、あとはもう、消費者は表示を見て買うしかない。だからこそ、「これはどうなんですか?」と消費者が質問した時に、きちんと答えられる販売員の育成が、企業の課題なのです。それができないと、トラブルが発生してから菓子折りを持って謝罪に行くという昔ながらの解決方法しかなくなってしまいます。

1962年にケネディ[※25]が、「消費者の権利」という大統領教書[※26]を議会に出しました（図3）。この半世紀前に書かれた原則が、今も世界の消費者保護法のベースになっています。「安全を求める権利」「知る権利」「選ぶ権利」「意見を聴いてもらう権利」の4つです。この4つ目の「to be heard」が、日本企業はなかなかできません。お客様窓口や環境の窓口があっても、うまく消費者の意見を吸い上げられない。ズタズタに縦割りにされているので、横断的に市場動向を測れないのです。そもそも、この原則の存在自体を多くの企業が忘れている。もしくは、教育すら受けていない。この無自覚が、実は、企業の抱えるさまざまな問題の背景にあるように思えます。

①安全を求める権利

②知る権利

③選ぶ権利

④意見を聴いてもらう権利

図3　1962年ケネディが提唱した「消費者4つの権利」

※25　ケネディ
John Fitzgerald Kennedy
1961〜1963年、米国第35代大統領。

※26　大統領教書
米国大統領が議会に対して行う報告や勧告のこと。

消費者の権利とグリーンウォッシュ

では、具体的に一つずつ見ていきます。

1．知る権利。例えば、原子力や火力で発電している会社が、いかにも環境にやさしい自然エネルギーばかりをつくっていると見せかけるＣＭを流す。イメージで乗り越えようとしている。グリーンウォッシュです。

2．選ぶ権利。例えば、携帯電話の中には、３Ｔ＋Ｇと呼ばれる紛争鉱物[※27]が入っています。バイブレーターのためのタングステン、蓄電のためのタンタル、そしてハンダにつかう錫（ティン）。これら３つのＴ、プラス、ＩＣ（集積回路）を作るための金（ゴールド）です。

コンゴで民族紛争が起き、現在までに５５０万人も殺されています。これらの鉱物は、その殺戮のための武器の資金源になっているのです。そこで、２０１０年に米国のドッド氏とフランク氏が呼びかけて、紛争の資金源になるような企業を米国市場から追い出すことにしました。米国は、消費者保護法として、なんとＳＥＣ（証券取引委員会）に権限を持たせた。困ったのは日本企業です。紛争鉱物に関して報告書を上げなくてはいけない。私の研究室でも、その後の日本企業の対応をチェックしているところです。

ここで消費者には、いわゆる紛争鉱物の入っていない商品を選ぶ権利があるはずです。ケータイショップで、「紛争鉱物の入っていない携帯電話にしてください」と言えば、少しは市場が変わるのではないでしょうか。

3．安全を求める権利。これを侵害した一例が、シェル石油が出した広告です。以前よりは硫黄酸化物や窒素酸化物が少なくなったということで、煙突から、きれいな花がワーッと舞っているイメージの宣伝ポスターを作った。さも環境に良い工場に生まれ変わったという誤認を与えます。これは、徹底的に叩か

※27　紛争鉱物
紛争地域で産出される鉱物のこと。鉱物の購入が現地武装勢力等への資金供給となり、間接的に当該地域の紛争に加担することが危惧されている。

れて、もうこのポスターはなくなりました。

これ以上に私がひどいなと思ったのは、文部科学省発行の『わくわく原子力ランド』というテキストです。福島原発事故以前は、日本中の小中学校に配っていた。この中には、「原子炉は5重の壁で守られており、大きな地震にも耐えるように設計されています。もしこれまでに事故が起きたとするならば、人的なミスが原因でした」といったことが書いてある。そして「事故の教訓を生かして、安全対策の強化を図り、万が一事故が起きた場合には、国、自治体、事業所が連携し、周辺の住民を守ります」というあたりには、ちゃんとアンダーラインまで引いてあるのです。

だから、みんな「二酸化炭素も排出しない、環境にやさしい大変いいエネルギーなんだな。安全についても、ちゃんと国はやってくれるのだろう」と思っていたのですが……。事故後、そのテキストは全て日本中から消えてしまいました。私は中教審の専門委員だったので、なんとかデータだけは手に入れましたが、驚いたことに、国会図書館から現物も消えたのです。

そして、事故直後の4月には、内閣府から『放射線について考えてみよう』という新テキストが出ました。放射能の何が危険か全く書かれていないし、事故時の身の守り方については、助けるのはあなた自身という書き方になっている。さらには、100ミリシーベルトの放射線を受けても障害の根拠はないことを強調し、少々の被ばくは大丈夫と印象付けた。発がんの原因として放射線物質をたばこや酒と並べて、100ミリシーベルトの放射線でがんになったというのは断定できませんと。果たして文部科学省はこれを小中学校に配ったのだろうか。気になって調べたら、全国各地の教育委員会は躊躇して、やはり、ほとんどお蔵入りでした。

つい最近も、がれき撤去で1兆ベクレルが飛散[※28]したというような情報が出てきたわけです。きちんと規制を持たないと駄目です。そういう意味で、原子力発電というのは、もしかすると、最大のグリーンウォ

※28　がれき撤去で1兆ベクレルが飛散
2013年8月に福島第1原子力発電所で行われた大型がれきの撤去作業中に放射性物質が飛散。2014年7月になって、その量が1兆ベクレルを超えるという推定結果を、東京電力が発表した。

ッシュかもしれません。

4．意見を聴いてもらう権利。インドネシアの大手製紙メーカーＡＰＰは、森林認証を取ったと言いながら、実際は中国やインドネシアで違法伐採をやっています。ところが、日本企業も「ＦＳＣ認証[※29]を取っているなら」と信用してしまった。まさに上海の事件と一緒です。優秀な上海にあって、衛生管理が行き届いていると宣伝もしていたから、マクドナルドも信用して取引していた。そして、「日本マクドナルドさんがやっているなら」と、よせばいいのに乗っかってしまったある会社は、たった4カ月で、社長が謝罪会見を開くことになってしまいました。やはり、現場をちゃんと見ないと駄目だということです。ですからＡＰＰに関しても、現場をチェックした人が、これは危ないと気が付いた。実はＡＰＰの紙は、グリーン購入ネットワークのウェブサイト「エコ商品ねっと（グリーン購入法適合品かんたん検索）」にも載っていたのです。問題だと分かり降ろしましたが、どういう圧力があるのか、なぜか知らないうちに復活している。圧力に屈してはならないはずなのですが。これは私たちグリーン購入ネットワークの責任になると思います。[※30]こういうことを世界のビジネスは、やっているということです。

だから、「本当はどうなのかな」と疑う消費者の声を、きちんとフィードバックするシステムが組織内にあるかどうか。その辺りが重要になってきます。

グリーンウォッシュは20年前からあった

グリーンウォッシュは、１９９２年ごろから問題になり始めました。すでに20年以上も前からあった問題なのです。

リオ・サミットで国際環境ＮＧＯのグリーンピースが配ったテキストのタイトルが『グリーンウォッシュ』でした。「責任ある企業として振る舞うために」と提案をした某企業が、その一方で、インドネシア

※29　ＦＳＣ認証
国際的な森林認証制度の一つ。1993年にカナダで創設された国際ＮＧＯ、森林管理協議会（Forest Stewardship Council）が認証を行う。

※30
古紙偽装事件を再発させないためにも、環境製品に対する商品テスト機関を設置すべきであると環境省に対して主張しているが、今日まで実現していない。環境テストを行う機関はわが国にはなく、環境主張は検証できていないのが現状である。国民生活センターや独立行政法人製品評価技術基盤機構（NITE）が製品テストを実施してくれるとよい。

の熱帯雨林の不法伐採に加担していることを訴える内容でした。当時こんなことは日本のNGOグループも、政府も参加企業の人たちも、全く知らなかった。私たちがグリーン購入ネットワークを立ち上げる4年前です。まさに私たちは貴重な情報を見逃してしまったのです。

グリーンウォッシュとは、一見、環境によいことをしているように見せかけることです。公正取引委員会的に言うと、「虚偽表示」「誇大広告」「うそつき表示」です。

ですから、グリーンウォッシュの罠にはまらないようにするためには、消費者が見分けるというよりは、むしろ企業の人が、組織の中で見分けることこそが、重要なのです。

グリーンウォッシュを見分ける方法

ULは「グリーンウォッシュの7つの大罪」という資料で、見分け方を指南しています。

前置きとして、米国で販売中の環境にいいと主張している商品をULが調べた結果、なんと95パーセント以上が、7つの罪のうち少なくとも1つを犯していたそうです。グレーゾーンの商品がかなり多いというわけです。

それでは、罪に該当する7つのケースを1つずつ見ていきます。

1つ目は、嘘の罪。国際的に認識されている環境基準に認証されていないのに嘘の主張をしている場合。例えばPCなどに貼ってあるエナジースター。[※31] 実は星の数が多い偽物のことがある。あるいは、地球を抱いているはずのエコマーク[※32]が月を抱いていたとか。そういうインチキを平気でやるのです。

2つ目は、曖昧さの罪。すなわち、根拠に乏しいことを、いかにも本当のように見せかけている場合。例えば、「これは土に返るプラスチックです」と書いてある商品です。「半年後ですか、1年後ですか、それとも100年かかるんですか」という疑問がわきます。1000年経てば、何でもだいたい土に戻りま

※31 エナジースター
省エネルギー型電気製品のための環境ラベリング制度。米国エネルギー省及び環境保護庁（EPA）が1992年に開始した。

※32 エコマーク
公益財団法人日本環境協会が実施する環境ラベル。第三者機関が認証する「タイプⅠエコラベル」の一つ。

すが、それでもプラスチックはまだ残る可能性がある。そういうものが、生分解性のプラスチックとして売られてはいないだろうか。

ちなみに、私の研究室で試したのは、「半年経って土に戻る」容器と、「1年経って土に戻る」マグカップです。大学の庭に埋めるという、一番簡単な実験をしました。半年後と1年後に掘り返してみました。そして、私の研究室には、埋めた時のまま、全然土に戻ることのない立派なマグカップが残っているのです。その海外メーカーに、「全然戻らないんだけど」と手紙を書いたら、「条件によります」と、条件の話を出してきた。「では、どういう条件ならいいんですか、そのデータを教えてください」と書いて、その後、また半年延ばして実験をやった。それでも戻らなかった。最終的にメーカーがよこした返事は、こうでした。「あれは表示に間違いがあったようです。今は、生分解性のあるプラスチックとしては売っていません」。

つまり、監視する機関がないと、書きたい放題やりたい放題なのです。そして、ここで大切なのは、市場には、そういう不埒な連中がいて、まじめな良い企業の足を引っ張っているということです。ですから、私はグリーンウォッシュの存在を広めることで、「企業が悪い」と責めるつもりは全くないのです。伝えたいのは、あくまでも「良い企業を伸ばし、悪い企業を叩いていくことが、市場をつくっていく上で大事だ」ということです。

3つ目が、不適切の罪。真実は伝えているが、信ぴょう性がない、もしくは役に立たないような表現をしている場合。例えばエコカーが二酸化炭素を吐き出さないかと言うと、そうではありません。やはり出してしまうのです。それなのに、「温暖化防止の決め手だ」と言い切って良いのか。性能がいいエコカーでも、最高で燃費は1リットル当たり30キロメートル弱。たいがいは10~20キロメートル程度です。では、その生産に、どれぐらいの資源を費やしたのか。伊坪先生（第3講）の研究室でちゃんとチェックしました。その結果、エンジンを1台だけ載せている通常のガソリン車よりも、蓄電してモーターで動かす部分とガソリンを燃やして内燃機関で動かす部分、この2つの大きな駆動機関を持つハイブリッド型のエコカーのほうが、結果的には、生産段階での資源消費量が多いということが明らかになりました。自走分だけ蓄電できるので、使用段階でのガソリン消費量を減らす効果は確かにありますが。

つまり、供給側は正確な情報を出す、それを見て、消費者側は判断するということです。まして、燃料電池やバッテリーには寿命があり、それによって全体的なメンテナンスコストが変わってくるわけですから、寿命も含めて情報をちゃんと提供しないと、消費者が10年後に困ってしまいます。5・9年に1台、車を買い替えるのが日本の消費者の現状ですが、中には、大切に10年も20年も乗る人もいます。そういう人たちにとっては、「なんだよ、このハイブリッド、もう動かないじゃないか」となりかねない。

4つ目。これは最悪です。証拠がない罪。嘘をついたということです。先ほどの土に返らなかったプラスチックは、まさに証拠がゼロでしたが、あたかも証拠があるかのように見せて売っていたわけです。

5つ目。悪いことから関心をそらす罪。「オーガニック」[※33]というイメージのいい言葉で、実は隠れている毒性の問題を全く言わないような製品。あるいは、使用時は環境にやさしいけれど、生産時の資源消費量が実は非常に多い製品。全てを言っていません。

6つ目。いくつか悪さをする要素があるが、悪いほうのことをごまかして、ましなほうだけを見せるという罪。昔は「100パーセント大丈夫です」と言っていたのが、最近は言い方が違います。「92パーセント大丈夫」などと言う。あるいは「8割の方に満足していただきました」という表現を使う。残り2割は何に関心を持っていたのでしょう。裏に隠していることを、よく見抜かないといけません。8割のほうに信ぴょう性があるように聞こえさせるやり方は、より大きな環境影響から消費者の関心をそらしている可能性があります。

※33 オーガニック
「有機の」という意味。本来は化学肥料や化学合成農薬を使わず、有機肥料によって生産された有機農産物や、その有機農産物を加工して作られた製品を指して「オーガニック」と言う。

その一例が地産地消です。地産地消は、「農薬を使っていない」とは、一言も言っていません。日本の農薬使用量は、先進国の中で第2位です。かなり使っているのです。もちろん、非常に強い毒性のものか、弱毒性のものか、もしくは急性の毒性のものか、それはいろいろでしょうが、いずれにしても日本は農薬消費大国なのです。中国などで問題が起こると、私たちは「やっぱり日本産だね」となりますが、そこはしっかり見ておかないと。地産地消も、そういう意味で、誤認を与える結果になりかねないのです。

7つ目。インチキ表示の罪。昔、よく安売りコーナーなどで、「これを水切りコーナーに置いておくと、発がん性を除去します」などと書いてある商品がありました。わずか数百円のものですが、そういう表示で、いかにも良いと思わせる。「植物性プラスチックを使っています」と言いながら、5パーセントぐらいしか使っていないペットボトルも、インチキ表示です。やってはいけないことです。

グリーンウォッシュの日本での規制は

日本で表示の問題について企業を指導する立場にあるのは、公正取引委員会です。公正取引委員会について経済産業省が文句を言ったことがありましたが、そもそも、公正取引委員会は企業と対立するものではありません。その目的は、フェアトレード（公正取引）のための指導。市場の中でちゃんとした取引が行われるための条件づくりが仕事なのです。

実は、公正取引委員会は、戦後にGHQ[※34]の命令によってつくられました。占領下でつくられたのは憲法だけではなかったのです。国民がちゃんとした生活を送れなくなったら戦争を起こすかもしれないということで、経済安定本部も、つくられました。その中で国民の生活を考える国民生活局を持った経済企画庁もできた。ところが今はもうありません。この国の役所から、国民の生活を考える部局が、いつの間にか消えた。しかも、それをみんな知らない。これで本当にいいのでしょうか。

※34　GHQ
General Headquarters
連合国軍最高司令官総司令部。日本の敗戦後の占領政策を実施した連合国軍の機関。

さて、話を戻すと、公正取引委員会は広告表示の内容のモニタリング調査をして、２００１年２月に、「環境保全に配慮した商品の広告消費に関する実態調査報告書」を出しました。実は私も手伝いましたが、これが日本で最初の、グリーンウォッシュに関するガイドラインでした。

これを受けて、電通が中心になって、『広告人のための環境コミュニケーション入門』（一般社団法人日本広告業協会）を出しました。そして、そのあと慌てて環境省が出したのが『環境表示ガイドライン』です。しかし、法的拘束力は全くなく、違反してもおとがめなしですから、その後、日本市場の中でグリーンウォッシュが進んでいくわけです。

４００種類を超えたエコラベルの混沌

エコラベルは、国際規格ＩＳＯ１４０００シリーズに３タイプが定義されています。

ＩＳＯ１４０２４の「タイプⅠ」は、第三者認証を得たものです。エコマークや、ドイツのブルーエンジェル[※35]などです。ＩＳＯ１４０２５の「タイプⅢ」は、ＬＣＡに基づき環境影響評価を出しただけのもので、定量的データが表示されます。エコリーフ[※36]などです。

そして、ＩＳＯ１４０２１の「タイプⅡ」は、企業の自己

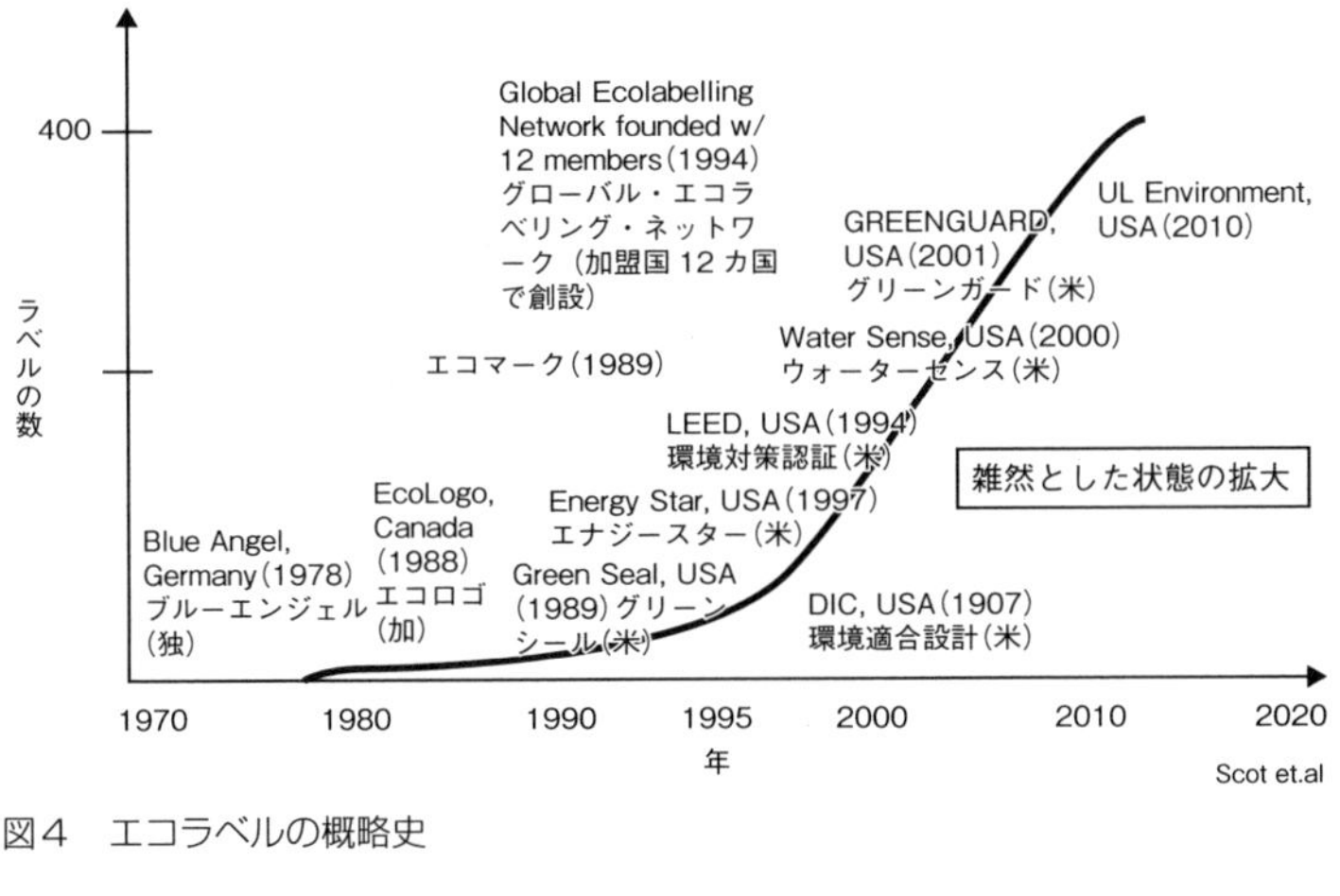

図４　エコラベルの概略史

※35　ブルーエンジェル
１９７８年の開始で、世界各国のエコラベルの中でも最も長い歴史を誇るエコラベルの一つ。日本のエコマーク等のモデルとされた。

※36　エコリーフ
一般社団法人産業環境管理協会によるエコラベル（タイプⅢ）。ライフサイクルアセスメント（ＬＣＡ）手法を用いて製品の全ライフサイクルステージにわたる環境情報を定量的に開示する。

宣言による環境主張です。国際規格では、消費者から「それは本当ですか」と問い合わせが来た場合には、ちゃんとその証拠を示さなければいけないと決まっています。大多数のラベルは、このタイプⅡです。

エコラベルは、いまや種類が増え過ぎて、表示が混乱状態に陥っています。１９７８年にドイツで「ブルーエンジェル」というラベルができてから、その数は、うなぎ上りです（図４）。エコマークができた１９８９年は微増でしたが、変わってきたのは１９９２年からです。米国で「エナジースター」が登場しコンピュータに貼られて普及しました。１９９４年にはグローバル・エコラベリング・ネットワーク（ＧＥＮ）という団体が設立され、さらに多くのラベルが誕生しました。１９９７年に米国の環境適合設計[※37]が登場したことも拍車をかけました。現在１９７カ国に４３７のラベルがあります。

グリーンウォッシュを減らすために

では、このような状況の中、グリーンウォッシュを減らすために、私たちには何ができるでしょうか。まず基本原則として、表示や広告というのは、「消費者と企業との対話に代わるもの」でなければ意味がありません。ですから、企業には、消費者目線で分かりやすく伝えることが求められています。

しかし、消費者の注意を促すべき、薬の禁忌事項や、保険証書のただし書きは、小さく薄く書いてあって、非常に目立たない。その結果、東京女子医大では注意書きに気付かず大人用の薬を子どもに投与した結果、死亡事故が起きた。プロでさえ、そういう見落としがあるのです。保険証書の場合は、いざという時に問い合わせたら「支払えない」と言われる。本来こういう表示は、すべて分かりやすく書かなければ駄目なのです。そこで、消費者の自衛のため、消費者団体ができてきました。日本でいえば『暮しの手帖』のような雑誌や国民生活センターのような組織が、世界中にあるわけです。

※37　環境適合設計
エコプロダクツのためのデザイン（Design for Environment、略称ＤｆＥ）のこと。

※38　グルテン
たんぱく質の一種。小麦粉など穀物から生成される。人によってはアレルギー反応を引き起こすため、近年、欧米を中心に「グルテンフリー」を謳う食品が出回っている。

オーストラリアの雑誌『チョイス』は、購読料を元手に、さまざまな商品をテストして、タイトルの通り、「何を選択する?」と読者に問いかけています。年に1回「あやしいで賞」という企画があり、例えば2011年は、洪水の被害に対して保険金を支払わなかった保険会社業界を表彰しました。

この雑誌はほかにも、グルテン※38の量が少なく子供に安心と謳っていた商品に、実はグルテンがたくさん入っていたことを明らかにしたり、韓国メーカーの冷蔵庫の年間消費電力量を有名な商品テスト機関で調べて、インチキ表示を暴いたりしました。グルテンの企業は裁判を起こされ、冷蔵庫の会社は幹部が更迭されました。なお、この雑誌はCSR報告書も調査しています。

次に紹介するのは、1936年に設立されたコンシュマーズ・ユニオンです。エコラベルを徹底して調べている世界最大の商品テスト機関です。全米で約500万部の発行を誇る雑誌のほか、ウェブサイトやスマートフォンの専用アプリでも情報を提供していて、自動車の売上を左右するほど大きな影響力を持っています。米国の消費者情報や市場の調査をしたい時は、まずここをチェックすると、米国の動向と問題点が非常によく分かります。

なお、最近はエナジースターについて、「現在では基準が低すぎて使い物にならない」とコメントしていました。それなのに、日本のITメーカーはみんなコンピュータにエナジースターを付けています。あまり、ここの情報にアクセスしていないのでしょう。そろそろ日本独自のエナジースターをつくってもいいのかもしれません。

国際グリーン購入ネットワークは、現在11カ国に12拠点を持っています。アジアでは、いろいろな環境調和型の製品をチェックして、グリーンウォッシュの実態調査をしています。

例えば、台湾の洗剤のパッケージに「無汚染」という表示がある。完全に証拠なしの罪です。それからインドネシアの化粧品。ナチュラルと書いておきながら、化学物質だらけでした。逆に、タイプIのエコラベル付きの食器洗い用洗剤など、良い商品例も報告してもらって、情報収集を進めています。

消費者をあざむいた企業のその後

米国のＮＧＯ「コープウオッチ」の取り組みも大変面白い。毎年、グリーンウォッシュ大賞を選んで、なんと、わざわざ世界経済フォーラム（ダボス会議[※39]）で発表してしまうのです。２０００年に、この不名誉な賞に輝いたのが、ブリティッシュ・ペトロリアム。メキシコ湾の海底油田で事故[※40]を起こして大変な被害をもたらした英国のＢＰ社でした。コープウオッチは、会社名をもじって「Beyond Petroleum or Beyond Preposterous?」（超えているのは非常識？）とからかっています。この企業には、その後いろいろな訴訟ケースがありますが、日本には情報がほとんど入ってきません。

今、日本企業に必要なのは、良い会社のサクセスストーリーだけではなく、過ちを犯した企業のその後の情報です。どのぐらいの損害賠償を要求されたのか。被害の回復までにどれだけ時間やお金がかかったのか。そういう数字をちゃんとつかむことが大事です。そうすれば、自分の会社が誤ったことをやっていると知った時、そのデータを示すことができる。そして企業トップはそれを意思決定の材料にできる。そういうカウンターパワーを社内につくっていかないと、それが市場で起きた場合には、とんでもないしっぺ返しを食らうのです。ですから、本当のことを言う耳障りな社員を嫌がるような会社だったら、そんな危ない企業には身を置かないほうがいいでしょう。

ＮＧＯの力を活用する

私たち消費者・市民に求められることは何か。その一つに、ＮＧＯやＮＰＯとの協力が挙げられると思います。

※39　ダボス会議
毎年1月にスイス東部の保養地ダボスで開催される、「世界経済フォーラム」の年次総会。世界を代表する政治家や実業家が一堂に会して、経済や環境等の、世界が直面する重大な問題を議論する場として注目されている。

※40　メキシコ湾海底油田事故
２０１０年に、メキシコ湾の沖合80キロメートルの海底油田の掘削作業中に起きた原油流出事故。メキシコ湾岸の自然環境、社会生活、漁業、観光業に重大な損害を与えた。

最初に紹介した通り、国際環境ＮＧＯグリーンピースは、20年前のリオ・サミット直前に『グリーンウォッシュ』というテキストを出して、この言葉を世界に広めました。そして２０１２年のリオ＋20の時にも、その続編を発行しています。この時は日本からも多数のＮＧＯがブラジルに行ったのですが、これまたＮＧＯも行政機関も企業も、誰一人として、その情報をつかんでいない。なぜでしょう。捕鯨に関するニュースの影響で偏見があるのでしょうか。グリーンピースは、パナソニックと脱フロン冷蔵庫を開発するなど、いろいろな成果を上げています。どういう思想でやっているのかをきちんと見れば、偏見なく評価することができると思います。

また、国際環境ＮＧＯ ＦｏＥ（フレンド・オブ・アース）は、最近、エシカル購入、つまり倫理的商品の購入活動の最先端に立っています。これから私たちがグリーン購入やサステナブル調達、そしてさらには倫理的な調達へと動くときに、こういうＮＧＯやＮＰＯに偏見を持っていたら、正確な判断ができないことにもなるでしょう。

わざと壊れる製品づくり

最後にコンスピラシー（陰謀）の話をします。発端は1枚の絵葉書でした。米国カリフォルニア州のリバーモアという小さな町に、消えない電球があると。１９０１年から２０１１年まで、この60ワットの電球がついています、という写真入りの絵葉書です。

そこには英語で、１８９７年にＧＥ[※41]に買収されたシェルビー電気がつくった60ワットの電球が、なんと１１０年間×３６５日×24時間つけっぱなしだと書いてあります。通算96万３６００時間ついていることになります。ＬＥＤも顔負けです。つけたり消したりしないからフィラメントが弱まらないのか、それとも、真空の状態が非常に良かったのか。しかし驚きます。消防署の上で誇らしげに灯っている。嘘ではあ

※41 ＧＥ
ゼネラル・エレクトリック社（General Electric Company）。米国に本社を置く世界最大の複合企業（コングロマリット）。１８７８年創立。

りません。

エジソンが発明した電球が売り出されたのは１８８１年です。ところが、その時にすでに耐用時間１５００時間の電球ができてしまった。そして、間もなく２５００時間持つレベルまで行ってしまった。そうしたら、電球メーカーは困ってしまったのです。一度買ったら買い替えてもらえないからです。

そして１９２４年、フィリップスを中心とした当時の大手電機メーカー、ＧＥやタングスラムなどがスイスに集まって、談合をやった。「ポイボス・カルテル」と呼ばれています。１０００時間を超えたら罰金という技術カルテルを組んだのです。今はないと信じていますが、この大量生産・大量消費のためのカルテルは、１９５９年ごろまで続いていたと言われています。

では、皆さん、こういう噂は信じますか。「ソニータイマー」「アップルタイマー」。皆さんの家庭の冷蔵庫は何年もちますか。テレビは何年もちますか。車はなぜ一律に5年間10万キロ保証なのか。どうしてトヨタと日産が同じなのか。考えたことはありますか。

ハーバード大学のジャイルズ・スレイドが書いた『メイド・トゥ・ブレイク』[※42]には、コンピュータなど、わざと壊れやすくつくられているものの話が次々と出てきます。これらを何とかグリーンウォッシュにさせないように動くことが大事です。

最近、１０００年先までデータがもつ半導体メモリが開発されたそうですが、果たして、読み取るほうの機械は、そのころでもあるのでしょうか。私の学生時代には、まだ紙テープに穴を開ける旧式の方法でした。いつの間にかコンピュータランゲージが出てきて、5インチフロッピー[※43]になり、ＭＯ[※44]になった。今はもう、ＭＯソフトを読む手段がありません。大学図書館にもない。今あるＵＳＢ[※45]チップも中身のデータは10年ぐらいで劣化し始めます。フラッシュメモリ[※46]だって、いつまで使えるか分からない。家族の大事な写真を、こんな中に入れては駄目だということです。

※42 『メイド・トゥ・ブレイク』
Giles Slade. 2007 Made to Break—Technology and Obsolescence in America: Harbard University Press

※43 5インチフロッピー
「フロッピーディスク」は記録媒体で磁気ディスクの一種。「5インチ」はディスクの直径（実際には5・25インチ）。

※44 MO
光磁気ディスク（Magneto-Optical disk）。赤色レーザー光と磁場を用いる記録媒体の一つ。

※45 USB
ユニバーサル・シリアル・バス(Universal Serial Bus)。コンピュータ等の情報機器と周辺機器を接続するための規格の一つ。

※46 フラッシュメモリ
データの消去・書き込みが自由で、電源を切っても内容が消えない半導体メモリの一種。

※47 環境経営学会
2000年に設立された特定非営利活動法人。マネジメント・フォー・サステナビリティ確立のための研究活動をしている。

製品よりサービスを売る時代へ

一方で、こういう企業もあります。「うちの車は100年経ってもちゃんと部品があります。砂漠でも、もし故障したら電話をください。ヘリコプターで部品を届けます」。吉村先生（第2講）のお話でも登場したロールスロイスです。最も売れているのは飛行機のジェットエンジンで、1つ20億円、2つで40億円ですが、そんなのは目ではないと。契約した197社が年間1億円払ってくれるからです。つまり、ものを売るよりも、メンテナンスのための正確な情報提供や100年保証などのサービスを売りにしている。こういうやり方が、これからのビジネスモデルになりそうです。

産業革命以降続いてきた大量生産・大量消費という古い商慣行が、はたして正しいのか。それを含めて環境マネジメントを考えるのが、私が会長をしていた環境経営学会[※47]の新たな研究分野でもあるのです。ですから、ガラケーをお使いの方は、できれば10年も20年も長持ちさせていただきたい。それが実験になりますから。将来も部品がちゃんと調達できるかどうかも大事です。

消費者にできることは、いい製品を大事に使って長寿命化を図ること。これは消費者に課せられた義務でもあります。そういう消費者の意向と、企業の素晴らしい技術・製品が生きて初めて、私たちは持続可能な社会を実現できるのでしょう。

SNSでグリーンウォッシュの対象拡大

いまやグリーンウォッシュの対象はテレビや新聞・雑誌の広告だけではありません。ウェブサイト、ソーシャルネットワークサービス（SNS）、そして図表、写真、情報、CSR報告書。これら全部が対象になっています（図5）。しかも、日本に限らず、世界中がウオッチし始めています。なぜなら、さまざ

※48　7つの基本原則
組織の社会的責任に関する国際規格ISO26000で提示されている7つの原則のこと。

まな企業組織や経営のための国際標準の規格ができつつあるからです。最初はＩＳＯ１４００１でした。やがて環境ラベルが始まり、社会的責任の問題にまで触れるようになってきた。人権、労働慣習、環境、公正な事業活動、消費者問題、社会開発。そして、組織のガバナンスの問題です。以上７つの基本原則[※48]は、どれをとっても非常に重要です。ＣＳＲ部門の方にとっては、これらをどうやって自社の発信に書き込むかが大事な課題になります。

　例えば、サービス残業。残業代を払わないと、労働条件に問題ありということで、企業取引先の労働環境チェックでアウトになります。雇用側も働く側も、問題を自覚しておく必要があります。

　こういうふうに変わってきた背景には、これまで社会的な部分や環境のコストを外部化してきたという反省があるのです。

環境という外部化されたコスト

われわれは産業革命以降、ずっと大量生産をやるために資本を動かしている必要がありました。元手が

①マスメディアを用いた全ての広告（個別商品にとどまらず企業全体のイメージ広告も含む）
②品質表示、性能表示、取扱説明書
③ブランド名、商品名
④環境ラベル、シンボルマーク
⑤店頭表示、チラシ、ポスター、看板、旗、のぼり
⑥ウェブサイト、SNSの記事、表示、イメージ
⑦オムニチャネルリテイリング※の商品情報
⑧パッケージ
⑨カタログ、パンフレット
⑩電話での広告、性能告知
⑪CSR報告書、環境報告書
⑫プレスリリース

※オムニチャネルリテイリング（Omni Channel Retailing）
小売業において、より迅速・確実に顧客の要望に応えるために店舗と通販サイトなど複数のチャネルを統合する戦略。

出典：「消費者と社会に役立つ環境主張・表示、コミュニケーションをするための行動ガイド」環境情報発信・メディアリテラシー向上円卓会議、環境市民、2013、p12より引用

図5　グリーンウォッシュの対象

※49 2015年3月現在のガソリン価格は130円台。ミネラルウォーターよりさらに安い。

要るので、株式を公開したりして、お金の出るレバーを無制限に動かしてきた。そして、自分たちの業績以上の資金を市場から調達できるようになると、安価で製品供給する。こういう仕組みでした。

例えば、ペットボトル入り500ミリリットルの水1本は、だいたい100円。1リットルなら200円です。今、1リットルの石油は約170円[※49]ですから、水より安い。石油が採れない日本で、この逆転が起こるのはなぜか。石油には世界中から多額の補助金が投入されているからです。日本は水道の蛇口から飲める水を持っています。世界237カ国のうち11カ国しかない水に恵まれた国なのです。にもかかわらず、豊かな水以上に石油は安くて、私たちはまさに湯水のごとく、大事な化石燃料を使っている。だから私は、小さなエネルギーで経済も私たちの暮らしも動く社会を提唱したのです。

いずれにしても、資源はどんどん減り、最後は枯渇するしかない。汚染された大気や水の浄化に、私たちはいくらお金を払えばよいのでしょうか。今まで自然資本にお金をかけてこなかったために、公共資本が失われているという事

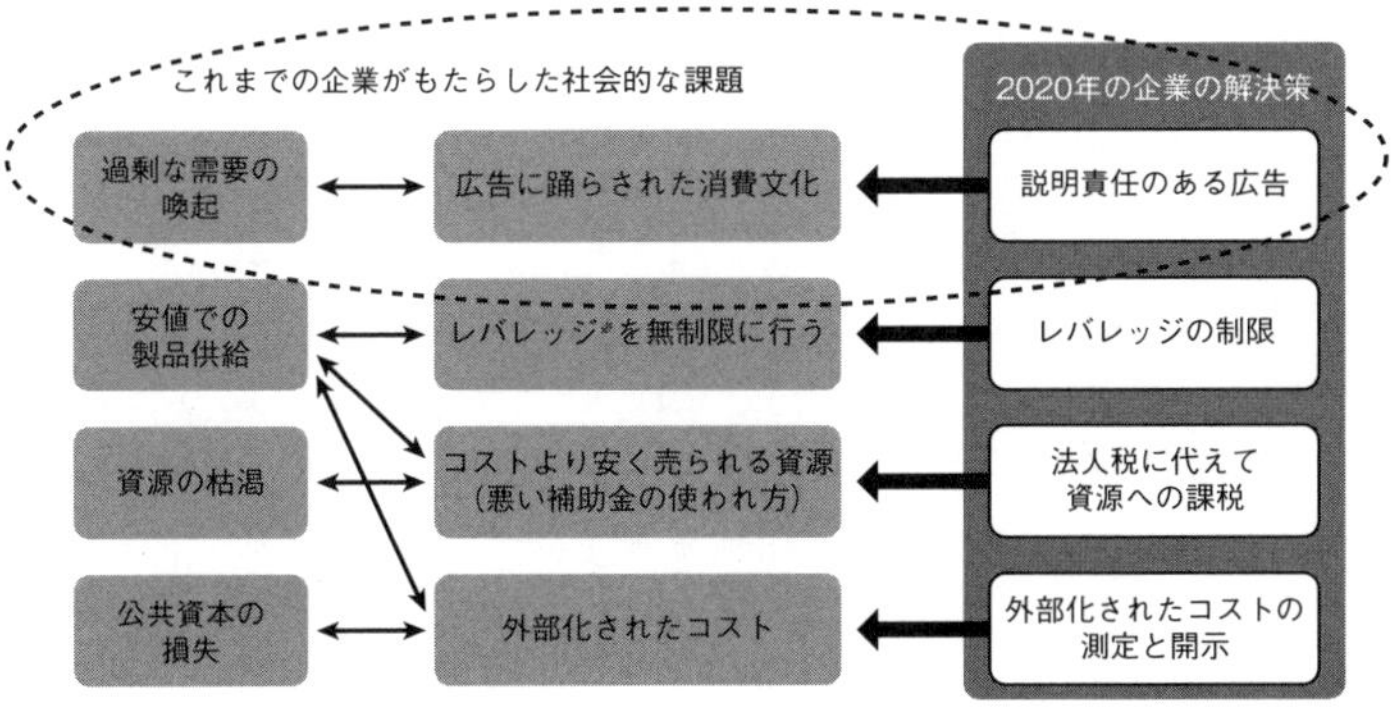

●これまでの企業は、過剰な需要をあおり、安値で製品を供給するなどして、資源の枯渇や環境破壊をもたらした。
●2020年の企業は、経済システムの中に取り込まれてこなかった「環境」という外部化されたコストを測定し、開示することが求められる。

※レバレッジ：てこ（レバー）の作用を意味する経済学用語。主に、少額の投資で大きな利益を得ることを指す。

"Corporation 2020: Transforming Business for Tomorrow's World", Pavan Sukhdev、Island Pr, 2012, p112から中原が翻訳

図6　これまで（100年前）の企業の問題点と2020年の企業の解決策

実に今、私たちは直面しています。

見えないだけの話で、今も日本にはＰＭ２・５が来ている。その原因は全て私たちの大量生産・大量消費にあります。そして何よりも、そういう過剰な需要を引き起こしたのは、消費文化なのです。だからこそ、これからは説明責任のある広告をしないといけないということです（図６）。

そして、自然という大事な資源、環境という外部化されたコストをちゃんと測定して、その情報を開示することです。さらに、元に戻すためのコストを認識し、ただではきれいな空気も水も手に入らない時代に生きていることを自覚しなければいけません。

世界的に有名なエドワード・スノーデン[※50]は、「もはや秘密はない」と語りました。どんなことをやっても駄目だと。ですから、企業のサプライヤーに対する透明性の要求というのも、もう避けることができない問題です。販売員に任せるだけでは駄目で、きちっと末端まで企業が管理する必要があります。

３つの脅威

末端まで管理が必要という背景には、３つの脅威があります。

１つ目は、超小型カメラ。上海の工場の偽装が発覚したきっかけも内部告発でした。

２つ目は、ソーシャルネットワーク。すぐに「いいね！」が集まる。例えば、東京都議のセクハラ発言[※51]も、ソーシャルメディアでいっぺんに広がり、動かぬ証拠であっという間に９万人の署名を集めたわけです。こういう武器を今、私たちは手に入れたわけです。

皆さんに20ワットのスマホを持てとは言いませんが、そこに新たなステークホルダーがあるのです。企業の皆さんには、それを意識しながら、「私たちは素晴らしい倫理的な活動をやっている」という確信を持って、胸を張って環境経営を進めていただきたい。

※50　エドワード・スノーデン
Edward Joseph Snowden
１９８３年〜。米国の情報工学者。国家安全保障局（ＮＳＡ）による個人情報収集を告発したことで大きな話題を呼んだ（スノーデン事件）。

※51　東京都議のセクハラ発言
２０１４年６月18日の東京都議会本会議において、みんなの党会派の女性議員の質問中に、自民党会派の都議会議員から、性的な嫌がらせの内容の野次が発せられた事件。署名サイトにおいて、発言者の特定と処分を求める署名活動が展開された。

グリーンウォッシュ予防策

１００パーセント完璧なグリーン製品というのは、まだありません。ですから、どんな製品も、できたところまでを正確に、20パーセントできました、50パーセントできました、と開示すればいい。これが、グリーンマーケティングの考え方です。従来の売れればいいというマーケティングのあり方では、環境経営は失敗します。

マーケティングチームをきちんと訓練すると同時に、お店の最前線で働いている人たちの、従業員教育もしっかりとやることが大切です。

それから、ＬＣＡデータを含んだ第三者の検証。それも、いつ検証したかを正確に出さないと駄目です。さらに第三者認証付きのエコラベルなど、信頼できる環境基準を表示する。そうやって市場を変えていきましょう。１００年前の市場のあり方のままでは、私たちに未来はありません。以上を踏まえて、ぜひ今一度、環境経営のやり方を見直していただければと思います。

Q持続可能な消費は、物質面だけではなく、精神面でのバランス感覚に頼らざるを得ないように感じる。パラダイムシフトのためには幼児期からの学習も重要だろう。精神面への取り組み事例は？

A共働きが増え、今は子どもの身近に親がいない。働く大人の姿を見せるために企業が会社訪問を受け入れる時代だ。もう「背中を見ろ」と態度で示す昔のような家庭教育は望めない。それに家庭単位だと人様に干渉されたくないという気持ちも起こる。

だから、個人や家庭という小さな枠組みでの価値観やライフスタイルの変化に任せているだけでは、サステナブルな社会への移行は絶対にうまくいかない。社会システムとして教育の中でやらなければ無理。それも大人ではなく、次世代への教育が大切だ。

分け前が減っても、一人より大勢で食べるケーキのほうがおいしい。そういう共有の精神、協働の精神を教えていく。地球も、先進国・途上国みんなのもの。私が力説するシェアリング・ザ・ワールドという考え方だ。なお、本当にシェアしていくためには、信頼関係を築くことも大事。

Q環境コストを内部化したい。前回の増井先生（第7講）はどちらかというと反対のご意見だったが、なんとか製品価格に反映させたいと思っている。あらゆる環境をコストに換算する手法はあるのか？

A二酸化炭素ならカーボンフットプリントというように、一つずつには手法がある。生態系サービスの経済的評価も、森林消滅1ヘクタール当たりいくらなど、計算が実はできている。こういうカネ勘定が一番うまいのは損害保険業界。温暖化による自然災害とその経済的被害など、損害賠償金を払うために、あらゆる角度から評価をきちんとやっている。

その証拠に、タイの3年前の大洪水[※52]の時、半導体工場で地下水を吸い上げて地盤沈下を起こし自ら被害を拡大させた日本企業に対して、保険会社が、また同じことをやったら保険の適用はないと通告した。査定や賠償金など企業秘密なので公にならないが、保険会社は算定のための技術やツールを持っていると考えたほうがいい。実際、保険業界に協力している研究者も非常に多い。

※52　タイの3年前の大洪水
２０１１年にタイ北部のチエンマイ県から、中部のバンコクまで、幅広い範囲で起きた大洪水。7月から3カ月以上続き、死者４００人以上、２５０万人が影響を受けたと言われている。主要な工業団地も浸水被害を受け、多数の日系企業・工場が被災。自動車や電子機器生産のサプライチェーンに重大な影響が出た。

Q保険会社の算定の手法は今の市場経済の中での話。環境コストは今のところ外部化されているから、他のところでアイデアを出さないと、環境問題はうまくいかないのでは？

Aでは、きれいな空気に、いくら支払いますか？　という話になる。（質問者・先ほどのガソリン価格だって、本来なら、もっと高くすべき。）いい答えが出た。これは環境政策という分野になってくる。そういうポリティカルな意思決定次第で、経済はどうにでも動く。国民や企業が共通認識さえ持てば、炭素税の導入もやむを得ないということになるだろう。

Q化粧品メーカーにいると、グリーンウォッシュと思われる嘘くさい材料メーカーが売り込みに来る。グリーン購入ネットワークで、そういういかがわしい企業のブラックリストをつくってくれないか？

Ａ（グリーン購入ネットワーク職員）思いがけないご意見だった。信頼のおける情報開示に努めている団体なので、開示していけるか考えていきたいと思う。

（以下、中原）

元会長としては、ちゃんと指導していきたい。しかしＵＬ規格の調査結果にあった通り、95パーセントもの製品がグレーゾーンにある。「エコ商品ねっと」の掲載品目の中にも紛れているのではと思うぐらい、非常に巧みにウォッシュしている。やはり技術や表示のつくり方を一番よく知っているのは、その企業自身。内部の連絡が悪いと虚偽の表示などを見過ごす場合もあるが、そういうミスを組織としてどうなくしていくかが大事。ＩＳＯ２６０００はガバナンスのあり方について重要な指摘のある大変素晴らしい国際規格なので、ぜひ御社にトップランナーになっていただきたい。

Ｑ環境にやさしいということで、洗濯の合成洗剤を石鹸使用の洗剤に替えたら、石鹸かすがたまって、しょっちゅう洗濯槽を洗うための洗剤を投入する羽目になった。メーカーに悪気はないが、実際に使って、かえって環境に悪いような弊害が出た場合、これもグリーンウォッシュなのか？

Ａもし環境にいいということで石鹸洗剤を使ったなら、グリーンウォッシュだ。なぜなら、石鹸洗剤はＢＯＤ[※53]を一気に増やすから。有リンか無リンかという化学的な問題だが、昔は有リン洗剤で富栄養化が問題になった。そうかといって、石鹸にすれば水が濁る。「粉石鹸運動」が起きた当時は、とにかく有リンから無リンに替えましょうということで手打ちをしたということだ。

一番怖いのは、私たちの暮らしが、どんどん実感を伴わないものになってきていること。昔のように手で洗っていれば、手が荒れてくるから安全性の問題に気が付くが、洗濯機だと分からない。掃除機が大量のダニの死がいを巻き上げていても見えないから分からない。

どんなテクノロジーにもプラス面とマイナス面があり、なかなか１００パーセントはない。だから、「スルホン酸[※54]でやれば、石鹸かすがこれだけ減ります」などとエビデンス（証拠）を出して説明していれば、それはグリーンウォッシュにはならない。

※53　ＢＯＤ
生物化学的酸素要求量。水質指標の一つ。水中の生物分解性有機物が微生物によって分解されるのに必要な酸素量を測る。数値が高いほど水質は悪い。

※54　スルホン酸
スルホ基をもつ化合物の総称。不溶塩（いわゆる石鹸かす）を発生しないので、中性洗剤などによく使われている。

Ｑグリーンウォッシュがあるから、ラベリングについても、かなり厳しい目で見ていく必要があるというお話だったが、フェアトレード関係のラベリングについても同様か？

Ａフェアトレードで、本当に貧しい国の子どもたちが学校に行けるぐらいの状況になっているのかを、現地を訪問してチェックしようという運動が、チョコレートに関しては起きている。持続可能な漁業で獲れたというＭＳＣの魚も、本当は調べて見なければ、どこから来たか分からない。

だから、今後いろいろな国際認証を得てビジネスをやる時は、やはり一度は現地を確かめてみないと。そのいい証拠が例の上海の事件。見に行くことで、「マックが来るとうるさいから」と工場に緊張感が走る。それをやらずに「マクドナルドさんがやっているから」と信用していた企業は痛い目に遭った。

Ｑ「７つの罪」と言うが、あれは全部、実はＬＣＡ絡みでは。グリーンウォッシュは、インベントリ分析[※55]がちゃんとできる一方でインパクト分析[※56]が不完全。そのため、トータルで、その製品が比較製品より良いのか悪いのかの判断が曖昧になる。部分的改良しかできないから、結局、先ほどの石鹸の問題のように、具体的な状況や政治的な状況によって選択していかざるを得ないという大変苦しい状況だ。LCA的にきちんと分析してグリーンウォッシュを整理し直すべきでは?

※55　インベントリ分析
ライフサイクルの各段階で出入りする物質を定量的に算出すること。

※56　インパクト分析
インパクト評価とも呼ぶ。資源消費、地球温暖化、など環境影響領域ごとに、対象製品の与える負荷を定量的に算出すること。

A いわゆる環境的影響評価と、もう一つの社会的影響評価のバランスが少し崩れていると感じる。大事なのは、いかに社会的な影響をきちんと評価していくかということ。ISO26000のところで述べた7つの中核主題をバランス良く見ていく必要があるだろう。

児童労働を例に挙げれば、100年以上前につくられた富岡製糸場に素晴らしいフランスの技術が導入された一方で、長野の製糸工場では女工哀史の問題が起きていた。最近も、ナイキのシューズやサッカーボールの製造過程で問題が発覚してナイキボイコットが起きた。そういう社会的な部分をきちっと見て初めて、われわれの価値観やライフスタイルはエシカル調達に向かうのではないか。それが、新しいわれわれの日本社会、日本企業のあり方だと思う。

第3部　サステナブル経営に向けたコミュニケーションのありかたとは

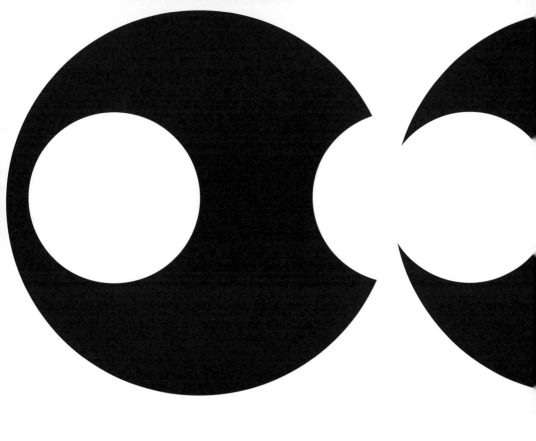

限りある自然資本を次世代につなぐ責任

第9講　環境倫理と企業経営

加藤尚武（京都大学 名誉教授）

加藤尚武（かとう・ひさたけ）/1937年東京都生まれ。人間総合科学大学特任教授。京都大学名誉教授。1963年東京大学文学部哲学科卒、1969年山形大学教養部講師・助教授、1972年東北大学文学部助教授、1982年千葉大学文学部教授、1994年京都大学文学部教授、2001年鳥取環境大学学長、2007年東京大学医学系研究科、生命・医療倫理人材養成ユニット特任教授、2009年から現職。著書に『新・環境倫理学のすすめ』（丸善出版、2005）、『ヘーゲル哲学の形成と原理』（未来社、1980）、『災害論』（世界思想社、2011）、『図解スーパーゼミナール環境学』（東洋経済新報社、2004）、『人間と地球の未来を考えるための30のヒント』（丸善出版、2011）、『共生のリテラシー』（東北大学出版会、2002）、『環境と倫理―自然と人間の共生を求めて』（有斐閣、2005）など。

※1　見えざる手
「経済学の父」と呼ばれる18世紀の経済学者アダム・スミスの『国富論（諸国民の富）』で使われている言葉。市場による資源配分の調整機能の比喩として有名。

※2　ミルトン・フリードマン
Milton Friedman
1912〜2006年。米国の経済学者。

※3「マーケット・フェイラー（市場の失敗）」
市場メカニズムに委ねるだけでは資源の効率的配分が達成されず、社会的に望ましくない結果がもたらされること。環境問題や廃棄物の不法投棄の問題などが典型とされてきたが、近年、社会的費用の概念が拡大された結果、貧困や格差の問題なども「市場の失敗」に含まれるとする考え方も主張され始めている。

市場経済に倫理は不要か

今回は環境倫理の基礎理論の話をします。「倫理」という言葉は、ある時期、われわれの社会文化の中から消滅しそうになりました。市場経済には「見えざる手」[※1]が働くから、外部的な要因である倫理は不必要であるという言説が広まったからです。見えざる手というのは、各人が自己の利益を最大限に追求することによって、自動的に社会的、公共的な目的が最大限に達成されるという考え方です。

さらに、ミルトン・フリードマン[※2]は、倫理性は不必要であるばかりか、かえって害にしかならないと言いました。この考え方はとても強くて、環境倫理学を主張する私のことを、「市場経済の見えざる手のことを何も分かっていない素人だ」とこき下ろす経済学者もいるぐらいです。

ところが、「マーケット・フェイラー（市場の失敗）」[※3]という概念が、1970年ごろから出てきます。マーケットは公共目的を必ずしも達成できないという考え方です。もう一つ、「ガバメント・フェイラー（政府の失敗）」という概念も登場しました。

立法機関と行政府、つまりガバメントは、適切な立法や行政措置によって、さまざまな問題に対処している。だから、個人と企業は、「違法行為をしない」という最小限の原則さえ守れば十分であって、それ以外に、自己の利益を犠牲にしてまで倫理的な行動をとる必要はないと、当初は考えられていました。市場経済と民主主義的なガバメントが有効に機能すれば、これでうまくいくはずだったのです。ところが今、倫理が叫ばれる世の中になっている。つまり、市場もガバメントも思ったようには機能しなかったわけです。

ミルトン・フリードマンは、市場経済の自立性を非常に強く主張した学者でした。「市場経済万能主義」を象徴する存在であり、今も相変わらず経済学の世界では、支持者も多ければ叩こうとする人も多い。経済学部の学生に経済学者のリストを見せて、「誰がミルトン・フリードマンに○を付けるか×を付けるか答えなさい」という試験問題を出したら、非常に勉強になるでしょう。

ミルトン・フリードマンの主張は極めて簡単です。経営者の任務は、株主の利益の最大化であり、それ以外の目的のために企業の資源を費やすのは邪道である。特に、美術館をつくったり、文化賞を創設して毎年巨額を投じたりする行為は、株主の直接的な利益に結びつかないから間違っているし、無益だし、むしろ有害だと。雇い主すなわち株主の欲求は、「法律や倫理的慣習で具体化されている社会の基本的なルールを守りつつ、できるだけ多くのお金を稼ぐこと」である。もちろん悪いことをやっていいとは言わないが、基本的なルールさえ守れば、あとはお金儲けに専念しなさい。これが、ミルトン・フリードマンの立場です。1970年9月13日に『ニューヨーク・タイムズ』に出た論文「ビジネスの社会的責任とはその利潤を増やすことである」が大変有名です。私も児玉聡氏に翻訳してもらって発表しましたが[※4]、論駁がほとんど不可能と思えるほど説得力があります。

経済学者としてマネタリズム[※5]の立場を確立したミルトン・フリードマンは、マネーの動きについての膨大な実証研究でノーベル賞を受賞しました。

最近、青木昌彦[※6]の経済学入門を読んだら、後ろのほうに、ミルトン・フリードマンとの対話が掲載されていました。それを読むと、ミルトン・フリードマンの言っていることは非常によく分かります。つまり、市場経済の調整機能が妨げられる一番の要因は、国家の干渉によって資金の流量が制限されることだ。その結果、資金が潤沢にある下での自由競争の機能が阻害されて、自由競争以外の要因によって資金が配分される。つまり、資金不足にならないように政策者は考えなければならないと言っているのです。実に見事な主張で、これも論駁は難しい。

※4
トム・L・ビーチャム、ノーマン・E・ボウイ編『企業倫理学1——倫理的原理と企業の社会的責任』（晃洋書房、2005）

※5 マネタリズム
経済学の一派。政府の干渉を嫌い市場の自由を主張する。ミルトン・フリードマンが中心となってシカゴ学派を形成し、従来のケインズ学派に対峙した。

※6 青木昌彦
1938年〜。経済学者。スタンフォード大学名誉教授、京都大学名誉教授。近著『青木昌彦の経済学入門〜制度論の地平を拡げる』（筑摩書房、2014）にある「ミルトン・フリードマンとの対話」は、2000年の対談（読売新聞）の再録。

ミルトン・フリードマンの誤り

このミルトン・フリードマンの「金儲けが企業の目的だ」という考え方は、所有と経営の一体化を前提としています。つまり、従来の経済活動は、銭を持っている人がリスクを賭けて投機して金を儲けていました。

ところが、アドルフ・バーリとガーディナー・ミーンズは、1932年の著作で、すでに新しい企業形態を指摘しています。この経営学の領域では有名な『近代株式会社と私有財産』[※7]によれば、資本主義社会は、そういう段階とは全く異なるものに変わってきている。所有と経営が分離しているというのです。

建前では企業の所有者は株主だと言うけれど、実際は、株主は何の決定権も持たない。経営者という独立の集団があり、それが「サラリーマン重役」と呼ばれる立場で決定権を行使しているのが、近代株式会社制度の特徴だというわけです。

すると、いわば所有主は経営行動において自己の所有物をリスクにさらしてはいない。もちろん株価が下がれば株主の不利益になりますが、リスクを直接負うようなものではない。所有と経営が一体化していれば、「会社が危ないから株を売って逃げる」というような行動はとれませんが、所有と経営の分離の下では、容易にリスクを回避することができる。

ですからフリードマンの言う「株主からの受託者が経営者なのであって、企業が利潤の追求以外のことを行うのは受託主の利益に反するから不正だ」という考え方は、この新しい状況の中では成立しないのです。

市場主義の誤り

※7『近代株式会社と私有財産』北島忠男訳（文雅堂書店、1958）。最新刊は森杲訳『現代株式会社と私有財産』（北海道大学出版会、2014）。
1932年に米国の経済学者のアドルフ・バーリとガーディナー・ミーンズが書いた。
The Modern Corporation and Private Property（Adolf Berle and Gardiner Means）

実際問題として、企業経営の中で、1932年以前なら考えられなかったことが起きています。企業活動そのものの中に、単なる合理性以外の要素が入ってきているわけです。

一つはイノベーションという問題です。今や企業は、常に次のイノベーションの可能性を用意しておく必要がある。潜在的にイノベーションを追求し続け、次々と先取りしていく構造を持っていなければなりません。

もう一つは、ブランド性です。例えばココ・シャネルの5番の大ヒットの理由は、いわゆる市場原理では説明できません。同業他社の製品群の中で最も良質で安価だったから成功したというのは真っ赤な嘘で、実際の伝記的なストーリーには全く当てはまらないのです。

ココ・シャネルは当時、相当お金に困っていて、ロシアの亡命貴族と付き合っていました。その貴族の取り巻きがつくってみせた合成香水の1つを彼女が買い取り、最初から「5番」という名前を付け、ボトルもデザインして売った。1番は無いのです。それまで香水といえば、「月夜の夢」や「王者の喜び」などロマン派的な名前が付いていたのに、極めて機能的な名前で売った。それによって、「この香水を通じて自分も高級文化に参加できるのではないか」と庶民に思わせるという意外な効果が生まれました。天然香水ではないので、原価は極めて安い。香水の客観的な評価からいえば、俗悪な低級品です。ところが、それまで香水を知らなかった庶民の間には、自分の生活の中に上流階級の文化が入ってくるような錯覚が起こり、「パリ土産はシャネルの5番をお願いね」という観光名物にもなった。

こういう「ブランド効果」を考えると、利潤の追求というものは、そんなに簡単に言えるものではありません。最近では、ソニーの業績悪化について、たくさんの論文が書かれています。「あらゆる企業は、経済的な合理性では説明できないようなブランド効果を達成した時に、高度の利潤体制に入っていく。単なる合理性だけを追求していたのでは、企業は存続できない」というような論文です。ソニーの経営者の頭の中には、「良いものを安く売れば絶対売れる」という、頑固な合理主義があり、それがソニーを衰退に導いたと分析されているわけです。

環境問題を組み込んでこなかった市場

金銭的に評価されていないものは、市場主義の要素に含まれません。例えば、2人の人が1日ほぼ同じ仕事をする。1人の男の女房は非常に金持ちで、いざとなったらいくらでも資金を使うことができる。一方の男は貧乏人で、給料をもらえなくなったら、あっという間に飢え死にしてしまう。そうすると、能力が同じであっても、投資の能力、潜在的な能力という観点では全く違う評価になります。ところが市場というのは、あくまであらゆる対象物が金銭的に評価され、価格を通じて調整が成り立つ。だから、潜在的なものは、市場調整の中に入っていかないわけです。

環境の観点から言えば、廃棄物。これは温暖化や鉛害などの実害をもたらすけれど、無料で廃棄されていれば全くカウントされていません。つまり、市場調整が完全に合理化されていた場合には、あらゆる廃棄物は放置されかねないわけです。だから、こういう経済外的なものを、経済内的なものに組み替えることが、要求されています。埋蔵されている未開発の石油や資源、水資源など商品化されていない資源も、市場の外にあります。

それから、ある企業が運送費を使うと、それに伴って温室効果ガスが排出されますが、その量は会計報告書には載らないし、載せてはいけない。なぜなら、温室効果ガスはタダで大気圏へ排出できるからです。

ところがＣＳＲ報告書では、たとえタダでも、「うちの企業は企業活動全体を通じて、これだけの二酸化炭素を大気圏に排出しています」ということを報告します。今まで計上されていないものをカウントの

※8 竹内啓
1933年〜。統計学者、経済学者、科学史家。東京大学名誉教授、明治学院大学名誉教授。

中に組み込んでいかないと、環境問題というのは不当な扱いを受けてしまうわけです。

素人の手の届かないところにある市場

市場のもう一つの問題として、実体経済からの乖離があります。実質的な商取引に必要な貨幣の量をはるかに超える量の貨幣が、金融商品として動いているのです。統計学者の竹内啓氏[※8]によると、それは世界全体で何百倍もの規模だと言います。ミルトン・フリードマンは、お金が不足するから市場経済の調整装置が働かないと言ったけれど、現在はこれだけのお金が投機されているのです。

また、さまざまなリスクを含む金融商品が開発されて、その商品の価値や価格の安全性については、専門の格付け機関の情報を信用するしかなくなっています。買う人の合理的な判断が実質的には働きません。

米国で起きたサブプライム住宅ローン危機は、その最も顕著な例でしょう。住宅ローンの焦げ付き債権を買って、そこに、ある一定の割合のリスクを付けて売れば、あるレベルまでは回収される。そして、それをまた商品化する。こういうリスクを含むものが、金融商品としては成り立つのです。

ここには、実は特許法の問題も絡んでいます。日本の特許法では、「新規性があって、有益性があって、自然科学の法則を利用したもの」という特許の定義があります。ですから、例えば白金を使って自動車の排気ガスを浄化する装置をつくった場合、従来なら1グラム使っていた白金を微粒子にして2000倍の効率で使うというような技術を開発すれば、それは特許になるわけです。

では、先ほどの、みんなの借金の証文を集めて、それを債権化するというのは、特許になるのでしょうか。こういうものを、ビジネスモデル特許と呼びますが、日本の特許法では、本来これを認めていません。しかし米国の特許法では、ビジネスモデル特許を認めることができる。それで、特許法の国際的な調整ということで、日本でも実質的には認めることになっています。

実は、「ねずみ講」[※9]というのも、一つの金融商品であり、ビジネスモデルです。日本では、法律でこれを禁止の対象にして、ビジネスモデルとしては認めないと定めていますが、その他にも、金融商品の特許というのは、いろいろ考えられるわけです。

投機というのは、投機に参加する人がそのリスクについて自由に判断して売買します。そして、それが市場全体として、とんでもない間違った方向に走っていくのではなく、自然にうまく調節されて、結局は合理的なところで価格が均衡する。もし間違った商品を開発すれば、それは売れ行きが止まったり、破産したりすることによって調節されるようにできている。本来は、そういうものでした。

もしこれが本当で、インチキ商品が必ず淘汰される仕組みが機能しているのなら、どんな金融商品をつくっても問題ないはずです。けれども実際には、一人一人の株主や投機主が自由に判断することによって市場全体が均衡し安定化するというのは、もう嘘だろうと思うのです。

ところが経済学の論文を見ると、いろいろな金融商品があっても、「見えざる手」の一種で、ちゃんと社会的に均衡するということが、およそ理解しがたい難しい数学を使って説明してある。つまり、市場というものが実体経済から乖離して大変大きくなり、しかも、われわれ素人の手の届かないところへ行ってしまったのです。

巨額の富は刺激剤

さらに、もう一つ、インセンティブ（刺激剤）のコストという問題があります。誰でもお給料は高いほうがいいと思うでしょう。実は、哲学を選んだ私は、一生涯、冷や飯を食う決心をしていましたから、お給料が高いか安いかなんて考えられなかった。就職口があって、勤務時間が短くて食費が賄えれば、もう

※9　ねずみ講
無限連鎖講のこと。1978年に公布された「無限連鎖講の防止に関する法律（ねずみ講防止法）」によって禁止されている。厳密には、「特定商取引に関する法律」で定義される「連鎖販売取引（しばしば、「マルチ商法」とも呼ばれる）」は、「ねずみ講」ではないが、両者を総称して使われる場合もある。

十分に理想的だと考えていました。でもどうやら、そういう人は相当まれで、普通の人は、お金が高いほど、より良い仕事だと思うようです。

ポール・クルーグマン[※10]が言うには、米国では、1970年代と比べて、上位0・1パーセントの人の所得は5倍に増え、0・01パーセントの人は7倍になっているそうです。つまり、お金持ちはさらにお金持ちになって、貧乏人はさらに貧乏になっていく。いわば社会的な不均衡が拡大することによって、米国の富は増大している。所得格差を拡大する形で富を配分しているわけです。彼の本には、「米国のトップクラスでは、年収1000万円のためなら働かない。ボーナスだけでも1億円以上もらわないと元気が出ない」と書いてあります。証券会社のディーラーなど、大変大きなお金を動かす人たちは、こういうふうな世界で働いているということです。かつての西部開拓時代の米国からは全く想像もつかないような社会です。

トリクルダウンは機能していない

お金をたくさんもらうから、よく働く。要するにお金は刺激剤です。この目の前にぶら下げるニンジンのためのコストが非常に大きくなっていて、そのコストを維持するために利潤が上げられる。しかし、その利潤は、みんな上のほうに吸い上げられています。

これまで、資本主義社会というのは確かに富の不平等をもたらすけれど、社会全体が豊かになると、自然に全ての人々を潤すという「トリクルダウン[※11]（trickle-down）説」が信じられてきました。ワイングラスをピラミッド型に並べて一番上からワインを注ぐと、クルクルクルッと下まで流れていって、全部のグラスに入る。それと同じように、巨額の利益が上から流れ、多少の差はあっても、いずれ全体に行き渡ると。例えば私が毎月1億円もらったら、近所のラーメン屋から、畳屋、カーテン屋、屋根屋、庭師など

※10　ポール・クルーグマン
Paul Robin Krugman
1953年〜。米国の経済学者、コラムニスト。プリンストン大学教授、ロンドン・スクール・オブ・エコノミクス教授。

※11　トリクルダウン
Trickle-down
富裕層が経済的に豊かになることで、最終的には「しずくがしたたり落ちるように」貧困層も豊かになり、全体に富が行き渡るという考え方のこと。

に、毎月1億円を全部周りの人に振り撒くので、トリクルダウンになります。しかし実際には、これが全然機能していない。金持ちが金持ちになっても効果が上がらないことが、今、非常にはっきりとしてきているわけです。

自然人と法人の違い

自然人というのは生身の人間のことです。法人というのは、法律上は人格として認められているけれど、実際は「椅子」にすぎません。しょっちゅう首が替わるのです。法人の長である社長も、誰がなってもいい。この法人というものが、企業では、自然人に代わる実体となっているわけです。

自然人の場合には、そんなにひどい人間は、なかなかいません。ネコの解剖をしたから、ついでに今度は友だちを解剖するという人は、万が一いたとしても非常にまれです。そして、だいたい社長というのは人望があり、社長が「こうしよう」と言えば、周りの人も社長と同じ気持ちになって働こうという意欲がわく。いわば、そのような自然人の持っている特性が、その企業集団を動かす力になって、その集団全体の競争力にも結びついていくわけです。

ところが、法人そのものには、そういう機能はありません。自然に何となく社会貢献が達成されるということはないのです。だからこそ法人は、より高い目標を具体的に定めて、「企業として、こういうことを達成します」と社会的に約束をする。そして、それを企業活動の中に組み込んで達成しなければなりません。利潤と合法性だけでいいという考え方に対して、企業は合法性を超えるような社会貢献を果たすべきだという考え方が、最近になって、強く出てきたわけです。

倫理的企業人とは

※12　稲盛和夫
1932年〜。実業家。京セラやKDDIの創業者。

徳倫理学という考え方があります。やはり、個人の影響力や個人の持っている信用度を抜きにして経済活動も産業活動も成り立ちません。その典型例が稲盛和夫氏[※12]です。稲盛氏個人の人柄の良さが、競争力や意欲をつくり出す効果を持っているわけです。そして、そうしたものがないと、実際に、いろいろ困るのです。

例えば、ＳＴＡＰ細胞の事件[※13]でもそうですが、研究費は、性善説[※14]に基づき、結果が出る前に配分されています。ノーベル賞をもらうような成果を出したから研究費をやろう、という順序では無理で、成果が出る前に見込みを立てて配分するのです。それが成功しなければ、わが国の研究は維持できません。では、いったいどういう基準で研究費の配分をするのでしょうか。

実際、研究費の不正というのは、ものすごい額です。先日も製薬会社のデータの不正が発覚しました。病院などは、20億円ぐらいの高価なものを一括で購入したりしますから、そういう中で、やはり不正は数限りなくある。

科学というものは、成果主義では実際に機能しません。機能すればいいのですが、しないのです。だから、どうしても人物がしっかりしているかどうかを見ておかないと、さまざまな開発ができないことになります。

これまでに見てきたように、市場調整には限界があります。まず、廃棄物や資源が金銭的にカウントされていません。外部不経済の内部化[※15]が必要ですが、今のところ、まだ社会的なシステムとして完成されていない。次に、市場が実体経済から乖離しています。巨大になったインセンティブが顕在化しているのも事実です。最後に、所有と経営が分離して、法人が独走し、自然人の持つ倫理性が法人に欠如している。

このような状況なので、どうしても企業は今、企業活動の倫理性を独自に考えていく必要があるのだと思います。

※13　ＳＴＡＰ細胞の事件
ＳＴＡＰ細胞とは「刺激惹起性多能性獲得細胞（Stimulus-Triggered Acquisition of Pluripotency cells）」のこと。さまざまな種類の細胞に分化する能力を持つ、多能性幹細胞の一つ。２０１４年１月に独立行政法人（現国立研究開発法人）理化学研究所が世界で初めてＳＴＡＰ細胞の作成に成功したと発表したが、後に論文捏造が明らかになり、大きな社会問題となった。

※14　性善説
人間の本性は基本的に善であるとする考え方。これに対して、人間の本性は悪であり、努力・修養によって善の状態に達することができるとする考え方を「性悪説」と呼ぶ。

※15　外部不経済の内部化
ある主体の経済活動が、市場を介さずに他の主体の経済活動に及ぼす影響を外部効果と呼び、良い影響の場合は「外部経済」、望ましくない場合は「外部不経済」と呼ぶ。この「外部不経済」の典型が公害。「内部化」は、その外部不経済の費用負担を、市場メカニズムの中に組み込むこと。

地球は有限である

さて、それに対して環境倫理学は、3つの主張をしています。1つ目、地球は有限だ。当たり前です。2つ目、世代間倫理。単に現在の世代の利益を求めるだけではなくて、将来の世代の利益を考えに入れなければいけない。3つ目、あらゆる種の生存権。人間という生き物だけではなくて、あらゆる生物種を絶やさないようにしなくてはいけない。それぞれ、経済学、政治学、法律学に対する主張です。

1つ目から見ていきます。経済学者の中には、地球は有限だという考え方に反対する人がいます。まさかと思いますが、実際にいる。

地球有限主義が出てきた背景には、人間のつくった工業文化が地球全体の運命を左右するほどに大きくなっている現状があります。地球は有限だということを、社会制度全体の基礎に置かなくてはならないのです。

ではなぜ、これを否定する経済学者がいるのでしょうか。それは、経済学の立場というのは、お金にカウントされたものだけを見るからです。例えば石油であれば、掘られて商品になってからが、経済学にとっての石油です。経済圏の外部、つまり自然界から、経済の世界に資源が流入してくる限り、資源は「ある」と想定していい。つまり、事実上無限として扱うというわけです。

資源変動説における石油の扱い

資源変動説では、例えば埋蔵石油について、3つのことを言っています。

まず、存在の確率レベルでの違い。石油の埋蔵量は、確実にあるかないかというレベルで分かるのではない。80パーセントの確率で存在すると言える石油と、10パーセントの確率で存在すると言える石油というふうに、あらゆる資源量に確率がついて回るわけです。低い確率を採用すれば、埋蔵量が増加するのは当たり前です。

次に、技術レベルの違い。採掘方法によって、採掘可能の概念が変化します。

最後に、経済レベルの違い。石油埋蔵量といっても、1バレル20ドル以下で採掘できる石油というふうに、価格との相関関係でしか決定できない。だから資源というのは、社会科学的な概念として変動するという主張です。

ここに、大変有名な石油の埋蔵量のデータ※16があります(図1)。1987~1990年に埋蔵量が増えています。一般的には、埋蔵量というものは地球の中に客観的に存在する量だから、増えるはずがありません。しかし、先ほど挙げた3つの観点からすれば、埋蔵量が変化しても、別におかしくはないということになるわけです。

ところで、この大幅な増加については、石油産油国機構の中で発言権を得るために一部の国が埋蔵量を政治的に加算した結果だという説もあるようです。※17

それから、相対的な資源量の増加を示すデータもあります(図2)。1970年代に、ある一定量の働きをす

※16 石油の埋蔵量のデータ　石油の場合、現在の技術で経済的に回収できる可能性が90パーセント以上のものを「確認埋蔵量」、回収できる可能性が50パーセント以上のものを「推定埋蔵量」、10パーセント以上のものを「予想埋蔵量」と呼ぶ。そのため、技術開発によって回収コストが下がったり、同じコストでも、他の資源の価格の高騰によって競争力が上がったりした場合には、「埋蔵量」が増加する。なお、経済的に回収不可能なものまで全て含む資源の総量は「資源量」であり、「資源量」と「埋蔵量」は区別されている。

※17 政治的に加算した結果だという説　参考・小山茂樹『石油はいつなくなるのか』(時事通信社、1998)、岩瀬昇『石油の「埋蔵量」は誰が決めるのか?』(文藝春秋、2014)。

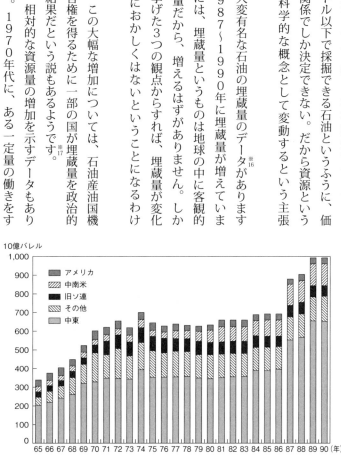

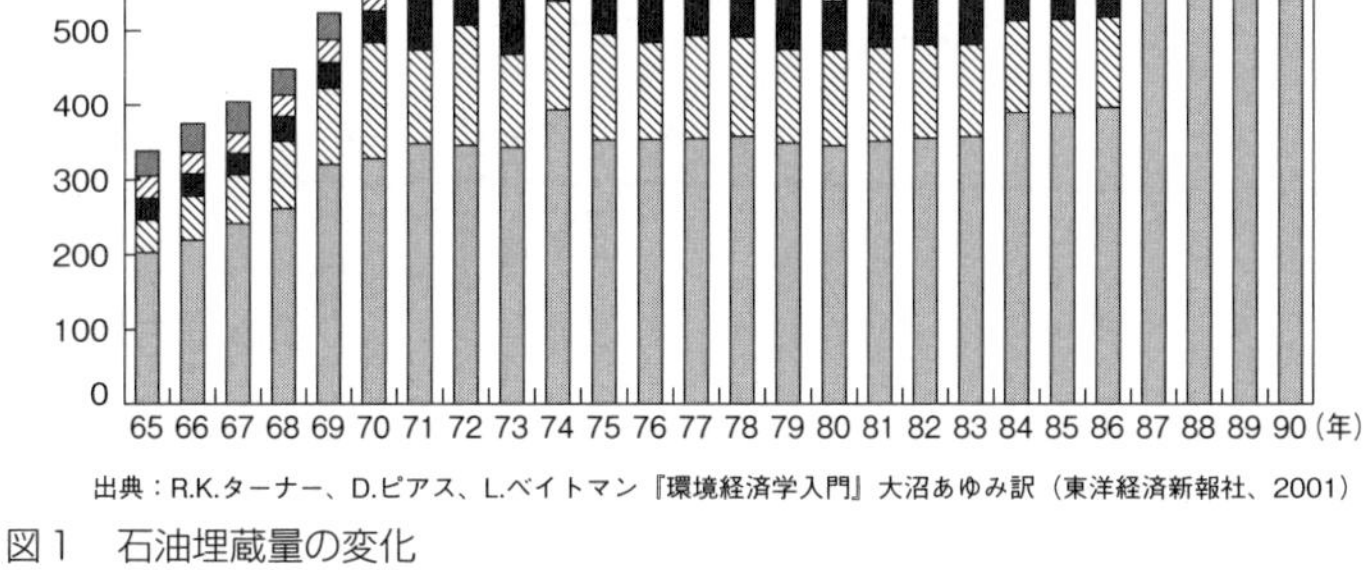

出典：R.K.ターナー、D.ピアス、L.ベイトマン『環境経済学入門』大沼あゆみ訳（東洋経済新報社、2001）

図1　石油埋蔵量の変化

るのに石油が100必要だったとすると、1990年代には、68の石油で同じ働きができるようになっている。つまり、石油の消費効率が非常に向上したために、石油の産出量そのものが変わらなくても、日本や英国の場合には、得られる製品が30〜40パーセント増加しているという説明です。石油の実質的な資源量は変動するという説は、こういう効率の観点から言われているわけです。

そしてその結果、「見えざる手」として、「もしある財に対する需要が供給よりも多かったなら、その財の価格は上がって、生産意欲を強めます。例えば1970年代後半から80年代前半にかけて、石油の価格は上がりました。そのとき、新たな油田を発見することや、石油を節約することに、非常に多くの工夫が行われました」（ジエフェリー・ヒール『はじめての環境経済学』細田ほか訳、東洋経済新報社、2005年より引用）。

価格が上がると新しい資源開発などが行われるようになるという最近の例が、シェールガス開発です。今までは、石油の産出量の上限がいつやってくるかという予測問題があり、そのピークオイル説[※18]を認めるか認めないかという論争が多かったのですが、それが今はシェールガス問題に変わってしまった。そして、米国がサウジアラビアと同じような産油国になるという説が

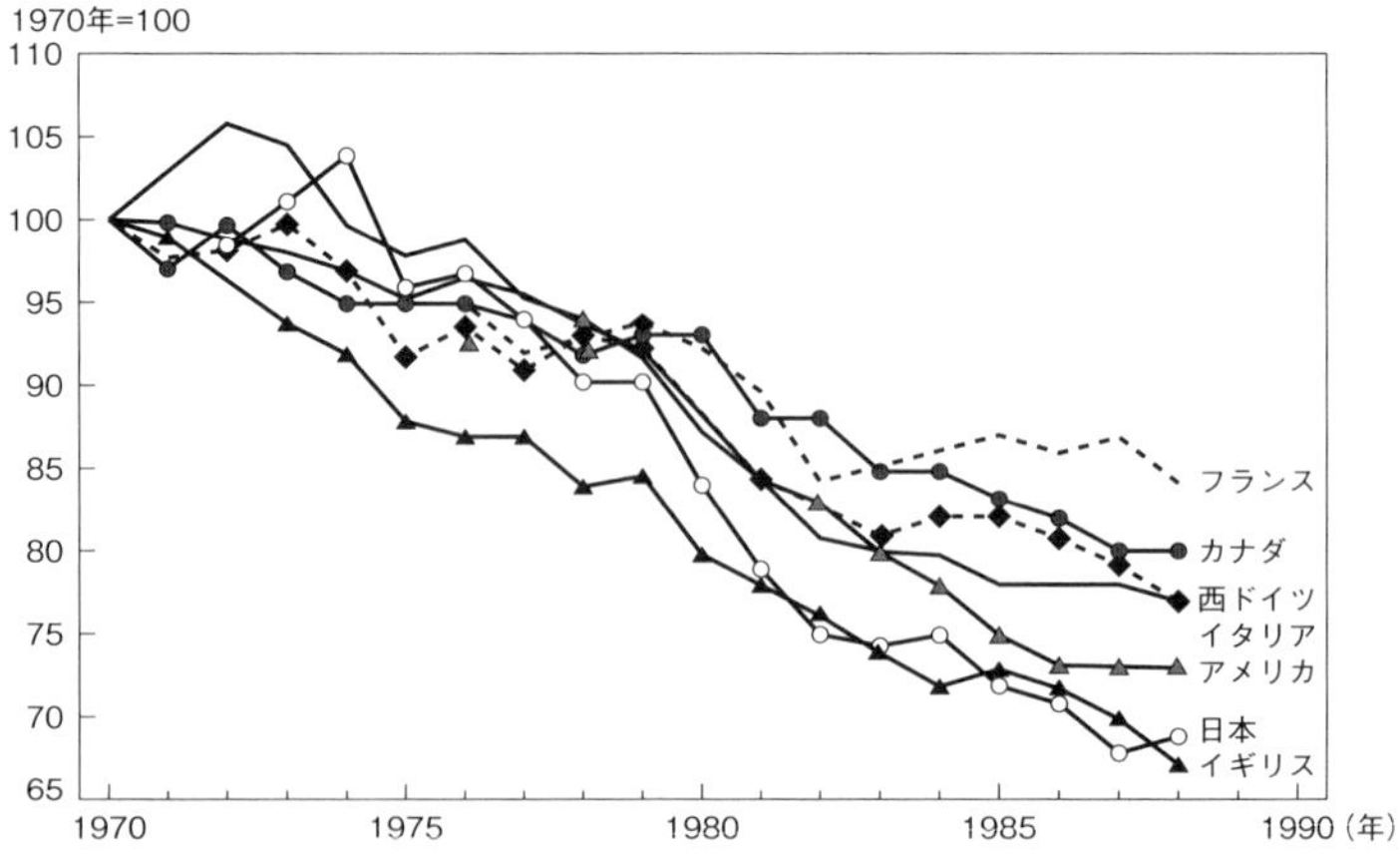

出典：R.K.ターナー、D.ピアス、L.ベイトマン『環境経済学入門』大沼あゆみ訳（東洋経済新報社、2001）

図2　一定のGNPの生産に必要なエネルギー

※18　ピークオイル説
「ピークオイル」とは、石油の産出量が最大となる時期・時点のこと。世界の在来石油の生産量はすでに2006年に歴史上のピークを迎えていた可能性が高く、今後は通常の油田・ガス田以外から開発される「非在来型」の化石燃料が減少分を補うことになるという内容の報告書が、2010年に国際エネルギー機関（IEA）から発表されている。

出てきたわけです。

最近、米国がアラブに対して派兵したがらないという話もあって、NHKが政治学者を総動員して議論させていましたが、資源論をやっている人から見ると当然かもしれません。米国が攻めていった時には、石油が欲しかったのです。あの時は、戦争をすれば1バレル約22ドルで石油が入手できるという噂がありました。しかし、今や米国は産油国ですから、中東の石油はないほうがいい。だから兵隊を出して平和にするよりは、アラブを戦場にして米国のシェールガスを買ってもらうほうが有利なのです。米国が産油国になったことを全然読み込んでいない政治論が非常に多いのですが、そのうち「あ、そうか」とみんな言うようになるだろうと思います。

地球全体の持続可能性の議論を

経済学、財政学では、事実上資源量を無限として処理しますが、資源量はもともと金銭評価外の価値です。新発見や効率化が、市場的に変動しているのは、一時的な現象にすぎません。たまたまある時期に、まるで資源量そのものが経済的な要因によって変動しているかのように見えるけれど、地球全体としてひっ迫しているのは、極めて明白です。

だから、こういう一時的な現象から、「資源量は常に変動する」とか、「資源量は市場価格と連動している」という間違った議論をつくってはいけないと私は思います。資源の枯渇や廃棄物の累積を回避するシステムが導入されなければならない。その導入のための基本概念が、「持続可能性」です。

ほとんどの経済学者は2つのタイプに大別できます。一つは、資源は経済学的には有限ではないという立場。もう一つは、そうではなくて、経済活動を見る時には、市場レベルでの資源と、市場外の資源とを両方考える、そして、市場外で枯渇すれば、いずれ市場の内部でも大きな変動が起こらざるを得ないというふうに考える立場です。

後者の例が『スモール・イズ・ビューティフル』の著者のシューマッハ[※19]です。経済外的な資源の評価を組み入れなければ、正確なエネルギー経済は組み立てられないと主張しました。また、後者の例をもう一人挙げれば、ジョージェスク＝レーゲン[※20]も、大変優れた経済学者でした。

ところが、「見えざる手」が働いているから資源量を無限として扱っていいという非常に安っぽい資源変動論がかなり普及している。日本の経済学の先生たちは、そこまで突っ込まないからいいのですが、英米では、これが主流になった時期がありました。

同世代しか視野に入れない政治は危険

環境倫理学の主張の2つ目の「世代間倫理」というのは、未来の世代の生存条件を保証する責任が、現在の世代にはあるという考え方です。例えば、国債の発行残高の累積も、現在世代の未来世代への侵害です。

私はこれから飲みに行こうと思うのですが、金が無い。飲み屋のおばさんに「カネ貸してくれ」と言ったら、「先生、もうダメだよ。定年過ぎて年金暮らしで、あんたの収入はもう限られている。原稿料だってほとんど入ってこないでしょ。返済のめどが立たないから、あんたにはカネ貸さない」と言う。そこで私は、「孫が返します」という証文を書くのです。すると、私の返済能力は限られていても、孫の返済能力はまだ分かりません。孫は同意しているのかというと、同意せざるを得ない。大人になってみたら、おじいちゃんの借金だらけということになる。以上はたとえ話ですが、国債の発行というのは、本質的にこういうことではありませんか。

返済すべき世代が、この国債の発行に対して同意したり不同意したりする権利がないからこそ、国家の

※19　エルンスト・フリードリッヒ・シューマッハ
Ernst Friedrich "Fritz" Schumacher
1911〜1977年。英国の経済学者。

※20　ニコラス・ジョージェスク＝レーゲン
Nicholas Georgescu-Roegen
1906〜1994年。ルーマニア、のちに米国に亡命した経済学者。生物経済学会（ローマ）の名誉会長を務めた。

財政破たんを救うために国債を発行するのです。例えば「今年の財政赤字は全部岩手県が負うことにする。岩手県は全員財産を出しなさい」と言ったら、大変なことになるでしょう。だけど、未来世代なら、まだ誰もいない。いない人たちだから文句を言うことができないのです。

政治学は、同一世代間の合意が全ての法律の強制力の根拠であると信じている。これは本当です。憲法を改正して、２０２０年代の日本国民が同意したならば、その憲法は永遠に通用することになるかもしれないわけです。国債の発行、有害廃棄物の累積、資源の枯渇は、現在世代による未来世代への危害です。最も重要な利害関係者である未来世代が合意形成から排除されているからです。

いないから、どうしても排除されざるを得ないのですが、それにしても、同一世代の同意が強制の根拠であるということが、これほど危険な状態になっているというのは、今までの文化の中ではなかったことです。

同一世代の合意が強制の根拠であって、それさえ取ればあとは何をやってもいいということになるから、廃棄物はどんどん累積しているわけです。鉛もそうです。そのうち、外出時は鉛予防のマスクが必須になるかもしれません（２９８ページ参照）。

同世代の同意が有効だと言っている政治学者はみんな、世代間倫理というものを認めていないのでしょう。私に言わせれば、同世代の同意が有効だという考え方それ自身が危険なのです。もっと未来世代の利益を守る方法を考えていかなければなりません。

生物の絶滅は法律の関心の外

３つ目の主張、「生物種の生存権」については、あらゆる生物種の絶滅を防がなくてはならない。法律というのは、人格が物件を所有するという建前なのです。人格というのは、自然人でも法人でもいい。国家も法人としては人格になるでしょう。所有するというのは、自由な処分権を持つということです。

だから、竹島[※21]を日本の国家が所有するとするならば、竹島を爆破しようと、竹島で石油を掘ろうと、竹島を観光地にしようと、それは日本の勝手次第ということになる。だったら、韓国も島１つもらわないと損だということになって、奪い合いが起こるわけです。

そうすると、まだ誰のものでもない資源や、もはや誰のものでもない廃棄物は、法律上の所有の概念の中に普通は入れていないわけです。そして、生物種というのは法的な権利義務の外部にある。だから、ある生物種が絶滅した場合、その原因となるようなゴミをそこに捨てた人がいるなら処罰されるかもしれないけれど、しかし生物種の絶滅自体は、法律の関心の外なのです。

先ほど（Ｐ２９０）、環境倫理学の３つの主張を他の学問と結び付けて挙げましたが、まず、経済学は、地球有限主義者ではなく無限主義者である。次に、政治学は、同世代間の合意が未来世代にまで適用できると言うのだから、世代間倫理に反対している。そして最後に、法律学は、人という人格が所有する物件をカバーしているだけで、人格が所有していない物件、例えば生物の生存を脅かす廃棄物は、法律学の視野の中に入っていない。つまり、３つとも、既存の学問に無視されている。今まで私たちがつくってきた社会体制そのものの構造的な欠陥と、環境問題の深刻化は結び付いているのです。

ですから、生物種についても、今までの考え方をそのまま当てはめるのではなく、今までの考え方の重大な欠点を考えた上で、これから先のことを考えていかなければならない。

ここで、エドワード・ウィルソンの『生命の未来』[※22]から引用します。彼は生物学者で、非常にたくさんの知識を持っていて、その作品を読むとすごいと思う。大変面白い。

「食料の90パーセントは、25万種の植物のうち、わずか１００あまりの種によって提供されている」「20種類が負担のほとんどを引き受け、そのうちのわずか３種（小麦、トウモロコシ、米）が人間を飢餓から

※21 竹島
日本海の南西部、島根県の沖合に位置する島。日本、韓国、北朝鮮が、それぞれに領有権を主張している。

※22 『生命の未来』
The Future of Life
山下篤子訳（角川書店、2003）。2度もピューリッツアー賞を受賞した米国の生物学者エドワード・オズボーン・ウィルソン（1929年〜）の2002年の著書。

隔てている」「25万種の植物は全て（さらに言えば生物種は全て）、遺伝子操作によって収穫量をあげ、栽培種に転換できる遺伝子の潜在的なドナーである」。

米は何種類も栽培されていて、いろいろな亜種[※23]もつくられていますが、米以外の植物も、将来の食料資源となり得るわけです。人類が飢え死にしたくなかったら、遺伝子操作をしてもしなくても、ともかく植物を頼りに生きていくことになる。

それから、植物は、エネルギー資源でもある。私の計算では、世界中の穀物を全部アルコールにして自動車を走らせても、現在の22分の1の自動車しか走らせることができないのですが、もし化石燃料が全てなくなったら、われわれは植物から新しいエネルギー資源をつくるのではないかと思います。

さらに、医薬品にもなる。医薬品というのは、伝統的にほとんど植物から採られてきましたが、相変わらず全く新しい医薬品も生物から採られています。青カビから採られたペニシリンもそうです。ウィルソンは、現在の地球が蓄えているあらゆる生物種を絶滅させるということは、人類の存続にとって非常に危険だという指摘をしているわけです。

世代間対立から持続可能性へ

そこで、これから考えるべきこととして、持続可能性という概念が出てきます。これが最初に出てきたのは、国連のブルントラント委員会[※24]の報告書です。これは非常に優れた報告書で、環境問題の講義でも、よく資料として使われます。

ブルントラント[※25]はノルウェーの元首相で医師でもありました。もともと自然科学の素養のある人です。委員会が報告書をまとめる時、相当内部でもめたはずです。ギリギリのところで、このようにまとめたのでしょう。

※23　亜種
生物分類学上の一階級で、種の下の区分。

※24　ブルントラント委員会
第5講※4を参照。

※25　グロ・ハーレム・ブルントラント
Gro Harlem Brundtland
1939年〜。医師、政治家。ノルウェー元首相。国連の「環境と開発に関する世界委員会」で1984年から4年間、委員長を務める。

まず、「持続可能な開発とは、未来の世代が自分たち自身の欲求を満たすための能力を減少させないように、現在の世代の欲求を満たすような開発である」と書いてある。

例えば石油が100トンあって、現在の世代が50トン使えば、残りの世代は残り50トンです。ところが、今、実際に私たちがやっていることというのは、化石燃料のあらゆる形態を全部使い果たすという、そういう方向を向いているのではないかと思うのです。シェールガスが、その典型ですが、今世紀の終わりには、地球上の化石燃料で実用的なものは全部燃やしてしまう結果に終わりそうです。そうだとすると、未来世代の要求を満たせるようにするなんて全くの嘘っぱちで、持続可能性なんて成り立たない。世界経済はお先真っ暗ということになります。

次に、「持続的開発のためには、大気、水、その他自然への好ましくない影響を最小限に抑制し、生態系の全体的な保全を図ることが必要である」とあります。

水については、日本ではあまり心配しませんが、世界では飲み水もちゃんと飲めない人が非常にたくさんいます[※26]。しかも、飲めないのは、水が存在しないためだけではなく、汚染されているためであることも多いのです。

汚染がなくなればいいのですが、例えば、自然界の鉛の量は、ずっと増え続けています。そこらの田んぼを掘っても鉛は出てきます。今はまだ、人体に直接有害になる量ではありませんが[※27]、70～80年経つと、そろそろ鉛害の病人が出始めるかもしれません。鉛は電気製品の廃棄物から出ます。ハンダ[※28]の中に鉛が使われているからです。欧州では鉛の入ったハンダで製品をつくってはいけないというルール[※29]がありますが、日本でそのルールは採用していません。というのも、鉛の入っていないハンダ[※30]は、まだ安全性がチェックされていない[※31]からです。代用される希少元素[※32]は鉛より早く枯渇しますし、その有害度についての生理学的なデータも全くない。鉛フリーだから大丈夫というのは危ないのではないか。そこで、鉛フリーハン

※26
第2講を参照。
※27
鉛に汚染された食品を摂取し続けた場合等に、鉛が人体内に蓄積され、鉛中毒等の健康被害を引き起こすことが知られている。鉛を原因とする鉛疝痛の最初の記述は、古代ギリシャのヒポクラテスにさかのぼるとされ、ベートーヴェンの難聴の原因を鉛中毒とする説もある。近年では、鉛を使った散弾によって汚染された鳥肉や鹿肉等による中毒の発生も懸念されている。
※28　ハンダ
電子部品を基板に接着するため等に使われる材料。従来は鉛と錫の合金が使用されていることが多かった。
※29
EUは、鉛、水銀、カドミウム、六価クロム、ポリ臭化ビフェニル、ポリ臭化ジフェニルエーテルを、一定の基準値以上使用した電子・電気機器を、2006年7月1日以降、加盟国内で販売することを禁止している（RoHS指令）。
※30　鉛の入っていないハンダ
「鉛フリーはんだ」「無鉛はんだ」と呼ばれる。原材料の違いにより、数種類が存在している。

ダを開発するか、鉛を含んだ電気製品は全部回収して循環的に利用するか、という選択肢があるわけです。そのコスト比較なども議論しなければなりません。

さらに、「持続的開発とは、天然資源の開発、投資の方向、技術開発の方向付け、制度の改革が全て一つにまとまり、現在及び将来の人間の欲求と願望を満たす能力を高めるように変化していく過程をいう」と書いてある。

将来の人が今のわれわれより豊かになるようにしろと言うのです。私はこれ、絶対に嘘だと思っています。あり得ません。将来の地球の生存形態を考えると、今のエネルギー消費を維持できる見込みはない。おそらく1人当たりのエネルギー消費を今の半分、だいたい1970年代レベルにまで押し戻されなければ、存在できないでしょう。

デイリーの掲げた3条件は達成不可

このブルントランド委員会に、もう少しリジッドな（厳密な）案を出したのが、ハーマン・デイリー[※33]という米国の経済学者です。

「デイリーの3条件」の1つ目、「土壌、水、森林、魚など再生可能な資源の持続可能な利用速度は、再生速度を超えるものであってはならない」。当たり前です。親の仕送りの使い道というのは、親の仕送りの量を超えてはならない。これと同じです。入ってきたものを使えばいいのですが、入らない分まで使うと、いろいろな弊害が生じます。だから、これは非常に分かりやすい。

2つ目、「化石燃料、良質鉱石、化石水など、再生不可能な資源の持続可能な利用速度は、再生可能な資源を持続可能なペースで利用することで代用できる限度を超えてはならない」。分かりにくい文章ですが、まず、化石水[※34]というのは、一度取ったらもう二度と戻ってこない水のことです。コンゴやアルジェリ

※31　安全性がチェックされていない
鉛フリーはんだの一種に使用されているインジウム（In）は、毒性評価が不十分とされている。

※32　希少元素
銀（Ag）、ビスマス（Bi）、インジウム（In）などが使用されているものがあり、価格や資源量に問題がある。

※33　ハーマン・デイリー
Herman Daly
1938年～。米国のエコロジー経済学者。メリーランド大学名誉教授。元世界銀行シニアエコノミスト。「人口と資本ストックが一定で、それを可能な限り低いレベルでのスループットで維持する」という「定常経済」を提唱する。詳細は第11講P349を参照。

※34　化石水
太古の時代の地層の中に封じ込められ、数百万年以上も水循環から切り離されている水。米国中央部の「オガララ帯水層」の水が代表。詳細は第2講を参照。

アなどでは、化石水を使った水ビジネスや農業形態があります。しかし、化石水農業は破たんを避けられません。水が尽きた後、どういうふうに転換していくかという重大な問題が必ず発生します。なお、日本に化石水はなく、全て循環水です。富士山の水も長くて140年サイクルで巡っています。

デイリーは、例えば石油を燃やしたら、燃やした石油に該当するエネルギー量の薪を積んでおきなさいと言っています。そうすれば、地球全体で利用できる「再生不可能な」資源の量は一定であるという考え方です。

1つ目の条件では、再生可能資源は、常に収支のバランスをとって全体量を一定に保ちなさいと言い、2つ目の条件では、再生不可能な資源についても、代替のエネルギー資源を補てんすることによって地球上の量を一定に保ちなさいと言っている。

そして、3つ目、「汚染物質の持続可能な排出速度は、環境がそうした物質を循環し吸収し無害化できる速度を超えるものであってはならない」。これは1つ目の条件と逆の関係になります。無害化できる限度内ならば汚染してもいいと。こういうふうにすれば地球の汚染度は一定以上に進まないわけですが、これ、できるはずがありません。

現実問題として、今のままでは、これらの条件は3つとも満たせません。だけど、これが維持できなければ、地球の人類の生存は必ずいつかは破綻するというわけです。

手におえない放射性廃棄物の問題

汚染物質の累積と言えば、地球全体で原子炉から出る廃棄物の最終処分場が足りません。結局、決まっているのはフィンランドのオンカロ[※35]という所だけです。米国もドイツも取り消し、福島の事故以降に取り消しになった所もあります。もうみんな、廃棄物の置き場はごめんだというわけです。そして、オンカロ

※35　オンカロ
「オンカロ」は現地語で「深い穴」の意味。フィンランド南西部のオルキルオト島で建設が進められている、高レベル放射性廃棄物の地層処分のための最終処分場「オンカロ最終処分場」のこと。

※36　新たに日本の原子炉を買うベトナム
日本の原発輸出の前提となる「日本・ベトナム原子力協定」は、東日本大震災発生後の2011年12月に日本の国会が承認、2012年1月に発効した。

※37　スリーマイル島に原子炉が置かれた
スリーマイル島は東北部ペンシルベニア州の島。1979年3月28日に、同島原子力発電所で大規模な原子力事故が発生し、その後の原子力発電の安全性に関する議論に大きな影響を与えた。

※38　環太平洋地震帯
太平洋を取り巻く、地震の多発地域。多数の火山が存在する「環太平洋火山帯」でもあり、観測史上における超巨大地震のほぼ全てがこの火山帯で発生している。

に入らない分を、どこへ持っていくかは、誰も知りません。

放射線量は、ずっと減っていき、ある段階まで来ると自然の中の放射線水準と同じになります。安全管理が必要なのは、それまでの期間です。では、原子炉から出たばかりの高レベル廃棄物が自然状態になるまで、どれぐらいかかるかというと、10万年説が標準です。半減期の特に長いものは約2億年。「半減」ですから、まだゼロにはなりません。

放射線廃棄物というのは、非常に汚い混合物で、純粋物ではないので、「環境がそうしたものを自然に浄化できるスピードを越えてはならない」という条件を守ろうとすると、10万年間に少しずつ原子力発電をやるということになる。しかし現実は、とてもそんなペースではなくて、はるかに大きい量の原子力発電が行われています。新たに日本の原子炉を買うベトナム[※36]のような国もあります。廃棄物問題は、どうするつもりなのでしょう。

今のところの国際ルールでは、日本で出た廃棄物は日本で埋めて処分しなければいけない。しかし私はこれ、間違っていると思います。米国でスリーマイル島に原子炉が置かれた[※37]のは、危険な環太平洋地震帯[※38]から最も外れた所だからです。しかし日本の原子炉は、全部、環太平洋地震帯の真上にあるのです。そして、今度は、そこに放射性廃棄物を埋めて処分する議論をしています。

例えば1000年間の管理が必要なら、ただ押し込んで放っておけばいいという説がある。私は、それには反対です。学術会議の委員会に出て、次の趣旨の発言をしました。処分場の設計が正しかったかどうかは、やってみなければ分からない。自動車も市場に出すまでに何台も潰してテストします。処分場が1000年もつかどうか、何回テストしたら適合検査に合格したと言えるのでしょうか。合格はあり得ないからテストはしなくていいと言う理屈は成り立ちません。その1000年間の中でモニターや計器も働いて、予定通りの機能が維持されているということをチェックする機能を入れた形でつくらなければならな

※39 外挿法
データの無い部分について、データのある部分から推測して値を予想すること。

い。1000年間の安全管理です。これ、できますか。私はできないと言ったのです。1000年間というのは長過ぎる。

設計図の中には、必ず外挿法[※39]が使われます。ある一定の期間内のデータ、例えば30年間調べたデータでニッケルの腐食率はこれぐらいだから、ガラス硬化体の表面の腐食度はこれぐらいだと見なす。そのような方法で1000年間も延長していいのかということです。

例えば構造物の中のコンクリートの耐用年数を計算して、1000年間持たせるためには、普通のビルの40倍の太さにすればいいなどと導きます。その時の計算の元になったデータが、1000年間有効でなければ、その外挿法は無意味です。ところが、今、私たちの持っている科学データが、1000年間そのまま使える保証はないのです。

だいたい今の科学のデータで一番古いのは、ガリレオ・ガリレイが測定した重力加速度です。ガリレオはすごい人で、その数値は今でもほとんど9・8m/S^2で、約400年間も変わっていない。だけど、それ以外のデータはもう全く変わってしまっています。

そもそも、どういうものをデータとみなすかということ自体が19世紀の終わりに確立したばかりです。データの測定方法が確立されたのは、20世紀になってからです。データがどの程度安定しているかと言う前に、そのデータ自体について、人類はわずか数十年の経験しか持っていない。さまざまな測定器具が次から次へと新しく出来上がってくるので、測定データそのものは、長く見ても数十年しか持たない。

だから1000年間の安全の設計というのは、今使っているあらゆるデータが全部そのまま1000年間持続して使えるという荒唐無稽な前提無しには成り立ちません。

だから私は、設計によってこれを維持することはできないから、1000年間すでに安定していることが分かっている所に置くのが良いと提案しました。フィンランドのオンカロは、18億年間、地盤が安定しているといわれているのです。一方、人工的な穴を各国が掘って埋める方法には、科学的な合理性がない。だから、地球上の最も安全な所、自然状態で常に安定していることが分かっている所に、1カ所でも、10カ所でも、100カ所でもいいけれど、世界中の核廃棄物を温存するのです。こうして自然状態を利用して処分するのが、今、人類ができる最大限、最善の処置方法だと思います。

理工学部の先生は、「加藤さんのような文学部の人の言うことは危ない」と言いますが、この外挿法の耐用年数問題について、工学部のまともな人は今、だいたいみんな、私の言うことは正しいと言ってくれています。

ところが実際問題として、廃棄物を全部自分の国の中で処分しなければならないというのは、これは自然科学とは全く無関係な、国際関係の世論なのです。だから、日本の核廃棄物は日本国内で処分しなければならない。それをモンゴルに持っていったら、けしからんという世論です。そうではなくて、地球全体で責任を持って処分する以外、合理的な処分はあり得ないと私は言っているのです。

持続可能性のための実際的な条件とは

人類の生存条件は、数百年間の工業社会の持続によって非常に劣悪化した。このことは、もう間違いありません。そして、デイリーの3条件を守ることは、ほとんど不可能。そこで私は、デイリーの3条件を少しゆるめて、2つの条件を掲げたいと思います。

1つ目は、ともかく今の工業生産を維持できる最小限のものを維持できるようにしようということです。デイリーは、地球全体のエネルギー資源が1つも減らず、何年経ってもずっと同じ量の燃料が地球の上にたまっているというモデルを描いたけれど、それはもう無理です。だから、まず、地球全体でエネルギー備蓄を、歴史的な規模では減少させる結果になることを認める。その上で、それ以後の産業の維持に必要なエネルギー資源は、循環型資源に転換する。そして、工業生産の持続可能性を保つということです。

2つ目に、汚染物質について。これも人類が生存可能な限度までにとどめないと実際に駄目なのです。ところが人間は、「いつも同じ清潔度を維持する」というデイリーの3つ目の条件すら守れない。だから、せめて、汚染物質は生物の健康が維持される限度にとどめて、それ以降の産業の維持に必要な廃棄物は累積を回避するのです。

この2つぐらいしか、実用可能な持続可能性はないでしょう。それでもなお、これを人類が維持するという保証はないのです。下手をすれば、「これも維持できないから、もうちょっと楽なのにしよう」という妥協を繰り返すことになりかねません。

現在世代に課せられたこと

ここで環境倫理学の3つの主張を振り返ります。

まず、地球有限主義。持続可能性というのは、結局、枯渇型の資源への依存からの脱却です。できるならソフトランディング[※40]したいけれど、実際には無理ではないかと思っています。あっという間に化石燃料を全部使ってしまって、ひどいエネルギー不足を地球全体が覆っていく可能性が高い。

そして、世代間倫理。その中でも特に、廃棄物の累積の回避です。廃棄物の科学的な処理方法では、国家間のギャップが問題になっています。日本はやっと、ポリ塩化ビフェニルなどの処理方法を開発しましたが、例えばバッテリーの再利用も課題です。汚染度がゼロになるようなバッテリーの再処理が理想ですが、これも非常に大きな地域ごとのギャップがある。廃棄物の累積を安全に回避するために、日本は、いろいろな地域で廃棄物処理の技術を応援して貢献したいところですが、これも非常に難しい。

※40　ソフトランディング
「ランディング」は元来、航空機などの「着陸」のこと。「ソフトランディング」は「軟着陸」で、急降下によって地面に叩きつけられるように衝突する「ハードランディング（硬着陸）」の反対語。転じて、破壊的な激変を伴わない、経済や社会の緩やかな変動の意味に用いられている。

※41　ジャレド・メイスン・ダイアモンド
Jared Mason Diamond
1937年〜。米国の生物学者、ノンフィクション作家。カリフォルニア大学ロサンゼルス校教授。

それから、いかなる生物種も絶滅させない。どうせ絶滅するなら放っておいていいじゃないかという説もあります。しかし、先ほど言ったように、人類はあらゆる資源開発を全て生物種に依存する農業型文化に変わらざるを得ないかもしれないわけです。普通、自然循環の形にしていけば、だいたい農業型になるので、生物種を絶滅させないというのは、持続可能性の実際的な条件ではないかと思うわけです。

しかし本当に、人類がそれほどまでに賢くなれるのかどうか。あまりあてになりません。

ジャレド・ダイアモンド※41という生物学者は次のように言っています。「わたしたちは今、持続不能に至る道を急ぎ足で歩いている。現在の子どもたち、若者たちが生涯を終えるまでのあいだに、世界の環境問題はなんらかの決着を見るだろう。問題は、それが自分たちの選んだ快適な方法による決着か、戦争、大量殺戮、飢餓、疫病、社会の崩壊など、選ばざる不快な方法による決着かということだけだ」。

ソフトランディングで持続可能性の危機を乗り切るというのは、人類に今、与えられている最大の条件です。そして、理想的な解決がすでに不可能だという段階に、今、人類は走っているのではないかと私は懸念しています。

Q 結局のところ人類は、切羽詰まらなければ変われないのか。われわれの英知は、その程度なのか?

A レスター・サロー[※42]は、「経済社会の予知能力は約8年」と言ったが、今、私たちの社会が必要としているのは、100年から150年ぐらいの予知能力だ。世界の人口曲線が何億人で安定するか、枯渇リストに挙がっている資源があと何年ぐらいで枯渇するか、廃棄物の累積がどこまで行くかなどを考えると、せいぜい150年ぐらい。その間に、だいたい失敗して、現在のエネルギー消費の半分以下で人類が生存しなければならなくなる確率のほうが高いと私は思う。

十分な技術開発と実用化があれば、化石燃料の消費型から循環型のエネルギー経済への転換がギャップなしに、シームレスに、いわばソフトランディングでやれるかといったら、おそらくできないと私は思う。だから結果的に、相当ひどいことになる可能性はあると思う。ただ、20億人程度で悠々と暮らしていた長い歴史があるのだから、人類が絶滅することはあり得ないだろう。

※42　レスター・サロー　Lester C. Thurow
1938年〜。米国の経済学者。マサチューセッツ工科大学名誉教授。

Q 日本には古くから「三方よし」[※43]という考え方がある。欧米には、そういう考え方はない。日本のわれわれの感性の中にこそ、倫理やエシックのほうにシフトできる可能性が残っているのでは?

A それは十分あると思う。西欧型思想でも、ゲーム理論の中には「ウィン・ウィン理論」がある。当事者が両方とも利益になるような解が社会的に定着し得る解だという理論で、17世紀のヒューム[※44]、アダム・スミス[※45]から最近のナッシュ[※46]に至るまで、綿々と追究されてきている。ゲーム構造そのものがどういうウィン・ウィンの可能性を持っているか、もっと研究すれば可能性があるだろう。

西洋近代思想の中では、「人間は人間にとってオオカミである」というホッブズ[※47]の言葉が語られて、「全ての人がエゴイストである」というモデルで社会を考える傾向が非常に強かったが、今は全くそれとは逆。進化論的倫理学が人間の社会性の根本にあると考えられるようになった。人間はチンパンジーよりはるかに高い協力の可能性を進化論的、遺伝的に持っているという非常にたくさんのデータが上がってきている。「人類は協力の生物である。助け合う生物である」という考え方が有力になる可能性は十分あると思う。

※43　三方よし
「売り手良し」「買い手良し」「世間良し」の三つの「良し」。日本の近世に活躍した近江商人（近江国・滋賀県出身の商人）の心得を表現した言葉として知られている。第12講も参照。

※44　デイヴィッド・ヒューム　David Hume
1711〜1776年。スコットランドの哲学者。

※45　アダム・スミス　Adam Smith
1723〜1790年。英国の経済学者、神学者、哲学者。

※46　ジョン・ナッシュ　John Forbes Nash, Jr.
1928年〜。米国の数学者。

※47　トマス・ホッブズ　Thomas Hobbes
1588〜1679年。英国の哲学者。

Q 環境問題では先進国と発展途上国が対立し、先進国同士でもCO_2の削減について取り組みに差が出ている。理想通りにいかない現実を、どう調整していったらいいのか?

A 実際問題として、エネルギー白書を見ると1970年から現在に至るまでのエネルギー消費量と世界総生産は、どちらも右肩上がりだ。京都議定書は化石燃料の消費を抑えて経済発展だけ続ける目標だったが、石油価格が急上昇しても、予想に反して石油消費量は減るどころか増える一方だった。

石油が1バレル100ドルまで上がっても、なんだかんだ言って世界の工業生産は維持できている。なぜかと言うと、化石燃料は地球が3000万年とか2億年かけて純粋化して濾過した特殊な資源であり、それを、わずか100年か200年で使い果たしてしまう打ち上げ花火のような消費の経済効果は、非常に高いからだ。おそらく150ドルになっても、世界経済は化石燃料を使い続けるだろう。化石燃料の絶対的な限界が表れてくるまで、人類は危険を本当には自覚できないのかもしれない。

シェールガス開発で米国経済の息もしばらくは続くだろう。今は控えている欧州も、おそらく背に腹は代えられなくなって、シェールガス開発のためには環境破壊に目をつぶることになるかもしれない。そうなると、いよいよ人類は化石燃料を最後の一滴まで使い続けることになる。

これが間違った方向付けであることに、いつ人類全体が気付くかが問題。産油国でないわれわれが、その先の生存形態を開発して、最も適切な解決策を世界の人々に知らせる役目を果たすことになるのではないかと思う。

Q 環境コストを内部化したり、1992年にシュミット・ブレーク※48が書いたように2050年ごろまでに全世界でCO_2を半分にしたりして、人口を20億人まで減らさずに人類が生きていく道はないのか? 当時のその本には、CO_2排出量半減の際に、途上国は2030年ごろまで増やしていいが、先進国はもっと早めに下げていくという南北の協力案も出ていた。もう、そういう道は考えられないということか?

※48 フリードリヒ・シュミット・ブレーク Friedrich Schmidt-Bleek 1932年〜。ドイツの環境学者。著書に『ファクター10——エコ効率革命を実現する』(シュプリンガー・フェアラーク東京、1997)、『エコリュックサック——環境負荷を示すもう一つの「重さ」』(省エネルギーセンター、2006)など。

A 確かに、京都議定書には、地球環境問題について先進国と開発途上国が協力する条件が生まれるという考え方に基づいて、今おっしゃったような案が組み込まれていた。ところが実際問題としては、全然そんなふうにはなっていない。

また、省エネ技術などの向上で、石油を半分しか使わなくても同じだけの産業を維持できるようになるのが目標だったが、それもほとんどできていない。1970〜1990年に世界で最も良い国で、約30〜40%のエネルギー消費効率の向上を果たしたが、もっと長期的に大規模に効率を良くしていかなければ、地球環境の保全はできない。

Q 産業革命後に工業の労働生産性(生産における労働の効率)は飛躍的に上がって、何万倍にもなった分野もあると聞いた。そのぐらい資源生産性(資源利用の効率)も上げられないものか?

A 確かに労働生産性は上がった。先日、欧州で、人力で運んだら何年もかかる量の鉄道の枕木のコンクリートを積んだ貨車が、60両ぐらい全速力で走り去るのを目の当たりにした。物流における鉄道の威力はすさまじい。ピラミッドをつくるよりも大変な物質量の移動を、高速でできる時代になった。

一方、資源生産性はどうか。資源の枯渇度と資源利用の効率がよい相関になれば、枯渇が進む一方で技術開発もどんどん進み、資源が減少しても同じレベルでものづくりができる。そして、その中で、枯渇型資源から循環型資源への転換が果たされる。それが京都議定書以来、山本先生(第12講)を含め、われわれが考えたシナリオだった。

ところが今、そのシナリオは全体として見ると破綻している。期待通りの量的な成果を上げていない。地球温暖化は、全世界の化石燃料の消費がどれだけ減ったかによって評価する。局部的に技術革新が起きて、例えば日本のセメント工業や鉄鋼業のようにエネルギー消費効率が劇的に向上しても、地球全体の総量として見ると、相変わらず化石燃料の消費がどんどん伸びている。

いまだに化石燃料の消費を伸ばさないと経済的な利益は上がっていかないというのが、現在の地球のありさまだ。

Q LCA（ライフサイクルアセスメント）の研究で鉛フリーハンダの評価をやったところ、鉛を無くすことで生態系と健康への影響を削減できた一方で、新たに銀と銅を使い、錫の使用量や石油の消費量や資源枯渇に対する影響が増した。つまり他方に悪影響が生じることが分かった。環境倫理学が目指す3つの内容も、例えば、枯渇型資源からバイオ燃料にシフトしたら、土地利用の改変の結果、生物種の絶滅リスクを高めるなど、相互にトレードオフが発生し得るのでは？

A 非常に難しい問題だが、鉛フリーハンダについて言えば、実は某企業の社員研修会で話題にしたら、とても盛り上がった。というのも、そこはリース会社で、全ての電気製品を使い終わったら引き取って、有用資源を再利用して循環させる「完全循環型」を目指していたからだ。要するに、ハンダの鉛までしっかり回収できるなら、無理に鉛フリーハンダを開発しなくても良いという話だった。

鉛フリーハンダに希少金属を使うと、その採掘から最終廃棄までが大きな問題になる。日本人が知らないだけで、世界中の鉱山での生態系破壊は相当ひどいと専門家に聞いた。鉄の純度を上げていくと、従来の鉄では考えられなかったような機能が次々と見つかるというので、こうした新しい技術を活用して、枯渇しにくい鉄で、希少金属を代替できる可能性もある。

そして、全ての製品を循環的に使えるようになれば、どんな金属を使おうと回収して再利用できる。日本の企業は一時期、廃棄物を完全循環型で再利用していこうと、ずいぶん熱心に取り組んだ。そして、テレビのブラウン管の再利用技術を開発したが、今はブラウン管自体が要らなくなった。

私は今、福島の海水から放射性物質をえり抜いて取り出す技術に期待している。これを応用すれば、海水からいろいろなものを取り出し、新しい産業にできるかもしれない。

実は、福島の事故が起こる前に、学術会議では、あらゆる工業製品を全て再利用するための基礎的な技術センターの設立を政府に提案しようとしていた。世界でも最先端の取り組みとして、この分野の技術開発を進めていこうということで、今は秋田県で進んでいる。

環境倫理の3つの理念の一つである「廃棄物の累積回避（世代間倫理）」からイノベーションを生み出し、新たな展望を切り開いていける可能性がある。だから私は、それほど絶望的な気分ではない。

Q 京都議定書の目標を日本は達成したことになっているが、最終的には森林吸収と京都クレジット[※49]をかなり使った。結局、期間中に目に見えてCO_2が減ったのはリーマン・ショックの後だけで、その回復とともに、また排出量が増えてきている。今後の大幅なCO_2削減策は、本当に実現可能なのか？

※49　京都クレジット
京都議定書で定められた手続きにより発行され、同議定書の削減目標達成のために用いられる、CO_2の算定割当量（排出権）のこと。クレジットを購入することで、CO_2排出を減らしたと見なされる（排出量取引）。

A 文面上のつじつまを合わせて達成できたかのように表現したが、実際には非常にみじめな成果しか上がっていない。例えば日本国民全体としては、1970～2

000年の30年間でエネルギー消費が倍増している。では、1990〜2020年までの30年間で半減が可能かというと、やはり増えるほうの確率が非常に高い。着実に増える一方で、減らすほうはカタツムリの歩みだ。全然達成できていない。

私は、京都議定書的な環境保護というのは、生活の質を相当厳しく制限して、生活水準を下げることなしには、実際には達成できないと思っている。同時に、省エネ技術の予備軍がどのぐらいあるか、太陽光発電の技術開発の余地がどのぐらいあるかなどを、きちっと考えていく必要がある。

アモルファス電池[※50]は、面積当たりのエネルギー転換効率がグッと上がった時期があったが、その後の技術開発は足踏み状態だ。こういう基礎技術の分野に、もっと楽観的な見通しが欲しい。この足踏み状態を打開する技術的な方法があるのかないのか、踏み込んだ議論をする必要があると思う。

※50　アモルファス電池
アモルファスシリコン太陽電池のこと。原子配列が不規則な非結晶シリコンを使っているため、結晶シリコンの太陽電池よりも効率良く太陽光を吸収できる。

地域から世界に広がるフェアな経済

第10講　フェアトレードとフェアトレードタウン運動

渡辺龍也（東京経済大学 教授）

渡辺龍也（わたなべ・たつや）／1952年東京都生まれ。東京経済大学現代法学部教授。東京大学教養学部国際関係論分科（学士）、タフツ大学フレッチャー国際法外交大学院（修士）。NHK記者や国際機関職員、国際協力NGOセンター調査研究主幹、日本国際ボランティアセンター（JVC）ラオス事務所長などを経て、2000年より現職。担当分野はNPO論と国際開発協力など。一般社団法人日本フェアトレード・フォーラム（旧・フェアトレードタウン・ジャパン）監事兼任。
主な著訳書に、『フェアトレード学―私たちが創る新経済秩序』（新評論、2010）、『「南」からの国際協力』（岩波書店、1997）、『NGOとボランティアの21世紀』（学陽書房、1995）、『貧富・公正貿易・NGO』（新評論、2006）などがある。

フェアトレードはチャリティーではない

フェアトレードとは、フェアなトレード、つまり「公正貿易」のことを指します。その本質は、「発展途上国の零細な生産者や労働者が人間らしい生活を送れるよう公正な条件で取引すること」にあり、いわゆるチャリティー[※1]とは異なります。

途上国に対する国際協力（援助）は、ともするとチャリティー的、つまり、「かわいそうな人たちを助けてあげる」という上から目線になりがちですが、フェアトレードは、そうではありません。フェアトレードの代表的な4つの国際ネットワーク（FINE[※2]）は、2001年にフェアトレードを次のように定義しました。

「公正な国際貿易の実現を目指す、対話・透明性・敬意の精神に根ざした貿易パートナーシップのこと。とりわけ、南の疎外された生産者や労働者の権利を保障し、より良い交易条件を提供することによって持続的な発展に寄与する」。

ここで使われている、「貿易パートナーシップ」という言葉には対等な関係という意味が込められています。

また、国際協力に見られがちな一方的な支援ではなく、双方向の取引というところに特徴があります。「お買い物を通した国際協力」とか、「ビジネスを通した国際協力」とも表現されるように、フェアトレードは、「社会的な問題を解決するビジネス」あるいは「社会に配慮したビジネス」とも言えますし、「社会的企業」とも言えます。つまり、フェアトレードは、社会問題を解決するNPO的な要素と、持続的な取引というビジネス的な要素を併せ持っているのです。

※1　チャリティー　慈善行為のこと。チャリティーには、多分に「憐れみ」の感情が含まれている。フェアトレードが社会的・経済的な不公正をなくそうとするのに対して、チャリティーは、不公正を生む原因や構造に目を向けることよりも、不公正の結果生じた非人間的な状況を和らげることに主眼を置いている。

※2　フェアトレードの代表的な4つの国際ネットワーク（FINE）　1987年設立の「欧州・フェアトレード協会（EFTA）」と1989年設立の「国際フェアトレード連盟（IFAT）」、1994年設立の「欧州・ワールドショップ・ネットワーク（NEWS!）」、1997年設立の「国際フェアトレードラベル機構（FLO）」を指す。1998年に、それぞれの頭文字をとった「FINE」という緩やかなネットワークが生まれ、2001年にフェアトレードの定義を発表した。EFTA、IFAT（現WFTO＝世界フェアトレード機構）、FLOの3つは今も活動している。FINEによる定義は、欧州連合（EU）も採用するなど、現在ではフェアトレードの公式的な定義となっている。

※3 「トレード」は貿易だけでなく商行為全般を指す。

フェアトレードを全世界のルールに

FINEの定義から、フェアトレードには大きく2つの目的があることが分かります。1つは、疎外された生産者や労働者の権利を保障することです。そのために、まずは途上国の零細な労働者や生産者に対して、より良い交易条件を提供する。定義の中に「とりわけ南の途上国」とあるのは、発展途上国にこそ多くの貧困問題が存在し、その貧困状態は、フェアではない貿易が一因となっているからです。そこで、まずは、途上国の人々と公正な条件で取引し、彼らが貧困から抜け出せるように、貿易を通じて支援する。フェアトレードという行為を通して、自立した、人間らしい生活ができるようにする。そして、最終的には世界中の全ての取引[※3]において、生産者や労働者の権利がきちんと守られることを、フェアトレードは目指しています。また、生産者や労働者の人たちの基本的な権利を保障するという表現からも、「かわいそうだから助けてあげる」チャリティーとの違いは明らかでしょう。

フェアトレードのもう1つの目的は、貿易のルールそのものを変革することです。フェアトレードは、国際協力NGOの一活動として出発し、その後、フェアトレードに特化した団体が長年続けてきました。しかし、それらの市民団体がいくら努力しても、世界中に何億といる零細な生産者や労働者の全てに人間らしい生活を保障することは不可能に近い。彼らが作った物をまともな値段で買って彼らの自立を実現するには、やはり一般の企業が行う通常の国際貿易そのものを、フェアなものにする必要があるのです。

貿易全体のたった0・01パーセント?

残念ながら現状では、世界の貿易の中でフェアトレードが占める割合は0・01パーセント程度にすぎません。数字にすると愕然としますが、それが現実です。ただそれは、フェアトレードされている品目自体がまだまだ限られているからです。例えば自動車には、まだフェアトレードは存在しません。家電製品も石油もそうです。対象となっていない品目がたくさんあるのです。

コーヒーを例にとってみましょう。貿易額で石油に次ぐ世界第2位の交易商品であるコーヒーは、フェアトレードでも最もメジャーな品目です。今ではフェアトレードが、コーヒー貿易全体の約2～3パーセントを占めるようになっています。さらに、コーヒーには、「サステナブルコーヒー」と総称される、フェアトレードに似た認証システムが他にいくつもあります。それらも含めれば、全体のパーセンテージは10パーセント以上に上がっていく。つまり、フェアトレードが行われている分野の中には、実は世界貿易に占める割合が、無視できないくらいに大きくなっている分野もあるのです。

なぜフェアトレードが必要なのか

フェアトレードが必要とされる背景として、8つの要因が挙げられます（図1）。

1つ目は、途上国の貧困問題です。それを解決する有力な手段として、フェアトレードがある。

2つ目に、途上国内には貧困をもたらす搾取の構造があります。立場が弱い生産者の足元を見て仲買人が買い叩くということが、日常的に行われている。それを正す必要がある。

3つ目に、国際的に見ると、一時期を除いて一次産品の価格が下落し続けて、途上国を追い詰めています。一次産品とは、農作物や鉄、銅といった鉱物のことです。途上国は主にこれらの一次産品を輸出して外貨を得ていますが、例えば農産物の価格は今、1970年代の3分の1程度に落ち込んでいます。

1. 途上国の貧困問題
2. 途上国内の搾取構造（買い叩き）
3. 交易条件の悪化（一次産品価格の下落）
4. 国際商品協定の崩壊
5. 新自由主義に基づくグローバリゼーション
6. 先進国の不公正貿易
7. 貿易ガバナンスの歪み
8. 援助の限界・失敗

図1　フェアトレードが必要とされる背景

※4　ガバナンス
Governance
統治や支配、管理のこと。または、そのための仕組みや体制、方法のこと。

それに関連して4つ目に、国際商品協定の崩壊があります。１９６０年代から80年代の半ばまで、先進国と途上国は「南北格差」を縮めようと、一次産品価格を安定させ、できれば向上させようという国際的な取り決めを結んでいました。ところが、それは80年代終わりには、ほとんど全て崩壊してしまった。

５つ目、これが前の主な要因になっているのですが、新自由主義、つまり貿易や経済活動は、規制を撤廃して市場に任せるべきだという考え方が、80年代から強くなってきているのです。政府が協定を結んで一次産品価格を安定させようと市場に介入するのはけしからん、という風潮によって協定が崩壊していきました。90年代に入ると、ますますその傾向が強くなり、市場に全てを任せようという「市場原理主義」が世界を席巻した。自由貿易を世界に広げるための組織として、世界貿易機関（ＷＴＯ）が１９９５年にできたのが、その象徴です。

６つ目に、先進国が、途上国には自由貿易、つまり市場の開放を要求しておきながら、自分たちの市場は閉じるという保護貿易を貫いています。「自由貿易を徹底しろ」と途上国に市場開放を迫りながら、自国の競争力を失った産業や市場は守ろうとしている。「二重基準」、つまり「二枚舌」を使っているわけです。これでは、貿易をすればするほど、途上国は貧しくなりかねません。

７つ目が、貿易ガバナンス[※4]の歪み。先ほど出てきた世界貿易機関は貿易のルールを決める国際機関で、一国一票で意思決定する仕組みです。本来であれば、先進国よりも圧倒的に数の多い途上国の主張を反映したルールができてもおかしくないのですが、実際には、力を持つ先進国が裏舞台を仕切り、自分たちに都合のよいルールを作ってしまっている。

８つ目が、途上国に対する援助自体の限界と失敗。私自身、ラオスに足かけ4年いて、現地の村に入って森林保全や有機農業の普及をしてきましたが、援助にはどうしても弊害が付きまとうのです。人間だれでも、タダで学校や病院をつくってもらったり、タダで物やお金をもらったりするほど楽なことはありません。それに慣れると人間は、わざわざ自分でお金を出したり、自分で労力を使ったりしなくなる。つまり、援助への「依存」が生まれるのです。私が所属した団体は、依存を生まない援助のあり方を追求しましたが、なかなか理想通りにはいきません。援助をしないで自助努力を待っていても、何も動き出さない。一定期間内に一定の成果を上げることを期待している国内の資金提供者のことを考えると、いつまでも待っていられない。相手のやる気を起こそうと「ちょっとだけ」援助してあげる。でも、それが援助依存という名の「蟻地獄」への第一歩になりかねないのです。途上国の人たちの自立を助けるためにやっているはずが、結果として、自立の対極である依存を生み出してしまう現実。自分自身の経験だけではありません。援助事業の評価を数多く依頼されて、アジア、アフリカ、中南米の現場を歩きましたが、あちこちで依存を生む援助を目にしました。真の自立のためには、援助よりもフェアトレードが有効なのです。

以上がフェアトレードが必要とされる理由です。

フェアトレードは、一方的に「やってあげる」ものではありません。自助努力による生産を促し、先進国市場に通用するだけの品質向上を迫り、そうした努力に対して正当な価格で報いる。このビジネス・モデルが成功すれば、生産者は援助に依存することなく、自らの力で自立していくことができるのです。

不公正貿易の上に成り立つ私たちの生活

先に「買い叩き」の話をしましたが、90年代からのグローバリゼーションで、先進国企業は世界の隅々まで行き、一番安く購入ないし生産できるところから調達するようになりました。こうして、現地では、貧しく零細な生産者の足元を見た「買い叩き」に拍車がかかりました。その一方で、安く調達し、輸入したモノは、私たちの生活を楽にします。

日本の一般サラリーマンの賃金は、1997年をピークに、それからは、ほぼ右肩下がりです。今や15

パーセントくらい下がっているのに生活が苦しくなったかというと、それほどでもない。その間に、物の値段がどんどん安くなっているからです。国産は高くても、中国など海外から安いモノが入り「価格破壊」が進みました。農産物もですが、衣服もそうです。昔は3000円以上出さないと買えなかったシャツが、今は1000円を切ってしまう。Tシャツに至っては200〜300円で売っている。こんなことが可能なのは、途上国から安く調達できるからにほかなりません。安くなって私たちはハッピーですが、途上国では、生産者や労働者の人たちが買い叩かれ、長時間の低賃金労働を強いられているのです。

フェアトレードの原則

公正な価格と条件で取引するのがフェアトレードですが、それ以外にも、いくつかの原則があります(図2)。

まず、生産者の人たちと対等で互恵的[※5]な信頼関係を結ぶ。これが基本的な精神です。

次に、公正な価格、賃金を支払う。フェアトレードの核心を成す原則です。

そして、前払い。通常の商取引は、注文した品が手元に届いた段階で支払いますが、フェアトレードの場合、生産者は貧困状況にあるので、それではいけません。途上国から先進国へ輸送すると、簡単に1、2カ月が経ってしまいます。カツカツの生活をしていて、すぐに現金が欲しい生産者は、とても1カ月先まで待っていられません。とんでもない安値であっても、即金で買ってくれる仲買人に売らざるを得なくなります。なので、フェアトレードでは、契約を結んだ段階で半分程度を前払いして、注文した品が到着した段階で残りを支払うのが、一般的な商習慣となっています。

▼対等・互恵的な信頼関係
▼公正な価格・賃金の支払い
▼前払い
▼長期的な取引
▼生産者の能力の向上
▼環境／ジェンダーへの配慮
▼児童労働の禁止
▼公正な国際貿易システムの実現

図2　フェアトレードの主な原則

※5　互恵的
相互に利益や恩恵を与え合うこと。それぞれが相手に見返りを与えること。互恵的な関係は、ウィン・ウィンの関係ともいえる。

次の原則が、長期的な取引。たとえフェアトレードでも、1、2回、あるいは1、2年程度の取引で、貧困から抜け出して自立できる生産者はほとんどいません。長く安定した取引が求められています。

原則の中でも非常に重要なのが、生産者の能力向上です。初期のフェアトレード製品は、正直なところ、農産物でも衣服でも手工芸品でも、品質が悪かった。その意味では、当初はフェアトレードにもチャリティー的な面が多分にあったわけです。「かわいそうだから無理してでも買ってあげよう」と。でも、まずいコーヒーや、色落ちしたり型崩れしたりするような服は、一回は無理して買っても、二度と買おうとしません。きちんとしたビジネスとして成り立たせるには、それなりの品質が必要です。作り手の努力だけでは品質向上が難しい場合は、アドバイスをしたり、技術者やデザイナーなどを現地に連れて行ったりして、先進国で売れるようなモノを作るスキルを身につけてもらわなくてはいけない。

「能力の向上」には、技術面以外に、組合をつくって組織力や交渉力をつけるといった能力の向上も入ります。また、識字率の向上も含まれます。教育が行き届いていない地域であれば、学校など「読み書きそろばん」を学べる場をつくる。きれいな水がない地域では井戸を掘る必要もあるでしょう。そうした対応は、ビジネスではなく、いわゆる国際協力の範疇に入ります。「お買い物を通した国際協力」と呼ばれるゆえんです。

ただ単に公正な価格で買うだけではなく、さまざまな能力を高め、社会的な力をもつける。これを国際協力の現場では、「エンパワメント」[※6]といいます。生産者たちが多様な力をつけていくことへの支援。それが、フェアトレードの大きな特徴です。逆を言えば、エンパワメントを伴わないフェアトレードは、真のフェアトレードとは呼べません。

環境・ジェンダー[※7]への配慮、児童労働の禁止。これは言うまでもありません。

最後に、現場で、ミクロレベルでフェアトレードを実現するだけでなく、いま行われている通常の国際

※6　エンパワメント
Empowerment
人が自分の生き方に関わる選択の幅を広げるために、政治的、経済的、社会的な力を獲得すること。

※7　ジェンダー
ここでは社会的・文化的に生み出された男女の違いや性的不平等を意味する。

貿易システム自体をフェアなものにする。これも原則の一つです。そのための政府や企業に対するアドボカシー（提言）活動にも力を入れています。

フェアトレードの歴史

フェアトレードがスタートしたのは、1940年代、第二次世界大戦直後です。最初は非常に小規模でした。米国の国際協力NGOのボランティアが、支援先のプエルトリコで手工芸品を仕入れて、ボストンバッグに詰めて帰り、教会のバザーで売るといったものでした。最初は「慈善貿易」、つまりチャリティー的な貿易で、教会をベースに細々と行われていました。

60年代になると「開発貿易」が始まりました。これが今に続くフェアトレードです。品質向上や教育支援など、いわゆる「開発」ないし国際協力の要素を含むものへと発展していきました。

ほぼ同時期に始まる「連帯貿易」というのは、政治的な意味合いを持ったものです。東西冷戦下で、西側、特に米国は、社会主義や共産主義の道を歩んだ途上国に対して、経済制裁を行うことがありました。貿易をストップされた国々の生産者は苦境に陥りました。政治に翻弄された罪もない人々を支援しようというのが連帯貿易で、時には政府と対立することもありました。

90年代になるとグローバリゼーションが加速し、「弱肉強食」の自由貿易が途上国の零細な生産者を苦しめていることが明らかになりました。そこで、自由貿易を正そう、国際貿易システム自体を変えようという目的でアドボカシーを中心とする「正義の貿易運動」が起きました。

一方で、80年代の終わりには、今までとは大きく異なる新たな試みがスタートしました。一般企業向けの「フェアトレードラベル」という仕組みです。

なぜ普通の企業向けの仕組みができたかというと、旧来の「開発貿易」、つまりNGO的なフェアトレードが、80年代中頃に頭打ちになってしまったからです。その原因は、一つには品質、もう一つには生産も流通も販売も小規模であるがゆえの高価格にありました。品質は向上したとはいえ、一流メーカーにはまだ及ばない。価格面では、例えば一般の袋詰めのコーヒーが200グラム入りで200～300円であるのに対して、フェアトレードコーヒーは700～1000円もする。普通のコーヒーの3、4倍もすれば、当然買う人は限られてきます。高くても買おうという、社会的に意識の高い消費者、あるいは倫理的な消費者と呼ばれる人たちは、英国の調査では消費者全体の5パーセント程度しかいない。つまり、NGOやフェアトレード団体が行うフェアトレードは、その5パーセントの消費者層に浸透し切ると、大きな壁にぶつかってしまうのです。

一方で、途上国の生産者からは、もっと収入を増やして貧困から抜け出し、少しでも豊かな生活を送りたい、だから「もっと自分たちがつくった物を買ってほしい」という要望が強まっていました。

でもフェアトレード団体は、国内の需要に見合った量しか買うことができない。無理に仕入れれば不良在庫を抱えて行き詰まってしまう。だから、気持ちとしては全部買ってあげたいけれど、そんな無理をしたらフェアトレードのビジネス・モデルが崩壊して、元も子もなくなってしまうので、要望に応えたくても応えられない。

そうした手詰まり状態の中で、NGOやフェアトレード団体だけでは市場を広げられないのであれば、一般企業にもフェアトレードに参加してもらおう、というアイデアが出てきました。一般企業は取引のボリュームが断然大きいですから、フェアトレードに乗り出せば一気に市場が広がります。商流も違います。従来のフェアトレード製品は、教会のバザーやフェアトレードショップ、一部のオーガニックショップ、自然食品店などに行かなければ買えませんでした。でも一般企業が乗り出せば、スーパーやコンビニなど日常的に買い物をしている店で、手軽にフェアトレード製品を買えるわけです。しかも、企業の大量生産によってフェアトレード製品の単価は大幅に下がって、先ほどのコーヒーの例で言えば、従来商品より10円、20円高いだけで買えるようになる。「価格重視」の一般消費者も手を出しやすくなる。こうして、フェアトレードの市場は飛躍的に拡大しました。今では、フェアトレードラベル製品の売上が、フェアトレード市場全体の95％以上を占めるまでになっています。

フェアトレードの種類

以上を踏まえてフェアトレードを分類すれば、大きく2種類、細分すれば3種類になります。

1つ目が、最後にお話しした、80年代の終わりに登場したフェアトレードラベルを使ったフェアトレード。企業向け、主流の市場向けの仕組みで、主な対象は一般の消費者で、製品は飲食料品が中心です。このスタイルのフェアトレードを、認証型フェアトレードといいます。

2つ目と3つ目は、NGOやフェアトレード団体が作り上げ、担ってきた、オーソドックスなフェアトレードです。連帯型ないし提携型フェアトレードと呼ばれます。そのうち、認証の仕組みを取り入れているものが2つ目、取り入れていない独自のものが3つ目です。

この2つ目のフェアトレードは、世界フェアトレード機構（WFTO）の加盟団体が牽引しています。日本では、3つ目の独自のフェアトレードが中心です。

NGOやフェアトレード団体が担い手の連帯型フェアトレードは、ニッチ市場[※8]向けで、扱っている製品は、主に手工芸品や衣服です。対象も倫理的な消費者や意識の高い消費者に限られてきます。ただ最近は、一般市場向けに製品開発をしたり、企業とコラボしたりするフェアトレード団体も現れてきています。

※8　ニッチ市場
市場全体の一部を構成する規模の小さな市場のこと。隙間市場。

フェアトレードラベル製品の例

企業が参入したフェアトレードラベル商品として、日本で出回っているものには、良品計画の紅茶やスターバックスのコーヒー、イオングループのPB（トップバリュ）商品のチョコレートやコーヒー、エスビー食品のスパイス、西友のワインなどがあります。ほかにも、バナナ、アフリカ産のバラ、米国の倫理的企業ベン&ジェリーズのアイスクリーム、英国で非常にメジャーなキャドバリー社のデイリーミルク・チョコレート、サッカーボール、綿製品（シャツやクッション）などがあります。

スターバックスは、日本では２００３年という早い時点から参入しています。毎月20日はフェアトレードコーヒーの日ということで、レジのところに小さな案内が掲示されます。他の日も注文をすれば出してくれますが、メニューには載っていません。２、３年前までは注文しても通じない店員が数多くいましたが、今はどこの店でも注文すればすぐ分かってくれます。ようやくフェアトレードが定着してきたのを感じます。

おそらく日本でフェアトレードの売上は、スターバックスが一番でしょう。続いてイオン、良品計画、といったところでしょうか。

拡大していくフェアトレード市場

次にフェアトレードの世界市場がどの程度かを見てみたいと思います。把握が容易なフェアトレードラベル製品の市場は、１９９９年以降、年平均30パーセントぐらいの割合で伸びてきています（図3）。リーマンショック[※9]の翌年はさすがに鈍りましたが、減るのではという予想に反して約16パーセント増でした。これだけの伸びを見せる市場は、なかなかありません。最新の２０１２年では約60億ユーロ。１ユー

※9　リーマンショック
２００８年、米国の大手投資銀行「リーマン・ブラザーズ」が破綻したことに端を発した、世界的な金融危機。史上最大の倒産により世界連鎖的な金融危機を招いて、株価の暴落などが発生した。

ロ１４０円換算で８５００億円ぐらいの市場です。
日本市場は、２００８年に調査したところ、約80億円でした。２０１２年は、推定値で約１５０億円です。国内でも、この４年間で倍ほどの市場規模になっています。

世界市場では、ラベル製品がフェアトレード全体の95パーセントを占めています。ですから、ラベル製品の市場の動きを見れば、フェアトレード全体の動きがほぼ把握できるわけです。

日本市場は例外で、２００８年当時は、ＮＧＯやフェアトレード団体が行う伝統的なフェアトレードが市場の８割を占めていました。フェアトレードラベルが普及して、２０１２年ごろにようやく半々になり、現在では、ラベル製品が市場の過半数を占めているものと見られます。

ラベル製品を１人当たり年間いくら買っているか、という世界的な比較があります（図４）。２０１１年の１人当たり購入額１位はアイルランドで３９００円。２位のス

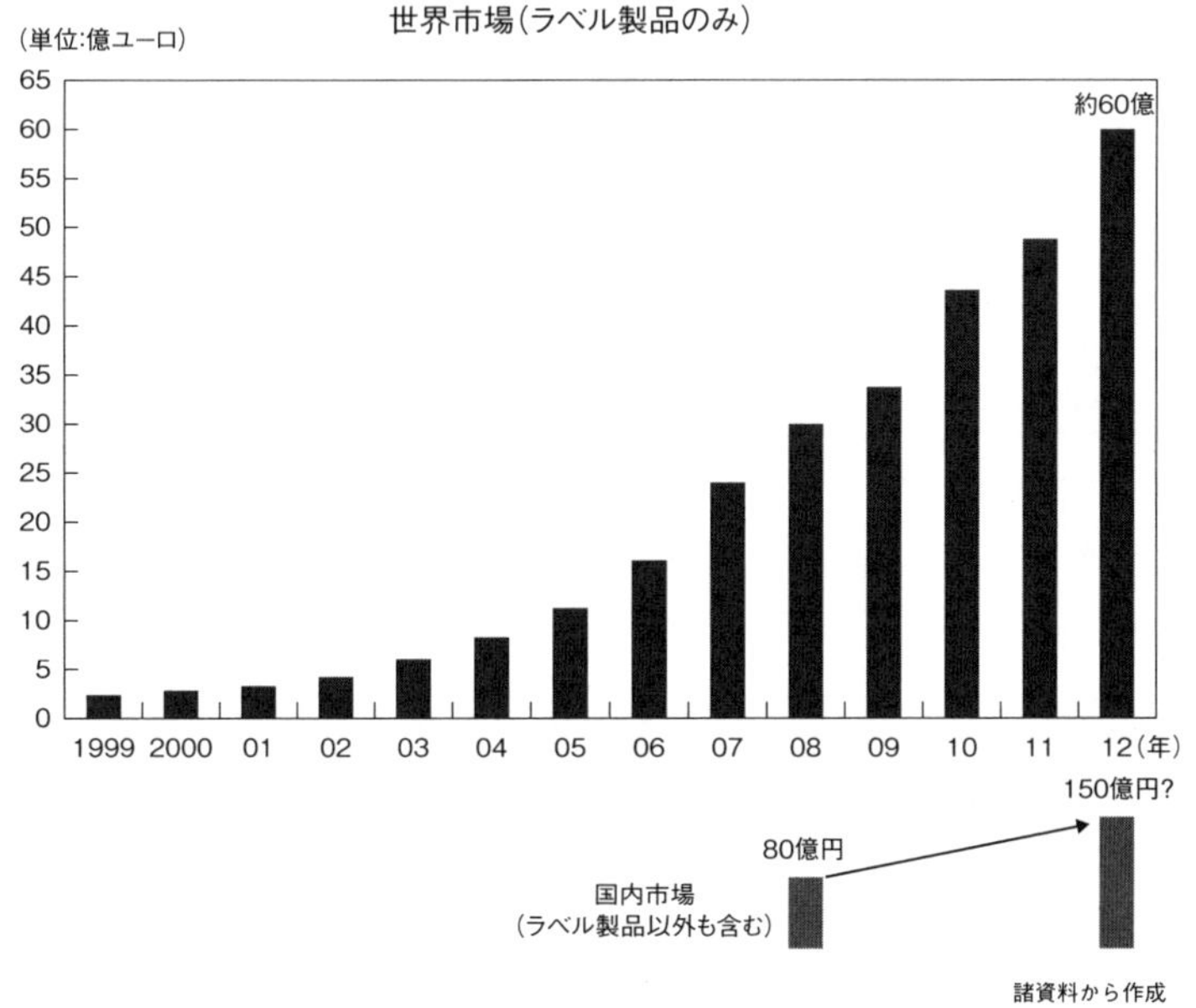

図３　フェアトレード市場の拡大

イスも3000円台。そして3位の英国が2600円ぐらい。それに対して日本は17円。愕然とします。当時の日本ではラベル以外の、NGO的なフェアトレード製品のほうが多く売れていましたが、それを入れても、せいぜいトータルで50円程度です。フェアトレード先進国とは2桁も違います。フェアトレードという言葉は広がっていても、売上的には、日本はまだまだです。ただ、逆の言い方をすれば、日本には広大なフェアトレードの潜在的な市場があり、欧米諸国並みになれば、あと100倍も伸びる余地があるわけです。

若年層とフェアトレード

フェアトレードラベルの認知率についての国際比較（図5）を見ると、17カ国で平均56パーセントと、半分以上は知っている。それも、先進国だけでなく、南アフリカ共和国やポーランド、チエコ、韓国、インドなども含む17カ国の平均です。日本は、その中で最下位の22パーセント。しかし、知らないと答えるのは恥ずかしいから、とりあえず「知っている」と答えがちな国民性の国がある一方で、

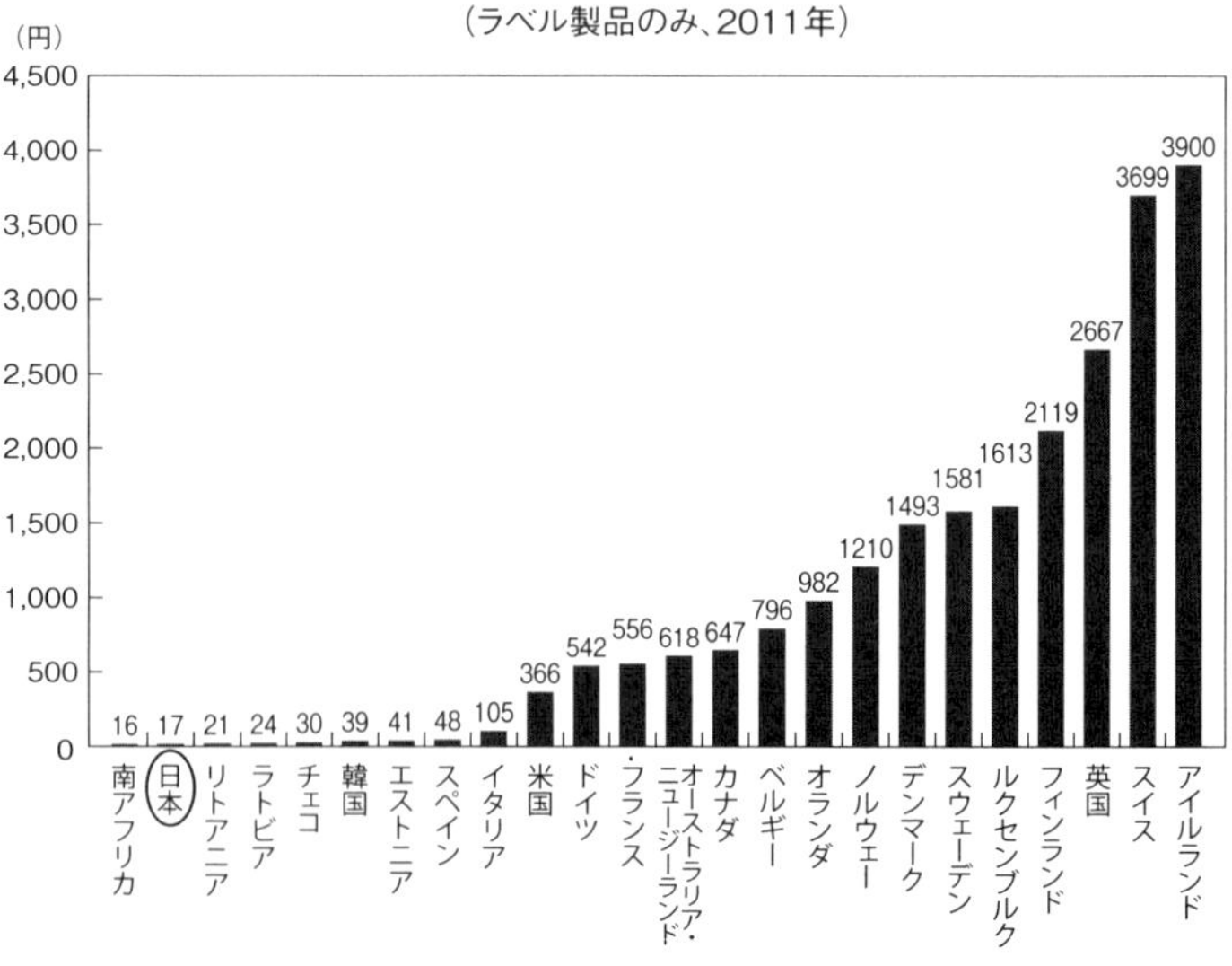

フェアトレードラベル・ジャパン（FLJ）資料より

図4　フェアトレードラベル製品の1人当たりの購入額（2011年）

※10　一般社団法人フェアトレードタウン・ジャパン
２０１４年10月15日に「一般社団法人日本フェアトレード・フォーラム」に組織変更した。著者は、変更前は代表理事、変更後は監事を務めている。

日本人は、たとえラベルを見たことがあっても、その意味まで分からない場合は「知りません」と謙虚に答える傾向があるので、実際は、この数字ほどひどくはないだろうと、国際機関や海外で働いた経験から、そう思います。

フェアトレードという言葉の国内での知名度は、私が代表を務める団体（一般社団法人フェアトレードタウン・ジャパン[※10]）が２０１２年に全国調査をしました。その結果、50・３パーセント、約半分の人たちが、フェアトレードという言葉を見聞きしたことがあるという結果が出ました。

興味深いのは、年代別に見た時に、15～19歳の若い層では64・６パーセント、３分の2が見聞きしたことがあることです。20代も54・９パーセントで、年代が上がるごとに少しずつ下がっていきます。10代が、これだけ知っているのは、とても心強いことです。この理由としては、授業やセンター入試の影響が考えられます。最近は中学校の英語の教科書の一章にフェアトレードが取り上げられたり、政治経済の資料集に、フェアトレードの解説が載っていたりします。また、ここ3年連続して、センター試験の「倫理」や「政経」、「英語」など、複数の教科の

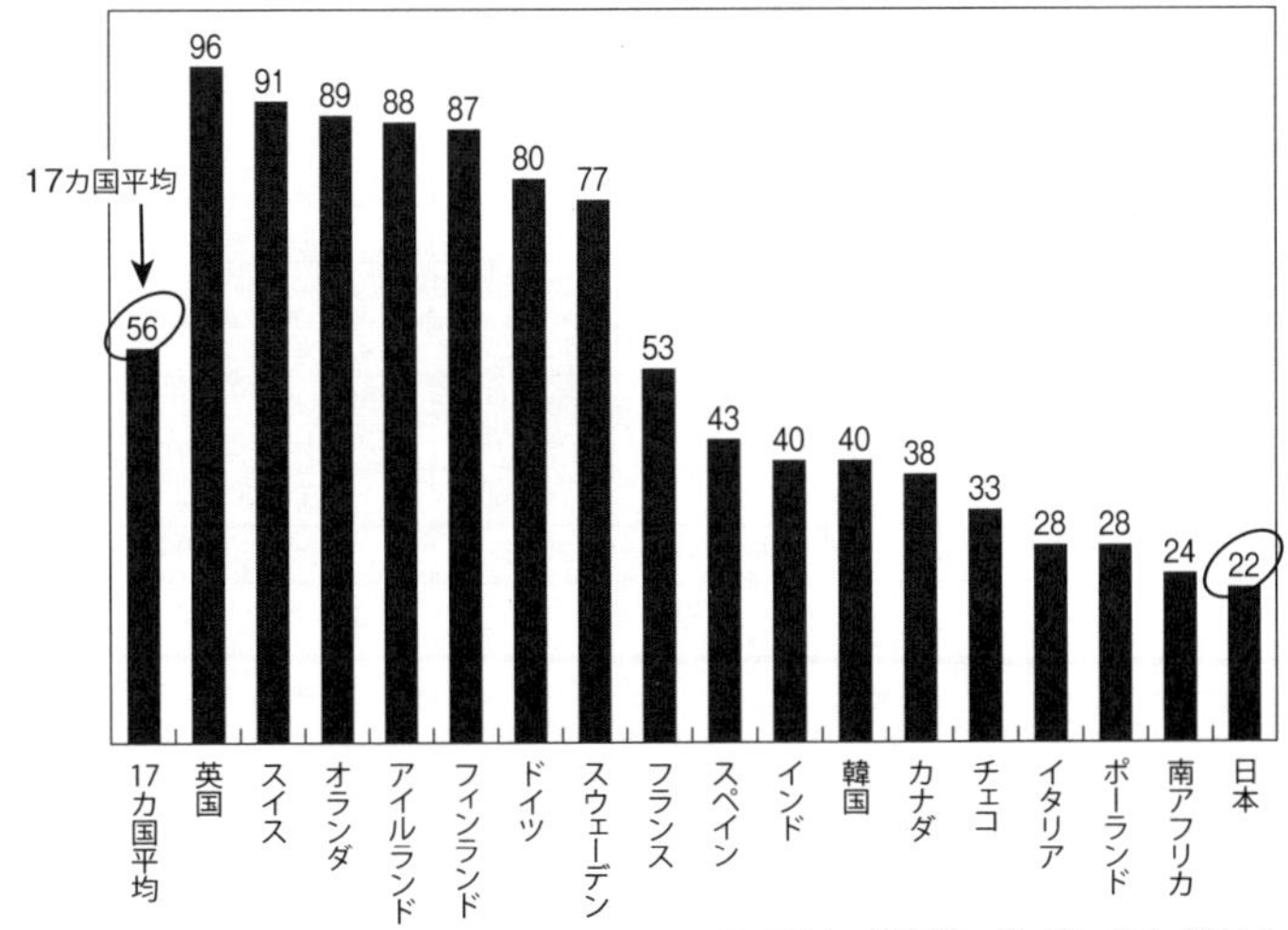

フェアトレードラベル・ジャパン（FLJ）資料より

図５　フェアトレードラベルの認知度（2013年）

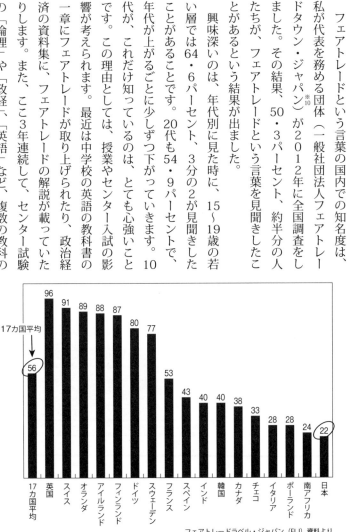

出題テーマにフェアトレードが取り上げられています。2014年度は、試験監督をやっていた私も驚きましたが、「倫理」の試験の1問目がフェアトレードでした。しかも、大学の研究室で学生2人がフェアトレードについて議論しているという設定の、非常に深みのある問題でした。多くの高校生が受けるセンター試験に出てくるわけですから、言葉として広く知られていることに不思議はありません。

ただ、きちんとフェアトレードを理解しているかどうかは別問題です。フェアトレードと関係が深い言葉を、いくつかの選択肢を挙げて答えてもらったところ、「株」や「金融」を選ぶ人が合わせて22パーセントもいました。「スポーツ」を選ぶ人もいました。つまり、株のトレード、通貨のトレード、野球選手のトレードなどと勘違いしている人が結構いるのです。フェアトレードを「貧困問題」ないし「環境」に関連付けられた人は25・7パーセントでした。見聞きしたことがある人の半分程度しかいないわけです。

ところで、若い層は、別の調査でも突出しています（図6）。2008年の内閣府調査では、フェアト

内閣府調査（2008年2～3月）　(%)

フェアトレード製品を	とてもよく知っている	よく知っている	計
全世代	0.5	1.7	2.2
15～19歳	1.8	4.5	6.3

フェアトレードタウン・ジャパン（FTTJ）調査（2012年3月）　(%)

フェアトレードという言葉を	聞いたことはある	内容も多少は知っている	内容もよく知っている	計
全世代	29.9	16.6	3.3	50.3
15～19歳	36.7	20.3	7.6	64.6

消費者教育支援センター調査（2012年7月）　(%)

フェアトレード商品があれば積極的に選ぶほうだ	とてもあてはまる	ややあてはまる	計
高校1年生（15～16歳）	4.0	18.3	22.3
高校2年生（16～17歳）	5.5	18.1	23.6
平均	4.7	18.2	22.9

図6　若者とフェアトレード

※11　JICA
独立行政法人国際協力機構。技術協力、有償資金協力（円借款）、無償資金協力の援助手法を一元的に担う、総合的な政府開発援助（ODA）の実施機関。

レード製品を「とてもよく知っている」「よく知っている」と答えた人が全世代で2・2パーセントしかいないのに対して、15歳〜19歳は6・3パーセントと、3倍近く知っていました。2012年の、高校生を対象にした消費者教育支援センターの調査では、「フェアトレード商品があれば、積極的に選ぶほうだ」という設問に、「とてもあてはまる」「ややあてはまる」と答えた高校生は、1、2年生の平均で23パーセントに達しました。若い世代でフェアトレードに対する関心が高まっているのは間違いありません。

私がフェアトレードについて一般の人を対象にしたセミナーや講演会、シンポジウムで話をすると、聴きに来るのは8割以上が若い方です。50代以上はポツポツとしかいない。主に20代、30代ですが、最近は10代が増え、中高生もいます。しかも、興味半分ではなく、集中して聞き入っている若者や、目を輝かせている若者が多いのです。自分でフェアトレードをやりたいと言う人までいて、とても勇気づけられます。かたや、いわゆる「援助」をする国際協力NGOの集まりに行くと、平均年齢が年々高くなっていくのを感じます。

大学では国際開発協力、主に援助について教えていて、そこでもフェアトレードを取り上げます。すると、やはり断然食いつきが違います。

学生たちは、援助について「偽善っぽい」とか「無理がある」といった言い方をします。私も国際協力NGOの一員として現場で仕事をしていましたが、実際、通常の援助は、どこからか寄付金や助成金、補助金を得て、物やサービスを途上国の人たちに提供するので、お金がなくなったらおしまいという現実があります。寄付金はなかなか集まるものではないので、大きめの事業をやるときには、外務省やJICA[※11]や、いろいろな助成財団などから、まとまった資金を取ってきます。しかし、そういうお金は3年間ぐらいが限度です。別の助成金を探して、見つかれば続けられますが、非常に不安定で持続性に難点があるのです。一方のフェアトレードは、日常的な買い物がベースになっていますから、継続性や持続性で勝っています。しかも、それは何か「してあげる」という一方的な無償の行為ではなく、自分がお金を払った対価として製品を手に入れられるという双方向の行為です。

他方で、若い人たちの間には、最近のビジネスや経済のあり方、つまり「強い者勝ち」とか、「儲けるためには人を使い捨てにする」といったことへの反感がある。昔の私たちの頃よりもよっぽど純粋なものを今の学生に感じます。だからこそ、金儲けだけのビジネスでもなく、何かタダでしてあげる援助でもなく、ビジネスでありながら人助けにもなるフェアトレードという営みに関心が集まるのでしょう。「どうやら、これが望ましいビジネスのあり方じゃないのか、望ましい人助けのあり方じゃないのか」と彼らが受け取っているように思えます。

消費動向の変化

日本の消費社会を長年研究されてきた三浦展さんが、２０１２年に『第四の消費――つながりを生み出す社会へ』（朝日新書）という本を出されました。その中で、だいたい30年周期で日本の消費社会は変化していて、今は第４の消費社会に入っていると分析しています（図7）。第１の消費社会は戦前の西洋志向、大都市志向。第２は大量消費時代。戦後すぐは物がなく、少しでも多くいろいろな物がほしいと

	年代	主流の価値観	消費志向	消費／社会の特徴
第１の消費社会	1912－1941	国家重視	洋風／モダン志向 大都市志向	
第２の消費社会	1945－1974	家／会社重視 物質的豊かさ	標準的／画一的 重厚長大、より多く	大量消費 一億総中流
第３の消費社会	1975－2004	個人主義 物質的豊かさ＋精神的豊かさ 利己主義	個人／多様／差別化 軽薄短小、量より質 ブランド志向	こだわり消費 階層／孤立化
第４の消費社会	2005－	社会重視 精神的豊かさ 利他主義	ノンブランド志向 シンプル志向 つながり／シェア志向 物より人	消費をすることで他者と つながり、社会に貢献

出典：三浦展『第四の消費』（朝日新聞出版、2012）

図７　消費動向の変化Ⅰ

いうことで、大量生産の画一的な製品が出回りました。一億総中流時代と言われるようになりました。

第3の消費社会は、ある程度の豊かさを達成した1975年頃に始まったといいます。軽薄短小、量より質、ブランド志向、こだわり消費、階層化、孤立化といった言葉で特徴づけられ、精神的な豊かさを求める個人主義、利己主義的な傾向が強まったといいます。そうした傾向に変化が生じ始めたのが2005年ごろで、それ以来現在の第4の消費社会に入ったということです。

2005年は、ちょうどフェアトレードが日本で広まり始めたころと符合します。第4の消費社会の価値観は物より人であり、利他主義です。キーワードは、ノンブランド志向、シンプル志向、つながり・シェア志向、そして社会重視です。消費を通して他者とつながり、社会に貢献するというのが、この時代の一つの特徴とされています。

今の消費者は、自分が物質的にハッピーでありたい、さらに精神的にもハッピーになりたい、というだけでなく、人とのつながりを求めているようです。実は、社会的な消費、倫理的な消費の台頭は、日本特有の現象ではなく、世界で同時に起こっているという調査結果もあるのです。※12

※12 ジョン・ガーズマ、マイケル・ダントニオ著『スペンド・シフト――〈希望〉をもたらす消費』（プレジデント社、2011）

東日本大震災と「応援消費」

もう一つ注目したいのが、東日本大震災を経験した日本人の消費意識・行

	震災前も後もしている (a)	震災後するようになった (b)	震災後はしていない (c)	震災前後の変化% b／(a+c)
省エネ製品を買う 省エネを心がける	56.1	**32.4**	0.4	**+57**
フェアトレード商品を買う	12.9	**3.9**	0.9	**+28**
自分の消費行動で社会や環境を良くできると意識し行動する	29.0	**33.3**	1.1	**+110**

→〝消費者市民〟の誕生（責任ある消費）

出典：国民生活センター第40回国民生活動向調査「東日本大震災後の意識と行動の変化」2012年10～11月

図8　消費動向の変化Ⅱ

動の変化です。２０１２年の国民生活センターの調査によると（図８）、省エネやフェアトレードの消費も震災後増えてはいますが、「自分の消費行動で社会や環境を良くできると意識し行動する」と答えた人が大幅に増えています。震災前からそのように意識し行動していた人は30パーセントいましたが、震災後に意識し行動するようになった人は33パーセントもいて、増加率は１１０パーセント、つまり震災前の２倍にもなっているのです。今回の大震災を受けて、被災地の物を飲んで食べて応援しようという「応援消費」が巻き起こりましたが、これは初の社会現象だと思います。

阪神淡路大震災が起きた１９９５年は、被災者を助けようと１３０万人が現地に入って活躍し、「ボランティア元年」と呼ばれるようになりました。当時の政府や兵庫県、神戸市などの自治体はしばらく動けませんでした。どんどん義援金や物資は届くのに、市役所の職員自身が被災していたのと、被災状況を正確に把握した上でなければ公平に分配できないというお役所的な考えのために、被災者の元に届くことなく、あっという間に1週間ぐらい経ってしまった。その間にボランティアたちは、難しいことは考えずに目の前の被災者をどんどん助けていきました。

そうした姿を目にして、日本社会はＮＰＯやＮＧＯ、ボランティアを、初めて高く評価するに至ったのです。それまでＮＰＯやボランティア活動は、正直言ってうさんくさく見られたり、奇人・変人の集まりだとか、新興宗教じゃないかとか言われたりしたこともありましたが、阪神淡路大震災を機に大きく変わりました。政府も１９９８年にＮＰＯ法（特定非営利活動促進法）を制定して後押しを始め、ボランティア活動、ＮＰＯ活動が盛んになりました。

東日本大震災では、人数的には阪神淡路の時と同規模の１００万人超のボランティアが駆けつけ、ＮＰＯも活発な救援活動を行いました。しかし、決定的な違いは「応援消費」がわき起こったことです。被災地を助ける手段としては、お金や物資を送ったり、ボランティアとして現地に入ったりするだけでなく、

※13 著者の2014年の論文。「『応援消費』——東日本大震災で『発見』された消費の力」。ウェブサイト「東京経済大学学術機関リポジトリ」からダウンロード可能。

もう一つ別な手段として、被災地の産品を買ったり、被災地に旅行してお金を落としたりする方法があるのだと、初めて日本人は気が付いたのです。

震災後に自分の消費行動次第で社会や環境を良くできるという意識を持つようになった大きな背景には、この応援消費があったと思います。なお、応援消費について私が書いた論文が大学のサイトに掲載されていますので[※13]、関心がある方はご覧ください。

法律が消費者市民教育を後押し

東日本大震災後、「自覚」をもった消費行動をする人が、確実に日本の中で増えています。いわゆる「消費者市民」と呼ばれる人たちです。あまりよく知られていませんが、そうした責任ある消費を後押しする法律が2012年の暮れに施行されました。「消費者教育推進法」という法律です。

この法律は、日本に「消費者市民社会」を築いていくことを目指しています。この法律に言う「消費者市民社会」とは、「自らの消費行動が、現在および将来の世代にわたって内外の社会経済情勢および地域環境に影響を及ぼし得るものであることを消費者が自覚して、公正かつ持続可能な社会の形成に積極的に参画する社会」のことです。

つまり、自分の消費行動が、子や孫、さらにその先の世代にわたって、日本や途上国を含む海外の社会や経済に影響を与えるかもしれない、地球環境にも影響を与えるかもしれないということを自覚して、フェアで、エコな、つまりエシカルな、人や環境に配慮した社会をつくっていきましょう、というわけです。それは、まさにフェアトレードが目指す社会そのものです。

この、消費者としての責任や他者への影響を自覚した人を育てていこうという法律に基づいて、消費者教育が始まっています。それは学校教育だけではなく社会教育も含んでおり、成人も対象にしています。

今まで消費者教育といえば、「弱い」立場にある消費者、被害を受ける消費者を守る、という発想で行われてきました。しかし、消費者市民教育は、消費者が「加害者」にもなり得るという発想に立って、責任ある消費をしようと呼びかけるものです。

こうした大転換に、教育現場ではどのように教えたらよいか困惑しかねないため、公益財団法人消費者教育支援センターが、「先生のための消費者市民教育ガイド」[※14]をつくりました。正味14ページの簡略なガイドの中で、4ページにわたってフェアトレードが紹介されています。

フェアトレードタウン運動とは

フェアトレードを普及しようという活動の中でも近年盛んになっている「フェアトレードタウン運動」についてお話ししたいと思います。

これは、簡単に言えば、「まちぐるみ」でフェアトレードを広めようという運動です。市町村の住民はもちろん、ＮＰＯを含むさまざまな社会組織や地縁組織（学校、病院、町内会など）、それに企業や商店、そして地方自治体、その全てがフェアトレードの輪を地域に広げていくことにコミット[※15]するのです。

２０００年に英国で始まったこの運動は、世界に広がっています。現在24カ国に、１５００市町村以上のフェアトレードタウンが誕生しています。はじめは西側先進国での運動でしたが、今ではチェコやポーランドといった東欧や、ブラジル、コスタリカ、ガーナといった途上国にも広がっています。

フェアトレードタウン運動は、「まち」という地域コミュニティに根ざした運動ですが、その他のコミュニティ、例えば小中高校や大学、教会、職場など、いろいろなコミュニティに根差した運動も始まっています。

フェアトレードタウンの基準は、日本では６つあります（図９）。国内で一番運動が進んでいるのは熊

※14
「先生のための消費者市民教育ガイド～公正で持続可能な社会をめざして～」（消費者教育支援センター、２０１３）。同センターのホームページから購入可能。

※15　コミット
Commit
責任をもって関わること、責任をもって関わることを宣言（誓約）すること。

本市で、2011年に日本初、アジア初のフェアトレードタウンになりました。ちょうど世界で1000番目でもありました。それから3年たちましたが、日本では、まだ熊本市だけです。というのも、6基準を満たすのがそう簡単ではないからです。

基準の中でも一番厳しいのが、自治体のコミットを得ることです。地方議会がフェアトレードに賛同し支持するという決議を行うとともに、首長、つまり市町村長もフェアトレードへの支持を公式に表明する必要があります。

英国では、地方自治体もいわば「議員内閣制」で、通常は地方議会の与党議員の中から首長が選ばれるため、議会と首長が対立することはほとんどありません。ところが日本では、地方議会の議員と首長が全く別の選挙で選ばれるので、議会の与党と首長を支持する政党が違うことがままあります。両者ともわれこそが民意を代表していると主張でき、しかも立場的に対等なのです。議会と首長が対立状態にあると、その両方からフェアトレードへの支持を引き出すのはとても大変です。

そもそも議会の決議は全会一致が基本で、それなりに重みを持つものだけに、議会も慎重です。いろいろな政党・会派がある中で、その全ての賛同を得て議決してもらうだけでも大変です。「議院内閣制」の英国ですら苦労しています。それに加えて日本は二元代表制なので、苦労はなおさらです。逆に言うと、両者から賛同が得られれば、かなり盤石な支持ということになります。英国の場合、議会与党や首長が変わると、急にフェアトレードに冷淡になることがあるようです。

熊本市以外では、名古屋と札幌で6、7年前からフェアトレードタウン運動がおきていて、名古屋市は近々基準を満たせそうです。神奈川県の逗子市、愛知県の一宮

1. 推進組織の設立と支持層の拡大
2. 運動の展開と市民の啓発
3. 地域社会への浸透
4. 地域活性化への貢献
5. 地域の店（商業施設）によるフェアトレード産品の幅広い提供
6. 自治体によるフェアトレードの支持と普及

図9　フェアトレードタウン基準

※16　垂井町
垂井町《たるいちょう》は、岐阜県の南西、琵琶湖の東に位置する広さ約57平方キロメートルの町。人口は2013年4月1日現在2万8652人。2014年8月30日に「フェアトレードタウン垂井推進委員会」が発足し、著者も設立総会に出席し講演した。垂井町はフェアトレードと地産地消を同時に推進している。

市、栃木県の宇都宮市などでも運動がおこっています。後発ながら勢いがあるのが、岐阜県の垂井町[※16]です。国際協力を長年やってきた私の知人が運動を引っ張っているのですが、非常にエネルギッシュで、人間関係をつくるのもうまい。小さな町だと町議会議員や町長も身近な存在で、気軽に話ができる。運動を始めてまだ1年足らずですが、とても速く運動が展開しています。それに比べると大都市は大変です。垂井町の運動がスムーズに進んでいるのは、日本の基準が地産地消をはじめとする「地域活性化への貢献」を謳っていることも一因のようです。

日本のフェアトレードタウン運動の特徴

日本のフェアトレードタウン運動には2つの特徴があります。

1つ目は、多様なフェアトレードを包摂していることです。フェアトレードタウン運動が始まった欧州では、南欧は少し違いますが、運動の目的がフェアトレードラベル製品の消費拡大に特化しています。米国では、フェアトレードラベルだけでなく、NGOなどが地道にやってきた連帯型のフェアトレードにも運動を広げました。米国は、日本のようにNGO的なフェアトレードが盛んで、力を持っているからです。ただ、米国が認めるのは、「フェアトレード連盟」に所属して一定の基準を満たした団体のフェアトレードまでです。

日本の場合は、そうした連合体や基準がないため、もっと広く自律的にフェアトレードを行ってきた団体や、地域に根差した小規模な団体のフェアトレードをも含めることにしました。この、多様なフェアトレードを包み込んでいこうという動きは、いま他の国にも広がりつつあって、「ビッグ・テント・アプローチ」と呼ばれています。つまり、フェアトレードラベルだけ入れてあげるという「小さなテント」ではなく、もっと「大きなテント」の中に多様なフェアトレードを包み込んでいこう、という考え方、アプローチです。

2つ目は、基準に「地域活性化への貢献」を入れたことです。具体的には、「地場の生産者や店舗、産業の活性化を含め、地域の経済や社会の活力が増し、絆が強まるよう、地産地消やまちづくり、環境活動、障がい者支援等のコミュニティ活動と連携」することを基準としています。途上国との間にフェアな貿易を広げるのが運動の第一の目的ですが、それだけではなく、フェアトレード的な要素、発想を地域の中にも広げていこうと考えたのです。地域の零細な農家が収入を増やせるような地産地消や、商店街の活性化、さらには地域の環境保護や福祉活動など、広い意味で「まちづくり」につながる運動にしたいという思いからです。

関連して、障がい者がつくった製品を積極的に購入する動きが国内に広がっています。2012年に、ハート（心）を持った購入という意味で、「ハート購入法」と呼ばれる法律（国等による障害者就労施設等からの物品等の調達の推進等に関する法）ができました。障がい者がつくった製品を国や自治体が積極的に購入することを定めています。2000年に環境配慮を目的にできたグリーン購入法の障がい者版とも言えます。

社会的、経済的に弱い立場に立たされた人は、途上国だけでなくて日本の中にもいます。国内の農家や漁師も、残念ながら「買い叩き」にあっています。スーパーなど買う側の力が強く、ひどい時には大根1本1円でしか買ってもらえないとも言われます。それでは、とても農家や漁師の人たちはやっていけない。まともな価格で買うことで、生産者が人間らしい生活を送れるようにしていく必要が国内にもあるのです。障がいのある人たちについても、チャリティーの対象にするのではなく、彼らが一生懸命つくったものは、きちんとした値段で優先的に買うことで、彼らの自立を応援したいものです。

フェアトレード的な発想を地域に広めていくという日本独自の基準には、国内社会もフェアでサステナブルなものにしたいという気持ちが込められています。

２０１２年にフェアトレードタウン・ジャパンが行った調査では、フェアトレードという言葉の認知率が、フェアトレードタウン運動が盛んな都市（熊本、名古屋、札幌）では高いことが判明しています（図10）。東京での認知率が高いのは、フェアトレード団体やフェアトレードに関する情報やイベントが集中しているからでしょう。大阪で低いのは、価格にシビアだからかもしれません。

フェアトレードには、消費者教育推進法をはじめ、確かに「追い風」が吹いています。ですが、それを一時的な「ブーム」に終わらせず、社会に根付かせるには、地域に、自分たちの周りに地道に広げていくことが欠かせません。点と点がつながって線となり、さらに線が面となって、フェアトレードや、それに準じた「倫理的な消費」が、全国に、そして世界に広がっていくことを願っています。

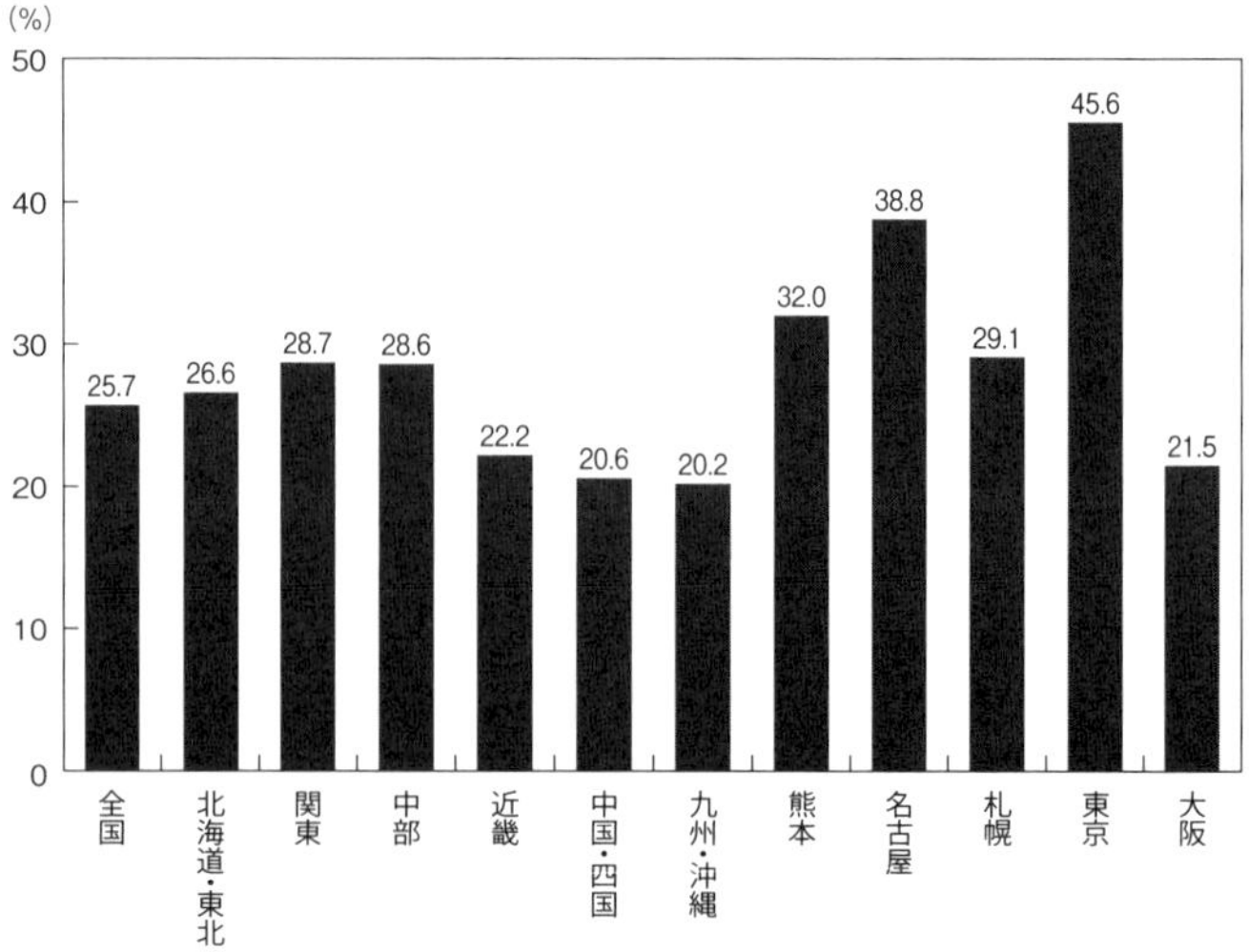

図10　フェアトレードタウンの認知率（地域別）

Q フェアトレードは、エシカル購入とほぼ同じ?

A フェアトレードは、エシカル購入の一部。２０１４年春に発足した日本エシカル推進協議会（渡辺も副代表を務めている）でも、まだきちんとした定義はないが、エシカルというのは、社会と環境に配慮した、フェアでエコなものを指す。

Q 生物多様性に関わるラベリング（森林認証のＦＳＣや水産認証のＭＳＣやＡＳＣなど）とオーバーラップする部分が多そうな印象だが、運動としては別?

A フェアトレード基準の中にも、生物多様性に配慮した部分がある。逆に、レインフォレスト・アライアンス[※17]のような生物多様性を重視した認証にも社会配慮は含まれる。フェアトレードの広がりをビジネスチャンスとみて、類似した認証システムが多数生まれている。それぞれに特徴がある。

※17　レインフォレスト・アライアンス
野生生物の保護、土壌と水源の保全、労働者とその家族および地域社会の保護、生計の向上など、環境面と社会・経済面で持続的に経営されている農園や森林を認証し、そこでつくられたコーヒーやチョコレートなどに、緑色のカエルの認証マークが表示されている。

Q 第８講で、グリーンウォッシュの話を聞いた。ラベリングの中にも結構あやしい物があるそうだが、フェアトレードでは?

A 時々フェアトレードの基準が全部きちんと守られていない事例はある。「フェアウォッシュ」という言葉もある。しかし、例えば基準全体を１００としたときに、零細な生産者が頑張って90や95まで満たしているなら、フェアウォッシュと言うのは言い過ぎではないか。フェアトレードラベルをめぐってインチキだと大騒ぎになった例は今のところない。

一方で、「自称フェアトレード」はグレーゾーン。民間の定義や基準はあっても、法で定められているわけではないので、誰でもフェアトレードを名乗れる。世間の関心や認知度が高まると、金儲けに利用する企業が出てきてもおかしくないし、一部にはあるようだ。対策としては、消費者の人が意識して見分けていくしかないだろう。法律をつくって規制するのは得策ではないと思う。

Q 10代、20代のフェアトレード認知度が高いのは教育の賜物だとしても、彼らはフェアトレードラベルの貼られている製品のターゲット層ではない印象だが?

A 確かに、その年代が買えるフェアトレード製品と言ったら、チョコレートぐらいだろう。10代後半になればコーヒーも飲むかもしれないが、それほど身近ではないだろう。どうしてもフェアトレード製品は価格が高めなので、子どもや学生が小遣いをやりくりして買うところまではいかないと思う。

にもかかわらず関心が高いのは、やはり学校教育や受験の影響だろう。教科書や資料集だけではなく、総合教育の時間に取り上げる先生もいる。特に、センター試験の過去問に出てくる影響は大きいと思う。しかし、調査結果によると理解度は低い。言葉を見聞きしていても、誤解が多いのが現状だ。

Q 消費者がフェアウォッシュに引っかからないようにするための、何かオープンにされている仕組みはあるのか?

A フェアトレードラベル制度の中に監査の仕組みがある。基準違反がなければ2年や3年に1回だが、違反があれば毎年の監査で改善度をチェックする。ただ、実際に行って監査するのは2、3日で、全部見切れるかわからないし、日程調整するので事前にまずいところを隠してしまうことも十分あり得る。そこで、悪い噂や過去に問題があったところに対しては、事前に全く通告せずに監査に行く「サプライズ・オーディット」という仕組みもある。

監査して問題点が見つかっても、いきなり認証取り消しにはしない。まずは改善を求める。1、2年かけても直らない場合、基準違反が重大な場合には、認証を取り消す。一例を挙げれば、使ってはいけない農薬を使ったことが重大な事案とされ、認証取り消しになったコーヒーがある。

ここで生産者の立場に立てば、製品ごとに定められたフェアトレードの基準は、非常に分厚い文書で、全部満たすのは相当なことだ。さらに、毎年の認証料は、組合の規模や何をどのくらい生産するかで幅があるが、最低でも20万円ぐらいかかる。多い場合は100万円のオーダーに達する。それに加えて、基準を完璧に満たそうとすると、それなりの投資も必要になる。その中で、どうしても手を抜いてしまう生産者が出てくる場合があるとは思う。

それを「けしからん」で済ますのは簡単だし、すぐ認証を取り消すほうが楽だが、やはり生産者団体の置かれた状況や、なぜそうせざるを得ないのかを知る必要がある。そして、きちんと遵守できるように奨励、助言し、改善していくほうが建設的だ。

Qフェアトレードの定義に「南の疎外された生産者」が出てくる。南北問題は大きな国際問題で、政治的にも解決策が練られていると思うが、フェアトレード運動の位置付けは？　また、南北問題の解決に、フェアトレードはどの程度、貢献し得るのか?

A今、フェアトレードの仕組みに参加できている生産者・労働者は約200万人。一家5人と仮定すれば、ざっと1000万人がフェアトレードからの何かしらの利益を得ている。世界の貧困層が13億人とすれば、その1パーセントにすぎず、これだけ市場が広がってもフェアトレードが貧困の解消に大きく役立っているとはまだ言えないし、もともとフェアトレードだけで解消できるとも思っていない。南北問題や貧困問題をなくすには、いわゆる援助や、腐敗をなくす政治的な改革など、複合的な努力の積み重ねが必要だ。トータルで見ればフェアトレードの果たす役割は部分的かもしれないが、少なくとも、経済やビジネスの中で現状を変えていく力を持っていることは確かだ。経世済民を経済の本来の姿だとすると、フェアトレードには、世のために民を救い、人を幸せにしていくという象徴的な意義がある。今はまだ小さいが、広がり、伸び続け、関心も高まっているので、将来的に見れば、それなりのインパクトはあると思う。

Qフェアトレードの運動が世界的に広がって、貿易や企業に方向転換を迫れるような大きな力になることを目指してやっていくということか?

Aそういうこと。それで、今日はフェアトレードに加えてフェアトレードタウン運動を紹介した。ここに一つの鍵があると思っている。フェアトレードは通常、消費者がどれだけフェアな買い物をするかという個々人の判断に任されている。ただ、一人一人の行動の積み重ねは大事だが、それだけで今の商習慣やビジネスが変わるとは思えない。

フェアトレードタウン運動は、エシカル消費など他の運動や仕組みにはない、フェアトレードだけの大きな特徴。個別に意識して消費しようというだけではなく、地域の中で多様な団体やプレイヤーが一緒になってフェアトレードを地域に根ざしたものにしていく活動には、可能性がある。

というのも、公害国家と言われた日本が変わったのも地域運動が発端だったからだ。戦後、高度成長期時代にひどい公害問題が起きて、反対運動が起きたが、政府は最初全く動じなかった。それが、公害問題を旗印にした美濃部亮吉が選挙に勝ち東京都知事になり、環境問題を政策の中心に取り上げて、横浜市もそれに続き、一時期、日本の2割ぐらいの自治体が革新自治体になった。それを背景として、1970年以降、いろいろな環境法制が整備された。

地方や地域にポツポツと出てきたものは、最初は点でも、やがて線になり、面になる。いきなり国の政策や企業の行動を変えるのは難しいが、かつて「もっと環境を大事にしよう」という声が高まり広がったように、「社会的な配慮を大事にしよう」という地域が増えれば、国や企業を動かす力になるのではないか。

Q大学の教職員など構成員全員が署名をすれば、「フェアトレード大学」と名乗ることも可能か?

Aフェアトレード大学という仕組みや運動はすでに英国にもあるし、米国やオーストラリアにもある。日本でも間もなくフェアトレード大学の認定基準が完成する。すでに名乗りを上げているのが、クリスチャン系の神戸国際大学。大学のトップが非常にやる気なので、動きが早かった。

フェアトレード大学では、フェアトレードを推進する学生グループ団体と大学当局と自治会などが、大学の中でフェアトレードを広めることにコミットする。具体的には、売店や食堂でフェアトレードの物を売ったり、職員が飲むコーヒーをフェアトレードにしたりする。それから、フェアトレードに関する教育をキャンパス内外で行うといった内容だ。

（後日談）

その後、フェアトレード大学基準は、フェアトレードタウン・ジャパンと学生団体（フェアトレード学生ネットワーク）との間で、2014年9月に最終合意して完成した。課題は、フェアトレードを推進する学生グループのリーダーが代替わりすること。熱心でカリスマ的なリーダーたちが卒業すると機運がしぼんでしまうことが少なくない。神戸国際大学もそのような状況にある。

Qフェアトレードの評価方法は？　社会影響の改善といった効果は、どのように測るのか?

A個別の国やコミュニティに研究者が行って、こういうインパクトがあった、と発表したものはあるが、トータルとしてフェアトレードのインパクトをまとめた研究はない。

ここまで広がると、もうとてもではないがトータルに測ることはできない。フェアトレードをやっている団体やフェアトレードラベルを推進している主体が効果を測るべきではないかという議論はもちろんあるが、非常に人とお金が掛かる。そんな余裕があるならフェアトレードそのものを広めることにエネルギーを使いたいというのが実情。測定できるに越したことはないが、そこまでの負担を求めるのはどうだろうか。関心のある人がやってください、と言うしかない。

少し脱線するが、私はムハマド・ユヌス氏[※18]と20年以上前に知己を得て、日本にグラミン銀行を紹介してきた。グラミン銀行が世界的に有名になり、外部から「本当にどのくらい効果やインパクトがあるのか証明して」と言われたユヌス氏は、はっきり答えた。「われわれにそれを要求しないでほしい。あなたたちが自分で調べればよい。われわれはちゃんとやっているし、自信もある。問題があるというなら、あなたたちが調べて、それを指摘すればよい。われわれには、そんなことに時間もお金も割く余裕はない」と。私はフェアトレードについて、彼と同じ意見だ。

※18　ムハマド・ユヌス　Muhammad Yunus
1940年～。バングラデシュの経済学者。貧困層などを対象に低利で少額の融資を行う「マイクロクレジット」の創始者で、その起源とされるバングラデシュの「グラミン銀行」の創設者。2006年、ノーベル平和賞を受賞。

Q社会影響を定量的に測ろうとしている人々が、欧州を中心に出てきている。フェアトレードの運営側がわざわざ労力を使わなくても、研究者の評価手法やデータをうまく活用することで、広報などコミュニケーションに役立てていただけるのでは？　ガイドラインは出ているが、手法は未熟なので、連携していけると良い。

A 協力していけると思うが、フェアトレードの効果は「定量的」なものだけではない。どれだけ生産者の能力が向上したか、組織力が高まったかなど、「定性的」な面が非常に大きい。定量だけで測ってしまうと、「フェアトレードはたいしたことない。むしろ民間や企業のイニシアチブでやったほうが、もっと結果が出る」となりかねない。純粋に企業的に生産者に対する技術支援をやったほうが、フェアトレードよりも成果を上げている、という研究結果もある。定量だけでやると全体を見失ってしまう。定量と定性の両方をやらないといけないと思う。

Q 海外も含め、フェアトレードの最先端の事例は？

A 一つは先進国に頼らない途上国発のフェアトレード。自分たちでフェアトレードの仕組みを立ち上げ、先進国の団体に任せず、独自の流通・販売を始めている途上国の団体がある。さらには、先進国向けではない「国内フェアトレード」も始まっている。確かに先進国市場のほうが高く売れるしメリットが大きいが、その分、為替リスクなどがある。先進国に依存するフェアトレードの仕組みは、先進国の都合で急に失速する場合も現にある。途上国にも中流層が増えてきている中、国内の市場向けにやっていくのは、健全なことだと思う。

また、先進国の中でも国内フェアトレードが始まっている。小規模だが米国や英国に事例がある。日本には正式な仕組みはまだないが、フェアトレード的な動きは、どんどん出てきている。積極的に障がいのある人を雇用して農業をするとか、ホームレスの人を雇い入れて製品をつくって売るとか、ワーカーズコレクティブ（働く人たちの協同組合）や企業としてやっている。日本でも、社会的なビジネスをやりたいという人たちが増えていて、フェアトレードにヒントを得たり、ないしは自ら「フェアトレード」と銘打ってやっているケースもある。そのあたりは非常に新しい動きで、これから期待したい。

幸せな経済のかたちを考え、伝えること

第11講　サステナブルな経済と経営へ
～経済成長と幸福、行動変容を促す環境コミュニケーション～

枝廣淳子（東京都市大学環境学部 教授）

枝廣淳子（えだひろ・じゅんこ）/1962年京都府生まれ。東京都市大学環境学部教授、環境ジャーナリスト、翻訳家、幸せ経済社会研究所所長。東京大学大学院教育心理学（修士）。アル・ゴアの『不都合な真実』の翻訳をはじめ、環境問題に関する講演や執筆、企業コンサルティング、異業種勉強会を通じて、「伝えること」で変化を創り、しなやかに強く、幸せな未来の共創を目指す。「社会にとって本当に望ましいエネルギー」に関する合意形成に向けての場づくりやファシリテーターを行政や自治体、教育機関、企業などで数多く務める。著訳書に『わが家のエネルギー自給作戦』（エネルギーフォーラム、2012）、『GDP追求型成長から幸せ創造へ』（武田ランダムハウスジャパン、2012）、『「定常経済」は可能だ！』（岩波書店、2014）、『世界はシステムで動く』（英治出版、2015）、『レジリエンスとは何か―何があっても折れないこころ、暮らし、地域、社会をつくる』（東洋経済新報社、2015）など。

幸せ経済社会研究所を設立した理由

まず、「経済成長とは何でしょうか」。さらに、「それを続けていくことは必要ですか」「それが可能だと思いますか」と聞かれたら、なんと答えますか。新聞でもテレビでも、経済成長率何パーセントとよく言っています。少なくとも3パーセント以上続くのが今のところ大事で、アベノミクス[※1]も、そのためにすると。だけど、本当にそれが必要なのか、もしくは可能なのか。これからは、そういうことを問い直していく時代だろうと思っています。

私はいろいろな活動の一つとして、「幸せ経済社会研究所[※2]」を主宰しています。建物があるわけではなく、勉強会をしたりするバーチャルな研究所です。問題意識が芽生えたのは6、7年前です。アル・ゴア[※3]の『不都合な真実』を翻訳するなど、環境分野で十数年、活動してきましたが、環境の問題を解決しようと思ったら、その根本的な原因をなんとかしないと駄目だと感じるようになりました。環境問題の一つ一つに条約や規制をつくるなど手を打っていく必要はあるのですが、こう次々と新たな問題が生み出されている以上、根本を変えない限り終わりはない。どんどん状況は悪くなっていくと。じゃあ、根本的な原因は何かと考えて、やはり一つ大きいのは、あくなき成長を求める今の経済や社会のあり方ではないかと思い当たりました。そのことを調べたり考えたり、情報を提供するために創ったのが、この研究所です。

経済成長の定義

ここでの活動の一つに、アウトドアウエアのパタゴニア社の協力を得て展開している「レスポンシブル・エコノミーを考える」というウェブサイト[※4]があります。責任ある経済という意味です。その中のコーナーで、先ほどのような「経済成長についての7つの質問[※5]」を100人の方に聞くプロジェクトを進めて

※1　アベノミクス
2012年12月に発足した第2次安倍政権で、安倍晋三首相が打ち出した一連の経済政策。「財政出動」「金融緩和」「成長戦略」の「三本の矢」を重点施策として展開している。

※2　幸せ経済社会研究所
http://ishes.org/

※3　アル・ゴア
Al Gore
1948年～。米国のビル・クリントン政権下の第45代副大統領（1993年から2期8年間）。環境問題の論客として知られ、2006年のドキュメンタリー映画『不都合な真実』や、その後の同名書籍の出版などが、地球環境問題の啓蒙に貢献したと評価され、2007年にIPCCと共にノーベル平和賞を受賞した。

※4　「レスポンシブル・エコノミーを考える」というウェブサイト
http://ishes.org/project/responsible_econ/enquete/

※5　経済成長をめぐる7つの質問
1．経済成長とはどういうことですか、何が成長することですか
2．それは望ましいものですか、それはなぜですか
3．それは必要なものですか、それはなぜですか。必要な場合、い

います。ここへ来る前も、経営史の大先生、橘川武郎先生[※6]にインタビューしてきました。哲学者や経済の専門家や大学生など、いろいろな方にお話を聞いています。皆さん、「経済成長」の定義も考え方も、いろいろです。

経済学の定義では、経済成長というのは、GDP[※7]の成長です。GDPというのは、付加価値ですが、具体的には1年間につくり出された財やサービスが市場で取り引きされた金額です。今は、それが増えることが大事だと言われています。

考えてみると、経済成長は、これまであらゆる問題の解決策として扱われてきました。例えば貧困の問題は、経済成長によって金持ちがもっと豊かになれば、トリクルダウン[※8]、つまり、しずくがどんどん行き渡るように、貧しい人も豊かになるから解決できると。失業の問題でも、雇用が生まれるからという理由で経済成長が解として扱われる。日本の場合は人口過多の問題はないですが、途上国の場合はまだこの問題があり、やはりこれも経済成長すれば出生率が下がるから人口を抑えられるはずだと。環境問題もそうです。例えば途上国で環境問題の話をすると、問題を解決するにはお金が要るので、まず経済成長して豊かになってから環境問題を解決しますという考え方が主です。

経済成長は全ての「解」なのか

では、本当に経済成長が解なのでしょうか。GDPが上がれば貧困は減るはずなのに、日本では逆に相対的な貧困率は上がっています。失業もそうです。雇用が増えるはずなのに、実際には失業率は上がっている。経済成長によって環境問題が解決されるはずなのに、いまだにGDPの増加とともに二酸化炭素も増えているのは、皆さんご存知の通りです。

経済学が専門でない一般の方に聞いても、なんとなく漠としたイメージとして、GDPが成長すれば、

つまで、どこまで、必要でしょうか
4．経済成長を続けることは可能ですか、それはなぜですか
5．経済成長を続けることに伴う犠牲はありますか、それは何ですか、なぜ生じるのですか
6．日本がこれまで経済成長を続ける中で失ったものがあるとしたら何でしょうか
7．「経済成長」と「持続可能で幸せな社会」の関係はどうなっていると考えますか

※6　橘川武郎
1951年〜。一橋大学大学院商学研究科教授、経済学博士、経営史学会会長。

※7　GDP
Gross Domestic Productの略。国内総生産。一定の期間内に国内で新しく生みだされた生産物やサービスの金額の総和のこと。経済成長の指標として重視されているものの一つ。1980年代まで頻繁に使用されていたGNP＝国民総生産（Gross National Product）は、国外に住む国民の生産量も含んで計算する。

※8　トリクルダウン
第9講※11を参照。

お給料が上がるに違いないとか、みんなが豊かになっていいじゃないのと思っている人が多いです。GDPの成長を幸せと結び付けている。だけど、今いくつか挙げたように、必ずしもそうではない。もしかしたら逆行している可能性すらあるのです。

近年、GDPが増えたり過去最高益を出す企業が続出しても、一般の人にはあまり豊かになったという実感がないと聞きます。GDPとしてつくり出した付加価値は、ごく一部の人たちのところへ行ってしまっているのです。「ジニ係数」というのは、どれぐらい社会の中に格差があるかという指標ですが、GDPが増えても格差は減っていない(図1)。豊かな人は豊かになっているけれど、貧しい人が豊かになっているわけではないのです。

GDPと幸せの関係

今、いろいろな物事を数字で表そうという動きがあります。例えばGPI(真の進歩指標)※9です。犯罪が起こると警察や病院が忙しくなり超過手当が支払われてGDPが増えます。公害もそうです。汚染を浄化するために、いろいろな機械や薬剤が使われ、人が雇われます。物騒な話ですが、GDPを押し上げる一番良い手だては戦争をすることだと言う人もいるほどです。これら

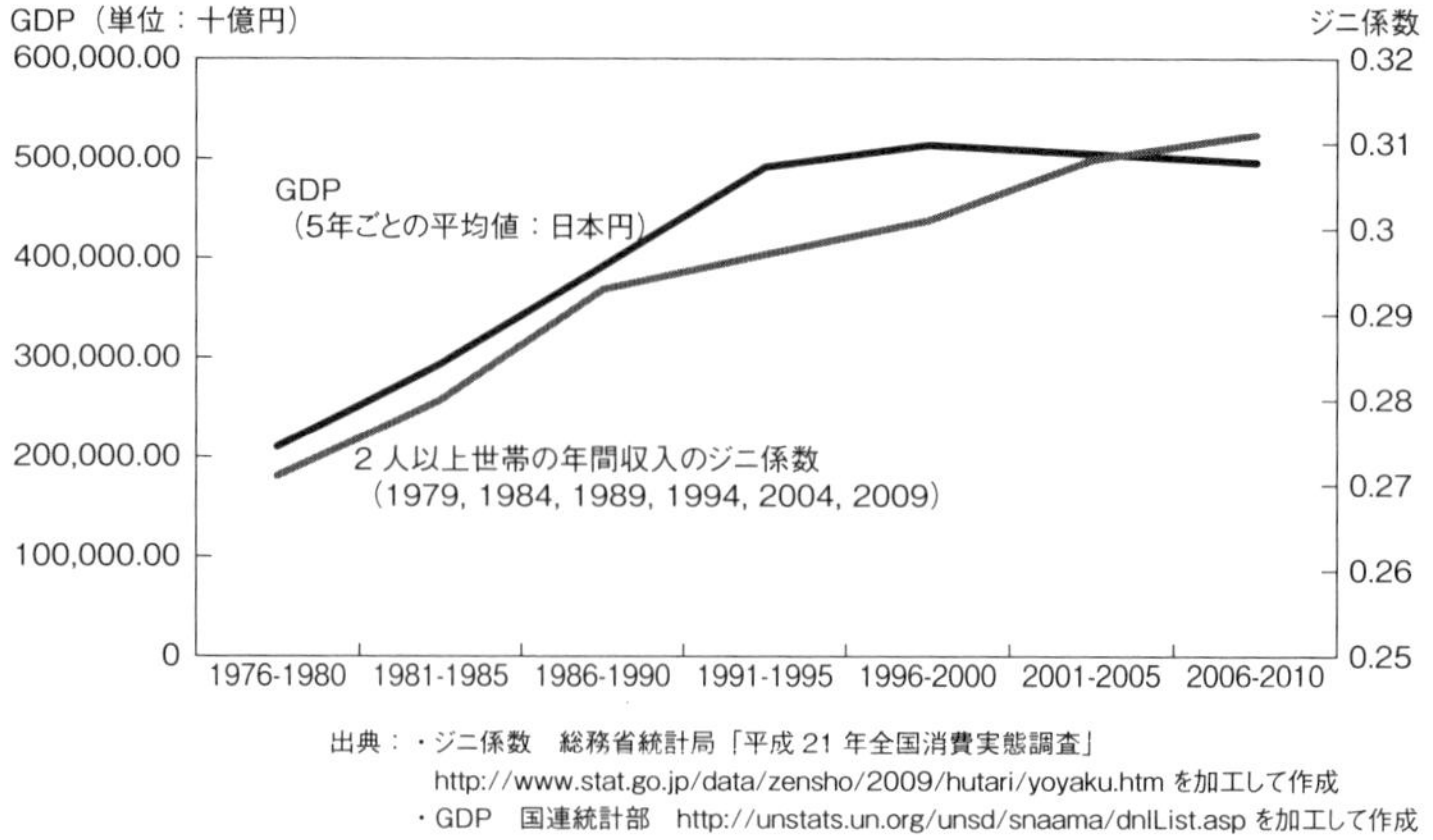

出典:・ジニ係数 総務省統計局「平成21年全国消費実態調査」
http://www.stat.go.jp/data/zensho/2009/hutari/yoyaku.htm を加工して作成
・GDP 国連統計部 http://unstats.un.org/unsd/snaama/dnlList.asp を加工して作成

図1 日本のGDPとジニ係数の推移

※9 GPI(真の進歩指標)
Genuine Progress Indicator
1995年、米国のNGO「リディファイニング・プログレス」によって開発された。

の幸せにつながらないものまで、みんなＧＤＰに入ってしまう。これでは幸せを測れません。そこで、ＧＰＩでは、このように幸せにつながっていないものをＧＤＰから差し引きます。

そして逆に、ＧＤＰに計上されていないけれど幸せにつながっているものを加えます。例えば家事や育児や、ボランティア活動などです。皆さんが汗をかいてボランティア活動をすると、すばらしい幸せをつくり出しているはずだけれど、掃除するために買ったほうき代はＧＤＰに計上されても、その汗に対してＧＤＰは計上されません。でも、家事やボランティア活動は幸せをつくっているので、経済価値に換算して入れましょうと。

このように「真の進歩」を測れるよう調整したものがＧＰＩです。この幸せの指標は、あるところまではＧＤＰに比例して増えますが、それ以降は増えないどころか減る傾向が見られます。十数カ国で計算されていますが、先進国はみんな同じです。日本の別の指標を見ても、やはり1人当たりのＧＤＰが増えても、生活に満足している人は減っている（図2）。最近のデータを加えると、さらに下がっているのではないかと思います。

世界で始まった指標の見直し

「これまでＧＤＰを幸せの指標のように扱ってきたけれど、実はそうではないようだ」というわけで、ＧＰＩをはじめ、あちこ

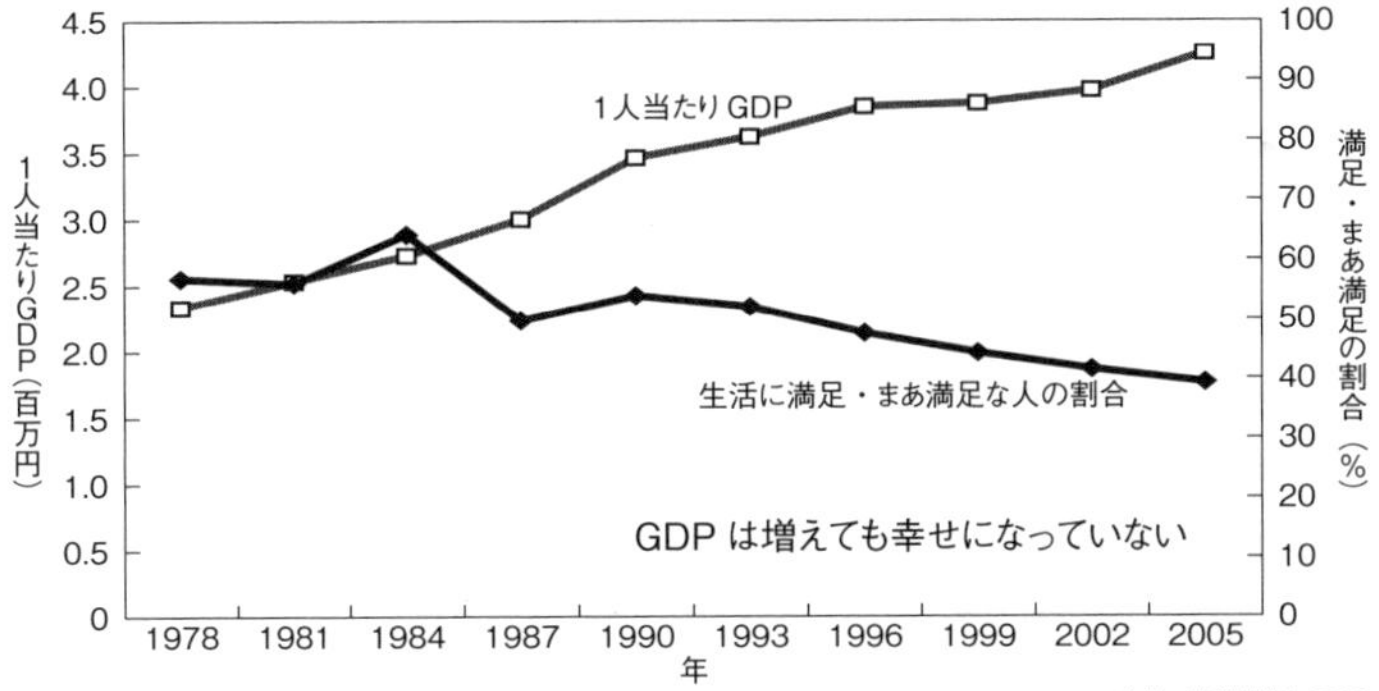

出典：草郷孝好、2009

図2　1人当たりGDPと生活満足度の推移

ちで新たな指標づくりの取り組みが始まっています。たぶん最も知られているのはブータンの例でしょう。ＧＮＰ（グロスナショナルプロダクト、国民総生産）の代わりに、ＧＮＨ[※10]（グロスナショナルハピネス、国民総幸福）を測ろうという取り組みです。私はブータン政府の国際専門家委員会の一員で、現地にも2回ほど行きましたが、最初は「小さな国が面白いことを始めたな」という扱いでした。

ところが２００９年にフランスで、当時のサルコジ大統領[※11]が、ノーベル経済学賞を取ったスティグリッツ[※12]たちを集めて、「何を測るべきかを考え直してほしい」と諮問しました。大統領が、国民の実感と数字で見るＧＤＰの成長との乖離に気付いたのです。フランスは、国民感情の乖離から革命が起きた歴史もありますから、それは困るというわけです。そして、1年半かけて「サルコジ報告」が出されました。基本的な考え方は、ブータンとほぼ同じで、経済的な付加価値をいくらつくり出したかだけではなくて、もっと測るべき大事なものがあると。大きく括れば、「幸福」という言い方になります。「フランスは幸福の指標で1位になる」と、この時、サルコジは言いました。

同じ年に、英国でも「成長なき繁栄」というレポートが出されました。これは政府の一機関がつくったものです。「これまで英国は右肩上がりの経済成長を前提として、国の繁栄と国民の幸福を考えてきたが、これから右肩上がりの成長が前提にできない時代になる。その時に英国が繁栄を維持し、国民の幸福を維持するにはどうしたらいいか」という問題意識が背後にありました。つまり、英国政府の中には、この時点ですでに「経済成長はずっと続かない」と考えている人々がいたわけです。

日本には、こういう動きはあまりありません。民主党時代に、幸せを測る指標づくりの研究を進めて試案までできていましたが、自民党に替わった途端に、お蔵入りです。自民党は政策を見ても、とにかく経済成長ありきです。

最初に皆さんにした質問を、調査会社に委託して、インターネットで５００人に聞いたことがありま

※10　ＧＮＨ
Gross National Happiness
国民総幸福。1972年にブータン王国の国王ジグミ・シンゲ・ワンチュクが提唱した「国民全体の豊かさ・幸福度」を示す概念。ＧＤＰに代わる国家運営のための指標、または概念として、世界的な注目を集めている。

※11　サルコジ大統領
Nicolas Sarkozy
1955年〜。第23代フランス大統領（フランス第五共和政）。任期は2007年5月から2012年5月まで。

※12　ジョセフ・ユージン・スティグリッツ
Joseph Eugene Stiglitz
1943年〜。米国の経済学者。コロンビア大学教授。2001年にノーベル経済学賞を受賞。

す。日本やGDPが毎年伸び続けることが必要だと思うか、可能だと思うか。興味深いことに、「必要だと思う」と答える人のほうが、「可能だと思う」と答える人に比べて多いのです。つまり、ある割合の人たちは、「必要だけど不可能かもしれない」と思っている。いろいろな人にインタビューしていても、必要だと言う人は多いのですが、同時に、それは本当に可能なのだろうかと疑っている方も多い。講演の時に会場で聞いてみても同じです。「必要」と「可能」では挙がる手の数が違うのです。

幸せの政治経済化

今、世界的に面白い現象が起こっています。「幸せ」に関する書籍が、次々と出ている。これまで「幸せなんて測れないから対象にしない」と言ってきた経済の分野でも、今、幸福ブームです。経済学の分野で「幸福」を含む論文をサーチすると、ヒットする件数が、すごい勢いで増えている。私はこれを、「幸せの政治経済化」と呼んでいます。

昔は幸せについて語るのは詩人か哲学者だった。それが今では、政治家や経済学者が幸せを真面目に語る時代になっている。その理由の一つは、あくなき経済成長の追求は持続可能ではないという認識が広がってきたからではないでしょうか。悪化の一途をたどる温暖化の問題と影響も背景にあります。今、シェールガスが出てきたから大丈夫だという人もいますが、化石燃料や資源の枯渇の心配もあります。それから、人間活動から出される二酸化炭素も含めて廃棄物が増加している。つまり、地球の大きさは変わらないのに、経済への入口（資源やエネルギー）と出口（廃棄物）の両方で増え続けていて、このままでは対応できないだろうという認識です。

そういった認識が広がるにつれ、「幸せになると思ってGDPを拡大してきたのに、どうも幸せになっていない。では、本当はどうすれば幸せになれるのか。そして、経済はどうあればよいのか」という動きが出てきました。

経済のあり方を問い直す

「もともとこうだと思ったけれど違うようだ。何かおかしい」。そう思った時に必要なことは、言うまでもありませんが、視野を広げることです。自分が見ているそこだけで部分最適化を図ろうとするのではなく、一歩引いて見ることです。私は「システム思考」[※13]というものの見方／考え方を教えていますが、そこで大事なのが、「全体像を見る」ことなのです。多種多様なものがいろいろなつながりを持って全体を成しているけれど、私たちは全体を把握することはできない。そこで、ある部分を取り出して分析します。しかし、そこで、もしもつじつまが合わなければ、大事な要素が欠けている、もしくは切り取りすぎているのかもしれません。だから、一歩引いて視野を広げて、できるだけ全体を見ることが必要なのです。

視野の次に確認すべきは、「手段が目的化していないか？」ということです。私たちはいとも簡単に、手段の目的化をしてしまいます。ここでは、ＧＤＰは幸せのための「手段」だったはずなのに、今はそれが「目的」になっているのではないか、ということです。

そのことを示す一例を紹介しましょう。米国は１９４６年に「完全雇用法」をつくりました。雇用を全ての人に提供することが、国の幸せや国の安定のために大事な目的であると考え、その手段として、経済成長が必要だと考えられました。完全雇用が目的だったのです。ところが今では、すっかり逆転しています。「経済成長するためには、完全雇用でないほうが良い」という理論があるほどです。完全雇用でみんなが安心してしまうと頑張って働かなくなるから、雇用が足りないぐらいのほうが良いのだと。完全雇用のための経済成長だったのに、今は経済成長のために雇用を犠牲にしても良いという考え方になっている。手段が目的化しているのです。

※13　システム思考
独立した事象に囚われることなく、各要素間の相互依存性や関連性に着目して、全体像とその動きをとらえようとする思考方法。米国の経営学者ピーター・センゲの著書『学習する組織』等で社会的な注目を集めて以降、幅広い分野で取り入れられ、応用されている。

※14　ハーマン・デイリー
第9講※33を参照。『「定常経済」は可能だ！』（岩波書店、2014）は、著者が2014年4月にワシントンの自宅に訪ねてインタビューしたもの。

※15　自然資本
経済学における、生産の原資としての「資本」の概念を、自然に対して拡張したもの。自然環境そのものを、従来の古典的な「金融資本」「物的資本（製造資本）」「人的資本」等と同等の、重要で欠くべからざる生産要素の一つとして位置づける考え方に基づく。

ハーマン・デイリーのピラミッド

視野を広げるという意味で、ぜひご紹介したいのが、「ハーマン・デイリー[14]のピラミッド」です（図3）。世界のサステナビリティ分野の研究者や活動家と話す時に、私たちが共通言語のように使っている枠組みです。

まず底辺に、自然資本[15]があります。何かをつくったりするには、水や森林の木、その他何であれ、自然資本を中間的な手段に替え、それを工場などで製品や商品にします。その究極の目的は幸せ・福利です。私たちの政治や経済は、中間的な手段（例・木材）を中間的な目的（例・家具や家）に転換する効率だけを考えがちですが、本当は「自然資本を地球から取り出して、幸せにどれだけ役立てるのか」という一気通貫の効率が重要なはずです。

つまり、どれぐらいの石油や鉄鉱石から、どれぐらいの鉄ができるか、といった効率ばかりを見ていて、その鉄鉱石がどれぐらいの自然資本から来たか、つくりだした鉄がどれだけ幸せにつながっているか、そこは見ていない。一部だけを見て、それを最大化しようとしている

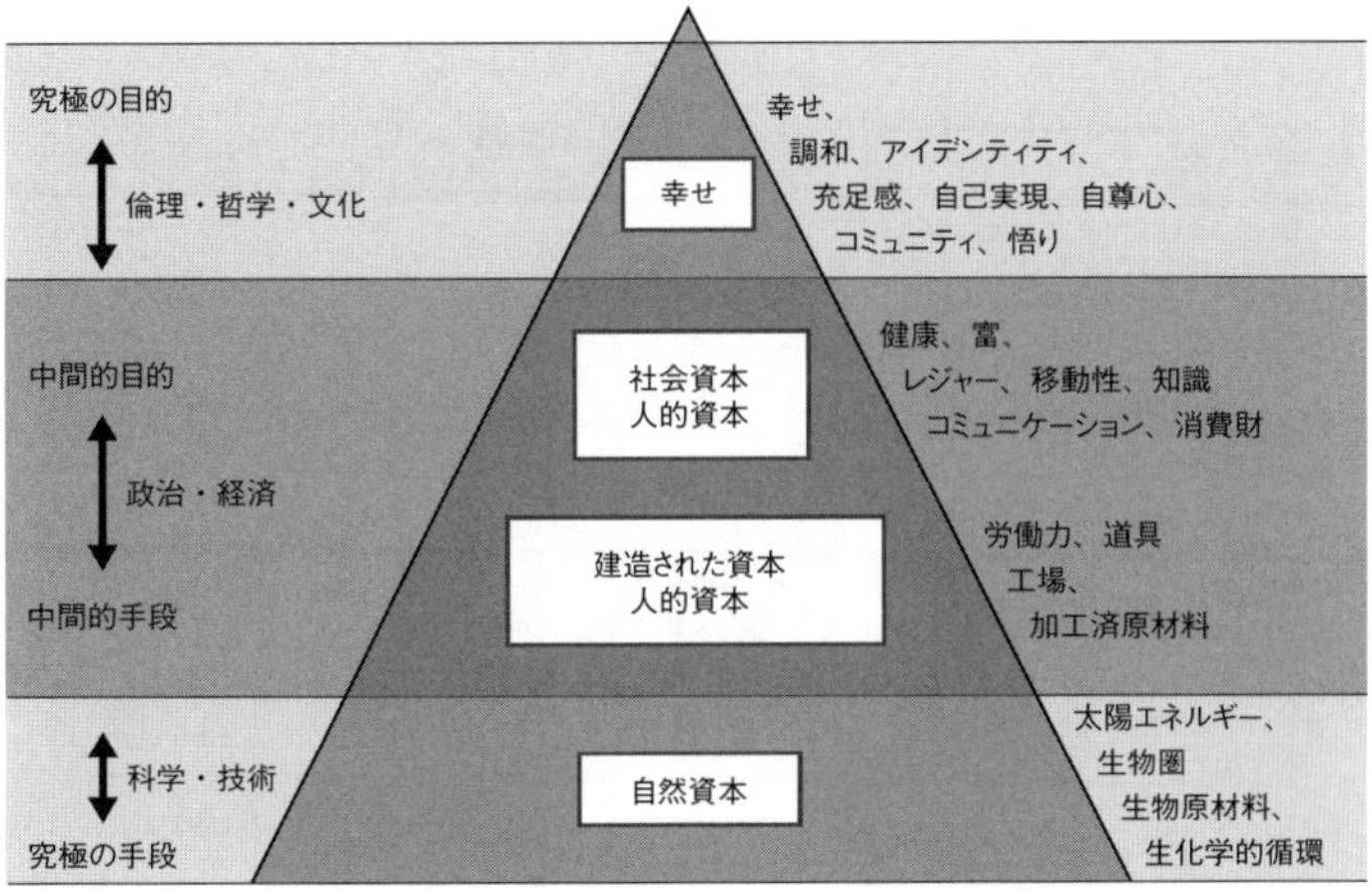

図3　ハーマン・デイリーのピラミッド

※16 ドネラ・メドウズ
Donella Meadows
1941~2002年。米国のシステム思考家、環境科学者。『成長の限界』の共著者の一人。

のが今の経済の仕組みであり、全体を見ていないために、マイナス面が出てきていると考えます。

システム思考家のドネラ・メドウズ[※16]は、持続可能な発展（サステナブル・ディベロプメント。第３講Ｐ１０９を参照）のために、３つの統合指標が必要だと言っています（図４）。

１つ目は、ピラミッドの頂上の、皆が幸せか。英語でSufficiencyです。私は「足るを知る」と訳すこともありますが、皆に行き渡っているか、ということです。２つ目は、ピラミッドの底辺。環境をやっている方たちが一番気にしている持続可能性です。自然資本はボロボロになっていないか。そして３つ目が、自然資本から幸せまでの一気通貫の効率です。

地球1個分を超える暮らし

世界の工業生産高や、穀物や大豆の生産量は増加の一途です。金属、鋼鉄、エネルギーの消費量も増えています。どれも右肩上がりという同じパターンです。これだけのものを大変な勢いで使っているのです。しかし、地球は、46億年ほど前にできた時から、１ミリメートルも大きくなっていない。その上で、私たち人間の影響がどんどん大きくなってきたというのが、これまでの歴史だと思います。

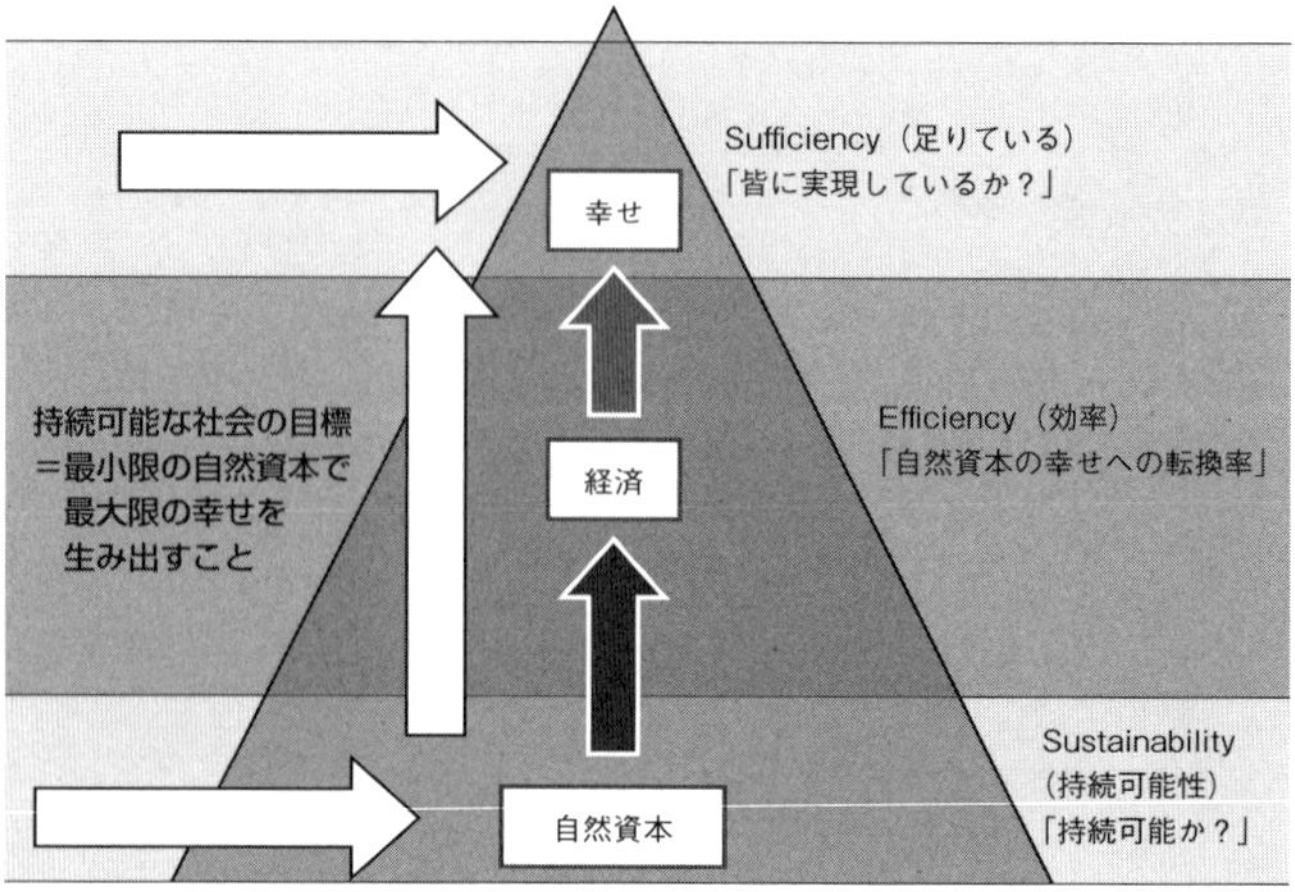

図４　持続可能な発展の３つの統合指標

昔は人間が地球に与える影響は非常に小さかった。なぜなら、人口が少ない上に、できることも限られていたからです。木を伐るといっても、斧なら、せいぜい1日に数本しか伐れないでしょう。大きな森林があれば、その生長量は伐られた分を補って余りあるほどでした。人間は小さな存在で、自然はどこまでも大きく、私たちが何かをやっても自然に傷を付けることはあり得ないと、この頃の人たちは思っていたし、実際そうだった。

その当時のメンタリティをそのまま持って、私たちは今でも生きている。母なる大地はどこまでも大きく、人間は小さいものだから、何をやっても地球に影響を与えるなんてあり得ないと。しかし、どんどん地球に対する人間の影響は大きくなってきました。一つには人口が増えました。もう一つは科学技術の力です。例えば、電動チェーンソーなら、数十秒でどんな木も伐れるでしょう。「1人の人ができることが大きくなった」×「人数が多くなった」ということで、今では実は、人間活動の影響は地球よりも大きくなっています。

それを示すのが、今の人間活動を支えるのに地球が何個必要かという指標「エコロジカル・フットプリント」[※17]です（図5）。昔は1以下でしたが、今は1をはるかに超えて、最新の数字で1・5です。地球は1個しかないのに、今の人間活動を支えるのに1・5個の地球が必要だということです。これは途上国も全部平

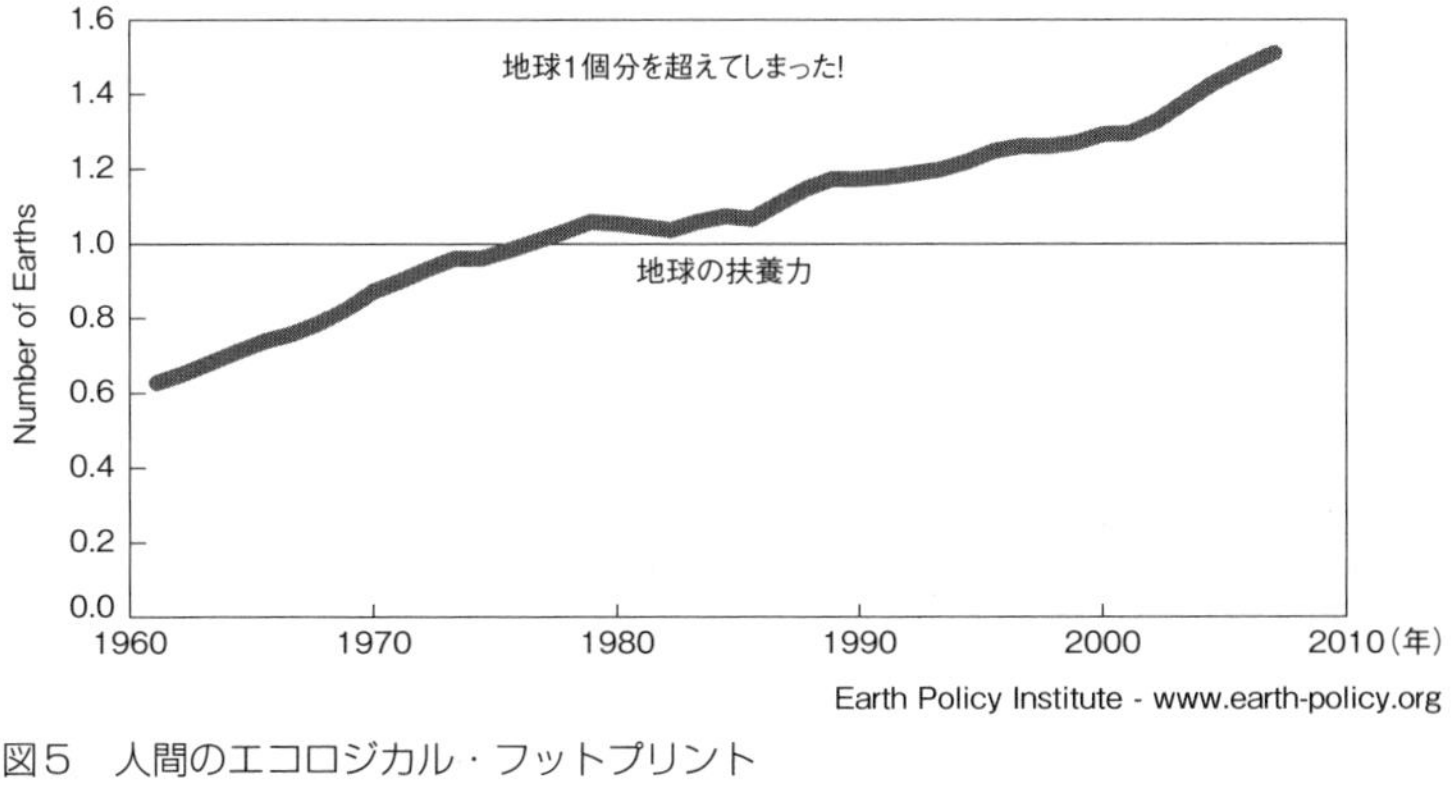

図5　人間のエコロジカル・フットプリント

※17　エコロジカル・フットプリント
第3講を参照。

均しての値ですから、もし世界中が日本人並みの生活をしていると、地球は2・3個必要になります。欧州人並みの生活なら3個、米国人並みなら4個必要だと言われます。

いずれにしても、地球1個分を超え続けることは、持続可能ではありません。私たちが自分たちの意思で1以下に戻すか、さもなければ、なんらかの力が働いて1以下に戻されるかのどちらかでしょう。

よく「なぜ地球は1個しかないのに、現在1・5という数字が可能なのですか」と聞かれます。それは、私たちが過去の遺産を食いつぶし、未来から前借りをしているからです。過去に蓄積された膨大な資源のストックを、今、食いつぶしつつある。銀行口座にたくさんお金があれば、当面はお給料が入らなくても暮らしていけます。それと同じです。今は瞬間的に1を超えていられますが、貯金はいつか底をつく。そうしたら、「入ってくる分でしか暮らせない」状況になるのですが、私たちはさらに、未来から前借りをしつづけている。未来世代に残すべき分に手をつけているのです。これは絶対に持続可能ではありません。

ふくらみ続ける経済

地球は、大気中の二酸化炭素を、主に海と森林で吸収しています。最新のＩＰＣＣのデータでは、地球が吸収できる炭素は、年間51億トンです。しかし今、私たちは、それをはるかに超える93億トンの炭素を大気中に排出している。そして、吸収しきれない分が大気に蓄積し、温暖化を起こしています。地球1個分の炭素吸収量を超えて排出しているから温暖化の問題が起こっているように、さまざまなものが地球1個分を超えているから、いろいろな問題が起こっているのです。

世界全体のＧＤＰは、この50年間で5倍以上に増えています。しかも、まだ経済成長を続けようとしている。この勢いで続けると、２１００年の世界経済は、１９５０年の80倍になります。もし途上国がその頃、私たちと同じように豊かな生活をしていれば、２０００倍にもなります。そこからさらに経済成長を続けようとすると、経済の規模は、はてしなく大きくなる。

経済成長をどう定義しようが、それが地球から資源やエネルギーを取り出し、二酸化炭素や廃棄物を地球に戻す行為を伴っていれば、有限の地球の上で無限の経済成長を続けることは絶対に不可能です。

一方で、経済成長が急に止まると困るのも事実です。「経済成長が必要」という人にその理由を聞くと、社会保障や年金をどうするのか、という話が出てきます。

経済成長のジレンマ

ここに、企業システムのフィードバックループの図があります（図6）。企業が利益を上げると、投資をして技術を導入できる。すると労働生産性が上がるから、コストが下がる。コストが下がると価格も下げられるから、需要が増えて売上が増え、ますます利益が上がる。これがグルグルと回ります。この循環は、企業にとっても、その利益を税金といった形で分けてもらう社会にとっても、いいことかもしれません。

その一方で、労働生産性が上がるということは、そのままだと雇用が減ることを意味します。これまで10人でやっていた仕事を、労働生産性が向上して8人でやれるようになると、2人分の雇用は不要になる。コストは下がりますが、失業者も増えてしまう。こうして、労働生産性が向上すると、失業者が増え、社会の安定を損なってしまう。

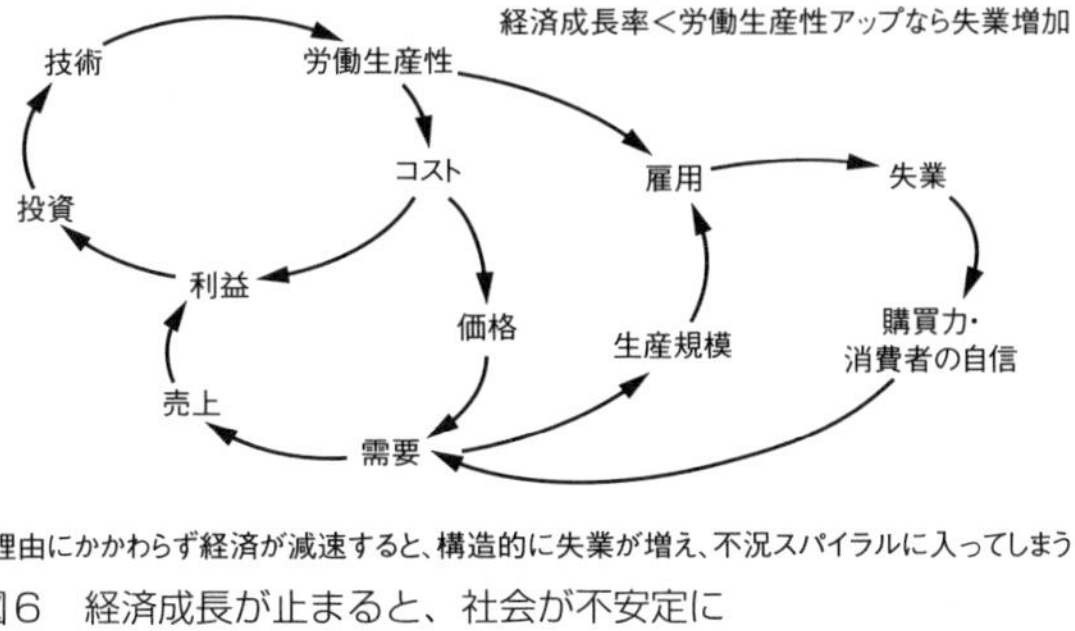

図６　経済成長が止まると、社会が不安定に

それでは困りますよね。

では、どうするかというと、10人でやっていた仕事を8人でやる代わりに、ラインや工場を増設する。つまり、生産規模を拡大すれば、労働生産性の向上によって余った人材を吸収できるという考え方です。だから、たくさん工場をつくり、たくさん製品をつくって、たくさん売ることで雇用を維持しようとする。

この時、生産規模を拡大していく経済成長率が、労働生産性の向上率を上回っていれば問題ありません。労働生産性の向上で要らなくなった人手をすべて吸収できるほど生産規模を拡大できますから。しかし経済成長率が労働生産性の向上率よりも低かったら、たちまち失業者が増えてしまいます。たとえ経済成長率がプラスであっても、労働生産性の向上率を下回ると、社会が不安定になるということです。

ですから、理由のいかんに関わらず、経済が減速してGDP成長率が鈍化してしまうと、社会が不安定になってしまいます。つまり、今の仕組みのまま経済成長を止めようとすれば、別の問題を起こすというわけです。これが、「成長のジレンマ」です。経済成長を続けることは持続可能ではないけれど、経済成長を止めると社会が不安定になってしまうのです。

技術の力で解決が可能か

今の社会が抱えるこの問題に対して、多くの方が「技術の力で解決できる」と言います。その時に使われるのが、「デカップリング」という言葉です。

これまでは、GDPが増えれば、同じようにエネルギー消費量や二酸化炭素排出量も増え、環境影響が増えていきました。この2つが「カップリング」(連結)していた。このくっついていた関係を外すのが「デカップリング」です。つまり、GDPが増えても環境影響が増えないようにする。これができれば、経済成長を続けても問題ないでしょう、という考え方です。

それは本当に可能なのでしょうか。先ほどの英国の「成長なき繁栄」の研究をリードしたティム・ジャクソン[※18]の本から引用して説明します。まず、デカップリングには、相対的なものと、絶対的なものがある。この2つを区別する必要があります。

相対的なデカップリングとは、技術などの力で効率改善をすることで、経済成長をしても、同じだけは環境影響が増えないようにすることです。つまり、ＧＤＰの成長率に対する環境影響の増加率を抑えるのです。例えば、１００万円を売り上げるための二酸化炭素排出量を減らす。もしくは、店舗の床面積当たりの排出量を減らすといったことを指します。

しかし、地球にとって大事なのは、もう一方の絶対的なデカップリングです。「ＧＤＰの増加率ほどは、環境影響は増加しない」というのではなく、「ＧＤＰが増えても、環境影響の絶対量は増えない」ということです。もし１００万円当たりや床面積当たりの二酸化炭素排出量が減っても、売り上げや床面積自体が増えてしまっていたら、結局、二酸化炭素の絶対量は増えてしまうことを考えれば、相対的ではなく、絶対的なデカップリングが不可欠であることが分かります。

実際のデータを見てみると、先進国では、同じものを生産するために消費する原材料の物質量は減るなど、相対的なデカップリングは進んでいるところもあります。しかし途上国では、相対的なデカップリングもまだできていないところが多い。

そして、絶対的なデカップリングはどうかといえば、先進国でさえできていないのが現状です。つまり、原単位は改善していても（＝相対的なデカップリングの成功）、実際の二酸化炭素排出量は増えている（＝絶対的なデカップリングの失敗）。

※18　ティム・ジャクソン
Tim Jackson
1957年〜。英国の経済学者。
サリー大学教授。2009年に
『成長なき繁栄―地球生態系内での
持続的繁栄のために』を書いた
（翻訳版は一灯舎、2012）。

大事なのは「絶対的デカップリング」

英国が地球温暖化防止条約（ＦＣＣＣ）の事務局に「ＧＤＰは伸ばしつつ、二酸化炭素の排出量を１９９０年比６パーセント減らせた」と報告したことがありました。別の研究機関やＮＧＯが調べたところ、英国の輸入品を生産する時に排出する量を加味すると、実際には11パーセントの増加でした。つまり、絶対的なデカップリングにはなっていなかった。今の英国は主に金融だけやって、物は国内ではなく国外でつくらせて輸入しています。二酸化炭素を生産国で計上する今の仕組みでは、その数字が見えなかったのです。

例えば、今世界で最も二酸化炭素を出しているのは中国ですが、ある計算によると、中国の排出量の３分の1は、他国への輸出品の生産時に出ている。中国に工場があるからそこでカウントされるけれど、実は、それは中国産の物を買って使っている私たちのために出しているわけです。ですから、「安いから」と中国の輸出品を買いながら、「中国はたくさん二酸化炭素を出してけしからん」と批判するのは矛盾しているのではないかと私は思っています。

以上のように、先進国ですら、本当のデカップリングはできていないのが、今のところの実績です。

しかしここでは、これから先、絶対的なデカップリングができたとしましょう。その場合、ずっと経済成長を続けていくためには、どれぐらいのデカップリングが必要なのでしょうか。「デカップリングで解決しますよ」と言う人は、この問いに答えていません。

ここで、考え方を整理して分かりやすくするために、「Ｉ＝Ｐ×Ａ×Ｔ」という式を紹介します。Ｉはインパクト、環境影響です。Ｐはポピュレーション、人口。Ａはアフルエンス、豊かさ。Ｔはテクノロジー、技術です。

例えば二酸化炭素の環境影響（I）を求めるには、人口（P）と、1人当たりのGDP（A）と、GDP当たりの二酸化炭素排出量（T）を掛け合わせます。豊かさは、通常、1人当たりのGDPで測られます。最後のTは、例えばエネルギー効率を上げる技術です。相対的なデカップリングというのは、効率の改善によって、このTの数値を下げることです。一方、絶対的なデカップリングというのは、Iを下げる。つまり、環境影響そのものを下げるということなのです。

日本の人口は減っていますが、世界人口は、まだまだ増えます。世界の1人当たりのGDPも、まだまだ増える。だとしたら、その増加分を打ち消すぐらいの役割を技術が果たしてくれないと困ることになります。実績を見ると、1990年にGDP当たりの二酸化炭素排出量が860グラムだったのが、2007年には760グラムに減っています。確かに技術は進んでいます！　ところが、それ以上に人口や豊かさが増えているので、結局、世界全体としては、二酸化炭素排出量は増加し、温暖化が進行している。テクノロジーがもっと頑張らないといけないということになります。

絶対的なデカップリングのためには、技術の改善が、人口と豊かさの増大を上回る必要があります。ところが、これまで人口は年に1・3パーセント増え、1人当たりのGDPは1・4パーセント増えている一方、二酸化炭素で見ると、これまでの技術改善は平均して年率0・7パーセントです。技術が全く追い付いていません。今後も技術の進歩の度合いが変わらないと、とてつもなく二酸化炭素が増えてしまうことになる。逆に「温暖化を2℃以内で押さえる」のに必要だとされる程度にまで二酸化炭素を抑えようとすると、現状の10倍という原単位の改善をし続けないといけません。技術の力だけに頼っていてよいのでしょうか。

ティム・ジャクソンは、二酸化炭素の総排出量を増やさないで経済成長を続けるためには、2050年にはGDP当たりの二酸化炭素排出量を40グラムまで減らす必要があると言っています。今の約20分の1

です。しかも、2050年で経済成長を止めるわけではないとすると、その先もどんどん減らして、いずれはマイナスにしないと追い付かなくなります。つまり、GDPを生み出すほどに世界の大気中から二酸化炭素が消えていくような技術を開発しない限り、技術の力に頼って経済成長を続けることは不可能だということです。「経済成長のジレンマ」を技術によるデカップリングで解決するのは不可能、ということです。

結論として、ティム・ジャクソンは、「経済成長は持続可能ではない。しかし、脱成長は社会を不安定にしてしまう。そして、デカップリングは問題解決にならない」と言い切っています。

では、どうしたらいいのでしょう。技術の力だけに頼らず、経済のあり方そのものを変えていかなければなりません。そのような議論が、今あちこちで起こりつつあります。例えば、定常経済やエコロジー経済学、仏教経済学、共生経済、そして今、日本で注目が集まっている里山資本主義[※19]といった地域経済など、新しい経済のあり方をめぐる議論です。いろいろな学問的なアプローチや実践的な取り組みが進められています。その中で、今回は定常経済の話をします。

古典派経済学の教え

「定常経済」という考え方を提唱した中心人物が、先ほどのピラミッド（図3）をつくったハーマン・デイリーです。彼は、「経済成長重視の権化」のような世界銀行でシニアエコノミストを務めながらも、そうではない考え方を打ち出し、ブループラネット賞[※20]を受賞しました。自身について、「もともとは他の経済学者と同じように、経済成長があらゆる問題を解決するとずっと思っていた。けれど、古典派経済学の勉強をし、レイチェル・カーソン[※21]の『沈黙の春』などの環境問題に触れ、エントロピー[※22]の理論を学ぶようになり、また、メキシコで教えていた時に、干ばつや人口爆発などの問題を目の当たりにして、考え方

※19　里山資本主義
何でも貨幣で取引しようとするマネー資本主義に対抗する概念。提唱者は地域エコノミストの藻谷浩介氏。『里山資本主義――日本経済は「安心の原理」で動く』（角川書店、2013）で広く知られるようになった。

※20　ブループラネット賞
地球サミットが開催された1992年に旭硝子財団が創設した地球環境国際賞。環境問題の解決に向けて著しい貢献をした個人または組織が年に2人（団体）選ばれ5000万円の賞金が出る。2014年の受賞者の1人がハーマン・デイリー。

※21　レイチェル・カーソン
Rachel Louise Carson
1907〜1964年。米国の生物学者。1962年に出版された『沈黙の春』（新潮社、改版1974）は、化学物質の蓄積によって引き起こされる生態系の危機を告発した古典的名著で、その後の世界の環境保全活動に、大きな影響を与えた。

※22　エントロピー
熱力学および統計力学用語。「不確定性や乱雑さ（無秩序さ）」の度合いを表す尺度。乱雑（無秩序）で

あるほど「エントロピーが大きい」とされる。
※23 アダム・スミス
第9講※45を参照。
※24 「神の手」
「見えざる手」と同義。第9講※1を参照。
※25 ジョン・スチュアート・ミル
John Stuart Mill
1806〜1873年。英国の哲学者、経済学者、社会学者。『自由論』が有名。
※26 ジョン・メイナード・ケインズ
John Maynard Keynes
1883〜1946年。英国の経済学者。『貨幣改革論』『貨幣論』『雇用、利子及び貨幣に関する一般理論』がケインズ3部作として有名。この3冊目が、ケインズ経済学（マクロ経済学）の原点となった。20世紀を代表する経済学者。

が変わった」と語っています。

古典派経済学のアダム・スミス[※23]は、みんなが自己目的で自己利益を追求していくと「神の手」[※24]でうまくいくと言いましたが、それは一時的なもので、実は「経済成長が続いたとしても200年ぐらいで、あとは安定するだろう」とも言っていました。ジョン・スチュアート・ミル[※25]も、「成長したあと経済は一定になる」と言っていた。つまり、古典派経済学の人たちは、最初は成長しても、やがて経済の規模は変わらない定常経済にシフトしていくと考えていたのです。かの有名なケインズ[※26]も、「経済成長のような手段ではなくて、幸福のような目的に注力できる日が、人類には来るはずだ」と言って、当面の手段として経済成長の理論を打ち立てた。彼は、「われわれはもう一度、手段よりも目的に価値を置き、善きことを好むべきだ」と、人間性を取り戻す必要性も主張していました。

今の米国では、経済学部でも古典派経済学を教えず、こういう考え方があったことを知らずに経済学を学んでいる。ハーマン・デイリーは、そのことを問題視していました。

定常経済とは

定常経済というのは、大きさが変わらない経済のことです。その定義を図解すると（図7）、まず、人口と人工物があります。人工物とは、例えば橋や車やパソコンなどです。地球は、人口と人工物の蓄積（ストック）に対して、維持するための食料や水、電力を供給したり、壊れたら次のものをつくるための原材料を与えたりと、「供給源」の役割を果たしています。地球はまた、私たちが排出する二酸化炭素や廃棄物を吸収する「吸収

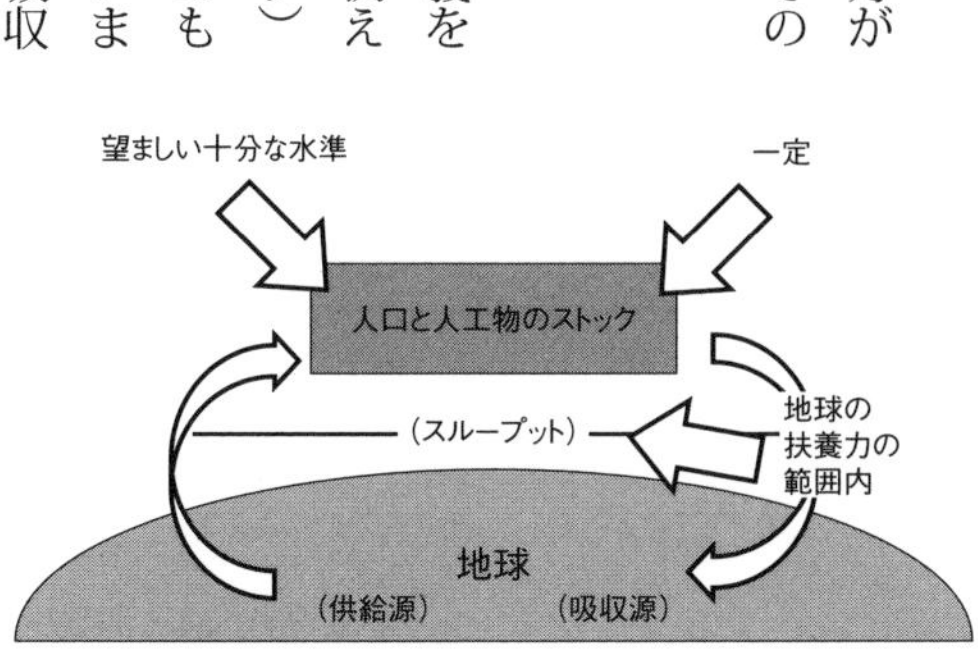

図7 「定常経済」の定義

※27　スループット
一般に、単位時間当たりの処理能力のこと。

※28　プラネタリー・バウンダリー
Panetary Boundary。「惑星限界」「地球環境の限界」とも。Boundaryは「境界線」「限界・限度」の意味で、「Planetary Boundary」は、これを超えると不可逆で急激な環境変化が起きる可能性がある境界（閾値）を意味する。第12講P395も参照。

源」でもあります。この「供給源から吸収源まで」の流れを「スループット[※27]」と呼びます。人口が増えて人工物のストックが大きくなり続けるということは、このスループットが増大を続けるということですが、一方、地球の大きさは変わらない。どこかで供給源か吸収源の限界にぶつかります。有限の地球の上で無限の経済成長はできないのです。

世界では今、「プラネタリー・バウンダリー[※28]」（地球的な境界）の議論が盛んになっています。地球が越えてはいけない一線はどこかを見定めようと、科学者たちがいろいろなデータを持ち寄って研究しています。気候変動やオゾン層の破壊や海洋の酸性化など、9つの分野について、今までに分かっている現状と限界を示すと（図8）、まだ安全範囲のものもある一方で、すでに持続可能な範囲を大きく越えてしまっているのもあります。その一つは、生物多様性です。ひどい状況であることが分かります。それから、窒素のサイクルも。この図では中ほどにある太線が限界を表しているので、気候変動も一線を越えています。

境界を越えないうちは、きっと成長できるけれど、越えてしまえば地球がもたなくなる。つまり、定常経済というのは、この人口や人工物のストックは一定で、それを保つためのスループットが、地球が支えられる範囲内で低く保たれている状態です。その状態で、幸せで望ましい社会にするということです。

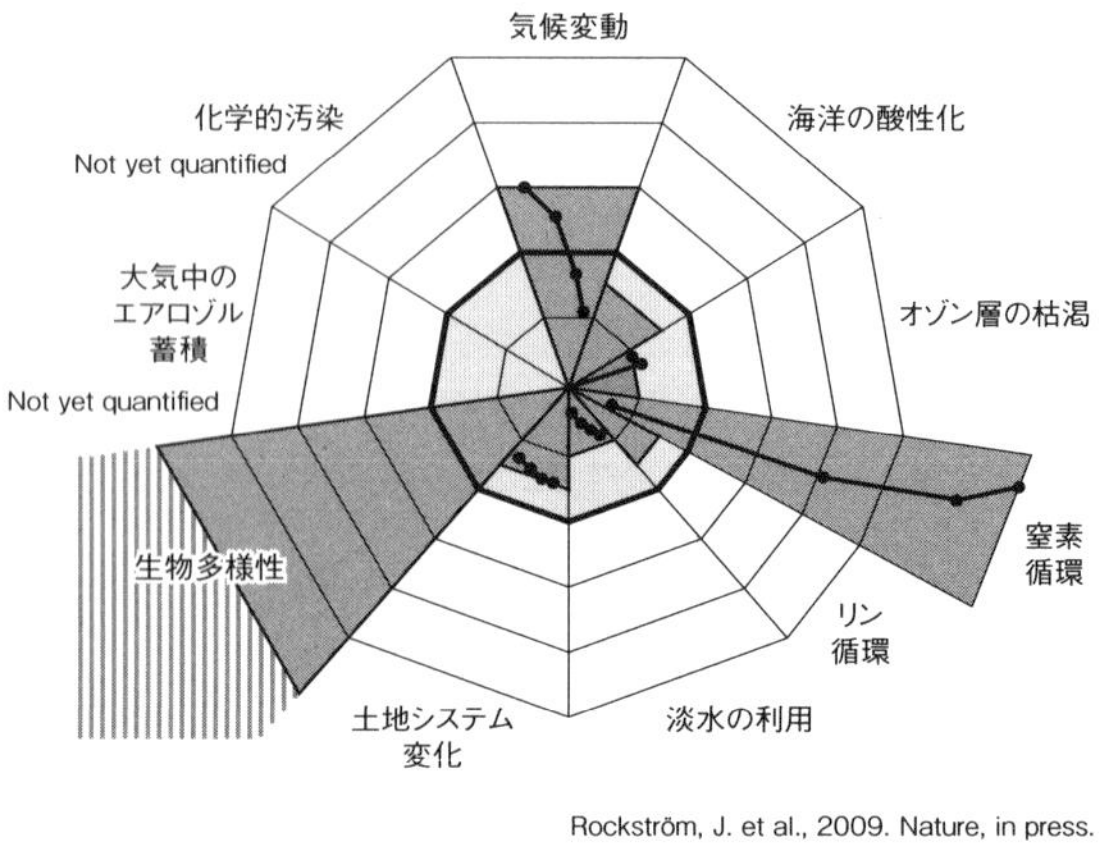

Rockström, J. et al., 2009. Nature, in press.

図8　地球的な境界

※29 限界費用と限界効用もしくは限界便益
限界費用は、生産量を一単位増加させた時の総費用の増加分（1つ増やすコスト）のこと。一方、限界効用・限界便益は、生産量を一単位増加させたときの総収益の増加分(1つ増やすメリット)のこと。

すでに「不経済成長」に入っている

経済学の考え方で、限界費用と限界効用もしくは限界便益[※29]というのがあります。たとえば工場でも、増産することのコストとメリットを比べて、コストよりメリットが大きい間は増産しますね。儲かりますから。しかしコストのほうが大きくなったら、そこで増産をやめるでしょう？　そのあとは増産すればするほど損することになりますから。もう1つ増やすコスト（限界費用）と、1つ増やした場合のメリット（限界効用）を比べて決めるのです。

ところが、ハーマン・デイリーの言うには、私たちの経済全体を考えたとき、さらに経済成長をすることのプラス（限界効用）よりマイナス（限界費用）のほうが大きくなっている。温暖化の悪化など、さまざまな環境問題はそのことを示しています。先進国はすでに、「不経済な成長」の領域に入っているというのです。

企業1社ずつの意思決定であれば、マイナスがプラスを上回った段階で増産をやめるのに、経済全体になると、マイナスがプラスを上回っていてもストップが効かないという状態になっています。

ハーマン・デイリー氏にインタビューをした時、「経済成長率ゼロの大不況の時は、失業者があふれてしまう。そういう悲惨な状況を避けるには、経済成長が必要なのではないか」という質問をよく受けると言っていました。そんな時、彼は「定常経済と、うまくいっていない成長経済は違う」と答えるそうです。つまり、定常経済は、もともと大きくならなくても良い設計なので、成長しなくても問題はない。だけど、私たちの経済は今、成長を前提とした設計をしている。成長を前提とした設計で成長しなければ、確かに大変な状況になってしまうでしょう。

ですから、大事なことは、どうやって大きくならなくても良いという設計の経済をつくるか、です。そして、今のように、「経済成長すれば、みんなが豊かになって貧困もなくなるでしょう」という解決策は使えなくなるので、今以上に、分配の問題が大事になってきます。

経済の役割はパイを大きくすること、そして政治の役割はパイの分配を決めること、という言い方がありますが、パイの分配には痛みを伴います。「あなたちょっと我慢してください。減らしますよ」と言わないといけない。政治家はそれをしたくないので、経済と一緒になって、パイを大きくすることばかりやってきた。しかし、もうパイは大きくならないのだから、再分配をどうするかを、もっとちゃんと考えなくてはならないのです。

どのように定常経済に移行するかについては、ハーマン・デイリーもいろいろ提言しています。幸せ経済社会研究所では、定常経済の考え方を多くの日本の人に伝えるために、「『定常経済』について考える」というコーナーをつくりました[※30]。ハーマン・デイリーへのインタビューなどを掲載しています。

仏教経済学とは

次に、別の考え方として、仏教経済学を紹介します。これは理論と言うより、考え方の一つです。哲学と言ってもいい。『スモールイズビューティフル』を書いたシューマッハ[※31]が言っていることを紹介します。

今の経済学では、仕事は必要悪で最小化すべきコストです。経営者から見ると、できればゼロにしたい。だからロボットを使うようになり、人が要らなくなってきています。

一方、仏教経済学では、仕事は単にコストではなく、人間を向上させ、活力を与え、最高の能力を引き出すように促すものだと考えます。仕事は単に生活の糧を稼ぐだけではなく、その人の能力を発揮したり、他の人と一緒に何かをしたりする役割があるので、仕事そのものを大事に位置づける経済学が必要ではないかという考え方です。

※30　幸せ経済社会研究所の「『定常経済』について考える」コーナー。2014年8月1日にオープンした。http://ishes.org/project/sse/ このサイトでは、旭硝子財団の協力を得て、定常経済に関する懸賞論文（賞金30万円）を実施。2015年1月5日の締め切りまでに、10作品の応募があった。

※31　エルンスト・フリードリッヒ・シューマッハ 第9講※19を参照。

仕事は、人間を豊かにし、活力を与えるからこそ大事で、収入のためだけのものではないということは、幸福学の研究の成果にも、はっきり出ています。例えば失業者の幸福度は明らかに低い。その人に前のお給料と同じ額を渡しても、幸福度は上がりません。つまり、単にお金を稼ぐためだけに働くのではない、ということが分かります。機械化にも、人間を高める機械化と、人間を機械の奴隷にしてしまう機械化があります。それを見極めて経済はやっていかないといけません。

私たちは人間をコストや数字に矮小化する経済的な考え方に慣れていますが、そもそも日本語で「はたらく」というのは、「はたを楽にする」ということでもある。周りの人を楽にするのが「働く」ということ。そういった考え方も大事にしていきたいと思っています。

地域経済への取り組み

もう一つ、日本でも世界でも広がりつつあるのが、地域経済への取り組みです。たとえば、食べ物やお金やエネルギーを地産地消しましょうという地域が増えています。

島根県隠岐郡の海士町[32]には、地域だけで使えるハーンという「地域通貨」があります。ラフカディオ・ハーン[33]が由来で、美しいデザインの通貨です。町役場の職員のボーナスのある割合はハーンで支払われ、この地域通貨は町のほとんどの商店で使えるそうです。

『里山資本主義』という本も出ましたが、地域でエネルギーも雇用も回していこうという考え方は、国内外で広がっています。私が今、注目して研究しているのは、地域内のお金の循環や、地域の経済的な自立度を「見える化」する試みです。

ある地域に工場や観光客を一生懸命に誘致しても、東京に本社のあるショッピングセンターやチェーン店で買い物をすれば、地域にいったん入ったお金も、ヘタをすれば、その夜のうちに本社所在地に吸い取

※32 海士町
海士町《あまちょう》は島根半島沖合約60キロメートルに浮かぶ隠岐諸島の一つ・中ノ島に位置する。面積33・5平方キロ、人口2300人（2014年12月推計値）で、1島1町。

※33 ラフカディオ・ハーン
日本名・小泉八雲。ギリシャ出身の新聞記者、作家、日本研究家、日本民俗学者。1896（明治29）年に日本国籍を取得。『知られざる日本の面影』『怪談』等の著作で有名。来日後の一時期、島根県の松江市に在住していた。

られていきます。「漏れバケツ」モデル[※34]と呼ばれますが、一生懸命水を汲んでも、じゃじゃ漏れでは意味がないように、一生懸命お金を持ってこようとしても、その多くが一瞬にして出て行くようでは、地域はあまり豊かになりません。そうではなく、小さな額でも、同じお金が何回も地域内で回れば、額面だけでは測れない効果があります。これは、「地域内乗数効果[※35]」という考え方です。例えば、「1万円の収入のうち地域に留まるのが2割で、あとは地域外のものを買うのに使われる」というサイクルが繰り返されると、最初の1万円は最終的に1万２０００円強の価値を生み出します。他方、「８割は地域に留まり、２割が域外に出て行く」サイクルが繰り返されると、初めの1万円は最終的には5万円ぐらいの価値を生み出すのです。

ＬＭ３[※36]という計算方法で、企業などの組織に入ったお金がどれぐらい地域を循環しているかを見ることができます。また英国のトトネスという町で、地域のお金の流れを調べたところ、地域外から買っているものの中にも、地元で買えるものがあることが分かりました。地元で選んで買えば、もう少し地域内でお金が回るようになる。さまざまな取り組みも、このように「地域にとっての意味」をちゃんと見える化し、考えに入れることが大事です。

米国では、「スロー・マネー」運動[※37]が広がりつつあります。これは、地元の食品事業者に投資をしようという運動です。自分たちの地域の経済を、自分たちの投資でしっかり回していくことを目指しています。

日本でも、地元の農家のものを買う運動が各地で展開されていますが、このような地域で支える農業の一例としてＣＳＡがあります。コミュニティ・サポーテッド・アグリカルチャーの略です。天候不順や作物の不作のリスクも農家と消費者が折半して、消費者は最初に1年分のお金を払い、農作物を受け取ります。生産者は安心して有機農業などに取り組むことができます。

※34「漏れバケツ」モデル
Plugging the Leaks。英国のシンクタンク、New Economics Foundation（nef）が提唱。著者が代表を務める非営利組織「ジャパン・フォー・サステナビリティ」サイトに詳細資料あり（「漏れバケツ理論」で検索）。

※35　地域内乗数効果
地域のフローを「見える化」したもの。地域内に入ったお金を地域にとどめることによって、その額面以上に地域の所得を増やす効果のこと。

※36　ＬＭ３
Local Multiplier3の略。地域内乗数効果を調べるためのツール。組織に入ったお金のうち、地域で使われたお金の動きを1巡目から3巡目まで計測する。

※37「スローマネー」運動
地元の主に小規模な農家や食物企業（オーガニック食材などを取り扱っている場合が多い）に投資する運動。

この産業版をやろうという動きも出てきます。農業だけではなく、自分たちの暮らしに必要なものを地域でつくり、それを地域で買い支えていく活動です。

秋田県知事[※38]は２０１３年の年度始めの挨拶で、「工場誘致という言葉はもう死語であります」とおっしゃった。これは面白いと思いました。つまり、誘致しても結局すぐ出ていってしまうようなものだとしょうがない。県の中で、何回も回る経済をつくろうということでしょう。

また、飯田市（長野県）が行っているように、「経済自立度」を、地域全体の必要な所得に占める、地域の産業からの波及所得の割合で測る方法もあります。地域の産業と雇用が、どれぐらい地域の人々に必要な収入を生み出しているのかが分かります。

地域経済が自立することは、幸せにもつながると思っています。地域で買い物をすることは、地域での時間や会話を増やし、地域のつながりや笑顔、おしゃべりや幸せを増やしていく。同時に地域の産業を支え、地域に雇用を生み、地域の安心と安定につながります。

今のところ、地域経済を部分的に測る動きはあっても、いろいろな取り組みを理論にするところまでは行っていないと思います。世界を見てもそうです。私たちの研究所では、そこのところをもう少しきちんとやりたいと思っているところです。

行動変容を促すコミュニケーション

私は、もともと通訳の仕事をしていました。通訳も伝えることの専門家ですが、その後も、環境の分野で伝える活動をしてきました。コミュニケーションの活動を続けてきたわけです。

そこで、環境省の温暖化対策をどうするかという委員会の委員になった時、「コミュニケーション・マーケティングに関するワーキング・グループ[※39]」をつくってもらいました。自動車や住宅、ものづくりな

※38　秋田県知事
佐竹敬久知事。２００９年に着任。

※39　コミュニケーション・マーケティングに関するワーキング・グループ
低炭素社会構築のため環境省が２０１０年に設置した「中長期ロードマップ小委員会」のＷＧ（ワーキンググループ）の一つ。

ど、各分野のワーキング・グループから、二酸化炭素の排出削減に関する提言が出てきます。しかし、そこで終わってしまったら何も変わりません。人々に伝えて人々の行動を変えない限り、二酸化炭素は減らない。素晴らしい政策をつくっても、伝えること、特に行動を変えることを専門に考えるワーキング・グループがないと進まないと考えたからです。

このコミュニケーション・マーケティングのワーキング・グループの座長を2年ほど務めました。専門家にも入っていただいて、1年目は主にマーケティングに取り組みました。政府の方々は「言えばみんな分かるはず」という前提で考えることが多いのですが、そうではありません。十把一絡げに「国民」と言うけれど、人々にはいろいろな理解レベルや関心グループがあるので、もっと細かく見て、それぞれに適した伝え方を工夫しよう、という取り組みです。

2年目は、実際に行動を変えるためのコミュニケーションに取り組みました。温暖化のことや省エネの必要性はみんな知っているけれど、実際に行動している人は一握りだからです。

環境コミュニケーションについては、政府も自治体も、企業の環境部門の人たちもNGOも、「いいことをやっていれば通じるはずだ」と思っていることが多い。しかし、これだけ情報があふれていて、あちらもこちらも、あなたの注意を1秒でも欲しいとがなり立てている中で、「いいことをやっていれば通じる」とはいきません。

単に「伝えました」という証拠づくりに終わらず、本当に人々の行動を変えるためのコミュニケーションを進めるには、いくつか大事なポイントがあると思います。

「伝える」力を高めるために

まず、場の設計です。例えば環境の講演会には、もともと関心がある人しか来ません。そういう人は、すでに必要な行動を取っていることが多い。そういう人たちの理解や意識をさらに高めることももちろん大事ですが、それ以上に必要なのは、環境セミナーに来ない人たちに、どう伝えるかです。

ちなみに、『朝2時起きで、なんでもできる！』[※40]というヘンな書名の本は、私が3冊目に書いた本です。最初の2冊は環境の本でした。環境をやっていた人には評価されましたが、いかにも「環境」という書名を付けたので、書店でも環境のコーナーに置かれる。そうすると、環境に関心がない人には届かないのです。そういう意味では、私にとっては失敗でした。

そこで、なんとか一般書やビジネス書のコーナーに置かれる本にしたいと考えて書いたのが、3冊目のこの本です。「どうやって29歳から同時通訳者になったか」「いかに朝2時に起きて自分の時間をつくっているか」という、自分の経験からのノウハウを満載した本です。その中で、私が楽しそうにやっている活動の例として、環境をテーマに発行しているメールニュースのことに触れ、その面白い部分を抜粋して掲載し、さりげなく登録アドレスを添えました。結果、3刷、合計15万部ほど出したこの本の読者のうち、数千人が実際に登録してくれました。これは環境の本ではないので、早起きの本、自己実現の本、2年間で同時通訳になった人の英語勉強の本として読まれました。つまり、環境を正面に掲げたら突破できないので、違う入口をつくったわけです。私はこれを、「トロイの木馬作戦」[※41]と呼んでいます。

こういうことは、すごく大事だと思っています。翻訳者を育てる講座でも、教材に環境のものを使っています。必ず、一生懸命に読んでもらえるからです。かつて、タイで人口増加が大きな問題だった時、政府が学校のありとあらゆる教科で、人口問題を扱ったそうです。小学校の算数では、何人と何人を足すという問題を出し、理科でも社会でも人口問題を扱った。情報として多方面から入れていくわけです。タイの人から聞いたこの話は、一つのヒントになるのではないでしょうか。

場の設計と同時に心がけているのが、いくつものアプローチを用意することです。私は講演する時に

※40
『朝2時起きで、なんでもできる！』（サンマーク出版、2001）

※41　トロイの木馬
ギリシア神話に登場する巨大な木馬。中に人が隠れることができるようになっており、トロイ（トロイア）戦争において、トロイを陥落させる決め手となった。

は、「理性」、「経済感覚」「心のニーズ」という、この3つに訴える内容を必ず混ぜています。

例えば、企業の経営者たちには、数字をきちんと出して、論理的につなげて、「何が問題なのか。どういうことが大事なのか」を話すと伝わりやすい。また、家庭の主婦や企業の財務寄りの人たちには、経済感覚、つまり「これをやるといかにプラスか」を伝えるようにします。また、若い人や女性が多い場面では、「いいことをしたい、大事なものを守りたい、つながりたい」といった感情にアプローチするようなエピソードをふくらませます。できるだけ、いろいろな人たちに伝わるよう、できるだけいろいろなアプローチやスタイルで話すことがポイントです。

心理学の分野で「ソーシャルスタイル」という考え方があります。同じことを伝えるのでも、相手の得意なスタイルに合わせて話すと伝わる確率が高まる、という考え方です。データを重視する人には、きちんとデータを出して話す。直感的に結論や判断を出す人には、最初に結論や大事なことを言ったほうがいい。対人関係を大事にする人には、議論に入る前に、ラポール（関係性）をつくる時間を取る。つまり、世の中にはいろいろな理解スタイルがあるので、自分の得意なスタイルだけではなく、いろいろな話し方やアプローチをしようということです。

また、行動を変える時には、踏むべき順番があります。例えば太陽光パネルを設置してほしいと思うなら、まず、それが何かを知ってもらうことです。でも、それだけでは人は行動しない。次に興味関心を持ってもらうことです。それでも、まだ動きません。それが自分にとって必要だと思う、つまり「ワガコト化」する。それでも、そこで止まってしまうこともあります。行動への障壁があるのかもしれない。だとしたら、それを見つけ出し、突破する方法を伝える必要があります。このように、まず相手の現在の位置を知り、行き先を意識してコミュニケーションをしないといけません。ですから講演でも、最初にいくつか質問をして、今日はどういう人たちが多いのかを把握して、その講演の目的（どこからどこへ「お連れする」のか）を考え、それに合わせて話し方や話す内容を変えたりします。

「乗り換える舟」を用意する

行動変容を促す時に大事なことは、「乗り換える舟」を用意することです。今やっていることを非難したり否定したりするだけでは、人の行動は変えようがありません。「これはどうですか？」という代案、例えば、「ガソリン車は駄目です」ではなく、「環境にいい、燃費のいい車に替えたらどうですか？」と言うようなアプローチです。

「ギルマンの方程式」という考え方があります。人が行動を変える時は、新しい行動にどれだけのプラスがあるか、今までの行動はいかにマイナスが大きいか、ということの差を大きくすることがまず大事です。新しいやり方をどれだけ魅力的にアピールできるか、です。それと同時に、忘れがちですが大事なのが「転換コスト」です。行動を変えるためにかかるお金や時間、新しいやり方を学ばなければならないといった不便さ、周りの人から「なに、あの人、格好つけて」と言われるかもしれないリスクなど、転換コストには、お金だけではなく、いろいろなものが含まれます。この転換コストが大きいと、いくら新しいやり方がいいと思っても、人は行動を変えません。ですから、転換コストをできるだけ小さくする、そして小さいということをわかりやすく伝えることが大事です。新しいものを宣伝する、古いものを批判する、転換コストを下げるということがポイントです。

ロジャース[※42]は、イノベーション普及理論で、ライフスタイルでも、商品でも、考え方にしても、「広がるものには5つの要因がある」と言っています。1つ目は、相対的な利点がある。2つ目は、分かりやすい。3つ目は、試しやすい。例えば、車も試乗してから購入を決めますよね。4つ目は、効果が見えやすい。5つ目は、これまでの自分との両立ができる。例えば、自分の人格を変えなくてもいい、ということ

※42　エヴェリット・ロジャース Everett M. Rogers 1931～2004年。米国の社会学者。商品を購入する際の態度によって、社会の構成員を5つのグループに分類するイノベーター理論の提唱者。

です。これは結構大事です。聖人のようにならないと環境活動はできないと位置づけると、広がりません。「性格を変えなくていい。人格を変えなくていい。行動だけ変えてください」ということです。

合意形成の重要性

コミュニケーションは、ラテン語の「ともに一つになる」という意味の言葉からきています。これをしなさいと伝えるのではなく、今の状況や目指す地点を共有して、一緒にやっていこうとなって、初めてコミュニケーションが成立したことになるのです。

例えば、自然エネルギーを見てみると、技術はもうある。製品もある。固定価格買取制度という仕組みもある。それでも広がらないのは、それを一緒にやろう、自分たちでやっていこうという地元の合意形成がうまくいっていないから、という例がたくさんあります。川の水で小水力発電をしようと思うと、地域の水だから、地域の合意がないと勝手には使えない。風力発電でも、風車をうちの地域に立てるなと反対運動が起こってしまう。

先日行ったデンマークでは、畑の中に風車がいっぱい立っていました。風力発電をやっている人に、「日本では、ビュンビュンという風切音が騒音だと反対が起きたりするのだけど、こちらではどうなのですか?」と聞いたら、「あの風車は、私たちが出資して立てたもので、売電利益は自分たちに入ります。私たちは、風車が1回ビュンと回ると、いくらお金が入るかを知っています。だから、あの風切音がチャリンチャリンと聞こえる。いい音ですよ、あれは」と笑っていました。デンマークでは、風車の8割以上を地元の人たちが所有しています。自分たちで協同組合を作り、お金を出し合って風車を立てているから、風力発電の収益は地元に入るのです。そのような、合意形成がしやすい仕組みや制度をつくることも大事です。

一方、日本でも自然エネルギーの開発が進んでいますが、「植民地主義的な自然エネルギー開発」と批判されるようなものも結構あります。日本の風車のうち、どのくらいを地元の人が所有しているのでしょうか？　ほとんどの場合、地元に吹く風は東京の会社に利益をもたらし、地元には小さな面積分の土地を貸した分のお金しか入らない。そうだったら、風切音も迷惑な騒音に聞こえてしまうかもしれません。

コミュニケーションは、「言っておしまい」ではありません。一方的に上手にプレゼンをやれば良い、というのではなく、みんなを巻き込んで一緒につくっていかないと、物事は進まない。ですから私は、企業や自治体、ＮＧＯと一緒に異業種勉強会を開催したりしています。現在の問題の多くは、一つの組織だけでは解決できないので、多様な組織と「対話と共創」を実践する場が必要だと思うからです。合意形成力も含めて、これからの時代は、対話力や共創力が、ますます求められる世の中になっていくでしょう。

Q システム思考を学ぶことで、本当に変化を創り出せるのか?

A 見えなかったものを見える化し、お互いにそれを見るということをやって初めて、いろいろな変化が生み出される。一つのものだけを見るのではなく、いろいろな物事をつながりで見るシステム思考的な考え方は、自分や組織や社会を変えるために非常に役立つ。経済を見る時も、組織を見る時も、全体像を見ようという考え方は、とても大事だと思っている。

Q GDPにしても、幸せにしても、結局は人間重視。もう大きくならない地球上での生物全体の共存を考えないと、ゆくゆくは人間に跳ね返ってくると思う。例えば、医療の発達は人間やペットの長生きにはつながるが、生物多様性の観点からいくと、全体の幸せにつながるのだろうか?

A 生物多様性は非常に大事で、なおかつ今一番損なわれているもの。生物のためには人間が邪魔しないのが最善だが、経済の力が強過ぎて、保護区を真空地帯としてつくるのはほぼ不可能。人間が生物の生息域にどんどん侵入してしまっている。

経済成長至上主義の下では、生物は単なる原料の一つと見なされる。そこで、生物学者たちは、生物多様性の価値を金銭換算することにした。例えば、森の水質浄化機能などを生態系サービス[※43]と呼び、さらに、産業界や経済界の行動を変えるために、自然資本会計という手法を編み出した。

しかし、まだそれは本流にならず、現在の種の絶滅スピードは、自然な絶滅のペースの1000倍と言われている。1種が絶滅すると、それが支えていた他の種も滅びてしまい得る。ラブロック[※44]は現状を「飛んでいる飛行機のネジを1つずつ抜いているようなものだ[※45]」と言った。人間が生きていける条件をつくってくれている生態系を壊し、自らの首を絞めている。

今、先進国の消費の大部分はアイデンティティーの維持や所属を示すことが目的。どれぐらいの経済があれば十分なのかを問い直す必要がある。幸せやアイデンティティーを何で定義するのか。きっと、そこから変えていかないといけない。心理学者や社会学者の参画も必要な課題だ。そういう思いで、幸せ経済社会研究所の活動をしている。

※43　生態系サービス
第4講※18を参照。

※44　ジェームズ・ラブロック　James Lovelock
1919年〜。英国の科学者、作家。地球を自己調節する一つの生命体のようなシステムと考える「ガイア理論」の提唱者。

※45　飛んでいる飛行機のネジを1つずつ抜いているようなものだ
「リベット仮説」と呼ばれる。

Q 営利企業にとって定常経済を標榜することは、自己否定につながるような誤解を与えかねない。一つの解決策として、定常経済にうまく取り組んで企業ブランド価値を高めることは可能か?

A そこは大事なところ。企業にお勧めで「自分自身は経済成長が必要だとも思っていない」けれど、企業の立場になると成長が必要という矛盾が生じ、引き裂かれるように感じている人が結構いる。先に成長を止めたら他社からつぶされるのではと、互いを恐れながら奈落の底へのレースをしているように私には見える。

成功例として、「かんてんぱぱ」で有名な伊那食品工業[※46]がある。「急成長は人にも会社にも地域にも悪い」という塚越寛会長の考えで、年輪のように少しずつ大きくなる「年輪成長」を掲げている。利益が上がっても拡大再生産に回さずに地域に還元し、社員や地域の幸せ、そしてブランド力を生んでいる好例。塚越氏の考えは著書『いい会社をつくりましょう』（文屋、２００４年）に詳しい。

また、老舗企業に成長を標榜しているところはないと思う。１００年も２００年も成長を続けるのは不可能なので。例えば京都の和菓子屋の某老舗は、絶対にのれん分けをせず、店を大きくしないことで質を保ち、顧客を安定的に得ている。

経済の主流派でも、例えば実業家の稲盛和夫氏は、本の中で「企業も経済成長以外を考える時代に入らないといけない」と書いている。まだ稲盛氏の会社も、そうはなっていないが、実際的にはそうすべきと分かっている。それこそ「乗り換える舟」をどう出すかが重要だ。

最近の企業は、株主への報告の期間が四半期ごとと短くなり、前年比で伸びていないとトップの首が代わるなど、ますます経済成長をせざるを得ない仕組みになっている。社会に必要とされ続けることが大切なのに、評価の時間軸が短すぎて瞬間芸になりかねない。私は上場を廃止すれば良いとアドバイスすることもあるが、それを受け入れられる企業は少ない。

イケイケドンドンの経済成長ではなく、本当に大事なものを大事にしたいという生活者が今増えている。だから、解決策の一つは、そういう消費者とのアライアンス（協力体制）をうまく組んでいくこと。そういう人たちに支持されるような旗の揚げ方、そういう人たちへのサービス提供など、彼らと信頼関係を築くアプローチは、きっと企業の中でも工夫できると思う。

※46　伊那食品工業

長野県伊那市に本社を置く１９５８年設立の会社。商品はゼリー用寒天粉末など。

Q 環境教育の現場で、子どもがなかなか行動に移らない現実がある。持続可能な未来のために、コミュニケーション力を教育の場面で育てていくには何をしたら良いか？

A 認識や理解をしても、なかなか行動に移れないのは子どもも大人も全く同じ。行動を変えるかどうかは、「ワガコト化」できるかどうかがポイントだろう。調べ、話し、聞き、議論するという行動を通して、自分の問題だと思えるようになる。

例えば「温暖化を止めましょう」は遠く感じる人でも、３・11を経て日本の電力料金は3割高くなっているので、「家計を守るためにも省エネを」と言うと、ワガコト化しやすいかもしれない。友人が小学生の子どもを省エネ係に任命して、省エネで電気代が安くなった分をその子のお小遣いに足したら、その子は大喜びで無駄な電気を消して回ったそうだ。

学校でも、似た取り組みがある。山口県では、「フィフティ・フィフティ」という取り組み[※47]をして、学校単位で生徒と一緒に省エネをし、光熱費が下がったうちの半分を学校に戻している。その費用で学校は、サッカーボールなどを買える。省エネすれば自分たちのプラスになるというのが見えるので、ワガコト化できる。

経済的なインセンティブで子供を動かすのはどうかという意見もあるだろうが、一つの方法で全員を変えるのは不可能。手を替え品を替え、教育を通じてできることは、きっとたくさんあると思う。

また、日本人は人の話を聞いて対話するというトレーニングを受けていない。「あなたの言っていることに反対です」と言ってしまうと相手の人格を否定しているように受け取られがちで、なかなか違う意見をぶつけ合えない。教育の場で、安心して安全に議論できるスキルを身につけることも、非常に大事だ。

※47　「フィフティ・フィフティ」という取り組み

宇部市の50／50（「フィフティ・フィフティ」）事業。省エネで浮いた光熱費の半分を学校に還元するドイツ発祥のプログラム。

経済、社会、環境の「三方よし」の社会へ

第12講　エシカル購入でサステナブル社会を構築する

山本良一（東京都市大学環境学部 特任教授）

山本良一（やまもと・りょういち）/1946年茨城県生まれ。東京都市大学環境学部特任教授、国際基督教大学客員教授、中国の31の大学で客員教授を歴任。エコマテリアル研究会名誉会長。環境プラニング学会、LCA日本フォーラム、日本環境ビジネス推進機構で会長を務める。1999年から「エコプロダクツ」展示会実行委員長。東京大学工学部冶金学科卒（博士）。マックス・プランク金属研究所やブリティッシュコロンビア大学を経て、81年から東京大学工学部金属材料学科助教授。88年に同先端科学技術研究センター教授、92年に同生産技術研究所教授に就任。東京大学名誉教授。専門は材料科学、エコデザイン学、サステナブル経営学。著書に『1 秒の世界』（ダイヤモンド社、2003）、『実践・低炭素革命』（生産性出版、2014）など。

人間世における責任

われわれが1970年ごろからテーマにしてきた地球環境問題は今、根本的に問題の設定の仕方を変えなければならないところへ来ています。もはや、個々の「地球環境」を論ずる段階ではありません。地球に膨大な環境負荷を与えている人類文明と、地球生命圏の永続性こそが、問題なのです。

21世紀に入ってから14年間、欧米を中心に「人類が地球を実質上支配しているかどうか」という激しい議論が続いてきました。そして欧米では、現在を含む地質年代の名称を、「Anthropocene（人間世）[※1]」に変えようという動きが出てきています。キリスト教文明に裏付けられている欧米の論調は、「惑星管理経営責任[※2]」を人類は厳しく問われなければならないというふうに、変わりつつあるのです。これには私も全く同感です。つまり、現代においては、われわれ科学者、技術者は、研究をして論文をどんどん雑誌に発表するだけでは、もはや社会的な責任をまっとうできないのです。

間もなく臨界点を迎える地球生態系

ここで、あるエピソードをご紹介します。２０１２年6月に、米国カリフォルニア大学の古生物学者バルノスキー[※3]たち十数人が、『ネイチャー[※4]』に論文[※5]を発表しました。この地球生態系全体が今「臨界点（ティッピングポイント）」にさしかかっているという内容です。このティッピングポイントを越えると大変な事態になります。その論拠は何かというと、氷雪に覆われていない、人間が住める土地のうち、43パーセントは人類がすでに支配している。このままいくと人口が増大するので、われわれは、土地をどんどん農耕地や宅地、高速道路に変換していく。そうすると、彼らの計算によれば、２０２５年に土地表面の50パーセントを人類が支配するようになると。そして、それがおそらくティッピングポイントではないかと

※1　Anthropocene（人間世）
人新世とも訳される。人類が地球を支配している現在を地質年代区分として表現するために提案され、非公式に使用されている学術用語。ユージン・ストーマー（Eugene F.Stoermer）が提案し、パウル・クルッツェン（※14参照）が広めた。大気の化学組成が人間活動によって大幅に変化した産業革命以降を指すという説と、農業が始まった1万4000年前からを指すという説がある。「人間世」は荘子の文章の中にある言葉である。

※2　惑星管理経営責任
プラネタリー・スチュワードシップ（Planetary Stewardship）。Stewardは執事・家令のことで、そこから転じて財産管理者や幹事、世話役などの意味。Stewardshipは、預けられたものを責任をもって管理することで、「受託（者）責任」あるいは、「管理（者）責任」。

※3　アンソニー・バルノスキー
Anthony D. Barnosky
1952年〜。

※4 『ネイチャー』
第3講※6を参照。

※5 科学誌『ネイチャー』に掲載された"Approaching a State Shift in Earth's Biosphere"転換に近付きつつある地球の生物圏(２０１２ バルノスキーと14人の共著者)

※6 『ネイチャー』のニュースフィーチャーの記事
NATURE NEWS FEATURE
Science and politics: Hello. Governor (Virginia Gewin記者)
23 July 2014 Corrected: 24 July 2014

※7 ジェリー・ブラウン知事
エドモンド・ジェラルド・ブラウン・ジュニア。米国民主党リベラル派の政治家。１９７５年にカリフォルニア州知事（第34代）に初当選。その後、オークランド市長、カリフォルニア州政府司法長官を経て、２０１０年よりカリフォルニア州知事（第39代）。

※8 『21世紀において人類の生命維持システムを維持することに関する科学的なコンセンサス』
Maintaining Humanity's Life Support Systems in the 21st Century

いうのです。人類の産業経済活動が膨張して、他の生物は絶滅に追いやられているわけですが、それは、まさに人類にとっては、われと、わが首を絞めることであると。つまり、人類の生活や生存を支える基盤を、私たちがいま掘り崩しているという認識に基づく論文でした。

　この論文の裏話が、『ネイチャー』のニュースフィーチャーの２０１４年7月24日付の記事[※6]に書いてありました。それによると、論文が投稿されて1週間くらい経った時、バルノスキーの自宅の留守電に、ジェリー・ブラウン知事[※7]から、「私に電話をしてくれ」というメッセージが入っていたと。ブラウン知事は、カリフォルニア大学が所在するカリフォルニア州の首長です。バルノスキーは一介の研究者ですから、知事から直接とはどういう要件かと電話をしたところ、要は、バルノスキーたちの発表した、地球の生態系全体がティッピングポイントを迎えるかもしれないという論文、これはセンセーショナルな論文ですから、「それが真実ならば、君たちはなぜ屋根の上に登って道行く人々に大声でそのことを叫ばないのだ」と。「科学者としての責任をまっとうしていないじゃないか」ということを、知事がバルノスキーに言うわけです。そこでバルノスキーと、彼の妻でやはり古生物学者のエリザベス・ハドリーは、それでは現在の科学的な知見を政治家向けに要約しましょうというわけで、仲間とコンセンサスレポートにまとめあげました。政治家向けの情報ということで、『21世紀において人類の生命維持システムを維持することに関する科学的なコンセンサス[※8]』という表題になっています。バルノスキーたちの研究グループ20人くらいで原文を書き、それを全世界の科学者に送って、必要なコメントを修正して、それで署名を求めたものです。２０１３年の5月時点で５２０人が、２０１４年7月24日時点で３３００人の科学者たちが、これに署名しました。

　カリフォルニア州知事は、今、この文章を最大限に利用しています。バラク・オバマ大統領や中国の習近平主席をはじめ、各国の指導者に配布しました。その後、中国とカリフォルニア州は、グリーンなテクノロジーや排出権取引などについて共同で研究開発するというMOU[※9]まで結んだということで、一定の成果が挙がっています。

日本の危機意識と研究者の責任

バルノスキーたちがまとめた文章には、多数の科学者が署名していますが、彼らの危機意識は、まさに私たち日本の科学者や技術者の危機意識でもあります。

3・11の東日本大震災と福島第一原発の事故で、日本の科学は惨めな失敗をしたわけです。われわれは東日本大震災を予知できなかった。巨大地震の予測では、福島沖は空白地帯とされていた。さらには福島第一原発の安全をわれわれ技術者は守ることができなかった。痛烈な、痛切な反省の上にわれわれは立っているわけです。実は、この文明そのものが維持できるかどうかというところが問われています。さらには、地球生命圏という、宇宙の中でも奇跡的に生命が繁栄しているこの惑星を道連れにして、人類が自滅しようとしている。これをなんとか食い止めなければいけないというのは、多くの科学者と技術者の共同の認識だと思うのです。

3・11のときも、産業技術総合研究所（第5講※13を参照）の科学者は、貞観津波[※10]のような14メートルを超える津波がやってくる可能性があるということを論文にしていたわけです。ところが、その研究者は、屋根の上に上がって大声で道行く人に叫びかけることもしなければ、銀座の四丁目に行って大声で「巨大津波で福島第一原発が危ない」と言うこともしなかった。科学者と技術者には今、こうした社会的責任をどうするのかという問題が、鋭く突きつけられているわけです。

人間活動が地球を変えた

※9　MOUまたはMoU　Memorandum of Understanding 了解覚書《りょうかいおぼえがき》。組織同士で合意事項を記して取り交わす略式の条約の一種。

※10　貞観津波
平安時代前期の貞観11年（西暦869年）に発生した大地震（貞観地震）によって発生し、当時の、陸奥国、常陸国などに大きな被害をもたらした津波。地震の震源は日本海溝付近の海底でマグニチュード8・3以上と推定され、2011年3月11日に発生した「東日本大震災」との類似性が指摘されている。

※11
人間活動（世界人口、世界GDP、海外直接投資、ダムの数、水使用量、肥料の使用量、都市人口、紙の消費量、マクドナルド・レストランの数、輸送・自動車の数、通信・電話の数、国際的な観光者数）の急激な増加によって、地球システム（大気中のCO_2、N_2O、CH_4濃度、オゾン層の消滅割合、北半球の平均気温、大きな洪水の起こる頻度、海洋生態系、沿岸域構造、沿岸域バイオ地球化学、熱帯雨林や森林の消失、開発された土地面積、グローバル生物多様性）のグローバルな変化

〝Anthropocene〟には、「人新世」「人間世」「人間の時代」など、いろいろな日本語訳があります。ここ15年ほど、人類は実質的にこの地球の表面を支配しているかどうかが根本的な疑問でした。そして、少なくとも3つの国際共同研究がなされた結果、過去50年くらいの人間活動の急激な増加が、地球システムに大きな影響を与えたことが、明らかになりました。[※11]

例えば、世界の人口やGDP、海外直接投資、ダムの数、水や肥料の使用量、都市人口、いずれも急激に１９５０年以降増大していて、その結果、大気中の二酸化炭素や一酸化二窒素やメタンの濃度、オゾン層[※12]の消滅割合など、地球全体にグローバルな変化[※13]が引き起こされている。これは疑いない事実です。

私が一番驚いているのは、ダムの影響です。人類は過去１３０年間、平均すると毎日1つずつダムを建設してきたと言われています。大きなダムだけで1万以上あり、それらが自然な川の流れを堰き止めて、まさに生態系を破壊しています。

人口増と食料難

さらに、われわれは今、膨大な量の食料を食べています。穀物栽培に使う農耕地の総面積は、すでに南アメリカ大陸のサイズです。そして、家畜の放牧のための土地は、アフリカ大陸のサイズになってしまっている。これは考えてみると、恐ろしい事態です。このままいけば、世界人口は２０５０年に95億人に達すると予想されているので、より一層、大量の農産物と肉、そして膨大な水が必要になります。にもかかわらず、地球温暖化によって穀物生産は今後おそらく数十パーセントは低下すると予想されているわけです。人口の増大と必要な食料の増大の一方で、低下する穀物生産。われわれの将来は黒雲に覆われていると言わざるを得ません。

が引き起こされているから。
The Anthropocene:From Global Change to Planetary Stewardship. Will Steffen et al.

※12　オゾン層
地表から10～50キロメートル上空の成層圏に広がった薄い空気の層で、空気中のオゾン（酸素原子3個からなる気体物質）濃度が高い部分のこと。このオゾン層が太陽からの有害な紫外線を吸収し、地上の生態系を保護している。

※13　グローバルな変化
・人類は穀物栽培のために南アメリカのサイズの土地を、家畜放牧のためにアフリカのサイズの土地を使用している。
・低い沿岸デルタ地帯では地下水や炭化水素の汲み上げのために、主要河川のデルタの3分の2で土地が沈下しており、それらのいくつかではその速度は平均海面水位の上昇速度の4倍に達している。
・1万以上の大きなダムは自然な川の流れを歪めているが、この本来の川の流れは生態系や水辺の生物が千年以上適応してきたものである。
・不適切に管理されている灌漑施設からの水の蒸発により、世界の

2通りの解決策

過去20年くらいの議論を2つに分けて紹介します。

一つは、科学技術を中心に据えて、難局を突破しようというもの。科学者や技術者の多くはこの見解です。例えば、ノーベル化学賞受賞者のパウル・クルッツェン[※14]は、2000年に、もうタブーを排してあらゆる科学技術を動員して現在の難局を乗り切るべき時期である、という考えを発表しています。そして、そのためには、地質年代の名前を「完新世[※15]」から「人間世（Anthropocene）」に変えるべきだと主張して、科学技術を徹底的に使う「積極的順応管理[※16]」を提唱しました。そして、この数十年間タブー視されてきたジオ・エンジニアリング（気候工学）、つまり、地球の気候を人間の都合のいいように改変してしまう研究を公然と始めることを、2006年に主張したわけです。

それに呼応したのが、英国の王立協会[※17]でした。「もうタブー視する時代は終わった。われわれは、少なくとも研究開発はすべきだ」という公式なレポートを出した。そして2012年には、米国と英国の下院の合同調査委員会が、「少なくとも研究開発はやるべきだ」という結論のレポートを出して、今は実際に予算が付いて研究が始まっています。

具体的には、地球の表面温度がこれから2050年にかけて3℃上がると予想して、この3℃を無理やり冷却してしまおうという研究です。冷却のためには、成層圏に亜硫酸ガス[※18]を毎年400万トンから500万トン注入します。そうすると、硫酸ミストが太陽光線を反射して、地球全体の平均気温をだいたい3℃下げるというわけです。ところがそれをやると、場所によっては降水量が減って大干ばつになるし、成層圏で太陽光線が乱反射されて、上空を見上げても青空が見えなくなると。われわれは、青空が見られない時代に移るかもしれないわけです。さらには、夕焼け空は血の色のように赤くなると予想されていま

河川の多くで乾燥化し、水が無くなり、生物が存在しなくなっている。したがって1万もの生物種が日々、少しずつ絶滅に追いやられている。
19 may 2013 Shifts in global water systems - markers of a new geological epoch: The Anthropocene Contact : Terry Collins, Alma van der Veen

※14 パウル・クルッツェン Paul Crutzen
1933年～。ドイツの化学者。オゾン層破壊の解明で1995年にノーベル化学賞を受賞。

※15 完新世
地質年代のうち、約1万1700年前から始まったと言われる最新の区分。ストーマーは、完新世Holoceneとのアナロジーで Anthropoceneをつくったと言われる。
http://quaternary.jp/news/tangen.jpg

※16 順応管理
アダプティブマネジメント(Adaptive Management)。「順応的管理」「適応的管理」とも。継続的なモニタリングと検証によって、計画や目的自体までを随時

す。米国の心理学会は、青空が見えず、異様に赤い夕焼け空を毎日見た場合、人類に、どういう心理的な影響が出るかを、もう研究し始めています。

その動きに対して、もう一つ、人間が際限なく科学技術を開発して今の難局を乗り切るのは無理だという考えがあります。例えば、米国の神学者のトーマス・ベリー[※19]は、われわれのライフスタイルや考え方を根本的に変えて、地球生命圏と共存共栄するような新たな文明を創らなければならないと主張して、エコゾイック（Ecozoic）という言葉をつくり出しました。われわれは、新生代からエコ生代（Ecozoic Era）への転換を図るべきである。エコロジカル・シビライゼイション（生態文明）をつくることが、21世紀の人類に課せられた使命ではないかと提唱したのです。

先ほどのパウル・クルッツェンも、人間中心主義を強く主張しているわけではないのですが、彼はあくまでも科学技術を中心に積極的順応管理でいこうという発想なのです。それに対して、トーマス・ベリーの考えと、それに近いもう一つの考えとして、主にスウェーデンのストックホルムのロックストローム[※20]たちのグループが主張しているものがあります。それは、過去1万年間、われわれ人類はきわめて安定的な気候の中で文明を発展させてきたわけで、その完新世におけるさまざまな条件を「惑星境界条件（プラネタリー・バウンダリー[※21]）」と考えて、その内側に戻すべきだというものです。境界条件の枠内に戻るということは、すなわち、現在400ppmの二酸化炭素濃度は、350ppmまで下げなければいけない。水も、ある一定以上は消費してはいけない。窒素も、自然界が生産する量の1・5倍くらいを今は人工的に作っていますが、そういうこともやめなくてはいけない。つまり、産業革命以前の地球の生態系の条件に戻るべきだ、というわけです。

以上のように、大きく分けると、2つの重要な見解が生まれています。

まずは、あくまでも科学技術を信頼して中央突破を試みる考えです。地球温暖化については、無理やり

見直し、修正しながら管理するマネジメント手法。まずは野生生物や生態系の保護管理の分野で発達し、その適応範囲が徐々に拡大されてきている。

※17　英国の王立協会
Royal Society。1660年創立で、現存する最も古い科学学会。イギリスにおける科学者団体の頂点と言われている。

※18　亜硫酸ガス
二酸化硫黄（SO_2）の気体。火山ガスのほか、自動車の排気ガス等に含まれ、大気汚染の一因となっている。また酸性雨の原因の一つともされている。

※19　トーマス・ベリー
Thomas Berry
1914～2009年。米国の神学者。主著『偉業――未来への地球人類の道』（The Great Work―Our Way into the Future. Three Rivers Press. New York.1999）で、「21世紀を生きる人間の使命はエコ文明への大転換である」と主張した。

冷却してしまう。食料問題については、どんどん生命操作をやって、遺伝子改変技術を使って食料生産を増加させる。

もう一方は、完新世の生態学的条件に戻るべきだという考えです。その条件の中で、地球生態系と共存共栄するような文明を創るべきだと。念のために申し上げますと、私は、産業革命以前の生態系の条件に戻るべきであるという、後者の考えです。

私が「温暖化地獄」と言う理由

私は2007年から一貫して、「地球温暖化は地獄のような苦しみを与える」と主張してきました。科学者は、とにかくはっきりものを言わなければいけない、いい加減なことを言っているようでは駄目だ、という思いがあったからです。そして、「もう温暖化地獄が間近に迫っている」「ティッピングポイントを越えれば地獄に突入しますよ」と言い続けてきました。温暖化地獄3部作[※22]ということで本も出しました。2009年の『残された時間』では、地獄の一丁目に行くのは約20年後だろうと書きました。人為起源温暖化説[※23]を支持し、低炭素革命をやらなければいけないと、一貫して訴えてきたわけです。

これについては、もちろん批判もありました。「東大教授が『温暖化地獄』というような情緒的な表現を使っていいのか」「科学者は価値中立的でなければならない」などと、いろいろな批判をされました。さらに、東京大学生産技術研究所には、W先生という先生がいらっしゃる。私も所属する同研究所の4部の教授で、私の3年後輩ですが、その先生は、温暖化地獄は嘘だという論調です。要するに、温暖化懐疑論を主張されていたわけです。ですから、同じ4部の中で、私は地獄だと言い、彼は二酸化炭素による温暖化は起きていないと言う。真っ向から主張が対立していたわけです。

それでは、なぜ私がこういうことを言い出したかというと、その一番の理由は、地獄を放置すると戦争

※20　ヨハン・ロックストローム　Johan Rockstrom　1965年〜。スウェーデンの水文学者。2009年に『ネイチャー』に発表されて話題となった論文「A safe operating space for humanity」の筆頭著者。

※21　惑星境界条件（プラネタリー・バウンダリー）　第11講※28を参照。

※22　温暖化地獄3部作　2007年の『温暖化地獄〜脱出のシナリオ』、2008年の『TIPPING POINT　温暖化地獄〜脱出のシナリオ　Ver.2』、2009年の『2℃　POINT OF NO RETURN　残された時間〜温暖化地獄は回避できるか?』の3作品。いずれもダイヤモンド社。

※23　人為起源温暖化説　現在進行している地球表面の大気や海洋の平均温度の長期的な上昇傾向は、人為的影響が原因だとする考え方。

※24　広島県の集中豪雨と土砂災害　２０１４年8月20日に、広島県広島市北部の安佐北区や安佐南区などの住宅地を襲った大規模な土砂災害。２０１４年7月30日から8月26日にかけて、台風12号、11号および前線と暖湿流によって日本の広範囲に大規模な被害をもたらした「平成26年８月豪雨」によって引き起こされた。

になるという認識があるからです。水戦争や気候戦争など、いろいろな本も出版されています。

気候変動問題が、まさに安全保障の問題であるということは、この10年くらいで欧米では常識になっています。ところが日本では、そうはなっていない。ここがわが民族が不甲斐ないというか残念なところなのです。例えば一昨日、昨日と、広島県の集中豪雨と土砂災害[※24]でたくさんの方が亡くなられましたが、あの災害の原因をどういうふうに報道しているかというと、ＮＨＫでも民放でも、とにかく太平洋側から湿った空気が流れこんで、２、３時間で1カ月分の雨が降ったと、直接の原因の分析しか言わないのです。しかし、これは明らかに、地球温暖化の間接的な影響が現れ始めていると見るのが正しいわけです。

海に蓄積していく熱エネルギー

今では、鹿児島や足利や横浜で1時間の雨量が１００ミリメートルを超えても、誰も不思議と思わなくなってしまいました。つまり、われわれは、もう地獄に突入しつつあり、これを放置すれば大変なことになるわけです。

温暖化地獄というのは10年や20年で済むものではありません。科学が明らかにしているのは、今すぐ全世界の温室効果ガスの放出量をゼロにしても、今後数百年から１０００年は温暖化が続くということです。というのも、今までに、われわれが空気中に膨大に溜めた分があるからです。さらに、もうすでに海が大量の熱を吸収してしまっています。その結果、われわれが化石燃料の使用をゼロにしても、現在の温暖化の影響は、長期的に、将来の子孫にまで及ぶというわけです。

今、人類は化石燃料を使って、1日で全世界から９５００万トンの二酸化炭素を大気中に放出しています。1日で９５００万トンです。日本の年間放出量が約12億トンなので、毎日約1億トンというのは莫大な量です。

大気中に放出された二酸化炭素の10〜20パーセントは、数千〜数万年の間、実質的に大気中に残留することが分かっています。海も含めた地球の表面に余分な熱が溜まっていくのが、地球温暖化です。9割の熱は海に吸収され、その残りが、地表面において空気と地面の温度を上げている。

今日1日で世界の海に蓄えられる熱エネルギーはどれぐらいだと思いますか。私も非常に驚いたのですが、放射強制力[※25]でいうと1平方メートル当たり0・5ワット、広島型原爆の爆発エネルギーに換算すると、40万発分です。この10年間、アル・ゴア計画という国際共同研究で、世界の海水温を調べた結果、分かったのです。これが全ての異常気象の根本原因になっています。

先日は、ハワイに2つもハリケーンがやってきました。私の世代にとって、ハワイは天国のイメージでしたが、どんどん海面温度が上がっているために、メキシコの沖合で発生したハリケーンが、減衰せずにハワイまでやってくるようになってしまった。21世紀末には、ハワイを襲うハリケーンの数は数倍に増えると予想されています。

※25　放射強制力
気候学用語。Radiative forcing。気候強制力（climate forcing）とも呼ばれる。地球に出入りするエネルギーが地球の気候に対して持つ放射の大きさのこと。

地球温暖化の根拠

過去1万年ほどの地球の表面温度の推測値の推移を見ると、紀元前9000年前後は、前の氷河期が終わり急速に上昇しています。その後、紀元前8000年ごろから、かなりフラットな時代が続き、紀元前3000年ごろから、ゆっくりと寒冷化してきています。多くの研究者が指摘するように、フラットな時代、つまり、気候変動が相対的に緩やかな時代に、人類は農業革命を行い、農業が普及して都市革命が起こり、宗教革命が起こり、文明を発展させることができたのです。

ところが産業革命以降、人類が温室効果ガスを大量に空気中に注入し始めたために、地球の表面温度が一気に跳ね上がっています。この急激な地球温暖化を認めない人たちがいて、この20年間、温暖化論争が続いてきました。「これは短期的な自然変動に過ぎない」「都市の温暖化を誤認している」と言うのです。その代表格が、リチャード・ミュラー[※26]というカリフォルニア大学バークレー校教授でした。２０１２年に、彼を筆頭とする懐疑派は、自ら研究グループを立ち上げ、陸地表面の平均気温を自分たちで集めて計算しました。そして、米国のＮＡＳＡ[※27]のデータや英国の気象庁のデータと比較して発表したところ、その結果は、まさに、どのデータもほとんど一致して最近の地球温暖化の傾向を示していました。このことは、「代表的な温暖化懐疑論者も温暖化は起きていることを認めた」として、ニュースなどで報道されました。

さらに彼らのデータで面白い発見がありました。１７５０～２０００年の7回の火山の爆発が短期的な寒冷化をもたらしていたことが、グラフに下向きの毛が7本生えたような形で見て取れたのです。火山の爆発によって空気中に大量の塵が吹き上げられ、太陽光線を反射したために、短期的に気温が下がったのです。これが一つの大きなヒントとなって、成層圏に亜硫酸ガスのミストを注入すると地球を寒冷化できるという発想につながっていきました。

2℃ターゲット設定の根拠

温暖化は確かだと分かった。そこで、どうすればこの危機を乗り越えることができるか、というとき、欧州が中心となって、世界の年間平均気温の上昇を2℃以下に抑制する「2℃ターゲット」を掲げました。産業革命以前と比較して温度上昇を2℃以下に抑えるというのです。では、どうして2℃に設定されたのか。それには、少なくとも2つの理由があります。

１つ目は、気候リスクにさらされる世界人口を抑制するため。２つ目は、世界の気候システムにあるいろいろなリスクの、ティッピングポイントを越えさせないためです。

※26　リチャード・ミュラー
Richard A. Muller
１９４４年～。米国の物理学者。
※27　ＮＡＳＡ
アメリカ航空宇宙局。

世界の平均気温の上昇とリスクにさらされる人間の数との関連を調べたところ、水不足、マラリア、飢餓、沿岸洪水など、いろいろなリスクの中でも、水不足にさらされる人の数は、世界の平均気温が1・5～2℃上昇したときに急激に増えることが分かりました(図1)。そこで欧州は、2℃を一つの目安にしようと決め、これがクライメート・ターゲットとして、今、国際的に受け入れられています。

ティッピングポイントという考え方は、地球の部分システム、例えば北極の海に浮かんでいる氷についても研究されています。それによると、夏の間の氷は、おそらく今後数十年以内にティッピングポイントを越えて、消滅する。そして、数℃の上昇で、グリーンランドの氷床も大崩壊する可能性があります。

そういうことで、世界の大多数の国が2℃ターゲットを受け入れているわけですが、実は反対論もあります。空気中の二酸化炭素濃度が、すでに危険なほど上がっているからです。

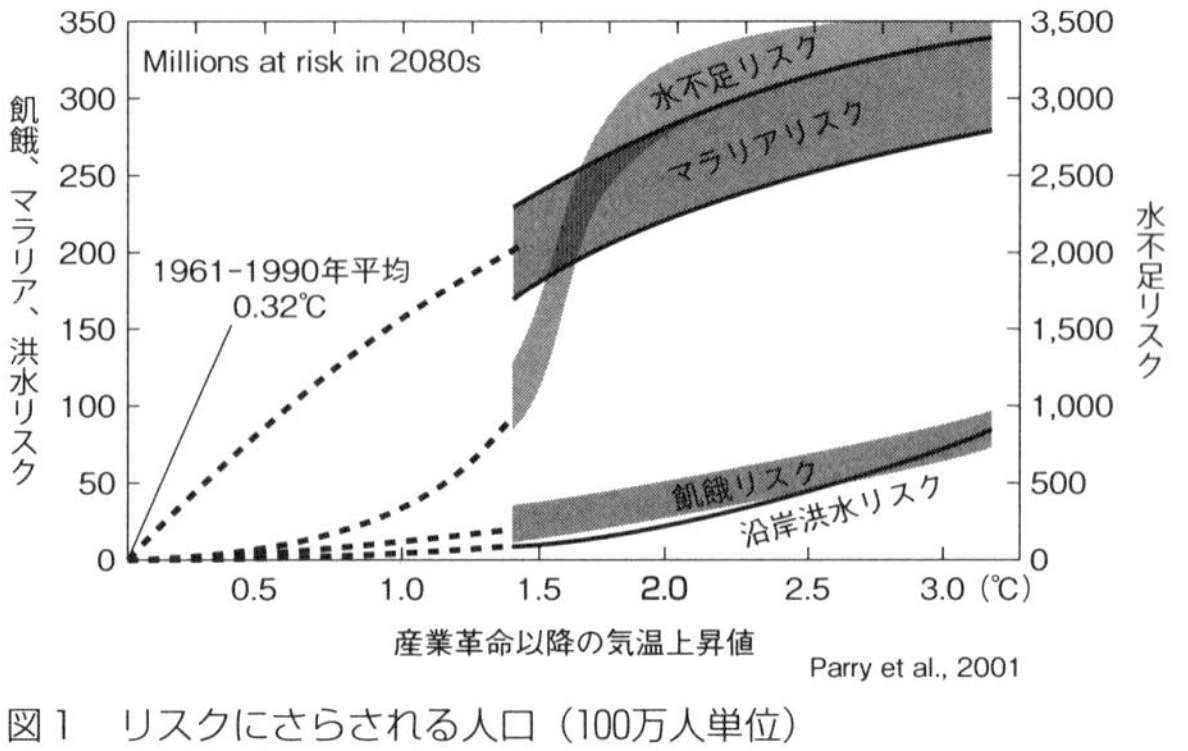

Parry et al., 2001

図1　リスクにさらされる人口(100万人単位)

ついに400ppmを超えた二酸化炭素

過去20年ぐらいの議論では、二酸化炭素の濃度が400ppmになると、2℃突破の危険領域に入ると言われてきました。

二酸化炭素の濃度による2℃突破の確率というのは計算できます。研究者ごとに予測値は異なり、40

※28　英国のティンダルセンター
Tyndall Center
気候変動専門の研究機関。ノリッチにあるイースト・アングリア大学内にある。マンチェスター大学のケヴィン・アンダーソン（Kevin Anderson）は元所長、アリス・バウ（Alice Bow）もマンチェスター大学の研究者で、同センター所属。

０ｐｐｍになると57パーセントの確率で２℃が突破されるという研究グループもあれば、下限は８パーセントだというグループもあります。その中央値は28パーセントです（図２）。いずれにしても４００ｐｐｍになると、２℃突破の確率は50パーセントを超えるかもしれないということで、４００ｐｐｍになると大変危ないというのは、今までの国際社会の常識だったわけです。

　ところが、まず２０１３年の５月10日に、ハワイのマウナロアの山頂で、二酸化炭素濃度は４００ｐｐｍを超えた。そして２０１４年になると日本も含め全世界のいろいろな場所で４００ｐｐｍを超えてしまった。今は、４５０ｐｐｍになると確実に２℃は突破されてしまうと考えられています。産業革命以前は２８０ｐｐｍでしたから、今から３５０ｐｐｍに戻そうと主張する人たちもいます。

　すでに世界の平均気温は、産業革命以降、０・８５℃も上昇しています。私はもともと金属物理学者なので、気候科学者たちの見解を参照すると、４００ｐｐｍに到達したことについて、これはもう大変な状況になったと考えている。例えば、ＮＡＳＡのある研究者は、「経験したことのないような気候変動がやってくる」と言っているわけです。

排出量削減の厳しさは生半可ではない

　２℃ターゲットを守るためには、厳しい温室効果ガスの削減が必要だと、過去10年くらい言われ続けています。排出量削減の代表的なデータは、英国のティンダル・センター※28の所長のケヴィン・アンダーソンとアリス・バウの有名な

CO_2濃度 (ppm)	350	400	450	500	550	600	650	700	750
上　限	31	57	78	96	99	100	100	100	100
中央値	7	28	54	71	82	88	92	94	96
下　限	0	8	26	48	63	74	82	87	90

Malte Meinshausen, Avoiding Dangerous Climate Change p265 (2006)

図２　2℃突破の確立（%）

研究成果です（図３）。２０１５年に世界の排出量をピークアウトさせたあと、２℃ターゲットを守るためには急激に下げないといけない。２０２０年がピークの場合は、より急激に。そして、２０２５年まで下げるのを延ばした場合は、もう断崖絶壁から飛び降りるように温室効果ガスを削減しなければいけない。これは毎年、全世界の排出量を年間４、５パーセントぐらいの勢いで下げていかなければ、２℃ターゲットは守れないというデータなのです。

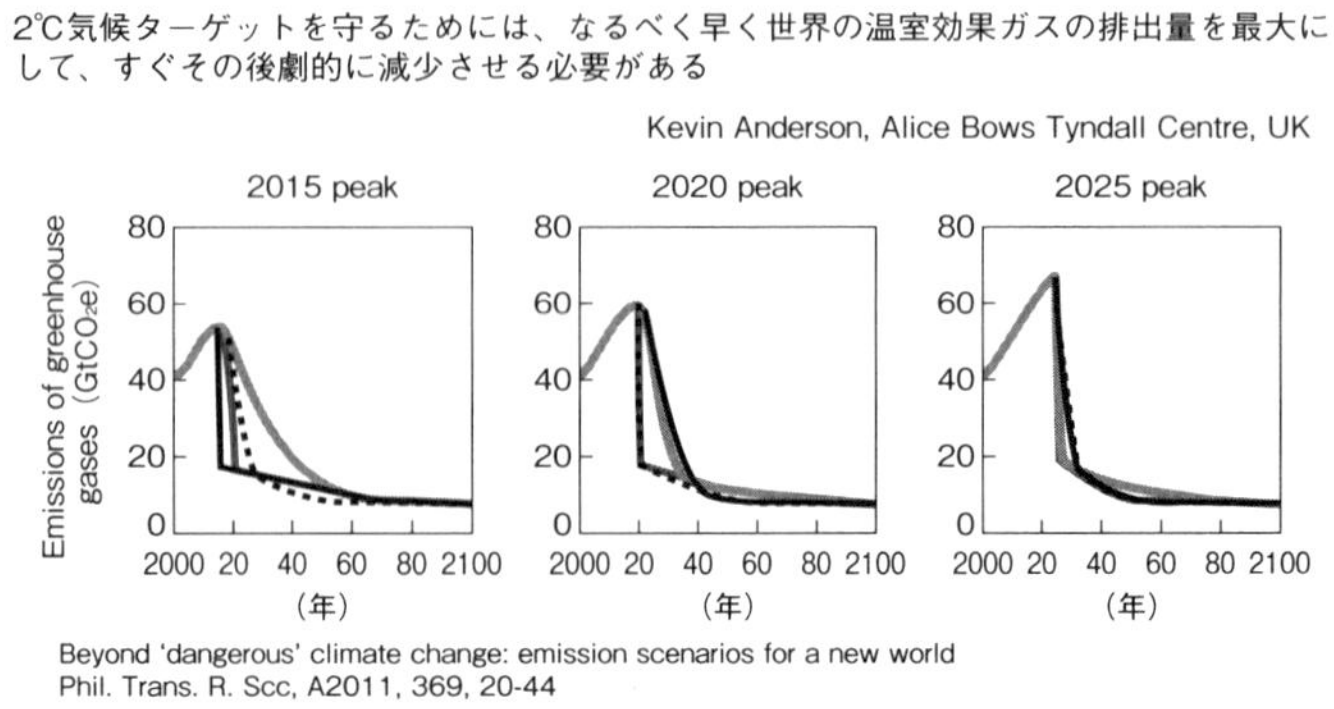

2℃気候ターゲットを守るためには、なるべく早く世界の温室効果ガスの排出量を最大にして、すぐその後劇的に減少させる必要がある
Kevin Anderson, Alice Bows Tyndall Centre, UK

Beyond 'dangerous' climate change: emission scenarios for a new world
Phil. Trans. R. Scc, A2011, 369, 20-44

図３

過去を見れば、これと同じ勢いで二酸化炭素を減らした例が実はありました。ソ連が崩壊したときです。経済活動が停滞しエネルギー使用量が減り、二酸化炭素の排出量が年率４、５パーセントの割合で減っていったわけです。ですから、先ほどの図を見た経済界の人や政治家は、これはもう無理だと。つまり、年率４、５パーセント世界の排出量を減らすということは、ソ連が崩壊したときと同じくらいの社会経済の混乱を招くに違いないと、心の中では絶望が広がっている、あるいは、これはもう戦争状態でやるしかないと考える人が増えている、というわけです。

例えば、レスター・ブラウン[※29]など多くの研究者は、この非常事態においては、米国のルーズベルト大統領が敢行したニューディール政策[※30]のように大胆な手段を講じない限り、われわれはこれと戦うことはできないと言っています。だから自由に任せて温室効果ガスを削減するなんていう生半可なことでは、もう駄

※29　レスター・ブラウン
Lester Russell Brown
１９３４年～。米国の思想家。アースポリシー研究所社長。ワールドウォッチ研究所の設立者、元所長。『エコ・エコノミー』（家の光協会、２００２）など著書多数。

※30　ニューディール政策
米国の第32代大統領フランクリン・ルーズベルトが、大統領就任直後の１９３３年から、世界恐慌を克服するために行った一連の経済政策。
それまで伝統的に市場への政府の介入を最小限にとどめていた自由主義的経済政策から、政府が市場経済に積極的に関与する政策へと、大胆に転換した。

目なのではないか、というのが、こういう研究を見ての結論なのです。

残された時間はどのくらいか

国際エネルギー機関は、２０１１年のレポートで、２℃以下に抑制していくためには、まず、40～50年使う工場や建物、高速道路、石炭火力発電所の建設といった社会的インフラのあり方を抜本的に変える必要があると言っています。それをしない限り、どうしてもわれわれは大量の温室効果ガスを排出する方向でロックインされてしまうと。彼らが当時到達したのは、２０１７年までに人類全体が決定的な行動をとらないと、２℃への道は閉ざされ、６℃への道に入ってしまうという恐るべき結論でした。これが正しければ、引き返すことのできなくなる年まで、もう時間がありません。

他にも、あと数十年で２℃ターゲットが突破される可能性を示唆する研究が、続々と出ています。ＩＰＣＣの第５次評価報告書には、二酸化炭素の累積排出量と平均気温の上昇はほぼ比例すると書いてあります。だとすると、単純計算で、２℃突破の条件が満たされるまで、あと28年です。コンピュータシミュレーションでやっても、だいたい２０３０年から２０５０年にかけて２℃が突破されてしまいます。２０１４年３月18日の『サイエンティフィック・アメリカン』にマン※31が書いた予測値では、２０３６年には２℃を超えてしまう。つまり、あと20～30年です。

ゆらぐ2℃ターゲット

２０１３年末、米国の科学アカデミーが「気候変動のインパクト」という新しい報告書を出しました。その中で、今、最もティッピングポイントに達する危険が差し迫っているものとして、「北極海氷の急速な減少」「動植物など生物種の急速な絶滅」「西南極大陸の多くの氷河の急速な不安定化と損失」の３つを

※31 マイケル・マン
Michael E. Mann
１９６５年～。米国の気象学者。ペンシルベニア州立大学特別教授、ペンシルベニア州地球システム科学センター所長。温暖化懐疑論者との攻防を書いた著書の翻訳版『地球温暖化論争――標的にされたホッケースティック曲線』（化学同人）が２０１４年４月に出版された。

挙げました。

私が懸念しているのは、海面水位の上昇や、温暖化による穀物生産の減少によって、政治的な対立が激化していくことです。

まず、環境難民が増えます。国連は、その数を、2050年までに7億人と推定していますが、もう実例がある。パプアニューギニアのカートレット島では、海面水位の上昇によって、40家族、約2000人が移住しているわけです。そこで、2013年末、NASAゴダード宇宙飛行センターの元所長、ジェームス・ハンセン[※32]が、もう見ていられないと。彼の研究グループは、将来世代のことを考えると、気候ターゲットの2℃というのは大き過ぎると言って、1℃ターゲットを提案したわけです。すでに0・85℃も上がってしまっているので、もうまず無理なのですが、科学者の良心として、そういう論文を出した。

IPCCのオットマー・エデンホーファー[※33]は、「1℃ターゲットはまったく無理。1・5℃でも、もはや達成不能だ」と言っています。なぜ1・5℃かと言うと、2℃だと、太平洋の島々が沈んでしまうかもしれないからです。マーシャル諸島では、すでに海面水位の上昇による影響が出ています。

太平洋の島々は、いま国際社会に対して、「2℃ターゲットを見直して、1・5℃にしてくれ」と要請していて、2014年から2015年にかけて交渉予定です[※34]。1・5℃気候ターゲットは、2016年に世界の排出量をゼロにすれば達成可能だという論文が出ています。つまり、現在1日9500万トン放出している二酸化炭素を2015年か2016年にゼロにできればいいと。ところが、誰もが、実現はあり得ないと思っている。

いろいろな科学的根拠をまとめると、1℃ターゲットは不可能、1・5℃ターゲットは、もはや達成不能、2℃ターゲットも達成は極めて困難という事態に、今、人類は直面しているわけです。

※32　ジェームス・ハンセン
James Hansen
1941年〜。米国の大気物理学者。NASAゴダード宇宙飛行センターの元所長。炭素税（税収を国民全員に均等に払い戻す方式）を導入すべきと主張している。

※33　オットマー・エデンホーファー
Ottmar Eden-Hofer
1961年〜。ドイツの経済学者。ポツダム研究所副所長。IPCCで「気候変動の緩和」を扱う第3作業部会の共同議長を務める。

※34
2015年4月現在、進捗なし。

※35　2013年のインドの洪水
インド・ウッタラカンド州を中心とするインド北部8県及びネパールで、2013年6月中旬以降季節風の影響で降り続いた豪雨。死者は1000人近く、10万人以上が避難した。

地球温暖化の被害

そして、すでに温暖化の間接的な影響と思われることが続々と発生しています。最近では、２０１３年のインドの洪水[※35]と、フィリピンを襲ったスーパー台風「ハイエン」[※36]。ハイエンの最大瞬間風速は90メートルに達し、６２００人が犠牲になりました。２００５年に米国を襲ったハリケーン「カトリーナ」[※37]の最低気圧が９０２ヘクトパスカルだったのに対し、ハイエンは、より低い８９５ヘクトパスカルでした。２０１４年2月には、ロンドンのテムズ川が氾濫。過去２４８年間、氾濫したことがなかった川です。さらにオーストラリアは、もう年がら年中、熱波に襲われています。それから２０１３年はインドネシアの中心部ジャカルタの大洪水[※38]。２０１４年は北極海氷の融解を原因とするジェット気流の大蛇行によって米国が大寒波に襲われました。ナイアガラの滝も一部が凍ったのです。一方、モスクワは記録的な暖冬で、２０１３年のソチのオリンピックも、雪がなくて困っていました。逆に２０１４年の東京では大雪。その後、北京で41・4℃という5月の最高気温を更新しているわけです。それからバルカン半島の大洪水[※39]はセルビアの首都に迫り、１００万人が被災しました。２０１４年6月には2つのトルネード（竜巻）が米国ネブラスカ州のピルジャーの町の半分を破壊しました。以上のようなことから、私の意見としては、もうわれわれは温暖化地獄に入っているのです。もう自覚しなければなりません。

温暖化地獄のはじまり

さらに、われわれ科学者の心を暗くさせるような論文が次々と出ています。西南極大陸氷河が、急速に崩壊しているのです。南極大陸の西側は岩盤が低く、海面水位の下にあります。そこに乗っている氷河は、いわば海面の上に浮かんでいるようなものなので、まっさきに融解して崩壊すると考えられてい

※36　ハイエン
日本での呼称は「平成25年台風第30号」。２０１３年11月４日に発生し、フィリピン中部を横断して、死者６０００人、被災者数１６００万人以上という大きな被害を出した。

※37　カトリーナ
２００５年８月末に米国南東部を襲った大型のハリケーン。死者２０００人以上。先進国で起きた大規模な自然災害として、その後の各種の政策などに大きな影響を与えた。

※38　ジャカルタの大洪水
２０１３年１月、インドネシアの首都、ジャカルタ近郊で起きた大洪水。近郊の工業団地には多数の日系企業が進出していたため、日系メーカーのサプライチェーンに大きな影響がでた。

※39　バルカン半島の大洪水
２０１４年５月13日にアドリア海で発生した温帯低気圧タマラ(Tamara)による集中豪雨で発生した大洪水。14～15日にかけてバルカン半島に停滞したことで、セルビア、ボスニア・ヘルツェゴビナ、クロアチアに大規模な被害が発生。被災者は１２０万人にも及び、この地域ではここ１２０年で最悪の洪水被害となった。

ます。

中でも、英国の3分の2の面積を持つパインアイランド氷河の融解が、いま注目を集めています。専門家たちが言うには、すでにポイント・オブ・ノーリターンを超えたと考えられる。ポイント・オブ・ノーリターンというのは、もともとは航空用語で、帰還不能地点という意味です。つまり、この氷が溶けるのに、もはや温暖化は必要ない、ここから先は、もう自動的に崩壊していくと。棚氷が海の上に突き出ているために、そういうことが起きるのです。

パインアイランド氷河は西南極大陸の全氷床損失の25パーセントを占め、現在は年間200億トン崩壊しています。次の20年間は年間1000億トンずつ崩壊して、3・5~10ミリメートルの海面水位上昇に寄与すると言われています。[※40] ついに、温暖化地獄突入年が近づいているのです。

温暖化地獄突入年の算出

2013年10月にハワイ大学のカミロ・モラ[※41]たちがクライメート・ディパーチャー、つまり、温暖化地獄突入年（新気候突入年）を計算して発表しました。そこを境に劇的に温暖化した気候に変わっていくという臨界的な年のことです。彼らは、将来の最も寒い年の年平均気温が、過去150年の最も暑かった年の年平均気温を超える時を、その観測地点が新しい気候システムに移る年だと定義しました。年平均気温は自然変動で上下しますが、ある臨界的な年を越えると、地球温暖化のために、より温暖な気候に変わるわけです。

モラたちは、全世界の都市について、39のモデルを使って2つのシナリオでシミュレーションを行い、新気候突入年を示しました（図4）。それによると、このままわれわれが真剣に対策をとらなかった場合は、なんと2020年に、インドネシアのマノクワリから温暖化地獄に突入し、2020年代に26都市が

※40 なお、2010年の世界平均海面水位の上昇速度は年間3.2ミリメートルと考えられている（IPCC第5次評価報告書より）。

※41 カミロ・モラ Camilo Mora 1975年～。米国の地理学者。ハワイ大学教授。

突入する。熱帯から始まり、だんだんと中緯度、そして高緯度へと移っていき、東京や横浜は２０４１年と予想されています。誤差はプラスマイナス8年です。つまり、彼らの計算によると、熱帯から順に新気候突入年を迎えて、２０４７年には、ほとんどの都市が温暖化地獄に入ってしまうのです。

マノクワリは、海に面した大変美しい町です。月平均気温が年中ほとんど同じという非常に安定した気候ですが、こういうところが真っ先に地球温暖化の影響を受けて、過去１５０年の歴史的な変動幅を超え始めるのです。熱帯は温暖化に積極的に対応することが困難な貧しい国が多く、しかも生物多様性の宝庫です。そこから温暖化地獄に突入していくのはモラルの問題だと彼らは言いました。

ところが２０１４年7月、このハワイ大学の研究成果に猛然と噛みついた研究者たちがいました。英国のリーディング大学のエド・ホーキンス[※42]のグループです。彼らは、気候シミュレーションの結果を過剰に信頼してはいけないと言い、モラたちの新気候突入年の計算を、「独立で不規則なさまざまな自然変動を十分考慮していない」と批判しました。また、「いつわれわれが地獄へ突入するかについては、すでに多くの先行研究がある」と。それから「新気候突入年が熱帯から始まるということは、もうＩＰＣＣの第５次評価報告書に書いてある」と。確かに、これはホーキンスたちの研究成果でもあったのですが、熱帯近辺から地獄が始ま

Manokwari/Indonesia	2020	Accra/Ghana	2027
Kingston/Jamaica	2023	Conakry/Guinea	2027
Ngerulmud/Palau	2023	Victoria/Seychelles	2027
Honiara/Solomon Islands	2024	Singapore/Singapore	2028
Palikir/Micronesia	2024	La Paz/Bolivia	2028
Malabo/Equatorial Guinea	2024	Apia/Samoa	2028
Libreville/Gabon	2024	Porto-Novo/Benin	2029
Yaoundé/Cameroon	2025	Georgetown/Guyana	2029
Port-au-Prince/Haiti	2025	Jakarta/Indonesia	2029
Monrovia/Liberia	2025	Kuala Lumpur/Malaysia	2029
Male/Maldives	2025	Lagos/Nigeria	2029
Abidjan/Côte d'Ivoire	2026	Bahamas/Nassau	2029
Santo Domingo/Dominican Republic	2026	Guyana/Georgetown	2029

Camilo Mora et al.

図4　The Timing of Climate Departure

※42　エド・ホーキンス
Ed Hawkins
１966年〜。英国の科学者。

るというのは、すでに指摘されていました。この両者は今も論争中です。

想定被害額とメタンハイドレート

われわれにとって救いなのは、「温暖化による被害は莫大だが、軽減のためのコストはわずかである」と言われていることです。

地球温暖化の想定被害額については、複数のグループが研究しています。フランスと英国の研究者が『ネイチャー　クライメート・チェンジ』に掲載した論文によると、世界の沿岸都市の水害による被害額は100兆円に達する可能性がある。このまま温暖化が進めば、日本では名古屋が630億円くらいの水害に遭う。そして、別の研究によると、環境破壊の損失は、世界で年間715兆円にも達する。われわれが温暖化を絶望して放置すると、このような事態を招くわけです。

さらに非常に懸念されるのは、温暖化で永久凍土や海水に含まれているメタンハイドレート[※43]が不安定化して、メタンガスが空気中に出てくることです。従来の気候のシミュレーションでは、これを反映していません。

その影響については、専門家によって意見が分かれています。IPCCの第5次評価報告書では、従来の主張どおり、今後検討すべき課題には入れていますが、非常に深刻だとは言っていない。ところが、ケンブリッジ大学のピーター・ワダムズ[※44]は、2013年に『ネイチャー』に論文を書いて、東シベリア海のメタン放出だけで地球温暖化による経済的損失は6000兆円に達すると言っている。これは世界のGDPに匹敵する額です。ワダムズ教授は私と同世代。子どもや孫のことが非常に心配になる年齢です。

以上のように、北極圏におけるメタンの影響についての科学者の見解は、まっぷたつに分かれていますが、私が非常に恐れているのは、北極圏の暗化です。人工衛星観測の報告によると、1979年から20

※43　メタンハイドレート
低温高圧の条件下で、水分子が立体の網状構造をつくり、内部の隙間にメタン分子を閉じ込めた氷状の結晶になったもの。海底斜面内の水深500～1000メートルの、地下数十から数百メートルに多く存在していると言われている。

※44　ピーター・ワダムズ
Peter Wadhams
1948年～。米国の海洋物理学者。ケンブリッジ大学教授。北極海氷研究の第一人者。

※45　ケイト・ラワース
Kate Raworth
英国の経済学者。オックスフォード大学環境変動研究所の上級研究員。元Ｏｘｆａｍの上級研究員。

※46　ジェンダー
ここでは社会的・文化的に要求される役割の違いなどの社会的性差のこと。

１１年までに、北極圏は8パーセント暗くなった。つまり北極海氷や永久凍土が溶けて、白い氷がなくなって暗くなり、太陽光線を余分に吸収しているのです。このために余分に吸収される太陽エネルギーは、大気中の全ての二酸化炭素が吸収するエネルギーの4分の1に匹敵すると指摘されています。黒くなっていく北極圏が地球の温暖化を加速するということが、今、起きているわけです。この予想通りに進めば大変なことになるので、ワダムズたちは、もう気候工学に訴えて、北極圏だけでも急激に冷やさなければいけないと、2年前から主張しているわけです。

どうやって問題を解決するか

国際協力団体Ｏｘｆａｍのケイト・ラワース[※45]は、２０１２年に論文を書いて、２つの境界条件があると主張しました。１つは、スウェーデンのロックストロームたちが提唱した「惑星境界条件」（Ｐ３８１）。気候変動や淡水利用、Ｎ・Ｐ（窒素リン）循環、海洋酸性化、化学汚染、オゾン層欠乏などの条件です。これらの地球的な境界条件の内側に人間活動を抑えなければいけない。さらに、われわれが安定な社会を維持するためには、それだけでは不十分で、もう1つの条件を満たす必要がある。それは、1人当たりの所得やジェンダー[※46]の平等、社会的平等、食料、教育といった「社会的境界条件」です。その最低限の条件を満たさなければ、社会が不安定化する。この地球的境界と社会的境界の内側は、人類が活動できる、まさに安全で公正な空間であるということで、彼女は

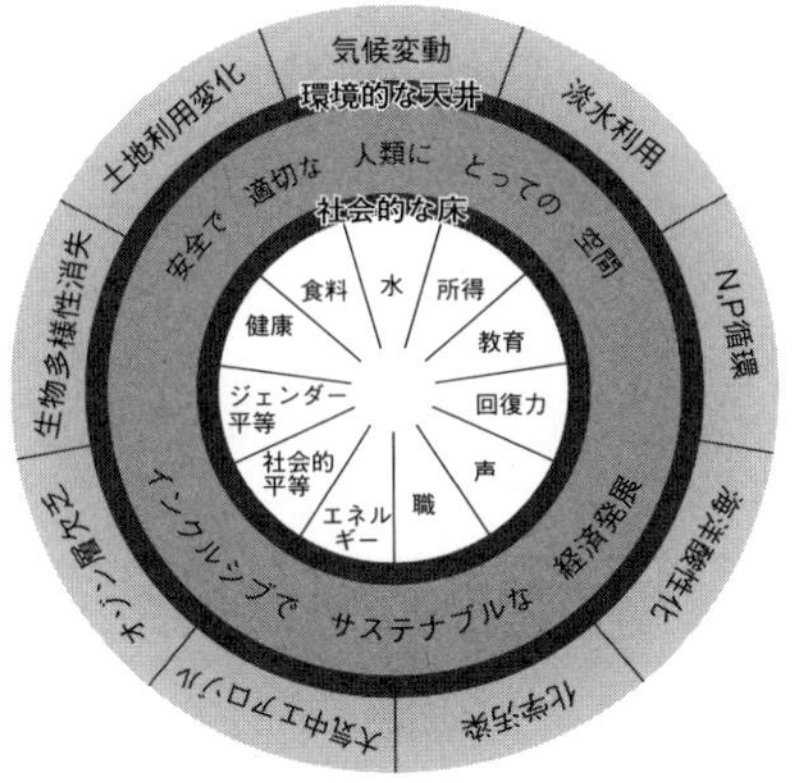

「私たちはドーナツの中で暮らせるか？」ケイト・ラワース
出典：Kate Raworth, Oxfam Discussion Papers

図5　2つの境界条件の提案

「ドーナツエコノミー」を提唱したわけです（図5）。

このドーナツ経済の最大の問題は、社会的な境界条件を満たすために電気を使ったり食料を生産したりエネルギー消費を増やしたりする必要があるなら、地球的境界条件が大きく損なわれてしまうという点です。しかし、ケイト・ラワースたちは、社会的境界条件を緩和するために必要な資源エネルギーは、外側の地球的境界条件を大きく歪めるものにはならないと言っています。例えば、栄養不足を解決するためには、世界の食料供給の1パーセントがあれば良い。また、現在電気にアクセスできない世界人口の19パーセントの人々に電気を供給しても、二酸化炭素の排出量は1パーセントしか増えない。さらに、世界人口の21パーセントの人々の所得改善には、世界の所得の0・2パーセントがあれば良いと言いました。これは非常に、われわれに希望を持たせる結論です。

曼荼羅で表現できる環境論

ここで突然ながら、私が環境問題の解決に役立つと考えている「環境胎蔵曼荼羅」をご紹介します。真理をビジュアルで示した密教の胎蔵曼陀羅をモデルに提唱したものです。もっと詳しい図もつくりましたが、環境胎蔵曼荼羅の中央部分である中台八葉院だけを表した図（図6）があります。真ん中にあるのは、われわれが今後、絶対に命がけで守らなければならない「幸運な宇宙と奇跡の惑星、地球」です。地球生命圏と人類文明を永続させるには、まず管理経営責任（惑星スチュワードシップ）を深く自覚し

図6　環境胎蔵曼荼羅における中台八葉院　四仏と四菩薩

て、環境マネジメントシステムで修行を積んで、人間と自然、人間と人間、現在の世代と将来の世代の共生の倫理で菩提[※47]を得て、社会的責任経営を実践して涅槃[※48]の境地に達する。これが即身成仏[※49]だと。そのためには、それをサポートするグループが必要です。気候変動パネルや資源パネル、生物多様性パネルです。国連には倫理パネルがないので、2012年のリオ＋20に提案したのですが、残念ながら却下されてしまいました。

われわれが今後やらなくてはいけないのは、密教の四仏[※50]が示す先ほどのような人間の心の発展過程を、環境曼荼羅の通りにたどることだと思うのです。

エシカル購入を普及させる

最後にエシカルの話をします。私は、ドーナツエコノミーで問題を解決したいという立場です。ですから、まずは地球的境界条件の内側に人類の活動を戻さないといけない。資源エネルギーの消費量を人類全体で減少させるには、食料も水も土地も、その消費をサステナブルな水準まで下げることが求められています。

この「倫理的消費」ができるかどうかに、人類文明と地球生命圏がかかっている。そこで、中原先生（第8講）と編集して『エシカル購入』[※51]という本を出版したわけです。

2010年のクリスマス、前橋市の児童相談所の玄関前に10個のランドセルが置かれ、漫画の主人公の「伊達直人」の署名が残されていた。これがきっかけとなり、日本全国で、いわゆるタイガーマスク運動が起きました。そして、3・11以降、かなり私たちは社会的な弱者にシンパシーを感じていて、「エシカル」が今、一つの大きなキーワードになりつつあります。エシカルというのは、グリーンでありソーシャルであるということです。

※47　菩提
ぼだい。原義はサンスクリット語で、「完全なる英知・悟り」。

※48　涅槃
ねはん。煩悩の火を消して、知慧の完成した悟りの境地。仏教が理想とする。

※49　即身成仏
人間が現世の生身の肉身のままで究極の悟りを開き、仏になること。

※50　四仏
「環境胎蔵曼荼羅」は、密教の胎蔵曼荼羅をモデルに構成されている。その中の中台八葉院の四仏は、私たちが心の内に本来そなわる仏性に目覚め、1．菩薩心を発して（宝幢如来）、2．修行をして（開敷華王如来）、3．菩提に至り（阿弥陀如来）、4．涅槃の境地に向かう（天鼓雷音如来）という心の発達過程を示しているといわれる。

※51
『未来を拓く エシカル購入』（環境新聞社、2012）

エコプロダクツやエシカルプロダクツというのは、今は省エネ製品だけではありません。森林認証やフェアトレードの製品、エシカルファッションやエシカルジュエリーなど、さまざまな社会的配慮や環境配慮をした製品が、かなりあります。こういうものを普及させて、倫理的消費を推進したいと私たちは考えているわけです。人類文明が地球の限界に激突して、気候戦争や資源戦争が起きている状況の中で、倫理的消費の拡大が、この問題解決の一つの方法だと考えるからです。

英国のチャールズ皇太子は、いろいろな環境問題に関してリーダーシップを取っているだけでなく、自分で農場を経営し、「ダッチーオリジナル」[※52]というブランドを立ち上げて有機農産物を販売しています。英国では、『エシカル・コンシューマー』[※53]という雑誌も創刊されています。ブレア首相は、「エシカルアプローチが大事」と発言し、ロンドンオリンピックでエシカル面に注力しました。それから、フェアトレード運動が世界的に盛り上がってきました。日本ではまだ熊本市のみですが、フォアトレードタウン（第10講参照）は全世界に千数百あります。さまざまな森林認証や漁業認証が普及しつつあります。

オリンピックを機に日本をエシカルに

日本には、私が15～16年前から関与している「グリーン購入」や「グリーン契約」の仕組みがあります。グリーン購入、つまり環境に配慮した製品やサービスを普及させる消費（第8講参照）については、世界に冠たる実績があります。しかし不思議なことに、日本の消費には、社会配慮が非常に欠けているのです。

そこで、２０２０年に東京オリンピックが開催されることを念頭に置いて、２０１４年5月30日に、「日本エシカル推進協議会」を発足させました。私が代表で、国際グリーン購入ネットワーク会長の中原先生（第8講）と、フェアトレードタウン・ジャパン代表理事（当時）の渡辺先生（第10講）が副代表

※52　ダッチーオリジナル
DUCHY ORIGINALS
環境保護団体「ナショナル・トラスト」の総裁も務める英国チャールズ皇太子が１９９０年に立ち上げた自然食品ブランド。オーガニック農園で育てた小麦やオーツのビスケットなどを扱っている。

※53　『エシカル・コンシューマー』
ethical consumers
英国マンチェスター大学の学生たちが１９８９年に創刊した雑誌。企業の倫理度を審査してランキングを発表し、エシカルな消費者を育ててきた。

です。

この協議会では、まずエシカルオリンピックを実現したいと思います。エシカル購入ガイドラインの策定、エシカルチェック実施、エシカルファッション賞の設置などを進める計画です（図7）。

前回のロンドンオリンピック・パラリンピックでは、当然、サステナブル調達[※54]が実施されていました。推定値で、フェアトレードのバナナが1000万本、フェアトレード認証コーヒーは1400万杯が提供されたようです。一方、日本のフェアトレードはというと、欧米ほど進んでいません。

今、日本オリンピック委員会は、「おもてなし」という言葉をキーワードに、サステナブルオリンピックを目指して動き始めています。もう、これからの時代は、オリンピック開催に限らず、巨大なイベントについては必ずサステナビリティに配慮するのが原則になると思います。イベントが終わった後に遺る物理的、精神的な遺産をレガシーと呼んでいますが、2020年の東京オリンピックについても、「サステナビリティ」と「レガシー」を考えなければいけないでしょう。

そこで日本エシカル推進協議会は、「おもてなし」と「三方よし[※55]」のエシカル五輪を提言することにしました。「経済よし、社会よし、環境よし」を基本コンセプトとした「エシカル五輪開催の要望書[※56]」を、2014年8月12日に、東京オリンピック・パラリンピック競技大会組織委員会会長の森喜朗元首相に提出しました。舛添要一東京都知事と、日本オリンピック委員会会長の竹田恆和さんにも提出したところです。エシカル五輪を実現すると同時に、東京都をエシカルタウンにすることを提言しています。

エシカルタウンを目指すのは、自然な流れです。日本には、エコタウンや環境未来都市は、かなり前からあります。最近は、フェアトレードタウンや福祉

日本エシカル推進協議会
Japan Ethical Initiative
2014年5月30日設立

設立目的 (1) エシカルオリンピックの実現
(2) エシカル購入ガイドラインの策定
(3) エシカルチェックの実施
(4) エシカルファッション賞、振興策
(5) エシカル度の評価法の研究　等

図7

※54　サステナブル調達
第8講を参照。

※55　三方よし
第9講※43を参照。

※56
インターネットで「エシカル五輪」と検索すると、雑誌『オルタナ』のニュース記事（www.alterna.co.jp/13491）で要望書の全文が読める。

都市に取り組む地方自治体も出てきました。ですから、すでにあるグリーンな都市づくりとソーシャルな都市づくりを統合して、エシカルタウンとするわけです。東京都が真っ先に２０２０年にエシカルタウンになり、それを今回の東京オリンピックのレガシーの一つにするという発想です。

東京全体をバリアフリーな、ユニバーサルデザインの町にして、選手の着るユニフォームはエシカルファッションにしたい。さらに私は、エシカル五輪の要望書の中に、東京都で回収した廃棄物から金銀銅を取り出し、そのリサイクルした金属でメダルをつくるべきだと書き込みました。さまざまなエシカルな手段で、海外の参加者をもてなすわけです。

もちろん経済成長はあればあったほうがいいとは思いますが、われわれは今、新たな社会ビジョンを考えるべき時に来ています。私はやはり、環境配慮と社会配慮の両方をかなえるエシカルタウン、そしてエシカルアイランドこそが、日本のビジョンではないかと思っています。

Q エシカル五輪の提言には、オリンピック施設や選手村の断熱や気密性や使用時のエネルギー消費のことなど、建物における環境配慮も含まれているのか？　HEMSやBEMS※57の機械の寿命は10年ぐらいだが建物は50－60年残るので、機械がなくても環境に影響を与えないものを建築して、東京オリンピックのレガシーにすることが大事だと思う。

※57　HEMSは住宅向け、BEMSはビル向けのエネルギー・マネジメント・システム（EMS）のこと。エネルギー使用量を「見える化」すると同時に、再生可能エネルギーや蓄電池などを効率良く制御して、建物全体の省エネを図る。

A 包括的に環境配慮と社会配慮をやるのがエシカル五輪なので、当然それは入っている。ご意見については全く賛成。ユニバーサルデザインをやりながら、国産材を使う、ゼロエネルギービルディングにする、可能な限りCO_2の排出量を減らすなど、難題をいっぺんに解決する技術的なチャレンジがあると思う。前の東京オリンピックのように、いろいろなものをレガシーとして遺すべき。環境配慮ビルディングを評価する日本のグレーディングシステム、例えばCASBEE※58を前面に押し出して評価するなど、当然それは考えなくてはいけないことだ。

※58　第3講※11を参照。

Q ますますティッピングポイントに近付いている現状を受けて、各国の政治家、特に排出量の多い米国や中国の政治家たちは、どのように考えているのか？

A 2020年以降の新しい枠組みについて議論をする2015年に向けて、今、米国と中国が急速に動いている。米国はシェールガスがあるから、オバマ大統領が石炭火力発電所の新設を止めようとしている。中国も、排出量は世界2位だが、習近平主席がカリフォルニア州と共同でグリーンテクノロジー研究開発を始めるなど積極的。

風力と太陽光発電の導入量でも、米国と中国は世界1位と2位。大量にCO_2を出す一方で、再生可能エネルギーの導入にも全力で取り組んでいる。さらに中国は、胡錦濤主席の時に「エコ文明を建設する」と共産党が決議した。貴州省の貴陽（グイヤン）で、エコ文明に関する国際会議を毎年のように開催し、ある意味、世界のリーダーシップを取っている。排出権取引もやっているし、炭素税も始めている。

残念ながら日本は、3・11以降、頭の中が真っ白。10年前は文句なく世界1位の環境立国だったが、すでに先頭ではない。私は総理の責任が重いと思う。たいていの国際会議では、国のトップが出てきて30分なり1時間の演説をぶつ。例えば2014年3月に台湾で開催した国際エコプロダクツ展示会では馬総統が大演説をして、「環境問題の解決は重要。エコイノベーションとエコビジネスだ」と言った。日本も、やはりトップがやらないと動かないのでは。これは企業でも同じだろう。

Q 持続可能な経済モデル「ドーナツ経済」のイメージがわかない。もう温暖化の問題は時間がほとんどないが、ドーナツ経済に書いてあるのは理念。時間軸に沿って具体的に何をしたらいいのか？　また、エシカル購入は、そこにどの程度絡んでくるのか？

A オックスフォード大学のケイト・ラワースは、当時Oxfamにいて、リオ+20の国際会議の直前にあの論文を出した。国連ミレニアム開発目標が終わり、2015年に新しく持続可能開発目標（SDD=Sustainable Development Goal）を決めるのに先立って、「地球的な境界条件をあまり悪くせずに、まず社会の中のいろんな不公正や不平等の問題は解決できる」と強調したわけだ。

リオ＋20は、環境問題の解決と社会問題の解決、貧困問題の解決を一緒にやらなければいけないという結論を出した。ドーナツ経済では、まず開発途上国の貧困の問題や社会的な不公正の問題の解決をやろうと。それは、それほど多くの資源エネルギーやお金がなくてもできるということだ。

次に、今度は地球的境界条件の問題を解決しなければいけない。その解決の仕方は、もう戦争と思ってやらなくては駄目だという意識が強くなってきている。もう科学者は絶望状態で、おかしなことを言い出している。ＩＰＣＣの第５次評価報告書では、解決を先送りして２０５０年より先はnegative emission（マイナスのCO_2排出）にするとか、空気中のCO_2を除くとか。今はどうにも削減できないが将来ものすごく削減すれば２℃に間に合うという、自然界を騙すようなことまで書いてある。

私は、まず省エネ・節エネするしかないと思う。日本の政治家も正しいことを言っている。まずエネルギー使用量を削減するしかない。とにかくコンビニや自動販売機など、ありとあらゆる切れるものを徹底的に切り、どうしても必要な電源やエネルギーは再生可能エネルギーでまかなって、それでも駄目なら原発再稼働しかないと。その順番で考えるしかない。

ＮＨＫが毎日、地球温暖化による惨状を報道しないから、国民は地獄に入っていると知らず、広島で早朝に２時間で１カ月分の雨が降り、山が崩れてくるとは思わない。足利で１時間に１００ミリの雨が降っても、もう当たり前。２０１３年のスーパー台風は風速１００メートルになり、さすがの気象庁も特別警報を出すようになった。それにしても、気候科学者が極めて保守的なのは不満だ。彼らは地獄に入ったと言わない。コミュニケーションがなっていない。

Ｑコミュニケーションがなっていないということが、一つの大きな問題だと思う。環境配慮をやってきた人たちと社会配慮をやってきた人たちが、今までしっかり仕事をしてきていないのではないか？

Ａその点は20年ぐらい環境配慮ばかりやってきた私も反省している。２年前に、フェアトレードが日本で思ったほど伸びていない、全く問題外のレベルだと知らされて愕然とした。日本人は、タイガーマスク運動や応援消費を見ても素質はある。２０１３年にはハート購入法[※59]も施行された。しかし、口に出して議論するのを非常にためらってきたために、人権や社会への配慮が今まで弱かった。だから、今後は環境並みに強くして両者を統合しよう、そしてエシカルタウンをつくろうと言っている。

※59　ハート購入法　第10講（Ｐ３３５）参照。

Ｑエシカル購入として認証製品の調達を推進するのはいいが、認証を取る側にはコストが問題。例えば、ＭＳＣ取得のために英国本部に払うのは２００〜３００万円。大手スーパーならいいが、消費に結び付くか分からない認証を、一漁協が３００万円かけて取るだろうか。認証を取ったら銀行や証券会社からお金を低利融資してもらえるなど、特典とセットでないと進まないと思うが？

Ａご指摘の通り、普及させるまでのハードルは高く、あらゆる知恵が必要。２０１４年９月１日に開催する日本エシカル推進協議会の第２回総会には、いろいろな第三者認証のエシカルラベルの団体に集まってもらい、普及のための戦略を考えていただく。低利融資も当然入ってくる。そして、エシカルラベルアライアンスをつくってもらう予定だ。

Ｑ温暖化地獄の話を聞いていると、エシカル五輪やエシカル購入と聞いても、焼け石に水と思える。地球はもう破滅に向かっているのだから、何をしてもしょうがないという気もするが?

A それは心に思うのはいいが、口には出さないほうがいい。特に偉い人は、絶対に言っちゃいけない。希望はゼロではないわけだから、それに向かって邁進するしかない。バラク・オバマ大統領にしても安倍総理にしても、「大丈夫かな?」と思っているはず。１日９５００万トンもCO_2が出ているわけだから。われわれが欲望を抑えて、どれだけエネルギー消費を減らせるかにかかっている。

ある学生が研究で、某私鉄の各駅で自動販売機を数えたら、最多の駅で12か14もあった。これ、私は異常だと思う。飲料メーカーの自由に任せているから、こうなる。消費者の立場に立てば、１つか２つあれば十分だ。あまりにも経済的な自由を放任しているために、愚かなことが起きて、無駄な電力を食ってCO_2をモクモク出している。

無くてもいいものを無くせば、エネルギー消費は、ものすごく下げられると思う。自由主義市場経済を金科玉条と考えている輩は、経済が縮小すると言い出すが、地球のライフサポートシステムが崩壊するところに来て、自由主義市場経済もないだろうと、今はそういう段階だ。

Q 環境省が２０１３年度から協働取組事業を始めた。協働は、「個人」が関わり「組織」が協力し「市民性」を構築していく、この３つの能力を同時に向上する戦略だが、例えばエシカル五輪のテーマにある環境配慮と社会配慮の同時解決に、この協働というものを掛け算的に入れてはどうか?

A 大変結構な話だ。環境省が２０１３年度にグッドライフアワードを発足させ、私が審査委員長を務めている。日本全国から１４０件くらいの応募があり、30件ほど表彰したが、皆さん協働で、環境にも社会にもいい、良い暮らしの運動を展開されていた。里山資本主義とも言われるが、地方にはそういう芽が結構あると思う。

Q 哲学的に倫理的に考えて買うエシカル購入は大事だが、もっと強制的にできないか。例えば、地球で何十億年もかけてできた化石燃料がジャブジャブ使える値段でいいのか。環境負荷による社会的な費用は今、かなり税金で賄っているので、それを製品コストに思い切り乗せてはどうか。環境負荷の定量化やコスト換算は非常に難しいと思うが、トータルコストプライスになれば、シュミット・ブレーク（第９講※48を参照）が言うように、所有ではなく、レンタルなどのサービスを共有するような方向に行きやすいのでは。遠くの産直品が翌日に送料無料で届くような歪んだサービスもなくなるはず。そのあたり、声を大にして言うことはできないものか?

A おっしゃる通りだが、世界全体が一つの市場になってしまっているから、一つの国だけでやるわけにはいかない。全ての国が同時に共通炭素税を導入すればいいが、開発途上国が困ってしまう。

途上国がCO_2をモウモウと出すのを、しばらく認めよう、一方で先進国は思いきって削減するしかない、というやり方も、われわれの倫理や道徳や気持ちが一致すれば、できなくはない。内なる心でいくのか、あるいは外からの税金や罰則でいくのか。どちらでやりますか?　という話。エシカル購入は心を攻めるものであって、心を変えようと言っているわけだが、さぁ、どうなることか。

Q 環境曼荼羅を公表されてから時間が経ったが、評判はどうか。今日の心の話や、グローバルの話、倫理の話などに何か一つのキーワードをうまく共有して突破することが必要だと思う。考え方としてドーナツ経済の話も出たが、環境曼荼羅を、もし他の宗教とも共有できるような方向に持っていければ、日本のオリジナリティも考え方も示すことができる。しかも、それが国際的なオリンピックなどで日の目を見れば、波及効果も期待できるのでは?

A 大変いいアイディアをありがとうございます。２０１４年10月25日に高野山大学でシンポジウムを開催する。私は、仏教と神道、キリスト教は、同じ枠組みでいけると思っている。イスラムや他の宗教も、説得すれば可能だろう。密教の大日如来に相当するのが「幸運な宇宙、奇跡の惑星地球」という点は、皆、納得してくれるのではないか。「惑星スチュワードシップ」の必要性は宗教・宗派を超えて受容されていると思う。

私は、社会は動くと思う。やはり、心が動くと思う。広島の土砂災害の犠牲者も40人を超えたが[※60]、こんな災害が頻繁に起きているのだから。ハイエン並みの強烈な台風が東京湾に上陸したら、どんな人間でも、いかに愚かな人間でも、そこで気が付くだろう。風速90メートルで、津波のような7メートルの高潮が湾岸を襲うのだから。２０２０年のオリンピックのために、お台場近辺に選手村をつくって売り出すなんて馬鹿なことを言う人がいて、私は、おやめなさいと言った。もう湾岸や海岸は、開発しないほうがいい。

※60　最終的な犠牲者数は74人。

社会課題と向き合い、協働するための教育を

第13講　「国連・持続可能な開発のための教育（ESD）の10年」の振り返りとポスト2015における教育の役割

佐藤真久（東京都市大学環境学部 教授）

佐藤真久（さとう・まさひさ）/1972年東京都生まれ。東京都市大学環境学部教授。筑波大学大学院環境科学研究科（修士）、2002年に英国サルフォード大学でPh.D.取得。地球環境戦略研究機関（IGES）、ユネスコ・アジア文化センター（ACCU）を経て、現職。ユネスコが主導する「国連・持続可能な開発のための教育（ESD）の10年」の立ち上げに携わり、関連プログラムの開発、運営、研究などを経験。アジア太平洋地域での国際的な環境・教育協力などにかかわる。日本政府ESD円卓会議の委員、国連大学客員教授、JICA環境社会配慮助言委員会委員、日本環境教育学会理事などを兼務。2013年度から始まった環境省協働取組関連事業では事業委員会委員長を務める。

拡大していった環境教育のテーマ

国連が2005年に定めた「国連・持続可能な開発のための教育の10年」[※1]が、2014年で終わります。そこで今回は、この国連ESDの10年を振り返り、ポスト2015における教育の役割を考えたいと思います。

まず、国連ESDの10年の基礎づくりに貢献をしてきた環境教育がどのように進展してきたか、その歴史から見ていきましょう（図1）。

1960年代に、各地で環境問題が深刻化し、主に公害をテーマに、「環境教育（EE）」という取り組みが始まりました。

1970年代に入ると、ストックホルム会議[※2]が開催され、自然保護に関する教育も非常に活発になりました。当時は、水や大気の汚染問題が目の前にあったため、教育の内容も、科学的・技術的な側面の強いものでした。つまり、地域の環境課題を解決するために、モニタリングの方法を勉強するなど、環境科学の視点に基づいた教育活動を行っていたわけです。

1990年代になると、EEという言葉がEPD（Environment, Population, Developmentの略）という言葉に使い直されます。1992年の国連環境開発会議（リオ会議）では、「環境、人口、開発」が重要課題となったためです。その背景には、1987年に出たブルントラント報告書[※3]があります。「持続可能な開発」という考え方が、環境教育にも大きな影響をもたらしたわけです。

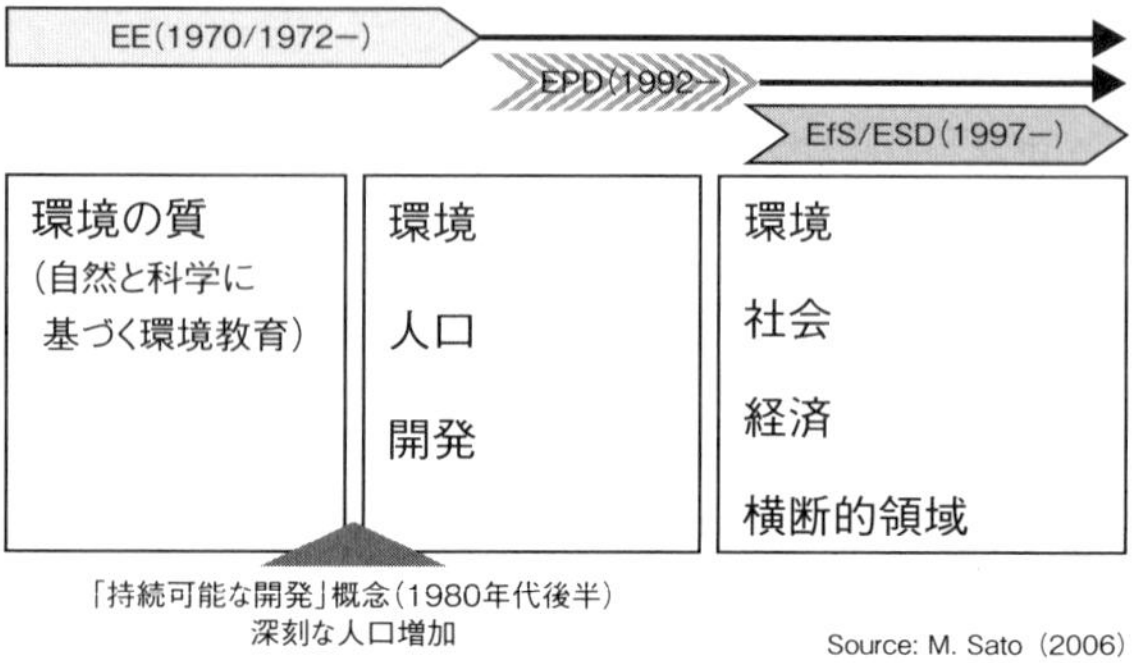

Source: M. Sato (2006)

図1　環境教育の歴史的進展～テーマの拡大

※1　国連・持続可能な開発のための教育の10年（本文では「国連ESDの10年」と略記）
持続可能な開発（発展と同義）のための教育（ESD）とは、持続可能な社会づくりの担い手を育む教育のこと。「国連・持続可能な開発のための教育の10年」は、日本が2002年のヨハネスブルグ・サミットで国連に提唱した取り組み。第57回国連総会で、途上国も含む47カ国が共同提案国となり、満場一致で採択された。2005～2014年の総括は、『国連持続可能な開発のための教育の10年（2005～2014年）ジャパンレポート』に詳しい。全文をウェブで公開している。
http://www.cas.go.jp/jp/seisaku/kokuren/pdf/report_h261009.pdf
2014年11月には、2015年以降のESDをより強力に推進するため、名古屋と岡山で、「ESDに関するユネスコ世界会議」を日本政府とユネスコが共催した。後継プログラムとして、ユネスコ総会で採択された「ESDに関するグローバル・アクション・プログラム」が決まっている。

※2　ストックホルム会議
第5講※1を参照。

※3　ブルントラント報告書
第5講※4を参照。

※4　世代間の公正
第9講を参照。

※5　トリプルボトムライン
P412を参照。

※6　HIV
ヒト免疫不全ウイルス。性行為のほか、出産時の母子感染などを通じて、後天性免疫不全症候群(Acquired Immune Deficiency Syndrome: AIDS)を引き起こす原因となる。

この頃、世界人口は60億人近くに達し、環境と開発の問題に加えて、人口の問題も教育で扱わなくてはいけない時代になりました。環境と開発のバランスを考えつつ、現代世代もハッピーになりながら、次の世代を考える。この「世代間の公正」[※4]も含めた概念が、「持続可能な開発」なのです。

１９９０年代後半になると、欧州を中心に、ＥｆＳ（持続可能性のための教育、Education for Sustainabilityの略）や、ＥＳＤ（持続可能な開発のための教育、Education for Sustainable Developmentの略）という言葉が出てきました。ここでは、経済社会の中で言われていたトリプルボトムライン[※5]の「環境、社会、経済」がテーマとなりました。また、このとき新たに「横断的領域」というテーマも加わりました。例えば気候変動の問題。これは決して環境だけの問題ではありません。環境問題でありながら、経済の問題であり社会の問題でもあるわけです。同じように、移民や都市化やＨＩＶ[※6]の問題も、横断的です。

例えば、都市の問題であれば、急激な都市化に伴う人口移動や、それに伴う社会的格差など、その問題の領域は多岐にわたります。また、保健衛生として語られるＨＩＶの問題も、その背景には、貧困や地域間格差、非識字といった横断的な問題があるわけです。

こうして、環境教育は、自然と科学に基づくＥＥから、92年のリオ会議以降のＥＰＤ、そして、97年以降の環境、社会、経済のバランスを重視するＥｆＳやＥＳＤへと進展してきました。つまり、自然と科学の視点から始まり、人口、そして開発、社会、経済、横断的領域へと、取り扱うテーマが拡大してきたわけです。

環境破壊は「構造的暴力」の結果

トリプルボトムラインの議論が出てきて、横断的に環境を捉えるようになった１９９０年代には、倫理観に大きな変化が生じました。

従来は、人間が環境を破壊しているからこそ、われわれは環境をしっかりと管理し、科学と技術の力をもって改善していこうという発想が強かったのですが、やがて、加藤先生（第9講）のご講演にもあった「環境倫理」の概念の普及とともに、「構造的暴力」という言葉が登場します。まさに、「人と人との関係性」が環境を破壊してきたという発想です。

例えば、日本の消費者が安いバナナばかりを買うと、その行為が、フィリピンの農村地域のバナナ農園にバナナを安くつくらせる仕組みを生みます。そして、農薬の大量使用を招き、結果的に環境破壊をもたらすのです。

つまり、環境破壊というのは、人によって行われるというよりは、人と人との関係性によってもたらされるのです。例えば、先進国と途上国、都市と農村、あるいは、大人と子ども、男性と女性など、さまざまな関係性があり、その一方に、「自分が良ければいいや。自分の国が良ければいいや。自分の都市が良ければいいや」という発想があると、結果的に、付随するさまざまな人に対して大きな構造的な圧力がかかります。そして、この圧力が、環境破壊を招くわけです。環境倫理の言葉で言えば「環境正義」「環境の人種差別」「エコ・フェミニズム」[※7]「ソーシャル・エコロジー」[※8]です。

マレイ・ブクチン[※9]は、1990年に「ヒエラルキーが続く限り、エリート制度によって人間が支配される限り、自然支配の企図は存在し続け、必然的にエコロジー的絶滅を導くであろう」と言っています。つまり、誰かが、あるいは、どこかの国が、都市が、もしかしたら男性が、「自分だけ良ければいいや」という発想を1人でも持っていれば、この構造的な社会がつくられ、結果的に環境が破壊されていってしまう。そういう発想が90年代に出てきたわけです。

この概念の変化は、92年のリオ会議の議論の中にも、見ることができます。ここでは、アジェンダ21[※10]、

※7　エコ・フェミニズム
エコロジカルフェミニズム。1974年、フランス人フェミニストのフランソワーズ・デュボンヌによって提唱された概念。自然環境の破壊や保全と、女性に対する社会的な抑圧・不平等とその克服を深く関連付けて考える思想や運動・活動のこと。

※8　ソーシャル・エコロジー
自然環境の破壊を、人間社会における不平等や支配・被支配の関係の延長上にある「自然の支配」ととらえ、自然環境の保全のためには、人間同士の関係性を改善する社会変革が必要だと主張する考え。

※9　マレイ・ブクチン
Murray Bookchin
1921～2006年。米国の思想家。人間社会におけるヒエラルキー構造が、環境破壊を激化することを指摘。人間による人間の支配が、自然破壊をもたらすという「ソーシャル・エコロジー」を提唱した。

※10　アジェンダ21
1992年のリオ・地球サミットで発表された「環境と開発に関するリオデジャネイロ宣言（リオ宣言）」を実行するために、各国および関係国際機関が実行すべきとして合意された行動計画。

森林原則声明[※11]、生物多様性条約[※12]など、さまざまな政策枠組みが出たわけですが、その一方で、ガバナンスの大きな変化がありました。透明性、参加性、対話性ということが、言われるようになったのです。

従来は、例えば72年のストックホルム会議でも、政府の代表団の人たちが物事を決めていました。つまり、外交として環境を取り扱うので、国の利益に基づいて物事が話し合われていたのです。しかし、92年のリオ会議からは、セヴァン・スズキ[※13]に代表されるＮＧＯやユース（若者）、そして、多くの企業が関わるようになりました。

さまざまな協働的なガバナンスを進める際に、従来の政策主導や国単位での利害関係を優先する時代から、多くの人々が関わり、その中で、参加を尊重しながら対話を進めていく時代になったのです。ひとことで言えば、「人間の社会的関係性の重視」です。

それに伴い、環境教育の分野でも、科学・技術的な視点に基づく教育から、90年代以降、人と人との関係性を重視した中で環境を守っていこうという発想が出てきました。これが、環境教育において、「参加と対話」がよく言われるようになった背景です。人と人との関係性なしには、やはり、環境破壊を防ぐことはできません。そういう発想に基づいて、人と人との関係性に配慮した教育的な営みが重視されるようになってきました。

多様化していく環境教育のアプローチ

環境教育のテーマが拡大していく一方で、アプローチも多様化していきました（図2）。大きく分けて3つあります。

1つは、従来の「機械論的アプローチ」です。教師や専門家、研究者などが、さまざまな技能や知識や認識をお団子状にして、学習者に提供するイメージです。これを「知の伝達」と呼びます。教師や専門

※11　森林原則声明
世界中の森林問題を各国が協力して国際的に解決していくことを目標にした、世界で初めての世界的合意の宣言。１９９２年のリオ・地球サミットで合意された。

※12　生物多様性条約
「生物多様性の保全」「生物多様性の構成要素の持続可能な利用」「遺伝資源の利用から生ずる利益の公正かつ衡平な配分」を目的として締結された国際条約。リオ・地球サミットで署名が開始された。

※13　セヴァン・スズキ
セヴァン・カリス＝スズキ。カナダの環境問題活動家。１９９２年のリオ・地球サミットの際、12歳で、子どもの環境団体の代表として各国の首脳の前に登壇し、堂々たるスピーチを行ったことで世界的な注目を浴びた。このスピーチは現在、日本の中学・高校の教科書の人気教材の一つとなっている。

家、研究者などが、体系的な知をつくりながら、その知を足りない学習者にあげるという意味で、学習者は「欠陥モデル」として取り扱われます。ここで「知」と言われるものは、科学的な視点に基づく体系知なので、受け手としても、とても分かりやすく捉えられてきました。

　これに対して、あとの2つのアプローチが、登場してきます。

　1つは、解釈論的アプローチ。これは、学習者そのものが、フィールドでの体験学習などを通して、自ら知を構築していくという考え方です。教育者たちは、従来のように知を伝達するのではなく、例えば子どもたちが、その中で知を構築するための「フィールド」をオーガナイズします。つまり、計画し、組織する。そして、子どもたちが感じたり思ったりしたことに対して、少しずつ言葉を添えながら意味付けをしていきます。従来のアプローチよりも、子どもたちの感受性や経験を重視した環境教育のアプローチです。伝達的な従来のアプローチと併せて、子どもたちをフィールドへ連れて行く環境教育は、近年、多くの企業のCSRとして実践がなされていると思います。

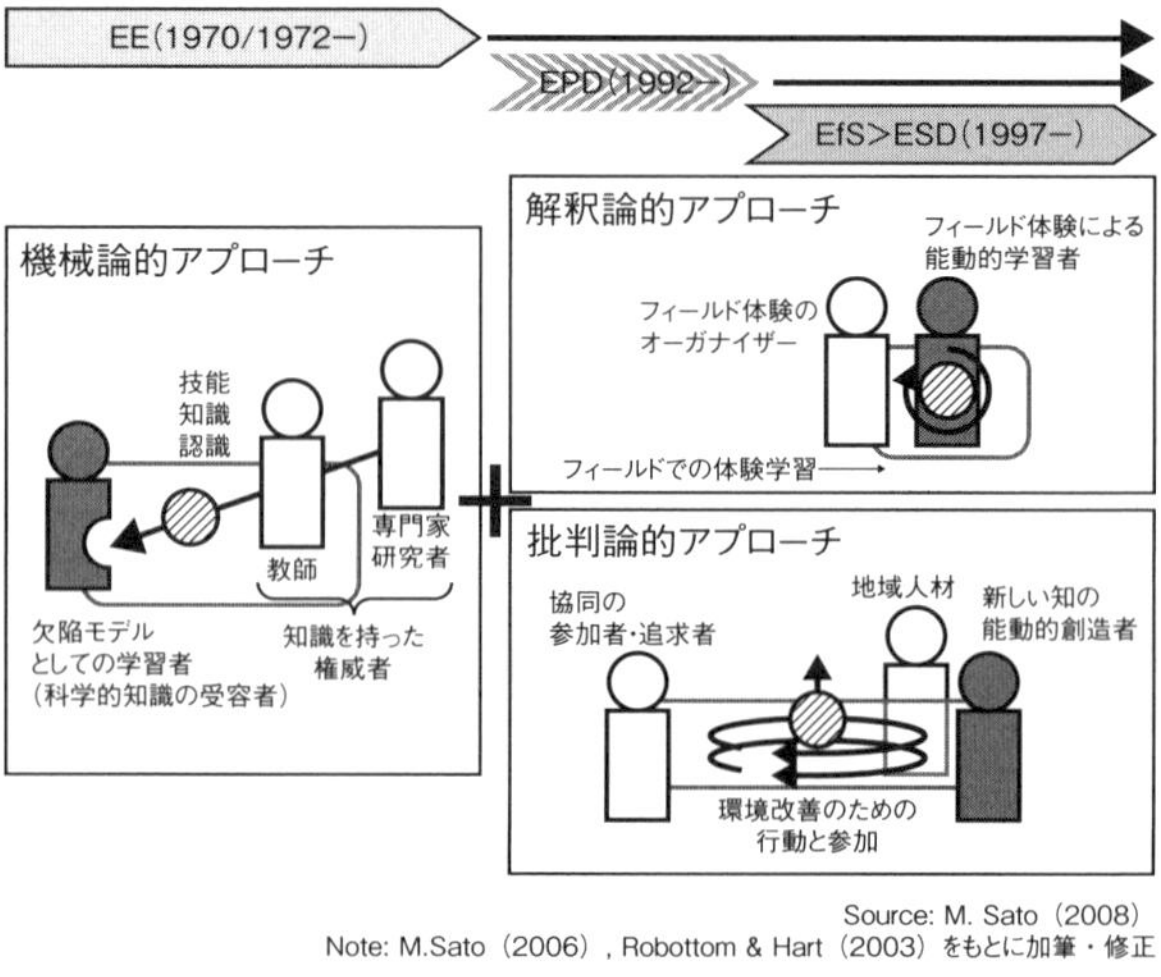

Source: M. Sato（2008）
Note: M.Sato（2006）, Robottom & Hart（2003）をもとに加筆・修正

図2　環境教育の歴史的進展～アプローチの多様化

　そして、もう1つが、批判論的アプローチです。先ほどの個人的な知の構築に対して、こちらは、集合

的な知の構築です。一つのフィールドの中で、学習者も先生も地域人材も、一緒に地域活動をしながら新しい知見を構築していきます。子どもであろうが、大人であろうが、地域の人であろうが、学校の先生であろうが、地域を良くしようと思っている人たちが、共に汗をかきながら同じフィールドで学び合う。そして、この環境改善のための行動と参加を通して、新しい持続可能性の知を構築していこうというアプローチです。従来の体系的な知に対して、これは地域のコンテクスト（文脈）を踏まえた上での、行動と参加に基づく知だと言えます。

以上のように、テーマの拡大とアプローチの多様化が見られるのが、今の環境教育の特徴です。知識や技能を伝達する従来の「環境についての教育」から、体験を重視する「環境の中での教育」へ、そして、参加と行動に基づく「環境のための教育」へという流れの中で、環境教育そのものが非常に多様化してきているのです。

行動に基づくアプローチと持続可能性

オーストラリアの論文では、環境教育の視点の変化を、アバウトからインへ、インからフォーへ、そしてサステナビリティへ、と表現しています（図3）。アバウト・イン・フォーを踏まえた上で、サステナビリティ（持続可能性）という言葉が、２０００

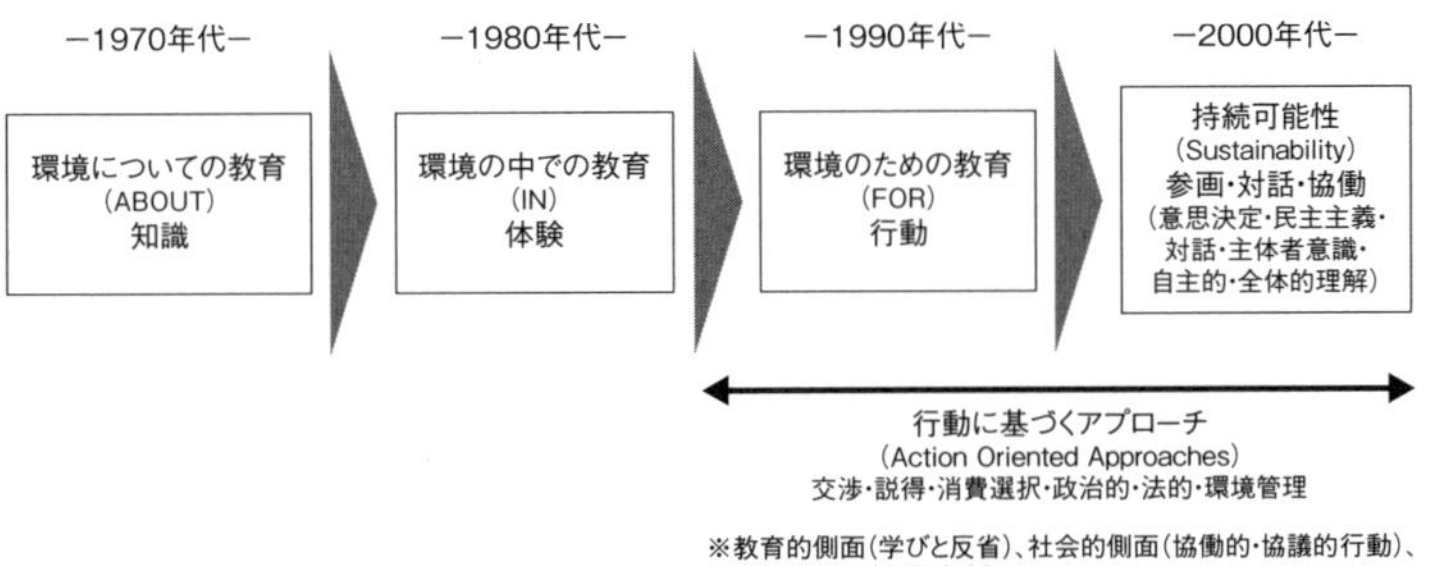

Tilbury, D., Coleman, V. and Garlick、D. 2005. *A National Review of Environmental Education and its Contribution to Sustainability in Australia: School Education*, Canberra: Australian Government Department of the Environment and Heritage and Australian Research Institute in Education for Sustainability (ARIES).

図３　環境教育の歴史的進展　知識伝達・体験から〝行動に基づくアプローチ〟へ

年代前後から出てくるわけです。それを具体的に言えば、参画と対話と協働です。参加というよりは「参画」です。より主体的に取り組む姿勢、つまりオーナーシップを持って関わり、対話をして、異なる主体の意見を尊重しながら、共に働くということです。

90年代から見られた行動に基づくアプローチが、国内外の環境教育の中に浸透していきました。そして、２０００年代からは、持続可能性のための参画や協働が始まったのです。ただ自分で学んで反省するという従来の教育の文脈を超えて、環境教育には、社会的・政治的な側面があります。人と人との関係性が重要であるからこそ、人と一緒に汗をかきながら、協働的、協議的な行動をする。そして、意思決定をする。こういう社会や政治にもリンクしていく教育論が、ニュージーランドやオーストラリア、欧州を中心に出てきました。教育が、個人の学びから、より人と人との関係性を大切にする持続可能性に向けた社会の学びへと、進展してきているわけです。

「強い持続可能性」とは

２００９年になると、「強い持続可能性」という言葉が登場しました。とりわけ、トリプルボトムラインの議論です。トリプルボトムラインというのは、例えば企業経営において、いわゆる経済的な側面だけではなく、社会的側面や環境的側面も評価していこうというものでした。

しかし、ニュージーランドでは、「本当に、そうなのか」と言われるようになったのです。そして、ニュージーランドは２００９年に「強い持続可能性」という国家戦略を出しました。そこでは、「環境、社会、経済」が、従来の三角形のバランスではなく、3重の内包的な円で描かれています。環境の中に社会があり、社会の中に経済があるという内包的な概念モデルです。環境資源や地域の自然があっての社会であり、社会があっての経済であるという発想が、ニュージーランドの一つの国家戦略として位置付けられたわけです。

これは、決して新しいものではありません。日本では宮本憲一[※14]や都留重人[※15]が、環境経済学の中で持続可能性を議論するときに、すでに同様なモデルを提唱していました。

自然豊かな環境の中で社会と経済が営まれているという意味で、日本にはニュージーランドに共通する視点があります。日本でも、環境を軸にした社会と経済というものの見方が、今後、重要になってくるのではないかと思います。

もう一つ、ニュージーランドは「強い持続可能性」の中で、「安定経済ダイヤグラム」を提唱しています。従来は製品を重視していたけれど、今度は、サプライチェーンのマネジメントも含む「生産と消費のバランス」を重視しています。そして、生態系の内側で、原料から廃棄までの循環型のシステムを創っていこうというものです。

ニュージーランドでは、豊かな自然そのものが、一つの観光資源になっています。『ラストサムライ』のように、映画産業とのタイアップ例もあります。自然そのものが国家資源であり、経済と社会を支えるものであると分かっているからこそ、環境の中での経済と社会のバランスをとるという内包的な概念モデルを、提示したわけです。

それから、私が面白いと思っているのは、この国家戦略の中に示された「概念の変化」です。従来の持続可能性は、影響の削減としての３Ｒ（reduce, reuse, recycle）や、トリプルボトムライン、フットプリント、緩和や適応[※16]といったテーマで環境を管理していく中で、どういうふうにバランスを保ちながらやっていくかというものでした。ニュージーランドは、これを、「脆弱な持続可能性」と位置付けています。

そして、この上の概念として、「強い持続可能性」の方向性を新しく提示したのです。その中の一つは、先ほどの「生態系中心主義」です。環境にベースを置きながら、その中で社会と経済を回していくと

※14　宮本憲一
１９３０年〜。経済学者。元滋賀大学学長、大阪市立大学名誉教授、滋賀大学名誉教授。

※15　都留重人
１９１２〜２００６年。経済学者。雑誌『公害研究』創刊。日本人として初めて、国際経済学連合の会長職も務めた。

※16　緩和や適応
ここでは地球温暖化（気候変動）に対する2方向の対策のこと。温暖化を抑制する「緩和」(mitigation)と、温暖化への「適応」(adaptation)を意味する。

いう発想です。

それに加えて、関係性、再構築、フィードバック、鼓舞、賞賛を掲げています。これは何かというと、環境を破壊しているのは人間と人間との関係性であるからこそ、われわれは人々の関係性を大切にし、人のさまざまな取り組みに対して、フィードバックのメカニズムを入れていくというものです。まさにこれは、環境マネジメントのＰＤＣＡサイクル[※17]に相当します。ＰＤＣＡは、組織マネジメントの一環ですが、体験学習の学びのサイクルとも類似しているわけです。経験した上で、それを次に活かすフィードバックのメカニズムを学習の中に位置付け、人と人との関係性をマネジメントしていく。そして、その中に、「強い持続可能性」の一つの活路を見出していくのです。

そして鼓舞と賞賛。いろいろな取り組みをやった人たちに対して「よく頑張ったね」「頑張っていこう」と、お互いの努力をリスペクトしながら賞賛していく。つまり、より人と人との関係性を重視した方法で、持続可能な社会を構築していこうという動きこそが、「強い持続可能性」というわけです。

環境と社会の問題を同時に扱うべき時代

私は、国内外での取り組みを経て、このグローバル化する社会の中で何が問題なのかを考えれば考えるほど、問題が大きく2つに分けられると思うようになりました。1つは環境問題。もう1つは貧困・社会的排除問題です。前者は、生態的な観点から見た人間と自然の間の問題。後者は、社会的な観点から見た、人権と人間同士の関係性の問題。いずれにも、地球的観点から地域的観点まで、幅広い問題が含まれます。

社会的排除というのは、「自分だけ良ければいいや」という発想です。先進国と途上国、都市と農村、男性と女性、大人と子ども、マジョリティとマイノリティ[※18]の間で、「自分だけ良ければ」という発想が排

※17　ＰＤＣＡサイクル
第7講※22を参照。

※18　マジョリティとマイノリティ
マジョリティは「社会的多数派」であり、マイノリティは「社会的少数者」のこと。しばしば、それぞれ「社会的強者」と「社会的弱者」を含意する。

除を生み出してしまう。これが格差を増幅し、格差は環境問題をより深刻化させていく。

まさに、環境問題と貧困・社会的排除問題の2つが、グローバル時代における双子の基本問題であると私は思っています。「人と自然」そして、「人と人」の問題を、しっかりと同じ次元で考えていく必要があります。われわれのように環境に関わってきた人たちは、「人と自然」について環境技術やノウハウを蓄積してきたけれど、今後は「人と人」の問題にも注目していかなければいけません。山本先生（第12講）のご講演の質疑応答（Ｐ４０２下段）にもあった通り、この両方の問題への気配りにこそ、これからの時代において世界的な問題を解決する糸口があるのではないでしょうか。

このようなことを言うと、非常に難しいようですが、１９９2年以降の地球憲章[※19]や、その後に出てきた国連グローバル・コンパクト[※20]の中では、すでに環境問題と貧困・社会的排除問題が同列で扱われていたわけです。グローバル・コンパクトの中には、労働や雇用や貧困の問題がしっかりと位置付けられています。ところが、環境の目で見てしまうと、「あちらはわれわれの問題ではないから、環境だけやろう」という発想になってしまう。２つの問題を分けて考える傾向があったわけです。しかし実際には、環境問題が貧困・社会的排除問題を生みだし、貧困・社会的排除問題が環境問題を生みだしています。だからこそ、両方の同時的な解決が不可欠なのです。

人と人との関係性を大切にしながら、環境に対する配慮ある行動をしていこうという取り組みの一例は、エシカル購入（第12講を参照）です。今後は、こういう社会配慮と環境配慮を同軸で見つつ、両方を同時に達成するような取り組みが各方面で求められるようになるでしょう。

環境問題は、これまで、開発による「地域レベル」の自然破壊や、地球温暖化に代表されるような「地球レベル」の環境問題にタッチしてきました。さらに、社会的側面の強い「地域レベル」のゴミ問題やエネルギー問題も、環境問題として取り扱ってきました。ところが、社会的側面の強い「地球レベル」の南

※19　地球憲章（Earth Charter）持続可能な未来のための価値や原則を明らかにしたもの。リオ・サミット事務局長のモーリス・ストロングとミハエル・ゴルバチョフ元ロシア大統領が中心となり、世界各地の有識者の意見を集約して２０００年に決定した。

※20　国連グローバル・コンパクト（ＵＮＧＣ）各企業・団体が責任ある創造的なリーダーシップを発揮することによって、社会の良き一員として行動し、持続可能な成長を実現するための世界的な枠組みづくりに参加する自発的な取り組み。１９９9年のダボス会議で提唱され、２０００年に発足した。「人権」「労働」「環境」「腐敗防止」の４分野・10原則を軸に展開している。

北問題、貧困問題、開発と女性の問題、貿易と環境の問題などには、非常に疎かったわけです。その解決策の一つが、渡辺先生（第10講）や山本先生（第12講）のご講演にもあったフェアトレードやエシカル購入です。われわれの社会は、もう「産業公害」から「生活型公害」に移行しています。安いバナナを買う行為がフィリピンの農村地域を破壊してしまうように、「地域レベル」の「生活型公害」から、「グローバルな生活型公害」へと進んでいるのです。それを考えると、「地球レベル」の社会的側面の強い問題もしっかりと見ていかなければいけません。

環境に関する専門家が従来の環境問題だけをやっていても、実は、空回りするばかりです。人権やジェンダー、政治、開発、平和など、人と人との関係性に取り組んできた人々とともに、コミュニケーションを深めながら、一緒にやっていかなければいけない時代になってきました。

「強い持続可能性」に必要なのは結合的能力

そのためにも、われわれは能力を向上させていかなければいけません。従来なら教育といえば、個人能力が問われました。一人一人の気付きや知識、技能、態度、参加といったものを、学校教育など地域の中で開発しようとしてきたわけです。でも、もはや、それだけでは不十分です。

例えば、トヨタのプリウス[※21]は、なぜ成功したのでしょうか。その背景には、研究開発した企業の能力に加えて、消費者が買えるような値段設定など、いくつかの社会的な条件があります。環境教育の影響で多くの人がプリウスに関心を持つようになってきたのも一因ですし、補助金制度などの経済的な措置や、法のサポートによって、多くの市民が買いやすくなったのも一因でしょう。市民の間で「プリウスがいいよ」という話が広がるなど、情報の公開やネットワークを活かした拡散も一因だったはずです。それらが結合して、人々がプリウスを買う行為を後押ししたわけです。

※21　プリウス
トヨタ自動車が1997年に製造・発売を開始した、世界初の量産型ハイブリッド専用自動車のシリーズ（ブランド）。日本（1997年）、北米（2004年）、ヨーロッパ（2006年）の各地域で「カー・オブ・ザ・イヤー」を受賞するなど、市場から高い評価を得て、ハイブリッド車の普及に貢献した。

※22　ケイパビリティ
capability
経営学では、企業が持つ組織的な能力や、その企業に固有の組織的な強みのこと。英語の原義は、「能力」「才能」「素質」「手腕」など。

このようなライフスタイルの選択は、個人の能力だけでは到底機能するものではありません。社会的インフラ、政策的なオプション、市民能力、組織能力といったものの結合が必要なのです。

社会的インフラは、技術や経済や文化を指します。政策的なオプションというのは、法・規制、経済、情報など、「影響力の行使」に関わります。この情報には、例えば、エコラベルが含まれます。グリーンウォッシュ（第８講）やＬＣＡ（第３講）の話も、情報の一例です。つまり、さまざまなものの情報を「見える化」することが、個人のライフスタイルの選択を左右するのです。市民能力は、個人がネットワークを組んだり、合意形成の中に参画したりする能力を指します。また、組織能力は、環境マネジメントや技術能力など、組織単位で磨く能力を指します。

以上のように、従来の個人を中心とした能力開発から、よりさまざまな能力（ケイパビリティ[※22]）をリンクさせた「結合的能力」の開発が必要だと言われる時代になってきました。なぜなら、途上国で基礎教育によって識字能力を身につけた人たちがいても、地域に社会的な条件が整っていないと、彼らが活かされない場合が多く見られているからです。われわれはさまざまな能力をリンクさせた上で、「強い持続可能性」を構築していく必要があります。

ＥＳＤの2つの起源

ＥＳＤには、２つの流れがあると言われています。１つは、１９７０年代からの「持続可能な開発と教育」という議論の中で出てきたものです。特に国連人間環境会議（ストックホルム会議）から始まる一連の環境と開発に関する国際的議論。１９９２年のリオ会議や、その後の90年代後半のさまざまな国際会議の中で、「教育」が議論されてきました。実は、「教育（education）」という言葉は、国連文書の中で、「政府（government）」に次いで、２番目に多く出てくる言葉です。70年代以降には、どの国連文書の中でも、「教育」というものが、持続可能な開発と関連付けて主張されてきました。

ＥＳＤのもう1つの流れは、１９４８年の世界人権宣言[※23]に始まります。１９８９年の子どもの権利条約[※24]に基づく「質ある基礎教育（Quality Basic Education）」における公平性に配慮した教育の営み。つまり、質の高い教育へのアクセスの問題です。人権と人間同士の関係性を大切にするからこそ、貧困やジェンダーによる教育格差があってはならないという議論から出てきたものです。

このように、国連ＥＳＤの10年は、環境と開発に関連付けられていますが、同時に、「公平性と質の教育」という議論の流れもくんだものなのです。

国連ＥＳＤの10年を振り返って

国連ＥＳＤの10年の実施に当たって、２００５年に、国際実施計画が立てられました。

この国際実施計画には、非常に強いメッセージとして、「社会を変えていく」ということが書き込まれています。従来の知識と技能のインプット型の教育よりも、価値観や行動、ライフスタイルといった社会の中で主体的に取り組む教育が重視されました。また、環境、社会、経済を、教育全体に折り込むことも目標とされました。

具体的なＥＳＤの議論の中身を列記します。環境、社会、経済の３つの関連性を主張しつつ教育に取り込む。学校教育だけで終わらせず、生涯を通して学べるようにする。また、地域性が重要なので、地方を見直す。地方に根差し、文化的にも適切な教育をする。１つの枠組みを全体に普及させるよりも、地域性をリスペクトしつつ、ライフスタイルや価値観や行動を大切にしていく。ここでは、「地域のニーズを満たせば国際レベルでもその影響が及ぶことが多いことを認識しよう」という話がありました。これはどういうことかというと、中原先生（第８講）のご講演にもあったように、消費行動を含む、われわれの日常

※23　世界人権宣言
人権と自由を尊重し確保するために、「すべての人民とすべての国とが達成すべき共通の基準」を宣言したもの。１９４８年の国連総会で採択された。この採択日である12月10日が「国連世界人権デー」になった。

※24　子どもの権利条約
18歳未満の児童の基本的人権を国際的に保障するための条約。１９８９年の国連総会で採択された。日本は１９９４年に批准した。

※25　メンター制度
「メンター」は助言者の意味。上司や管理者とは別に、指導・相談役となる先輩の同僚が、新人や後輩をサポートする制度のこと。


の行動そのものが、もう国際的にも影響を及ぼすだけの力を持ってきているということです。

次に、ＥＳＤを学校以外のノンフォーマルな学習、例えば社会教育や、メンター制度[※25]といったようなものの中にも組み込んでいく。そして、「変化していく持続可能性という概念の本質に対応していく」。この意味は、持続可能性という概念そのものが進展していくからこそ、それに対応していく必要があるということです。従来の知の伝達アプローチなら、誰かが答えを持っていて、それを教えていればよかったのですが、持続可能性という非常に複雑な概念に対しては、既存の答えがありません。全ての関係者が、そこで一緒に学んでいくわけです。つまり、「教える・教わる」関係から、「ともに学び合う」関係になる。ともに学び、行動して、価値観を共有していく。そして、「いったい持続可能性というのは何なのだろうか」ということを、みんなで行動し、議論しながら学び続ける。そういうことが、今の時代には突きつけられているわけです。

それから、優先事項（プライオリティ）を考慮に入れて教育の内容を検討する。「コミュニティに基づいた意思決定、社会的寛容、環境的責任、変化に対応できる労働力、生活の質」などの課題に対応できる市民能力を育成する。従来なら、社会の変革者は個人や組織であり、個人や組織など個別の能力が重視されてきましたが、今のＥＳＤでは、そうではありません。例えば、企業の職員でありながら、地域の活動に関わっていく。そこでの活動を通して信頼できる情報を獲得し、それをみんなと共有して、ライフスタイルを選択していく。ここで求められるのは個々の能力以上に、市民能力なのです。日本では、この市民性の議論が非常に弱いと、よく言われます。これから「市民性」を高めていくためには、例えば、グリーン購入ネットワーク（ＧＰＮ、第８講を参照）や、社会人対象の勉強会などが役立つでしょう。環境セミナーの類は、企業のためになるだけではなく、専門家や研究者も、関わることによって多くの学びを得るわけです。そういう場で、ともに市民性の能力を向上させていく。こういうことも、今後の課題として重要でしょう。

さらに、ＥＳＤの国際実施計画には、「学際性、参加性、そして高次元の思考技能も身に付けていく」ということが書いてあります。高次元の思考技能というのは、例えば、枝廣先生（第11講）のご講演にあったシステム思考です。物事を従来のように因果関係で見るのではなく、因果ループで見ていって、その中でボトルネック（制約要因）や時間的影響を探っていくような考え方です。また、いろいろなシナリオを構築しながら、未来の予測を立て、バックキャスティング[※26]で現在なすべきことを考えていく。そういうような思考技能の重要性が高まっている。以上のようなことが、２００５年に言われていたわけです。

価値観を分けていく

国際実施計画の中で、環境、社会、経済の３つのバランスとともに重要とされたのが、「価値観」です。エシカル購入（第12講）や環境倫理（第９講）とも関連しますが、ＥＳＤの議論の中では、自分自身の価値観と、社会の価値観、そして国の価値観、世界の価値観をしっかり分けて考えていきましょうという、そんなメッセージが出されたわけです。

昔は国の押しつけの価値観があり、国の言う方向性に価値観を合わせざるを得ない時代もありました。しかし今の時代は、社会の価値観と自分の価値観を分けて考えることによって、社会がどういう価値観を持っていようとも、自分はこういう価値観を持ちたいとか、自らの価値観を敢えて明確化することによって、自分の居場所をしっかりと守っていこう、ということが言われているのです。

つまり、全ての価値観が同じという前提ではなく、価値観を合わせようという考え方でもなく、世界の価値観、社会の価値観も認識しつつ、自分自身がそれを踏まえてどういう価値観を持つかという、自分の内面に対する倫理性が求められるというわけです。

※26　バックキャスティング　将来予測や計画立案の際に、まず先に目標となる将来の状態を想定し、そこを起点に振り返って現在とのギャップを把握することで、これから何をすべきかを考えるという思考方法。スウェーデンの環境ＮＧＯ「ナチュラル・ステップ」の創始者・カール・ロベール氏が提唱し、現在までには、企業経営などに幅広く採用されている。これとは逆に、過去から現在の延長上の積み重ねを基盤に将来予測を行うのが「フォアキャスト（フォアキャスティング）」。

学びに終わらず行動へと導く教育

ＥＳＤの特徴として、個人の視点を超えて、社会の視点、組織・市民の視点などが出てきます。教育を通して、社会経済構造やライフスタイルを転換したり選択したりするという、今までにないアウトプットがあるわけです。これは、「出力志向性」とも呼ばれます。従来の教育と違って、インプットよりアウトプットが重要なのです。「能力として何を獲得し、それを社会の中でどう活用すべきか」というようなことが、今、多くの教育的な議論の中で論じられています。

また、従来の知の移転・伝達型のアプローチとの大きな違いは、ともに行動しながら、その中で知を獲得し、新しいものをつくっていく点にあります。「知の獲得」と「知の創造」です。さらに、そこには「知の連結」も関わってきます。教え合いや学び合いといった関係性が出てくるわけです。場を共有しながら新しい知をともにつくっていくことが重視されるのが、ＥＳＤの一つの特徴と言えるでしょう。

先進国と途上国が共に学び合う場に

２００９年になると、ドイツのボンでユネスコ[※27]主催の中間年会合が開催されました。この会合には、実に、世界１４７カ国から、47人の教育大臣や次官級の担当者を含む約９００人が参加しました。これを機に、あまり見向きもされなかったＥＳＤに対して、多くの関係者から関心が集まったのです。そういう状況の中で、ＥＳＤの議論が深まっていきました。

従来、途上国と先進国との議論は、先進国が貧しい途上国にお金を拠出し、教育的な支援と技術協力をしましょうといった、知や技術の移転型のアプローチが主流でした。しかしながら、このＥＳＤの議論を深めていく中で、その捉え方に変化が見られています。途上国も先進国も関係なしに多くの人が集まり、

※27　ユネスコ
国際連合教育科学文化機関。教育、科学、文化の発展と推進を目的とした国際連合（国連）の専門機関。

ともに学び合い、ともに行動する重要性が指摘されたのです。持続可能な社会をつくるのに、もはや先進国と途上国に差などあるわけがないのです。

先進国が経済の力で途上国を牛耳っている状況はいまだ変わっていませんが、このボン会合では、ともに学び合って新しい教育的な世界をつくっていこうという文化が形成された点で、大きな成果をもたらしています。

ボン宣言と「エンパワメント」

そして出されたのが、ボン宣言です。ただ教育機会を増やして識字率を向上させるのではなく、人々をより社会的に包摂し、「教育の質」を高めていくということが書かれました。教育の質と社会的包摂性を高めつつ、持続可能な開発の基盤をつくっていきましょうというボン宣言を見ると、教育の中でも、貧困の問題、社会的排除の問題、そして環境の問題が、だんだんと結びついてきたことが分かります。

そして、多くの指摘が、すでに「地球憲章」に出ているでしょう、とも書かれています。これは「国連グローバル・コンパクト」ともつながっているわけですが、もう一回、地球憲章を読み直すことによって、意味を掘り下げようというわけです。それから、「主体的能力形成」という言葉が出てきます。かつて企業や能力のある人たちが主体として社会を引っ張っていったリーダーシップの時代があったわけですが、そうではなくて、「エンパワメント」[※28]だと。つまり、社会を担う主体をつくっていこうということです。これまで、社会的弱者や貧困状態にある人たちは、この主体にさえもなれませんでした。それぐらい構造的な力によって、彼らが社会に従わざるを得なかった時代が長かったわけです。そういう状況の中で、主体性、主体形成という概念が出てきて、貧しい人たちが社会の問題を自分の問題として捉えていくために、エンパワメントという言葉が出てきたわけです。

※28　エンパワメント
第10講※6を参照。

さらに、ESDでは、環境、社会、経済、文化の相互依存性を、地域からグローバルまでのレベルの中で関連付けながら、過去と現在と未来という時間軸で見ていくと言っています。このように、環境・社会・経済の3つの視点に「文化」が加わりました。

ESDは民主的な国で普及する

2009年には、国連ESDの10年の中間報告が出ました。ESDの取り組みは、いろいろなものを関連付けてやっていこうとするので、簡単ではありません。そして、この関連付けで一番のキーになっているのは、ガバナンスの考え方です。つまり、地域をつなげ、人をつなげ、いろいろなものをつなげていこうというときに、伝統的なガバナンスそのものが、一つの鍵になってくるわけです。

専門家重視のガバナンスであれば、専門家だけが集まって物事を決めていきます。これをテクノクラシー（科学的技術的合理性）と呼びますが、要するに、論理的な能力を持った一部のエリートが、その人たちの中だけで知見を構築し、それを全体に波及させていこうという発想です。こういうガバナンスが、従来は主流でした。

しかし、ESDというのは、つなげていくことを常に考えています。これは、テクノクラシーではなく、デモクラシーの考え方が重要になります。民主的合意形成です。人格や互いの意見を尊重しながら、折り合いをつけて合意形成していこうという考え方です。

専門家重視の考え方だけではない、合意形成に基づくガバナンスもあるわけですが、その国そのものが、どのような物事の決め方をしているか、ということと、その国のESDの特徴には、関連が見られるというのです。実際、日本は、まだまだ国の審議会や委員会を見ても、専門家重視の議論がなされています。男女のジェンダーバランスや、地域の意見を反映する仕組みなどを見ても、まだまだ不十分です。そして確かに、ＥＳＤも、まだ日本の中では十分に普及されていないわけです。

まだ実践は限定的

しかし、この２００９年の報告には、日本に限らず、世界中でＥＳＤが一部の議論にとどまっていることが指摘されています。概念的で、実践の中に活かされていないということが、強く言われているわけです。そして、より実践的なアプローチを強化し広めていくためには、従来の学校以外の場や、多くの地域や企業の能力開発の中でも、ＥＳＤをやっていく必要があると、まとめています。

そういう状況の中で、２０１１年には「学習とプロセス」という報告書が出ます。ＥＳＤの一つのキーになるプロセスとして、ここで、「協働」が登場するのです。コーポレーション（協同）ではなく、コラボレーション（協働）です。それとダイアログ（対話）という言葉がセットで出てきます。一部の人たちがやるのではなく、全体的に協働を進めていこうと書いてあります。

そして、行動や参加に基づくような社会的学びをしっかりとやっていこうと言っています。政治的・社会的な側面とリンクしつつ、人と人とが関係する取り組みを推進するということです。

論文に見る世界と日本のＥＳＤの状況

ＥＳＤの世界的な動向を見るため、米国にあるＥＲＩＣ[※29]を使って、国際的な論文を分析しました。ＥＳＤという言葉そのものが新しいので、関連論文が出てくるのは、やはり２００５年ごろからです。傾向として、まだ環境教育（ＥＥ）の側面が強いことが分かりました。しかし、理想とするＥＳＤは、狭義の環境教育の文脈を超えています。グローバルな環境問題と貧困・社会的排除問題の解決を同時に達成しなければいけないのに、現状は、片方の環境の側面に特化した形になっています。

※29　ＥＲＩＣ
世界最大の教育文献データベースを有する米国教育省教育資源情報センター（ＥＲＩＣ）データベース。http://eric.ed.gov/

まだ環境の専門家と呼ばれている人たちが幅を利かせ、彼らのものの考え方が指針になっていますが、社会的・経済的・文化的側面の考え方無しに持続可能な開発はあり得ません。そういう意味では、経済的な側面から持続可能な開発を取り扱っている企業の方々は、一つの大きな役割を担っていると言えます。

ＥＳＤ関連文献を分析した結果、２００９年ぐらいから、質的な変化があることが分かってきました。ボンの会合以降、いろいろなレポートが出て、概念が広がりつつあるとともに、具体的な実践に視点がシフトしてきています。

日本の場合には、２０１１年からＥＳＤの取り組みに顕著な差が現れました。３・11のトリプル震災と呼ばれる津波、地震、福島の原発事故が、ライフスタイルや倫理観にも大きな影響をもたらしたからです。ＥＳＤの取り組みも２０１１年の半ばから非常に活発化してきています。

国連ＥＳＤの10年のプログラムは２０１４年で終わりますが、持続可能な社会の構築には、やはり、この10年を超えて取り組みを続けていかなければいけません。

現状は、ＥＳＤそのものが、ほとんど認知もされていませんし、学校・地域・企業の取り組みに、まだ十分な連関が見られない状況です。しかし、２０１１年以降は、参加と対話、そして行動を大切にするような、協働の取り組みも進められつつあります。学校教育や自分の地域だけでやっているよりも、企業が関わったほうが、視野が広がります。また、企業の持つ組織的なマネジメントといった多くのノウハウが、学校や地域のいろいろな取り組みに反映されていくという効果もあります。そういう意味で、２０１５年以降は、企業にとっても、他の関係主体にとっても、地域づくりにとっても、ますますＥＳＤが重要になってくるのではないでしょうか。

2015年は大きな区切り

2015年というのは、世界的にも非常に重要な意味合いを持っています。2005年から10年の枠組みだった国連ESDの10年が終わるというだけではなく、2000年から続いてきたミレニアム開発目標（MDGs）の国連アジェンダ[※30]もまた、2015年で終わるからです。

ミレニアム開発目標の中には、途上国の人権を重視したさまざまな国連のイニシアティブ[※31]がありました。防災関係では、兵庫行動枠組[※32]という防災の枠組みも、2015年で終わります。

大きな区切りを迎え、今、ポスト2015の開発アジェンダが議論されています。私も環境省の一つの重点領域のプロジェクトメンバーとして関わっています。国連レベルでは、今まで衛生の問題、教育の問題、水の問題など、いろいろな領域のオープンワーキンググループ（OWG）で議論が進んでいます。次の第69回の国連総会で、ポスト2015の開発アジェンダの策定に向けて話し合いが行われ、いよいよ終盤を迎えます。

2つのゴール――MDGsとSDGs

ここでキーワードになるのが、MDGsとSDGs[※33]です。MDGsは、ミレニアム開発目標の略称で、SDGsは、持続可能な開発目標の略称です。ポスト2015に向けて、ポストMDGsとSDGsの議論が同時に進んでいます。

MDGsは、「開発アジェンダ」の文脈で、人権を中心とした目標です。途上国を中心とした人権と人間同士の関係性に関する問題、例えば、貧困、ジェンダー、子どもや妊産婦の健康といった問題を扱います。途上国の人権問題に焦点を置き、貧困の削減や社会的公正、そして開発を課題としています。まさ

※30　アジェンダ
Agenda
ここでは「行動計画」のこと。

※31　イニシアティブ
initiative
構想や戦略、指針のこと。ここでは課題解決に向けた「枠組み」の意味。

※32　兵庫行動枠組
防災活動の2005年から10年間の国際的な基本指針。2005年の国連防災世界会議（神戸市で開催）で採択された。

※33　MDGsとSDGs
Millennium Development GoalsとSustainable Development Goals。第3講※3を参照。

に、「貧困・社会的排除問題」の解決がテーマなのです。人が第一（People come first）ですから、環境保全は第二の優先項目です。

一方のＳＤＧｓは、従来の開発アジェンダも踏まえつつ、「環境問題」の解決が主要なテーマになっています。「環境アジェンダ」の文脈で、地球資源制約（プラネタリー・バウンダリー）がキーワードになっています。枝廣先生（第11講）と山本先生（第12講）のご講演にも出てきた、あのバウンダリー（限界）です。どんな場合も、地球という制限要因の中で、われわれは考えていかなければならないのです。

ＳＤＧｓのもう一つのキーワードは、「自然生存権・人権」です。ＳＤＧｓでは、権利を人だけではなく生き物にまで広げています。ヒト以外の生き物の生きる権利（自然生存権）も尊重しつつ、地球資源制約の概念を掲げた目標がＳＤＧｓです。

環境の話をしない今のＭＤＧｓ

ところが、ＭＤＧｓの議論の中には、この地球資源制約の考え方がありません。私は、こちらの議論にも加わっていますが、多くの途上国支援に関わる人たちが議論する中で、環境の概念や、自然生存権に関する主張、地球資源制約という言葉は、ほとんど出てきません。

２０１５年を迎える今ごろになって、こういう状況だというのは、非常に深刻な事態だと思います。人権とか開発に関わる人たちがやっと地球資源というものを考え始めてはいるけれど、なかなか地球資源制約というところまでは思い付かない。つまり、人の関係性に関心がある人たちは、いつも貧困・社会的排除問題を主に取り扱い、その背景にある「地球は1個しかない」ということや、ともに生きる自然生存の権利の考え方などが、十分に理解されていないのが現状なのです。

ポスト２０１５における「教育」の役割

ポスト２０１５の開発アジェンダでは、まさに、このポストＭＤＧｓとＳＤＧｓの議論を統合していこうとしています。しかし、動きはあっても、なかなか議論がかみ合わない。平行線をたどっているような状況です。

そういう中で重要性を増していくのが、教育アジェンダです。人自身と、人と人との関係性が、環境問題・開発問題を生み出しているからこそ、人づくりにかかわる教育と学習が大きな役割を持つわけです。教育が、環境アジェンダと開発アジェンダを結ぶのです（図４）。

教育アジェンダは、学校の就学率を何パーセントにしようというだけの話ではありません。環境アジェンダにとっても、開発アジェンダにとっても、教育は欠かせない要素です。環境アジェンダ、開発アジェンダ、そして教育アジェンダを進めて最終的に目指すのは、「社会変容と自己変容の連関」です。これは、ＥＳＤの中で、よく言われる言葉です。社会変容のためには、環境問題と貧困・社会的排除問題の具体的で同時的な解決が求められますが（社会変容）、その一方で、われわれ自身も変わっていく必要があります（自己変容）。つまり、ライフスタイルの選択をしたり、世代間や世代内に対する公正な態度を身に付けたり、ともに行動したりする一人一人の自己変容が社会を変えるからです。

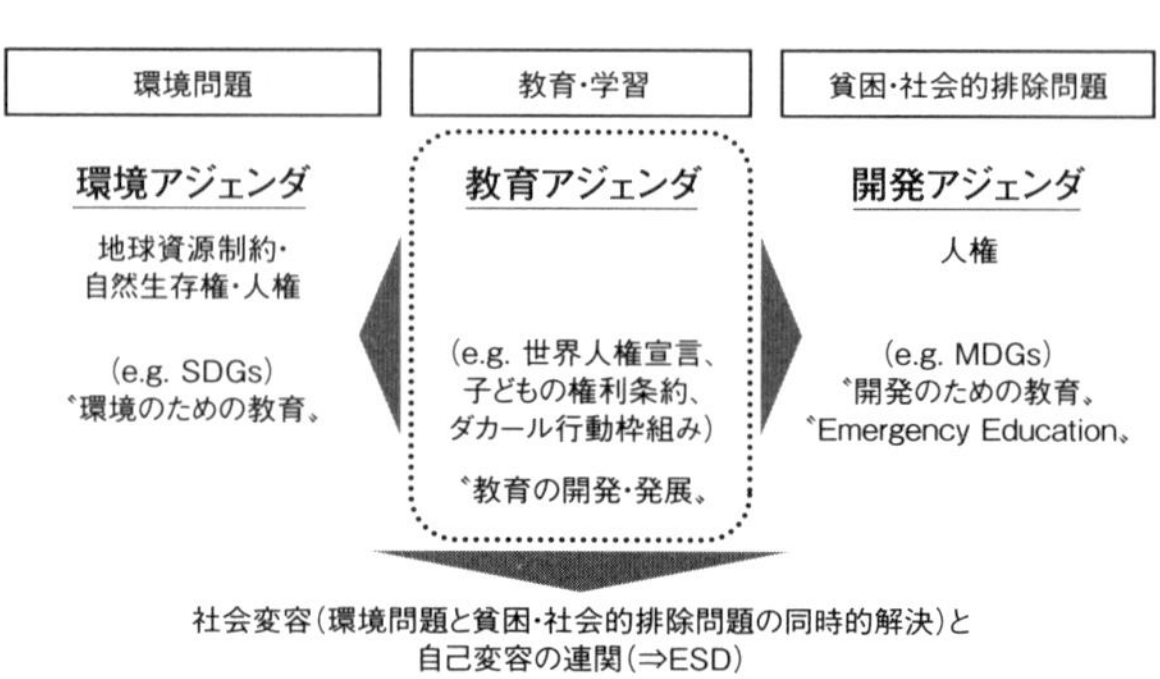

図４　ポスト2015アジェンダにおける教育の役割

環境、開発、教育の統合

環境問題や貧困・社会的排除問題に関わりつつ、教育の役割を果たしつつ、われわれ自身も発展していく。これらの要素を、従来は別々に議論してきました。環境や開発に関しては、国連を中心としたいろいろな議論があり、教育に関しては、世界人権宣言、子どもの権利条約、ダカール行動枠組み[※34]などの中で、それぞれやってきたわけです。これらを、今後はつなげていく必要があります。これは、一人では為し得ないものです。

とはいえ、なにも新しいことを言っているわけではありません。地球憲章には、１．生命共同体への敬意と配慮、２．生態系の保全、３．公正な社会と経済、４．民主主義、非暴力と平和、以上４つが掲げられています。環境のことも、社会的な配慮のことも、項目としては、すでに地球憲章で言い尽されているのです。

そして、人権、労働、環境、腐敗防止の４分野を掲げた「国連グローバル・コンパクト」でも、やはり貧困・社会的排除問題が同時的に言われています。こういうようなものを、環境の取り組みにつなげ、社会的にも学びを構築していきましょうという話です。

環境教育より広い「協働」という概念

２０１１年に「環境教育等促進法（改正法）[※35]」ができました。これが今までの環境教育の捉え方と違うのは、「協働取組」が重視されているという点です。環境に対する理解や意欲の高まりを生み出すのは、決して従来の環境教育だけではないと述べているわけです。環境を良くしていく活動を個人から地域、社会へと広げていくときに登場するのが、「協働」という概念です（図５）。

※34　ダカール行動枠組み
世界人権宣言と子どもの権利条約に基づいて２０００年に始まった「万人のための教育（ＥＦＡ）」の初回の会合（ダカールで開催）で決められた６つの目標のこと。ＥＦＡは、２０１５年までの国連ミレニアム開発目標（ＭＤＧｓ）の一環。

※35　環境教育等促進法（改正法）
２００３年に成立した環境教育推進法を２０１１年６月に全面改正し改称したもの。正式名称は「環境教育等による環境保全の取組の促進に関する法律」。環境行政への民間団体の参加と協働取組の推進などが新たに盛り込まれ、２０１２年１０月に施行された。

協働とは、「異なる強み・資源・機会を有する主体が、共有された目標を実現するために、責任と役割を共有・分担し、互いの強み、資源、機会を活かしてともに主体的に取り組み、相乗効果を得るためのプロセス」です。

よく言われる「協同」は、「同」という字の通り、同質性重視ですが、「協働」においては、異質性が前提の中で、共通するビジョンに対してどう、ともに行動をしていくかが大事です。つまり、違う人たちが手を組むことで、協同以上に相乗効果を上げていくのが、「協働」の概念なのです。

１９９０年ごろに協働という考え方が出てきた背景には、複雑化し高度化する社会があります。従来の政府主導の社会では、市民はフォロワーであるという発想が強かったのですが、協働では、企業と自治体と市民がお互いパートナーになり得ます。自分だけでは対応できないことが増えてきている現代だからこそ、異なる主体同士が手を組む「協働」に注目が集まっているわけです。

協働の原則としては、「横浜コード」[※36]がよく知られています。1．対等の原則、2．自主性尊重の原則、3．自立化の原則、4．相互理解の原則、5．目的共有の原則、6．公開の原則。この6つの視点を大切にしながら、ともにやっていきましょうということです。市民が協働するのは、行政でも企業でもいいわけです。従来のように必ずしもお金のやりとりが発生する「受託」である必要はありません。社会を良くしていこうという意味では、お互いに対等なパートナーだからです。

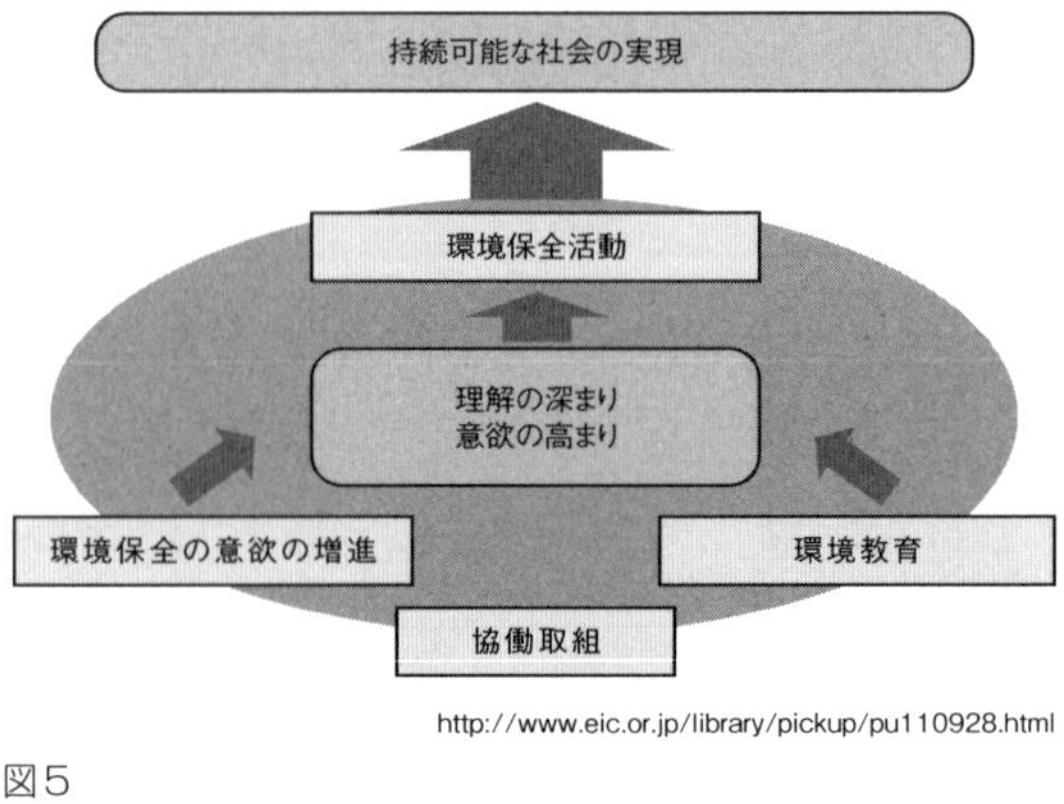

http://www.eic.or.jp/library/pickup/pu110928.html

図5

※36　横浜コード
横浜市が1999年に定めた「市民活動との協働に関する基本方針」の通称。

具体的な協働の形としては、共催、後援、事業協力、企画立案、実行委員会、情報提供・情報交換、委託・指定管理者制度、補助・助成などがあります。これらは事業協働と言います。今までも事業の中で手を組む事例はあったので、どれも新しい言葉ではありません。この講座も大学と企業の共催です。

最近は、戦略協働、政策協働というものも、出てきています。私が今、環境省の協働取組関連事業を通してやっているのが、「政策協働」の世界です。地域の政策課題に取り組むのは何も自治体に限らないのだから、異なる主体が手を結んで地域を良くしていこうという取り組みです。

同質性と異質性の協働

「協働」は、異質性に基づくものなので、当然ぶつかることも多いでしょう。しかし、共有できるビジョンを掲げることによって、お互いに強みや力を出し合っていくことが可能です。

先日、環境省の副大臣会合に呼ばれて話をしたときに、委員として東芝の実平さん（第６講）がいらっしゃいました。「企業に何を求めているのですか？」という質問をされたので、率直に２つお答えしました。一つは、地域の人たちを対象としたトレーニングの機会をいただきたいということです。インターンもフェローもそうですが、企業の中で地域の人たちを受け入れる仕組みがほしい。もう一つは、逆ですが、組織の持っている人事や経理や組織コミュニケーションなど、いろいろなマネジメントのノウハウを、地域づくりに役立ててほしいと言いました。

つまり、人々がその企業を学ぶ一方で、その組織の経験と強みを、地域づくりに役立てていくイメージです。すでにプロボノ[※37]や企業からのボランティア参加といった取り組みがありますが、企業の経験者たちが地域課題とつながり、積極的に地域の中で貢献していくような新たな協働に期待しています。

※37　プロボノ
Pro bono
専門家が、その専門的な知識やスキル、経験を活かして社会貢献するボランティア活動のこと。またはそれを行う専門家自身のこと。

タテの協働とヨコの協働

もう1点、重要なのは、タテの協働とヨコの協働をつなげていくことです。今はタテの協働が強固です。私は環境省の協働取組事業の委員長をやって2年目ですが、何度も、この壁にぶち当たるのです。例えば、ある地域で白鳥がやってくる田んぼを守ろうとしても、そこには細かな行政区分が絡んでくるわけです。ここは環境省、一級河川[※38]があるから国土交通省、森があるから林野庁というように、市境や縦割りの管轄によって対象地区が分断され、十分につながれない場合があるのです。もちろん、国の事業と自治体がつながり、タテの協働のおかげでうまくいくこともあるわけですが。従来の「タテの協働」と、生命地域性、地理性、生活的なつながりなど「ヨコの協働」をリンクさせて、協働を進めていくことが、今の一つの大きな課題です。

協働はお得

なお、協働は、実は「お得」なのです。協働取組は、個人能力を高めつつ、組織能力や市民能力も高める潜在性と可能性を持つからです（図6）。何といっても、異質性が高い集団の中でやっていくのは簡単ではないですから、当然、自分の知識も伸ばさなければならないし、組織のマネジメント能力、

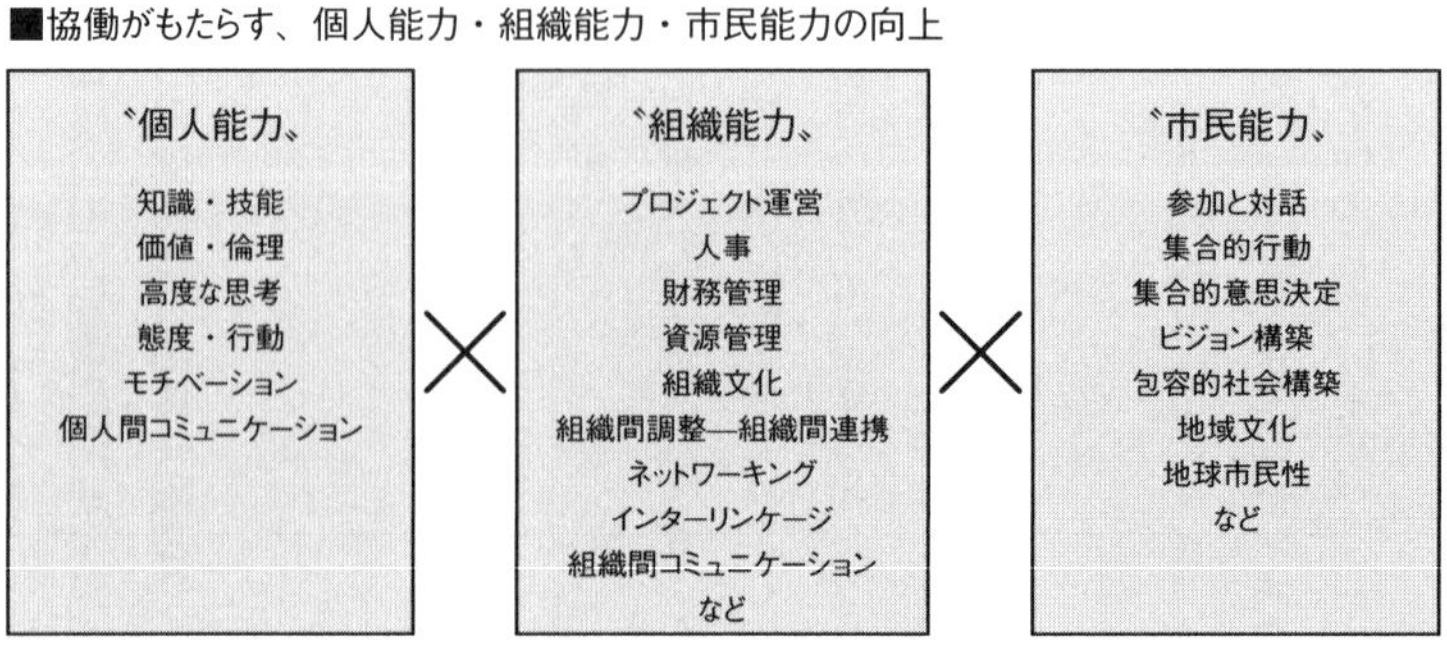

図6　連携・協働のあり方〜個人能力×組織能力×市民能力

※38　一級河川
国土保全上または国民経済上特に重要として河川法によって指定された一級水系に関わる河川。国土交通大臣が指定・管理する。二級河川は一級水系以外の水系で、公共の利害に重要な関係がある二級水系の河川。都道府県知事が指定・管理する。他に市町村長が指定管理する「準用河川」、いずれにも属さない「普通河川」がある。

情報共有のノウハウ、組織間連携、いろいろなものが磨かれるわけです。地域を活性化していくために協働した場合には、市民能力の向上も出てきます。

ここで、環境省の協働取組関連事業に見られる協働取組事例をご紹介します。

まず、知床半島ウトロ海域の協働によるケイマフリ保護の取り組みです。ケイマフリは目の上に青いアイシャドウをしたような非常にきれいな鳥ですが、絶滅危惧Ⅱ類[※39]です。この地域では多いため、地域では、絶滅しそうだという事実が知られていませんでした。そういう状況の中で、このシンボリックな生き物を守ろうという一つの公共的な目的をつくったのです。それによって、従来はぶつかることもあった研究者やアウトドア関係者、観光船、宿泊業、環境事業者、漁業者、行政が手を組み、協議会をつくり、一緒に鳥を守っていく活動を始めたのです。ここでは、複数の企業が敢えて情報を公開して、お互いにそのノウハウを活用してウィン・ウィンの関係になっていく場面も見られました。

次に、新潟の五頭《ごず》の自然学校。ラムサール条約登録湿地で越冬する白鳥を象徴とした取り組みです。鳥にとっては行政区分など関係ありませんが、その区分によって、農薬を使って米を大量生産する田んぼと、自然農法的にやっている田んぼが混じっていました。そこで、行政区分を超えて渡り鳥を守るべく、行政が連携。今も、農家と農協と自治体による地域ぐるみの協働が続いています。

香川県の「うどんまるごと循環コンソーシアム」[※40]も、とてもユニークです。うどんで有名な香川県では、実は、日々うどんが捨てられています。のどごしを優先した結果、伸びたら処分する仕組みができてしまったからです。この大量の食品残渣を発生させている状況の中で、生産サイドから小売業、廃棄物の処分場までが連携し、企業、自治体、NPO、そして教育が手を組みました。そして、廃棄うどんをバイオマスエネルギーにリサイクルする取り組みなどを続けています。

昨日、私は富山へ行き、イタイイタイ病[※41]の資料館のミーティングに参加してきました。実は今、いろい

※39　絶滅危惧Ⅱ類（VU）
絶滅が危惧される動植物種等の中で、「絶滅の危機に瀕している種（＝絶滅危惧Ⅰ類）」ほどではないが、「絶滅の危険が増大している種」のこと。

※40　うどんまるごと循環コンソーシアム
産学民官の協働プロジェクトとして2012年1月に設立。循環型社会づくりを目指し、廃棄処分されるうどんを「資源」として有効活用している。

※41　イタイイタイ病
日本初の公害病で、四大公害病（「イタイイタイ病」「水俣病」「第二水俣病」「四日市ぜんそく」）の一つ。1910年代から1970年代前半に富山県の神通川流域で発生した。岐阜県の三井金属鉱業神岡事業所（神岡鉱山）での製錬の際に発生する未処理廃水に含まれたカドミウムが原因。英語でも"itai-itai disease"で、オックスフォード英語辞典など、外国の多くの辞書に記載されている、世界的に有名な公害病。

ろな公害資料館の取り組みが斜陽になってきているのです。関わる人たちが高齢化した上に、国と闘うのに力を使ってきた結果、あまり次世代に向けたナレッジ（知恵）を公害資料館同士が連携して蓄積してきていないからです。そういう現実がある中で、次世代を育成すべく、公害をもたらした企業も壇上に出てきて交流をしています。従来なら加害企業が出てくるのはあり得ないことだと思いますが、今は、被害者、弁護士、地方自治体、研究者たちと一緒に、現在の知見を構築しつつ、次の世代に何を遺せるかを議論しています。将来世代というものを一つの共有ビジョンとして、まさに異質の、昔は敵対関係にあった人たちが協働する時代になったのです。

このようなさまざまな協働取組の事例が見られる中、本事業では、年に1回、「協働ギャザリング」という会合を開いています。本協働事業に関係する自治体や企業、ＮＧＯの方々が一緒に議論しながら、相互に評価し合う「合同評価」という取り組みです。多くの主体を入れて、全体で過去のそれぞれの協働を振り返り、今後の実践に活かすプロセスを尊重しています。

ＥＳＤが自己変容を求め、片方では社会変容（環境問題と貧困・社会的排除問題の同時的解決）を求める中で、以上のように、互いの力を出し合いながら公のビジョンに対して一緒に手を組んでいく協働が、今まさに、各地に芽生え始めています。

協働を通して見えてきたこと

いくつかの協働事例を通して、共有化されたビジョンのもとで協働していくと、個人能力だけでなく、組織能力や市民能力も向上していくことが、よく分かりました。ですから、地域課題を解決する手段としてだけではなく、多様な能力向上の手段として、協働をされるといいと思います。互いに資源を共有しながらやっていくと、相乗効果があります。

それから、コーディネート機関（中間支援組織）の重要性を再認識しました。地域の連携を進めていくときに、その「協働のプラットフォーム」を支えていく存在が必要なのです。その役割を果たすのは、ＮＰＯなどの組織の場合もあるし、公設の自治体の仕組みの場合もあると思いますが、いずれにしても、協働プラットフォームと、関係主体の橋渡し役の存在が、とても大切です。

なお、ポスト２０１５に向けて、今、「協働ガバナンス」[※42]という言葉が非常に重視されています。協働ガバナンスと環境問題、そして貧困・社会的排除問題。それらをつなげる意味でも、新しい取り組みとして協働をやっていくのが、２０１５年以降の時代の一つの方向性ではないかと思っています。

※42　協働ガバナンス
「それ以外の方法では達成できなかった公共の目的を遂行するために、公的機関、各種政府機関、および／またはパブリック、民間および市民の領域間の境界を越えて、建設的に人々を従事させる、公共政策にかかる意思決定と管理のプロセスと構造」（Emerson, Nabatchi & Balogh, 2012）
Emerson, K., Nabatchi, T., & Balogh, S. (2012). An Integrative Framework for Collaborative Governance. *Journal of Public Administration Research and Theory*, 22(1), 1-29.

Q 国連グローバル・コンパクトに教育の視点はあまり入っていないし、実状として、環境教育や社会教育を意識している企業は少ないのではないか?

A おっしゃるとおり。だが、環境教育等促進法にもある通り、いろいろな人たちを環境配慮型の行動に導く時に有効なのは、知や技術の供給だけではない。企業が多くの主体と学び合う協働取組もまた、社会的学習（Social Learning）の一環だ。対象も子どもに限らない。生涯にわたる社会的学習のプロセスとして、多くの主体と共に汗を流し、共通のビジョンに向けてアプローチをすることそのものが、一つの学びのプロセスである。

2015年以降は、協働ガバナンスという言葉と並行して、社会的学習（Social Learning）という言葉も世界的に取り扱われていくだろう。従来のように、知識や技能の伝達型の教育ではなく、ともに行動し汗をかきながら、社会の中での学びを構築していくやり方だ。

つまり、教育という言葉を使わなくても、「社会的学び」に位置付けられるような取り組みをすればいいのではないか。協働を通して、個人能力、組織能力、市民能力を一緒に向上させることができると思う。まだこのあたりの議論は不十分なので、ぜひ御社で進めてほしい。いわゆるCSRの一環というだけではなく、協働そのものが自社のスタッフにとってもプラスになるという視点で、能力開発の一環としても位置付けられるといいと思う。

Q 批判論的アプローチは、協働と同じような作業だと思うが、なぜ、「批判論的」という名前なのか?

A 日本では、criticalという言葉を非常にマイナスの意味で捉えがちだが、これは非常に英語的な言葉だ。自分の価値観を批判的に持つという意味で、よく使われる。critical theoryという言い方もあるが、誰かから与えられることに対して受け身でいるのではなく、自分で常に考えて新しいものに関わるといった意味だ。情報や知をもらえることを前提とせず、何が重要なのかを自分で考えながら、ともに行動しながら、知そのものを創っていく。そういう意味で、「批判論的アプローチ」という言葉を使っている。

なお、「解釈論的アプローチ」のinterpretivisticは、学問的によく言われる言葉で、関わった学習者が、経験を通して自分の中で意味付けをしていくということ。感受性を身につけるとか、体験重視という場合に使う。何か社会を変えようというのではなくて、自分がやっていることは一体どういうことなのかを自身で解釈し、意味付けるアプローチである。

また、「実証論的アプローチ」あるいは「機械論的アプローチ」と呼ばれるものもある。機械論というのは実証的で科学的なナレッジ。非常に体系的な知だ。こういう知識は形をつくりたがる傾向があり、専門家が教科書をつくって、それを教師という媒体を通しながら伝えていくという要素が強い。

これらのアプローチは、どれがいいとか悪いとかではない。図2の真ん中にプラスを描いたのは、状況に応じて、いろいろなアプローチが重視されるからだ。環境教育は、さまざまな物事を見るレンズを養うことにもなる。1個のレンズというのは非常に危険だ。多くのレンズを身につけるきっかけとしては、いろいろな知を学び、自分に足りないものを得る「体系的な知の移転」という従来の教育も、大事だと思う。

（司会の中原）

批判論的アプローチ（critical approach）について若干補足すると、クリティカル・シンキング（critical thinking）という考え方がある。例えば、多様な地域社会の中で開発などをする場合、パブリックコメントを求めたり、公聴会を開いたり、やはりきちっと批判的客観的に考えていかないとできない。そういうアプローチの仕方が重要だという意味。日本の社会システムの中にもパブコメや公聴会はあるわけで、実は身近に使われているアプローチだ。

Ｑ ＥＳＤに参加されている方は非常に熱心だが、あまり世間への広がりが感じられないのだが？

Ａ おっしゃるとおり、まだ属人的なところが否めない。理由の一つは、いまだにＥＳＤが、「環境のための教育（ＦＯＲ）」の段階（図３）にいるからではないか。その次の「持続可能性（Sustainability）」の参画・対話・協働といった段階、そして実質的な行動や協働を今後、深めていく必要がある。

組織が連携しても、ただつながっただけでは、実はしょうがない。ある目的に応じて、やはり覚悟が必要。自分が本当にそれをやる覚悟があるのか。つながっていることを目的化するのではなく、社会の改善に向けて、共有のビジョンを持ち、協働を手段にしていかなければならない。

そういう意味でも、これからのＥＳＤでは、地域性が非常に重要だろう。地域の中の課題に向き合いながらともにやっていく場合は、「真剣さ」がなければできない。ある意味、異質性の高い環境下での協働は、共有化されたビジョンの下でともに手を組む意味を持つ。そういう時代に来ているのではないか。

私は、ＥＳＤという言葉は無くなってもいいと思っている。ＥＳＤの中には、社会変容と個人変容の連動がある。社会変容の中には、環境問題と貧困・社会的排除問題がある。個人変容の中には、生涯学習や社会的学習の意味合いもある。ＥＳＤと言わなくても、社会課題に向き合い、解決に努めながら、学びを構築していくことが必要。協働には、ＥＳＤの本質があると私は考えている。

実際にいろいろな案件を知ると、今、地域課題が非常に深刻なところが多い。だから、言葉以上に重要なのは、いかに地域課題に対してみんなで協働してやっていけるかということ。

今、国のプロジェクトが入ることによって、自治体と企業とＮＰＯと協議会が主体になり、いくつかの地域で、真剣な議論が始まっている。そういう前例ができれば、自治体も今後、動きやすくなる。その意味でも、公のビジョンを持つ政策協働は、多様な主体を巻き込んだ地域づくりと非常につながっている。

一部の人たちのお楽しみとしてつながっている感覚（属人的、協同的）から、より地域課題に向き合う「協働」が求められている。国際的な取り組みに関心を寄せつつも、とにかく地域に根差した課題に対して、一緒に手を組んでやっていければいいと思う。もちろん大変なこともいっぱいあるが、非常に大きな学びが得られる。成功事例を増やしていきたい。

Ｑ 環境と開発の統合については、ＳＤＧプロセスの中でＯＷＧ（持続可能な開発目標に関するオープン・ワーキング・グループ）がやっている。教育のアジェンダによる統合（図４）というのは、それとどのような関係にあるのか？

Ａ 従来の教育は、貧困と社会的排除問題に対応した人権アプローチであるため、１９９０年代ぐらいから、開発アジェンダと教育アジェンダはリンクしている。しかし、環境アジェンダとは十分に連関されているとは言えない現実がある。

ポスト２０１５の教育に関する世界会議（セネガル・ダカール会合）に出た時、「教育は、それ自身がアジェンダ（教育アジェンダ）であるだけでなく、持続可能な開発の基盤になり得る」という議論があった。開発アジェンダと環境アジェンダに関わる人たちを育成しつつ、両方の達成に向けた基盤となるのが、教育アジェンダのあるべき姿だ。

ポスト２０１５の中でも教育の重要性というのがどんどん指摘はされているが、教育アジェンダを、あくまで独立した「教育」として捉えがち。ポスト２０１５

では、環境アジェンダ・開発アジェンダと、教育アジェンダとの連関が重要。そこがやはり、今までの歴史に基づく国際的な議論と、SDGsでの議論との大きな違いなのでは。

環境と開発をつなげる力は、教育アジェンダと協働ガバナンス以外に無いと思う。やはり、まだ環境と開発が互いに戦っているような状況があるので、両方のアジェンダをつなげる人を育て、その人たちを真ん中に据えないことには、うまくいかないのではないかという印象を私は持っている。

Q 「開発アジェンダ=人権アプローチ」というところに違和感があった。開発が地球の有限性を考えていないのは、レイチェル・カーソンの『沈黙の春』あたりの話ではないか?

A 開発アジェンダ（ミレニアム開発目標）は、2000年に開催された国連の会議で決まったので、『沈黙の春』のずっと後だ。環境をやっている人たちの認識としては、もう当然、開発にも環境の概念が入っているように思うが、実際には入っていない。まだ世界の主流は開発優先だ。

なぜかというと、国連には途上国が非常に多く、1つずつ投票権を持っているからだ。そのため、環境アジェンダより開発アジェンダが優先されてしまう。世の中で「環境、環境」と言っていても、世界の実情とギャップがある。

Q 「強い持続可能性」と「弱い持続可能性」とで、具体的にアクションが変わってくるのか?

A 変わると思う。協働取組が、「強い持続可能性」の取り組みのいい例だ。環境に配慮しながら、共有のビジョンに向けて、お互いの強みと機会、能力を生かして活動をする。ともに行動しながら、取り組みをフィードバックもしながら、頑張った人たちをリスペクトしながら、組織のマネジメントを回していく。そういう方法というのは、従来の環境を管理していく方法とは全く違う。そのあたりが「強い」という根拠になると思う。

Q 開発と環境が並走していて交差しないので、教育を挟むという話だったが、それでもなお相反してしまう場合があるのでは?

A 基本的に国連の議論では開発アジェンダ（人権アプローチ）が主流だ。最後の国連のダカールの会合でも、環境アジェンダ（地球資源制約に基づく）についてはほとんど出てこなかった。今でも、こういう現実がある。われわれは環境をやっているから、環境が世の中で十分知られていると思うが、それは大間違い。

大多数の途上国にとっての関心事は、経済成長と貧困問題の解決策だ。しかし、開発をやればやるほど気候変動が深刻化し、それが社会的排除の問題につながることは、彼らも気付き始めている。だから、開発に関わる人たちにも、環境マインドが芽生えつつある。

では、本当に教育アジェンダが橋渡しの役割を果たせるのか。私は逆に、環境と開発だけで達成ができるのかと言ったら無理だと思う。ニュージーランドの国家戦略にもある通り、人の行動形態と、人と人との関係性が、どうしても重要になってくるからだ。

根本原因である人の問題を放置したまま、地域の課題に向き合っても、おそらく、いくら経っても環境問題も開発問題も改善しないだろう。だから、やはり教育アジェンダが重要な意味を持つ。従来の子ども対象の学校教育だけではなく、能力開発や社会的学習というものが、環境と開発の真ん中に入ってくると思う。

地域課題を解決すべく、人を育てながら環境をやりながら協働をやって、途上国でも先進国でも、環境と開発をつなげていくことは、十分可能だろう。途上国でも、環境問題がだんだん見えてきているので、それをちゃんと「見える化」する。そして、開発アジェンダとしての人権を人権だけで終わらせない。そういうようなアプローチが今後、重要ではないだろうか。

Q現実に直面する問題を抜きにして環境の話をしても、何の意味もないと思う。福島の問題は、今日の文脈の中でどういうふうに扱っていくのか?

A福島の問題そのものは、一つの社会的排除問題の構図だと思う。つまり、「都市だけ良ければいい」という発想が、原発施設を都市から遠ざけ、農村に押し付けることになっていく。まさに、貧困・社会的排除問題が環境問題と一つの線になった非常に分かりやすい事例ではないか。

原発の問題を環境問題としてだけ捉えずに、貧困・社会的排除問題と絡めて捉える。排除という言葉は強いかもしれないが、「自分が良ければ」という発想が排除を生み出しているのは事実。環境教育で扱う場合も、開発教育としての意味付けをして、自分たちがどういう状況に置かれているのか、その中で、どういうライフスタイルの選択をするのか、責任ある選択と組み合わせて見ていく必要がある。資源が乏しい日本では、社会的インフラとして原発技術が発展していった。CO_2を出さない原発とCO_2をいっぱい出してしまう火力発電所などがあり、一方で、非常に環境影響の負荷が大きい原発事故がある。こういう、いくつかの側面を見ながら、それぞれが自分なりの選択をしていくしかないと思う。

(後日談)

2014年10月に発表された「国連・ESDの10年ジャパン・レポート」のP10~12に、「東日本大震災及び東京電力福島第一原子力発電所事故が我が国のESDに与えた教訓・影響」について、まとめた文章がある。著者がジャパン・レポート作成にかかる有識者委員会の座長として追記を務めた。

おわりに　―広告会社の立場から―

「はじめに」で触れられている通り、本書は、２０１４年夏に東京都市大学の「渋谷カフェ」として開催された公開講座『企業・社会・政策における環境マネジメントの最前線』の講演と質疑応答の内容を、より多くの方にお読みいただけるよう、編集・再構成したものです。

この出版に際しては、東京都市大学と同じ東急グループ傘下の広告会社・東急エージェンシーが発行所となり、企画・制作には同社の制作関連子会社・東急エージェンシープロミックス内の新しいプランニング・ユニット「ＰＯＺＩ（ポジ）」が、全面的に協力させていただきました。これからの時代の広告販促や一般生活者・消費者の皆さんとのコミュニケーションを考えるうえで、本書が扱うさまざまな環境や社会正義の問題＝社会の持続可能性の問題を踏まえることが、必要不可欠になったと考えたからです。

例えば、世界で最も権威ある広告賞の一つ、「カンヌライオンズ 国際クリエイティビティ・フェスティバル（カンヌ広告賞）」では、数年前から「ソーシャルグッド」が重要なキーワードになっています。また「現代マーケティングの父」と呼ばれる経営学者・フィリップ・コトラーの呼びかけで２０１４年９月に開催された「ワールド・マーケティング・サミット・ジャパン ２０１４」のスローガンは、「マーケティングで世界をより良く（Creating a better world through marketing）」でした。

さらに月刊『宣伝会議』２０１５年３月号の巻頭特集は、「ＣＳＶでソーシャルグッド―社会と共に成長する企業」です。「ＣＳＶ（Creating Shared Value）」は、米国の経営学者マイケル・ポーターが提唱するコンセプトで、企業が利益のみを追求するのでなく、社会と共有できる価値をつくり出すこと。これまでも環境問題やＣＳＲの専門誌である『日経エコロジー』などでは繰り返し取り上げられていましたが、その「CSV」が『宣伝会議』の特集になったのは、広告販促の世界でも、環境や社会問題のテーマが主流化してきた証拠でしょう。またそれは同時に、広告や販促を行う多くの企業にとって、環境や社会の問題が、専門のCSR部門のようなコストセンターの対応テーマから、営業やマーケティングなどの、プロフィットセンターのテーマへと移行してきたことを示しています。

そして実際、日々の広告販促業務の中でも少しずつ、顧客企業や一般生活者の皆さんの考え方や感じ方の変化を実感する機会は増えてきています。

例えばあるファッションビルのディスプレイ作業中のこと。見ていた店頭販売員の方から、「今どき照明が白熱灯や蛍光灯ではお客様に恥ずかしい。LEDを使ってほしい」と言われたことがありました。特に3・11の大震災の発生後は、お客様の視線がいっそう厳しくなったとおっしゃいます。

またチェーンストアの接客マニュアルの制作時には、やはり販売現場のチーフの方から、「レジ袋が必要かどうか、確認を徹底する内容にしてほしい」と要望されました。「問答無用に袋に入れてしまうと、教育ができていないとクレームがくる」というお話でした。

さらに商品やサービスの販売促進を目的とするキャンペーンでも、今や環境や社会問題のテーマを外して企画することはできません。いわゆる「コーズ（リレーテッド）マーケティング」を理解しないようでは、現代の広告マンとしては失格でしょう。

そしてこうした環境や社会問題への関心は、本書にもある若い世代はもちろん、普段はまだまだコストや利益の優先を求められがちな社会人や比較的年配の方たちの間にも、静かに広がりつつあります。

ある企業の将来ビジョンの検討をお手伝いした時のことですが、中堅幹部の皆さんに「未来の街」の絵を描いていただいたことがありました。かつては宇宙旅行のようなSFの世界に憧れていたはずの世代の方たちでしたが、面白いことに、集まった絵にはどこかに必ず、水や緑や虫や鳥や、自然の生き物が描かれています。「部長」や「課長」という肩書が外れた時、実は皆さんが何を望んでいらっしゃるのか、改めて分かったように感じました。

またここ数年、経済書の中でも藻谷浩介さんの『里山資本主義』（第11講※19を参照）や水野和夫さんの『資本主義の終焉と歴史の危機』（集英社、2014）などがベストセラーになったり、最近でもいわゆる「ピケティ・ブーム」が起きたりしています。これらも実は意外に、現在の企業活動の中枢を担っているビジネスパーソンの心の中に、フリードマン流の市場万能主義や、マネー資本主義への違和感がじんわりと広がってきていることの表われなのではないでしょうか。

こんな風に、実は私たちの価値観や将来への望みは、私たち自身もはっきりとは気づかない間に足元から変わってきているのです。「持続可能なビジネス」は本来、地球環境や私たちの社会の持続可能性を損なわない範囲内でのビジネスという意味だと思いますが、そもそも環境や社会の持続可能性に無関心なようでは、ビジネスそのものも持続できない時代になってきたとも言えそうです。

こうした時代の変化を踏まえ、私たちは2014年秋、「POZI」というプランニング・ユニットを立ち上げました。スローガンは「ビジネスアイデアを社会のために」。広告会社ならではの、アイデアのある提案で社会の課題解決を目指す人々や企業をサポートし、持続可能な未来を実現する健全なビジネスの育成に貢献したいという志を込めました。

そして実際の活動を始めるにあたって、同じ東急グループ傘下にあり、この分野でも国内トップクラスの先生方がお揃いの東京都市大学環境学部のご協力を得たいと考えたことが、本書の出版の契機となりました。２０１４年11月、東京都市大学の横浜キャンパスに環境学部長（現副学長）の吉崎真司先生をお訪ねし、そこで今回の公開講座（渋谷カフェ）のことを教えていただいたのです。

私たち「ＰＯＺＩ」はこの講座には出席していませんでした。ところが資料をお借りして読むとこれが面白い。いわゆる「環境マネジメントシステム（ＥＭＳ）」などの話に限らず、幅広くこれからのビジネスの注意点やヒントまでが散りばめられています。講座のファシリテータを務められた三名の先生方（伊坪徳宏先生、中原秀樹先生、佐藤真久先生）も吉崎先生も、この内容をこのままにしておくのはもったいない、書籍化も考えたいとのお話でしたので、それであればぜひ、東急エージェンシーから出版させていただきたいとお願いをしました。それがこうして、本書へと結びついたわけです。

本書の魅力は、単に環境や社会とビジネスとの間にある最新の課題を学べることだけではありません。それよりも何よりも、個性あふれる13人の先生方の幅広く多様な視点と、多彩な意見に価値がある。本書中でも語られていますが、やはり環境や社会の問題を考える際には、狭い視点に囚われたのでは良い答えは得られません。視点が変わり、見る範囲が変われば、おのずと答えも変わる。それを踏まえたうえで、自分自身が何を選択するか、意思が問われます。その際に、これほど広い範囲から、これほど多様な視点から、環境や社会の持続可能性とビジネスについて語られた書籍はほかにないのではないでしょうか。

また同じことは、実は現代のビジネス全般にも当てはまることです。全てのビジネスパーソンにとって、いかに今までの常識から自由になり、新しい視点から新しいビジネスの枠組みをつくり上げ、社会に実現することができるか。ビジネスを変え、社会を変えていくことができるか。それが求められている。その意味でも、本書は何よりも、これからのビジネスを開拓していく指南書になっていると思います。

『BLUE EARTH COLLEGE』という書名は、ファシリテータの先生方と私たちのメンバーとで、何度も話し合って決めました。「COLLEGE」としたのは、この東京都市大学の公開講座が学生だけでなく、すでに実社会を動かしているたくさんの社会人の方々の「学び直し」の機会になるように、さらには本書がその「入り口」になるように、願いを込めて名付けました。

「ＰＯＺＩ」の活動のスタートに、このような書籍の出版に協力できたことは、大きな喜びです。また東急エージェンシープロミックスと東京都市大学環境学部は、これを機に改めて産学連携の推進にかかる協定書を取り交わし、今後も、持続型社会の実現と発展に協力していくことになりました。学生や社会人を対象に、今回以上にパワーアップした公開講座の開催や出版等に協働することを計画しています。

本書の中でも繰り返し語られているように、まだ見ぬ未来の子どもたちを含めた「私たち」の社会とビジネスの将来は、本書をお読みいただいた皆さんお一人お一人の、現在の選択に委ねられています。本書がその選択の一助になれば幸いです。

２０１５年４月

ソーシャル・プランニング・ユニット　ＰＯＺＩ

「渋谷カフェ」概要

東京都市大学環境学部開設１周年記念プログラム
―企業・社会・政策における環境マネジメントの最前線―

主催：東京都市大学環境学部

後援：一般社団法人産業環境管理協会、公益財団法人日本環境協会、
国際グリーン購入ネットワーク、東急不動産ホールディングス株式会社

第１部：環境経営は環境問題を正しく測ることから始まる
ファシリテータ：伊坪徳宏　（東京都市大学環境学部教授）

第１回：2014年６月６日（金）気候変動リスクと人類の選択　～IPCCの最新報告から～
江守正多（国立環境研究所地球環境センター気候変動リスク評価研究室長）

第２回：2014年６月13日（金）世界における水ビジネスの最前線　～勝てる日本企業の戦略は～
吉村和就（グローバルウォータ・ジャパン代表）

第３回：2014年６月20日（金）環境フットプリントでグリーン購入を拓く
伊坪徳宏（東京都市大学環境学部教授）

第４回：2014年６月27日（金）生物多様性オフセットから里山バンキングへ
田中章（東京都市大学環境学部教授）

第２部：生産と消費は持続可能な方向に転換しているか
ファシリテータ：中原秀樹（東京都市大学環境学部教授）

第５回：2014年７月４日（金）持続可能な消費と生産
稲葉敦（工学院大学教授）

第６回：2014年７月11日（金）企業の環境経営最前線　～エコ・リーディングカンパニーを目指して～
実平喜好（株式会社東芝環境推進室長）

第７回：2014年７月18日（金）見逃してはいないか物流の持続可能性
増井忠幸（東京都市大学環境学部名誉教授）

第８回：2014年７月25日（金）グリーンウォッシュの罠にはまらないようにするためには
中原秀樹（東京都市大学環境学部教授）

第３部：サステナブル経営に向けたコミュニケーションのありかたとは
ファシリテータ：佐藤真久（東京都市大学環境学部教授）

第９回：2014年８月１日（金）環境倫理と企業経営
加藤尚武（京都大学名誉教授）

第10回：2014年８月８日（金）フェアトレードとフェアトレードタウン運動
渡辺龍也（東京経済大学教授）

第11回：2014年８月15日（金）サステナブルな経済と経営へ
～経済成長と幸福、行動変容を促す環境コミュニケーション
枝廣淳子（東京都市大学環境学部教授）

第12回：2014年８月22日（金）エシカル購入でサステナブル社会を構築する
山本良一（東京都市大学環境学部特任教授）

第13回：2014年８月29日（金）「国連・持続可能な開発のための教育(ESD)の10年」の振り返りと
ポスト2015における教育の役割
佐藤真久（東京都市大学環境学部教授）

BLUE EARTH COLLEGE

ようこそ、「地球経済大学」へ。

2015年5月28日　第1版第1刷

編著者　東京都市大学環境学部　伊坪徳宏　中原秀樹　佐藤真久
著　者　江守正多　吉村和就　田中章　稲葉敦　実平喜好
増井忠幸　加藤尚武　渡辺龍也　枝廣淳子　山本良一

企画・制作　ソーシャル・プランニング・ユニット POZI

編集協力　瀬戸内千代

アートディレクション　中島祥文
デザイン　内田拓磨　菊池由紀子　佐藤茉央里
著者撮影　ネロメヤスシ（studio WATT）※第1講、第6講、第8講を除く

発行人　桑原常泰
発行所　株式会社東急エージェンシー
〒107-8417 東京都港区赤坂4-8-18
TEL03-3475-3566
http://www.tokyu-agc.co.jp/
印刷・製本　精文堂印刷株式会社
ISBN978-4-88497-123-6 C0034